# 自治体政策マン
# 苦闘の軌跡

## 神戸都市経営の思想と戦略

JN119424

公人の友社

はしがき

　本書は自分史の視点からみた，都市経営の思想・政策・実践論である。これまで神戸市の都市経営の実態を論じてきたが，賞賛と非難の渦中にあった。そのため都市経営の実像を伝えるには，政策感覚をもつ個人をベースとする，政策・実践論がもっとも説得力があるのではないか。

　それは自治体運営における政策論争などにあっても，市民サイドの底辺からみると，観念論・イデオロギーに惑わされることなく，適正評価ができると痛感した。あらためて自分史から都市経営・自治体運営の最適化を追及する決心をした。

　第1の課題として，本書の全体構成を説明すると，第1の自分史は，第3・6・11章の神戸市都市経営の戦略・実績の分析である。私が就職した，昭和35年(1960)の神戸市の都市経営は，原口市長による公共デベロッパーの積極的実践で都市整備をすすめ，なおかつ収益を確保していた。

　私はこの都市経営戦略と経営センスの卓抜さに感銘し，ライフワークとして都市経営の真価を探求していった。

　ただ神戸市の都市経営は，都市開発主義として批判されただけでなく，阪神大震災の復興事業にあっても人命無視との非難にさらされた。私はなぜ神戸市政がこのような理不尽な弾劾を，甘受しなければならないのか，耐えがたかった。

　ただ現職の神戸市職員であり，私の多くの著作は，思想・制度・戦略論の説明でとどめ，都市経営への非難・批判への反論は控えてきた。しかし，自分史は比較的自由な立場であるので，この機会に論争を試みた。

　第1は，神戸都市経営は，神戸株式会社と揶揄されたが，その実像は，褒められるほど立派でないが，貶されるほど劣悪ではなかった。

　神戸市は衛星的大都市の宿命で，歴代市長は懸命に都市成長をめざしたが，産業資本主義として弾劾された。批判者は都市経営を単なる〈金儲け〉とみなす，皮相的認識でしかなかった。

　政府から与えられる，権限・財源で公共投資をするだけでは，都市基盤整備ができないだけでなく，都市スラムが広がるだけである。

　都市経営は，都市づくりで開発利益の公共還元を図り，その財源で都市整備をし，福祉・環境を守ってきたが，どうして産業主義なのか。私は都市経

営の戦略・実績を明確にし，汚名払拭のため擁護論を展開していった。

第2に，都市経営は，その実像が曖昧なため，誤解され批判されているのではないか。公共デベロッパーのみでない。

一般的には投資・サービスの〔事業（管理）型経営〕とみなされているが，公共投資・サービス選別の〔施策（選択）型経営〕，さらには革新自治体の自治権活用による〔政策（改革）型〕の3つの類型の総合概念である。

都市経営は，内部・外部経営環境の変化に対応して，これら3つの経営形態を活用していく，安定的自治体運営の戦略である。

第3に，都市経営は，都市政治・経済・行財政のメカニズムからの影響を大きく受ける。歴史的にみて神戸市都市経営は，テクノロジー優先で，高度成長期から安定成長期への転換にあっても，激変緩和の財政運営，複合経営の都市経済構造変革で切り抜け，都市経営を維持してきた。

しかし，神戸市のイデオロギー軽視の都市経営は，地方自治権の行使・市民参加の実践にあって実績が，乏しい積弊がみられた。都市経営は戦略的にイデオロギーとテクノロジーの融合による経営でなければならない。

第4に，自治体運営にあって，最適選択の経営を実践するには，政策センスを磨き，情報の共有化をすすめ，当該自治体の経営風土・職員気質の〈市民化〉を涵養していかなければならない。

私はこの曖昧模糊として行政システム・風土に最大の関心をもって論及していった。ことに首長・職員が「行政の知恵」を活かし，「誤謬の選択」を回避するため，トップダウンとボトムアップの相互作用が，円滑に機能できるかが大きな課題であった。

第2の自分史は，地方自治・都市経営にとって，重大な政策課題というべき革新自治体と阪神大震災に関する実績の政策的検証で，私自身が双方とも体験した課題であった。

第1の論点は，革新自治体の台頭・崩壊を，第4・5章でまとめている。美濃部都政と自治省との確執，地方債発行禁止・財政再建団体化など，自治体をめぐる国地方関係の地方自治論争への論及である。

第1に，革新自治体崩壊をめぐる，執行部・政党・組合への批判である。地方自治の擁護を掲げながら，執行部・政党・組合は，利権にこだわり選択を誤り，革新自治体の自壊を招いた。なによりも政治・経営センスなき地方自治は，成立しがたい事実が，大きな教訓となった。

第2に，革新自治体擁護論である。革新自治体は地方自治史にあって，地方自主権活用という画期的功績を築いたが，財政悪化に陥ると自治省によるきびしい革新自治への攻撃にさらされた。

　ことに美濃部都政の起債許可をめぐる，自治省の露骨な行政介入は，本来，政治的中立であるべき，官僚制を逸脱する利権行為であった。

　第3に，赤字再建団体方式・地方債発行許可権をめぐる運用における，中央集権システムの不合理を追及した。政府は自治体支援として，産業基盤整備のため過大・過剰な補助金・交付税・地方債措置でもって，自治体を地域開発に誘導した。

　そして自治体が失敗すると，起債許可権を背景として，赤字再建団体転落への威嚇で圧力をくわえ脅し，天下り官僚まで派遣し自治体を完全に支配していった。

　このような中央統制システムが，如何に理不尽で地方主権に反する措置であるかは，歴然としていたが，意外と批判論は少ないので，正面切って反論を展開した。

　第4に，自治体再生における政策論争である。それは中央・自己・市民統制の選択問題であった。論議するまでもなく，市民統制なき自治体運営が，成功するはずはない。英米に比較して遅れている，日本の市民参加システムを変革し，市民参加を進めるべきと主張した。

　しかし，自治体執行部の市民参加への拒否反応は強く，神戸市政にあっても住民投票は，神戸空港では2度とも実施されなかった。もっとも諮問的住民投票は，多くの自治体が条例を制定し，着々と実績をあげている。

　私は自治体運営における核心は，情報公開と住民投票であるとして，本書でも随所で主張している。

　都市政治にあって，今日のポピュリズム的症状にみられるように，市民の自治意識は，十分に成熟していない。今後，自治体はなによりも，市民参加のシステムを実施し，市民の政治意識の向上を，図っていかなければならない。

　第2の論点は，市民・研究者として体験した，阪神大震災の課題を第9章でとりあげている。第1に，神戸市の都市経営は，阪神大震災で人命無視の営利主義と弾劾されたが，政策検証なき不毛の非難として反論していった。

　このような故無き批判がおこるのは，これまで自然災害論としてのみ処理されてきたが，災害政策論としての問題・施策を論及されてこなかった。

災害が発生すると，世論は完璧な救助・復興を要求し，それが達成されなければ，自治体の財源・権限を無視し，人権侵害・人命軽視と批判をエスカレートさせている，政策検証なき批判である。

　第2に，救助施策・復興事業の現実をみると，制度的に国・府県の拘束下にあり，しかも施策・政策的にみて無数の欠陥がみられた。復興事業というハードの施策が優先され，生活復興というソフトの施策の貧困が目立った。

　また施策の主流は，避難所・仮設住宅・公営住宅という現物支給方式で，排除された被災者の不公平が歴然としていた。

　生活支援では，政府・自治体・義援金・復興基金の4本建て，しかも重複施策であり，公平・実効性のある施策ではなかった。住宅再建・復興区画整理でも，施策をめぐって紛糾したが，平時の行政にあって自治体が，「行政の知恵」でかなりの施策が実施できることが忘れられている。

　第3に，政策論としても事前防災・救助対策を実際，限られた権限・財源のもとでどう実施していくのか，自治体の行政能力が試された。将来の大災害発生をみれば，これら欠陥は治癒されておらず，大惨事が繰り替えられるのでないかと憂慮される。

　第3の自分史は，本来の私個人の自分史である。第1の体験は，第1・2・3章で，神戸市職員として，25年間の係員・係長・主幹・参事の実務体験である。ただ出世物語には程遠い現場での悪戦苦闘の記録である。私は特異な役所生活をおくり，実務は財務・税制・企画課の3個所だけで，その後は企画の主幹・参事であった。

　第1に，役所らしい仕事は，税制課調査係長の2年間だけであったが，特徴交付金・埋立地固定資産税減免の廃止を独断で実施し，年1億円の改革成果を達成した。

　第2に，係員として財務課で財務調査・予算査定などで，地方財政の矛盾に気が付いた。企画課では市町村合併・開発調整の指定都市担当で，地方行政システムにおける政府・府県の支配メカニズムに憤慨した。

　第3に，ただ革新自治体の担当主幹としては，宅地開発指導要綱の擁護・自動車排ガス規制提案など，実績を残すことができた。

　神戸市には多くの公務員らしからぬ群像がおり，経営の現場で実績をあげて市政をささえた。都市経営といっても，当該自治体の経営風土・職員体質が大きな要素であることがわかった。

第2の体験記は，市民サイドから，行政をみた自分史を第8章で記述している。市民としてさまざまの都市問題を体験した，阪神大水害・集団疎開・土地区画整理・阪神大震災である。市民の立場でみると，行政の成功・失敗が如実にわかるが，ただ政策感覚がなければ，単なる行政批判におわってしまう。

　第1に，興味ある事実は，神戸市の湊川付替え工事にあって，神戸市は民間デベロッパーに事業委託したが，開発利益370万円を喪失しているが，市税の6.5倍であった。また付替えルートをめぐって，住民運動が工事の変更を迫り，大災害を回避している。

　第2に，区画整理事業である。県庁では清算金の徴収を担当したが，市民としては西宮市の区画整理事業に直面し，2度体験した。行政の「誤謬の選択」，行政の「粗雑な決定」に市民は如何に大きな被害を受けるかが，身につまされてわかった。

　第3の体験記は，私の都市経営思想の系譜論・実践的政策論で，第10章で論述している。都市経営論は今日にあってもマイナーな分野である。

　戦前の明治・大正・昭和にあって，多くの思想家・市長が都市経営論形成に努力してきたが，都市社会に浸透しなかった。戦後も都市問題が激化したが，都市経営の成熟はなかった。

　第1に，私は神戸市の都市経営の実績をふまえて，都市経営実践論の体系化をめざした。ことに神戸市都市経営への観念的批判論との論争，神戸市政の公共デベロッパー・複合経営の分析，革新自治体の政策型都市経営評価などで，より高次の自治体運営戦略としての実績を評価していった。

　第2に，一介の地方公務員がどうして，都市経営の研究の没頭し，独自の都市経営論を形成できたのかである。さまざまの現場の切実な矛盾を体験し，世論に訴えたくて，係長の分際で無謀にも大都市問題をまとめ，日経新書『101大都市』(1972年)を出版した。

　以後，好評であったので出版をつづけ，昭和51年『地方自治の財政学』で，第2回東京市政調査会・藤田賞を，昭和54年に『地方自治の経営』が，経営科学振興財団「経営科学文献賞」を受賞した。

　この受賞によって地方公務員として肩身の狭い思いは払拭でき，昭和50年は神戸都市問題研究所が設立され，昭和60年には甲南大学教授に転職し，研究環境に恵まれ，当面する課題に触発され，出版をかさねていった。

　第3に，私の都市経営思想形成に大きく寄与したのが，宮崎市長が私費で創

設した，民間シンクタンク神戸都市問題研究所であったが，第7章でその誕生・活動・実績を紹介してある。

　その多くの報告書は，当時の都市行政に大きな影響をあたえた。しかし，私の退職後，政変によって廃止の悲運をみたが，ここに鎮魂碑として記録した。

　第2の課題は，自分史をたどりながら，自治体論争を経験してきたが，最後にたどりついた問題は，政策形成をする適切な資料・情報の欠落であった。私の体験からしても，行政改革のためには，〈情報の共有〉が不可欠であり，そのため情報公開システム充実が切実な案件であった。

　神戸市の都市経営に対して，皮相な偏見による非難が続発したが，その要因も行政サイドの十分な記録がないため，政策検証なき批判を誘発したといえる。

　第1の論点は，情報の記録・開示の問題である。第1の情報欠落は，行政が批判に耐えうる，実践記録を残していない。そのためどうしても，市民は感覚的先入観による非難となってしまう。

　たとえば阪神大震災でも，消防局の公式記録はあるが，活動実態・成否の検証は，行政記録の羅列だけでは不可能である。

　昨今では，被災者の個人的記録が，精力的に聞き取りが行われているが，肝心の自治体活動の実態・実施記録が不十分である。

　私と同期である，当時の上川庄二郎消防局長が，「神戸で一番長い日」といった，体験記を残していてくれていればと，残念で仕方がない。

　第2の情報欠落は，行政当事者の政策決定プロセスの形成過程記録の不足である。中央行政をみても，『内務省史』でも，制度・施策解説の域をでない。ただ自治省は，戦前内務省幹部の聞き取り速記録『内政史研究資料』という，膨大な資料が残されている。『内務省史』より実感のある記述で，施策・事業の形成背景・要因がよくわかる。

　それでも政策決定・実施の実態はわからない。私の目にとまった，村田光義『海鳴り・上下巻』(2011年)は，戦前内務官僚で群馬県知事を務めた，村田五郎氏の生涯を，ご子息がまとめた著作で，戦前府県行政の実態が如実に描かれている。この点，自治体では首長はともかく，幹部職員の聞き取りは，ほとんどなされておらず，政策検証をする材料が欠落している。

　第3の情報欠落は，都市行政実態記録が，行政執行部の記録に偏っている。私の手元資料では，福岡県柳川市職員広松伝氏の堀割水路を埋め，下水溝と

する市事業計画を覆した，苦心の埋立阻止奮闘記がある。行政事業史とは異質で，その実践経過は，同氏の著作『ミミズと河童のよみがえり－柳川掘割から水を考える－』(1987年)，論文「よみがえった柳川堀割」（『月刊自治研』1988年2月号）が，個人苦闘の軌跡をよく伝えている。

　都市経営の実態は，自治体・市長の事業・施策・政策の追求だけでは，不十分である。市民運動・議会活動，そして職員・組合といった，多角的分析が必要である。それは柳川市掘割保存の成功も，市民運動の浄化運動があったからである。

　第4の情報欠落は，政策決定をめぐる政治・行政の決定要素の分析である。単なる行政記録でなく，政治紛争・政策論争の動態的プロセスである。

　この点，自治省の地方財政形成にあって，柴田護『自治の流れの中で・戦後地方税財政外史』(1975年)は，国会・大蔵省・政党との対立・抗争によって，自治省もそれなりの苦難の連続であったことがわかる。

　地方自治体の分野では，日比野登『財政戦争の検証・美濃部都政崩壊期の研究』(1987年)は，東京都財政分析にもとづいて，自治省・都知事・都執行部・労働組合・議会政党・マスコミなどの動きが検証され，美濃部都政の崩壊プロセスが，克明に分析されている。

　また石原慎太郎企画・監修『東京都主税局の戦い』(2002年)は，銀行税をめぐる国・地方の熾烈な抗争がわかる。

　第5の情報欠落は，自治体の情報開示の欠陥である。そのため市民の行政批判は感覚的に鋭いが，行政情報の不足のため政策検証・実態分析が不十分で，適正な批判とはなっていない。その原因はむしろ自治体の情報公開への行政怠慢である。

　自治体は統計・予算・事業報告書などは作成するが，政策・施策・事業評価の分析データを策定しないし，策定していても内部資料として公表は控えている。さらに事業誌にあっても，政策検証は欠落し，別途の調査・研究に委ねられている。

　神戸市のポートアイランド誌も竣功記念誌で，途中推計である。ポーアイⅡ期もふくめた施設立地をふくめた総合収支がなされなければならない。

　第6の情報欠落は，行政底辺・外部からの政策分析である。行政記録が上から目線の記録であるが，関係者の個人的記録は下から目線の記録で，ある意味では行政実像を，もっとも如実につたえている記録である。

第1に，神戸市政でみると，原口・宮崎市長の自叙伝・著作は多くみられるが，神戸市会議長であった吉本泰男の48年間におよぶ議員活動の記録『航跡遥かなり』(2005年)は，議員サイドからみた，行政記録として稀有の著作である。

　第2に，その意味では本書も，私個人の職員としての行政体験・行政実績・政策形成を紹介し，都市経営の実施過程を，克明に追跡していった行政記録である。全体像をとらえられないが，職員の体験に根差した分析・評価は，行政現場の苦悩を赤裸々につたえる得難い記録といえるであろう。

　神戸都市経営の実像・成果をみれば，都市経営が将来にわたって，有益な自治体運営のシステムであることがわかる。

　第3に，私は神戸市に行政職として採用された，生え抜きの職員である。担当・係長・主幹・参事と階段を一歩づつ昇っていった。その立場は市町村という地方行政の底辺での苦難の体験記録である。その後甲南大学へ転職し，理論と実践を融合させた，独自の都市経営論をまとめることができた。

　今日，地方自治の現状をみると，保革の政治イデオロギーの対立は鎮静化したが，中道政党の台頭もあり，明確な自治体運営のビジョンはなく，政治動向はポピュリズムの浸透すら見られる，混迷の時代を漂流している。

　あらためて都市経営の実効性を重視し，地方自治の復権をめざす，基本的戦略としなければならない。

　本書が今後の都市自治への新たな視点を，設定できたらば，望外の幸いである。この度もつたない本書の出版を，快く引き受けてくださった，武内英晴公人の友社社長に感謝します。

2022年5月

高寄昇三

# 自治体政策マン　苦闘の軌跡

## 神戸都市経営の思想と戦略

はしがき

目　　次

# I　孤軍奮闘の係員時代

## 地方公務員の虚像と実像

　私の役所人生は，自分の意思より就職状況によって，運命づけられた。私の実家は自営業で，当然，家業を手伝うつもりでいた。ところが私は，次男で大学へ進学させてもらった。

　たが就職は，健康上の理由で，民間会社は全滅となり，敗残兵のような惨めな気持で，昭和34(1959)年，兵庫県にやっと就職ができた。昔風にいえば宮仕えの勤務が，どうかはどうでもよく，ともかく就職が決まればそれでよかった。

　兵庫県庁に就職し，最初に感じたのは，組織セクショナリズムが強く，下からの提案がむずかしい行政組織であった。私は堅苦しい雰囲気になじめず，たった1年で退職した。しかし，行政風土・組織体質の問題は，その後の公務員生活にあって，ずっと気がかりな案件となった。

　翌年，神戸市へ転職したが，今度は給与・人事の不合理が氣になった。当時，高度成長期で公務員給与は，民間企業に比べて悪いとみなされ，役所への就職は敬遠されていた。しかし，公務員の勤務実態・生涯収入を知るにつけ，実際は民間より優遇されている実態がわかってきた。[1]

　その後，自治体職員研修講師の機会が多くなり，受講者の皆さんに，公務員給与は，身分の安定性・勤務条件・仕事のストレス・退職金・年金などの総合評価では，民間より恵まれており，官尊安月給の先入観を，払拭してくださいと訴えた。

　公僕論といった高尚な理屈でなく，恵まれた労働環境・報酬に見合った，〈献身性〉〈専門性〉を発揮し，市民のため尽くして欲しかったからである。しかし，この私の願望を受講者の皆さんが，どれだけ実感をもって受け止めたか疑わしかった。

　ただ人事・給与の不合理がはびこっており，是正が迫られていた。しかし，人事・給与課をみると，人事課は人事異動に忙殺され，給与課は組合交渉に悩まされ，そのうえ出張費・諸手当まで管理し，各部局に配分していた。

　しかも人事・給与担当はいずれも数人という少ない人員では，日常的事務処理で精一杯で，人事政策・給与体系を検証する，余裕すらなく，多くの欠陥は手つかずであった。[2]

　本来，運営システム改善のため，財政・人事・企画などの，管理部局の政策要員

を配置しても無駄ではない。たった1人の増員でも，行政改革を実現させれば，当該職員人件費に対して数百倍の成果を達成できる。

　しかし，管理部門が手薄で，組織全体として悪しき官庁管理主義に陥ると，結果として職員は管理型行政に馴染んでしまい，平等主義の恩恵を享受し，財政破綻をしても首切りはないという安心感に浸ってしまう。(3)

　第1の課題として，市職員の公務員勤務への実感をのべてみる。第1に，市職員は，転勤はほとんどなく，私の場合，結婚して市内長田区の実家を離れ，西宮に移住したが，今日まで住みつづけている。

　府県職員では転勤は遠隔地もあり，必ずしも通勤圏内とはならない。大学同期生の商社マンなどは，海外勤務で転勤が多く，悲鳴をあげていたが，この点，神戸市では海外勤務は数人で，一般的職員の生活は平穏無事であった。

　第2に，地方公務員は，身分も安定している。自治体破産はあるが，廃止はまず考えられない。職員も刑事事件でも起こさない限り，免職はない。給与もあまり階層格差はなく，人事管理もそれほど厳しくないので，居心地がよいといので，改革意欲も萎えてしまう。

　第3に，仕事の内容は，部局でさまざまであるが，民間企業のようにノルマがなく，成果主義も適用がむづかしい。現実の人事・給与システムは，減点主義より加点主義，現状主義より改革主義といった，きびしさはない。

　しかも職員が改善成果をあげても，人事・給与には反映されないので，現状維持の安易な対応となる。(4)

　第2の課題として，私は市役所時代，人事・給与部門の経験がなかったが，人事・給与のシステム・運用の拙さが，自治体運営にもたらすダメージは，公共投資の失敗より深刻であった。

　それは日常行政のムダだけでなく，事業・施策の「誤謬の選択」による損失も，杜撰な人事・給与の運用が，潜在的要因であるからである。

　第1に，実際，人事・給与システムは，職員の創造的破壊を促す刺激となる要素は，組み込まれていなかった。その背景には人事・給与問題は，内部の欠陥体質を抉りだすので，職員も自制するので，容易に晒されることはなかった。

　第2に，私も人事・給与行政の問題についての出版は，行財政論より大幅に遅くなったが，痺れを切らして『自治体人件費の解剖』(2003年)，『地方公務員給与は

高いか』(2011年) などを出版し, 欠陥を指摘したが, 給与・身分格差は改善の兆しすらなかった。<sup>(5)</sup>

第3に, 近年では人事給与面での管理職冷遇もあり, どこの自治体でも, 係長試験の志望者が減り, 廃止自治体も多くなっている。

試験がなくなれば, 無数の係長昇任資格者を, どう選別するのか, ことに区役所・事業所職員の人事情報が乏しく, 当該部局の情実・学歴人事となりかねない。

係長試験廃止は, 管理職への門戸を狭め, 女性管理職比率の低下など, やがて情実人事の弊害にも, つながりかねない。<sup>(6)</sup>

第3の課題として, 自治体改革への挑戦である。私の公務員として信条は, 自治体運営の弊害・欠陥について傍観できず, 職務関連では可能な限り改革を求めて, 改善への方策を模索していった。

第1に, 地方制度改革で, 都市自治体が権限・財源なき窮状で, 懸命に都市づくり・市民サービスに頑張っているが, 余りにも中央・府県統制の障害が多い。

中央省庁・府県から権限・財源を奪わなければ, 都市自治体は自主的な行政ができない。制度改革は現状では絶望的であったが, "蟷螂の斧" といわれても頑張らざるをえなかった。

第2に, 自治体運営の改革で, 当面, 内部経営におけるムダ増殖の絶滅であった。これら欠陥を淘汰し, 勤労意欲が湧くような, 行政風土を涵養しなければ, 必要な分野への財源投入ができず, 結果として行政のムダとなっている。

まず私は日常事務の機械化といった, 初歩的な事務能率化, 単純事務事業の民間委託といったコスト削減減という稚拙な合理化施策だけでも実施に移していった。

ささいな成果しかなくとも, この自己変革の創造的破壊こそ, 都市自治体そして市長・職員が信条とすべき姿勢である。

**注**

(1) 民間企業の初任給は, ボーナス込みの偽装表示もあり, 実質的給与収入の官民格差はあまりなかった。しかも民間給与は景気変動の影響をうけ大きく上下変動するが, 公務員給与は確実に上昇し, 中高年層になると民間を上回った。ことに退職金は優遇されていた。近畿圏の民営バス労働組合主催の研修会で, 昭和50年頃であったが, 交通問題の講演をしたが, 講演後, 組合の方の話では, バス運転手でも退職金は, 1,000万円前後と聞かされ驚いた。当時, 公営交通職員の退職金は, 2,000～3,000万円で, 公営・民営格差は大きかった。

(2) 地方公務員の人事・給与運用は, 公務給与の年代格差, 正規公務員と非正規職員, 成果主義への拒否反応といった, 不合理性を内蔵したままであった。戦後, 経済はインフレで,

原則どうりの給与運用が困難となり，官民格差・物価上昇補填のため，給与運用特例措置（渡り・昇給短縮）がなされたが，姑息な対応で給与の自己制御機能が麻痺し，禍根を残すことになった。年功給与体系の課題・変革について高寄昇三『地方自治の行政学』209〜218頁参照，以下，高寄・前掲「地方自治の行政学」。

(3) 北海道夕張市のように，財政破綻し再建団体となっても，いわゆる首切りはない。2005年度早期退職奨励・定年退職・自主退職などで職員309人のうち152人が退職した。人件費は退職金支給で2005年度24.3億円から，2006年度43.5億円へ急増し，2007年度7.5億円に激減している。少々，乱暴な推計であるが，2005・2006年の差19.2億円が退職金とすると，1人当平均1,263万円，定年退職では2,000万円前後で，破産自治体としては，かなり優遇されていたのではないか。もっとも2009年度以降の退職金は激減し，残留職員給与も大幅に切り下げられる，きびしい現実がまちかまえていた。夕張市の財政破綻については高寄昇三『地方財政健全化法で財政破綻は阻止できるか』19〜38頁参照，以下，高寄・前掲「財政健全化法」。日本経済新聞社編『地方崩壊再生の道はあるか』9〜106頁参照。（以下，日経新聞・前掲「地方崩壊再生」）。なお巻末参考文献参照。

(4) 私は市役所勤務25年間で，1回だけ表彰をうけた。消防局の職員が，専門書を出版したので，一人だけでは恰好がつかないので，ひっつき紋付のような表彰であった。しかし，実務における成果主義から表彰するべきで，あとにみる埋立地市税軽減廃止はともかく，特別徴収交付金廃止などの業績成果が対象にされるべきであった。一方，イベント・事業で，幹部だけが論功行賞が行われたが，全関係職員が協力した成果で，これでは一将功成り万骨枯れる諺どうりで，一般職員はやる気をなくする。人事課の表彰は，成果主義でなく，まったくの百害あって，一利なしであった。給与・昇進などで，論功行賞ができないのであれば，別個の対応を考案すべきである。

(5) 当時，給与システムの格差を試算してみたが，"わたり"適用で，一般職と係長職との給与格差は，定年時でわずか1万円程度，退職金63万円の格差があるが，生涯賃金収入は，残業手当などを算入すると逆転する。もっとも担当職員と課長職で給与5.7万円，退職金約361万円とかなりの差であるが，スピード昇進のケースで，手当・税金差引では格差は縮小する。もっともかつては，管理職在職年数で，退職金加算があったが，私が管理職になった時には，次第に圧縮されやがてなくなった。したがって管理職の魅力は，給与ではなくなり，責任・執務だけが重くなった。高寄昇三『自治体人件費の解剖』85〜90頁参照，以下，高寄・前掲「人件費の解剖」。

(6) もっとも係長試験も，改革が必要である。なお私が受験した神戸市の係長試験科目は，地方自治法・地方公務員法が主要科目で，時事問題などは補助科目で，配点は法律が7割程度を占めていた。これでは新規採用試験とあまりかわりなく，かえって職員の脳硬直化症状がすすむのではないか。これからの管理職として必要なのは，地方自治論，地域政策論，経営管理論，都市政策論，経済政策論，行政サービス論などの多彩な常識であろう。専門知識は職場で，別個に習得していけばよい。自治体は中央省庁のように，キャリア・ノンキャリアといった，採用時の選別はない。せめて係長試験ぐらい，選別機能があっても当然といえる。

## 人事政策の欠落と勤務評価の欠陥

神戸市に勤務して、当初は地方自治・都市経営といった改革課題は、知識・経験不足で関心はなく、身近な人事・給与運用に疑問を抱いた。その後、税制課調査係長となって、実務として給与・人事の不合理の対応に、苦慮する羽目になり、歪み解決策を試みた。

第1の課題は、人事政策の拙劣性である。第1に、人事行政は、財政運営と比較しても、政策化は遅れていた。たとえば新規職員の採用方針・管理職任命の方策などが、討議された様子はない。

短期的な目先の人員需要充足だけを拙速に追及し、人件費のコスト効果・人材資源の有効活用への施策的配慮が乏しい。

新規職員採用にあっても、人事課が、財政運営の激変緩和のように、好景気に少なく、不況期に多く採用し、優秀な人材を採用する配慮がない。人事課は職員数・管理職創設を眼目にしているが、職員1人当り生涯人件費は約2億円で財政運営のように、費用効果の発想で有効性を優先すべきである。[1]

第2に、人事・給与運営は、経営管理といった政策科学的な対応ではなく、財政運営・組織改革とは断絶して、孤立した状況で運用されている。

まず人事課が事務執行の能率化、専門職の設置、事業調整機能の強化などの視点から人員採用・配置をし、企画局編制担当企画課が、民間委託の推進、実施形態の多様化などを推進していくなど、人事戦略を関係課が協議し、総合施策化でなければ職員数の適正配分は達成されない。[2]

第3に、職員構成多様性の弊害である。税制課調査係長のとき、臨時職員という変則的職員が、どうして多数存在するのか不思議であった。[3]

人件費の抑制策として、臨時職員が黙認され、臨時職員の正規職員への門戸は、ひらかれていたが、裏口入学のような対応は、是正されるべきあった。

非正規職員の給与は、特別給与等級を設定し、臨時職員・非正規職員といった、職員差別は廃止すべきで、より単純な補助事務は、アルバイト職員として区分して、非正規職員は、イギリスの給与体系のように、多くの等級を設定し正規職員化をすすめるべきである。既存の給与体系を金科玉条のように固執して変更されず、非正規職員問題は、今日でも未解決である。[4]

第4に、職員構成をみると、若年職員は不足気味であったが、中高年職員のだぶつ

きがめだった。神戸市は従来，公共デベロッパーで，外郭団体に活路をみいだしたが，今後は行政サービスで，官民連携で有償サービスを拡大し，外郭団体を創設すれば，余剰人員の活用，ポスト人事の救済となり，実質的行政コスト軽減・職員勤労意欲の向上という，波及効果も見込まれる。[5]

たとえば福祉サービスでは，自治体・社会福祉協議会・福祉振興協会・NPO法人・ボランティア団体などの連携による福祉システム形成で，それにふさわしい供給形態（表1・62頁参照）の活用で，生活サービスの向上・地域社会の活性化にも寄与する。[6]

第2の課題は，税制課調査係長として，税務職員の人事運用に苦労したが，税制課ではどうにもならない，人事管理の欠陥に直面した。

第1に，職員能力開発の欠落である。人事課には研修係が職員能力涵養を担当しているが，人材育成効果が明確でない。人材育成効果の測定は困難で，人材活用の戦略要素の意識が，どうしても疎かになる。

この背景には人事評価の欠陥がある。人事考課をみると，勤務・人格評価で，職員の実施能力・実績査定の業績評価でない。極論すれば風評評価，単なる勤務状況評価で，合理的な実績評価の人事行政はできていない。[7]

第2に，業績評価への改善である。たとえば業績評価として，自己申告制方式があるが，自己評価では客観性が不十分で，メリット・デメリットがある。もっとも無難なのが，目標評価方式である。

事務引継書にも利用でき，人事課は業績データを入手で，職員能力に対応した人事運用ができる，複合効果が見込まれる。[8]

勤務評定は，行政実績向上の方策であり，そのデータが人事の「選抜の手段」「報酬の供与」の効果という，人事統制の方策となっても，それは人事行政改革として，容認すべきである。

ただ内部経営の欠陥は，人事・給与行政だけでなく，財政局の財源査定，監査事務局の会計検査も，政策・実績査定でない。ことに事前の政策検証は欠落しており，結果として「誤謬の選択」という，無駄を増幅させている。

第3に，年功序列型人事の欠陥である。神戸市では，係員8年，係長6年，課長6年という不文律があり，人事課の運用方針は年功序列方式で，行政需要・財政状況・行政組織の状況を，無視して昇進システムの原則を堅持しようとする。

人事課は，能力主義を度外視して，管理職任命にこだわるため，関係各部局も組織

変更で管理職ポストを増設し，外郭団体も標的にされ，あたかも不良品在庫処分のように，管理職の粗製乱造となる。

　結果として事業効率が阻害されかねない。人事課は目標達成に満足したが，その弊害は職場全体にひろがり，その費用効果はマイナスといえる。[9]

　第4に，選抜人事は可能かである。係長だけは，昇任試験があったが，実施はきわめて困難である。しかし，年功序列主義は，高度成長期はともかく，安定成長期になると，算術的に不可能で，私も従来の課長6年でなく，課長8年で参事となったが，当然の結果である。

　しかし，職員が改革志向性で，行政風土が創造破壊型で，遣り甲斐があれば，昇進が遅れても改革意欲に影響はない。ただ閉塞した人事は，減量経営では脱皮は不可能で，さりとて自治省・府県のように天下りはできない。高度成長期がすぎると建設型外郭団体でも救済できない。

　当面は窮余の策として，行政の肥大化・無駄を避けながら，サービス型外郭用枠で行政需要を事業拡大し，有償サービスを推進し，余剰人員を活用するしか，選択肢にはない。ただこの窮地を活かし，抜本的対策は新規採用を抑制し，長期的人事・給与政策を策定・実施する政策型人事改革を断行することを忘れてはならない。

## 注

(1) 人事課は財源感覚が鈍いので，行政需要に対応して採用しているが，必ずしも有効な施策でない。少ない人員採用で，財務・企画課との連携・協力をえて，人員不足は行財政改革で対応する方針で，行政改善努力のインセンティブを高める戦略が，人事行政の高次のテクノロジーといえる。実際，私の税制課調査係長の時，職員の絶対的不足・区間アンバランスに悩まされていたが，税務事務効率化・アルバイト増員などで克服していった実績から，この対応は自信をもっていえる。

(2) 管理型減量化でなく，施策型効率化を各部門が協力し，実施しなければならない。たとえば総務局では，区間の職員アンバランス是正などの組織再編成効果，行政組織の企画局では行政形態の多様化(外郭団体・民間委託)などの効率化効果，市民局では行政サービスへの官民学連携による企業・市民参加効果などの導入である。全面委託でなくとも病院事務の医療計算・施設管理保全など，個別部門ごとの委託など，多様な行政形態を活用すべきで，卑近な事例ではごみ選別・減量化における，地域住民団体の参加である。さらに公益法人・NPO方式導入は，行政サービスでは行政機関より実効性は優れている。今後，行政サービス分野では，住民組織・市民団体との連携事業も多くなり，どう対応していくかである。

(3) 非正規職員の実態については，第2章第1項「税務行政と人事給与行政」注(2)〜(6)32〜33頁参照。

(4) イギリス留学中にロンドン・バーネット特別区の給与体系をみたが，50等級ほどあり，各等級の昇給は5年ほどでストップする。日本の給与体系とは，縦横が逆である。最低等級の採用試験は，英語の単語試験でしかない。移民が多いからであろう。昇給するには，専門知識の試験に，合格しなければならない。イギリス地方公務員の給与体系については，高寄昇三『現代イギリスの地方自治』159～164頁参照。以下，高寄・前掲「イギリスの地方自治」。

(5) 行政生活サービス型の外郭団体創設については，宮崎市長に今後の生活サービスの膨張からみて，直接的に自治体が処理することは非効率で対応できないと進言した。昭和50年以降，国際交流協会・神戸勤労福祉振興財団，神戸人材シルバーセンター・神戸市民文化振興財団など，多くの外郭団体が創設されていった。なお有償福祉サービスの導入については，第2章第1項「税務行政と人事給与行政」注(8)・(9)34頁参照，また神戸市外郭団体については，神戸都市問題研究所・都市政策論集『外郭団体の理論と実践・第14集』(勁草書房・1991年)参照。高寄昇三『外郭団体の経営』(1991年)参照，以下，高寄・前掲「外郭団体」参照。

(6) 純粋の公共サービスだけでは，財源的に限界があるが，「かつて高度成長期，公共デベロッパーとして多くの自治体が市場サービス分野へ進出したと同じように，これからポスト産業社会を考えると，地方自治体も有償のサービス分野への進出をめざさなければ」(高寄昇三「ポスト・レス時代の都市経営」『晨』1985年10月号24・25頁参照)ならない。公共投資は生活のインフラであるが，行政サービスは命のインフラであり，財源がなければ，有償システムで供給し，官・産・学の連携でコスト削減を図っていけば，市民の需要に対応できる。行政サービスは，収益性がないとの先入観は払拭し，福祉サービスでも，「有償福祉」「贈与の経済」を活用すれば，より少ない財源で，より多くのサービスを給付でき，その費用効果は大きく，波及効果として職員活性化にも寄与する。福祉サービスはコストがかかり，収支均衡がむずかしいとの先入観があるが，小倉昌男ヤマト運輸社長は，自己財源で福祉財団を創設し，通常の福祉施設では月額給与1万円であるが，福祉も経営なりの理論で，パン屋で障害者雇用をし，月10万円支給に成功している。小倉昌男『私の履歴書』(日本経済新聞社・2004年，以下，参考文献として掲載していない文献は，発行年次・出版名を明記する)，小倉昌男『福祉を変える経営－障害者の月給1万円からの脱出』(日経BP社・2003年)参照。

(7) 私が企画課主幹の時，係員勤務評定で，全員Aクラスの評価をしたら，人事課からクレームがきた。企画課は市役所の精鋭を選抜しており，当然の評価と反論した。しかし，人事課は係・課単位内で，ランク付けをして欲しいと要求されたが，係員2人でランク付けでもないだろう。自治体の勤務評定は，「勤務状況評価」で，皆勤で平穏無事に勤務すればよく，勤務態度が悪ければ減点となる。一方，能力・実績主義の「業績評価」方式は，「選抜の論理」とか，「短期の信賞必罰」とかの理屈で，毛嫌いされた。一方，実現見込みのない，職員能力開発の「育成の論理」が主張されている。しかし，業績評価にもとづく人事評価でなければ，人材育成も改革志向の経営風土も涵養できない。平成28年4月から「人事評価制度」が，義務化され実施されているが，実質的成果のない制度化ではないか。人事評価制度については，稲継裕昭『自治体の人事システム改革』(2006年)114～193頁参照。

(8) 自己申告制については武田正義「兵庫県における自己申告制度について」『地方財務』
1997年2号参照。私は特殊な分野であったので，事務引継は，税制課調査係長と企画課企画
係長だけであったが，前者は文字どうり事務引継で，懸案事項はなかったが，改善すべき
点が，記載されなかっただけである。後者は十数項目の懸案事項があったが，すべて未解
決であった。事務事業評価方式では，年度当初に課・係長・職員の年間勤務目標を明確
にし，年度末に事業成果を報告書にまとめ，事業実施経過を記載し，年度末に事業成果を
報告書にまとめ人事課に提出する。職員にとって事務事業の改善にも役立ち，なによりも
人事課が，職員の業績評価の資料を確保でき，人事行政の科学・適正化に寄与する。成績
主義人事課の導入については，高寄昇三『自治体の行政評価導入の実際』(2000年)229～
235頁参照。高寄・前掲「地方自治の行政学」198～203頁参照。
(9) 自治体の昇任対応は，「中間管理職の乱設，職制の細分化，箱物行政の拡大である。主任，
課長補佐，副課長，主幹，参事などの中間管理職は仕事よりも人の処遇から設定された。
そのため小さな課・係がつくられ，施設までつくられる逆転現象が」(高寄・前掲「ポス
ト・レス時代」23頁) みられる。最悪のケースは，経験・能力のない人物が，権限と財源
を掌握して，管理職になると，ムダと停滞がはびこる事態となる。この状況では職員の行
政改善意欲も，組織改革の芽も摘まれ，行政経営風土の退化をもたらし，有能な人材すら
も疎外されていく弊害は測り知れない。

## 新任研修と意識改革

神戸市では，職場配属前，2ヵ月の新人研修あったが，人材育成という点では疑問
であった。新任研修は，鉄は熱いうちに鍛えとの諺のように，研修生に改革意識を浸
透させる好機である。

第1の課題として，私の新規採用研修をみると，旧態依然たる内容であった。もっ
とも最近の新人研修は，フリー討議が多くなっているが，当時の研修カリキュラムは，
制度解説が中心で，研修生洗脳は無理であった。[1]

第1に，当時の新任研修は，役所の制度・事業の解説が大半で，杉浦一郎給与課労
務係長の給与システムの講義も，現行給与体系の矛盾への指摘などはなかった。私は
県庁に1年在職していたので，新卒の研修職員より予備知識があった。講義後，質問
を求められたが自制した。[2]

しかも研修講師は，学校講義の口調で熱意もなければ批判精神もなく，制度の解説
で研修生は退屈そのものであった。

ただ後に上司となる宮田監査事務局課長の講義は，市政の無駄な支出事例を素材に，
内部告発にも等しい行政批判が，強烈な印象となった。

第2に，市施設の現地見学もあった。私たち研修生は，大学の講義のような研修に

うんざりしていたので，気分転換になった。ただ老人福祉施設を訪れて，八畳部屋の4隅にそれぞれ，一人づつ高齢者が坐っている，異様な光景にぶつかった。

　恐らく辛い人生をたどって，やっとたどりついた安住のすみかが，このような状況でよいのか，施設長との意見交換もなく退去となったが，大きな衝撃をうけた。

　福祉にかぎらず，研修生が行政現場の現実をみて，改革への感受性を，どれだけ揺さぶられるかが，将来，市民にとっても大きな影響力を，及ぼす結果となる。

　第3に，区役所での職場研修が，2・3日あったが，事務補助のような作業だけで，これから重要となる，地区振興・市民協働などの，区政改革の説明もなかった。区サイドの受入体制が，できていなかったからではないか。

　本庁での職場研修は，民生局婦人児童課で，保育行政・児童福祉など，さまざまの課題説明があった。しかし，私自身が福祉行政にまったく素人で，制度・行政の実態をきくだけで，市役所の事務事業は，新卒の私にとって，未知の分野が多すぎた。[3]

　第2課題として，私の体験から改革試案を示してみると，第1に，新人研修は神戸市政の実態を，まず知ることが重要である。採用職員は神戸出身者でも，神戸市政を知っているとは限らない。

　基礎的素養として，市史の講義をやるべきで，歴史を学ばなければ，実際，良い職員にはなれない。そこには歴代市長の失敗と成功の事績があり，これからの実務にいかすべき教訓がある。

　つぎに現地視察である。神戸出身の私でも，神戸市は市域も広いし，北神地区の八多・大沢・淡河村は，鉄道・電車の便もなく，なかなかいけない。

　私は税制課調査係長のとき，農業所得の市税減免の申請の立ち合いで，大沢だけはいった。また多くのビッグプロジェクトの現場，有名な建築物など，研修視察でいかなければ，生涯みる機会もなくなる。

　第2に，研修打上げ会は，私の年度は，豪勢な富山県宇奈月温泉であったが，地域を知るためには，六甲縦走が最適である。

　市バスと徒歩で，修ヶ原・森林公園・六甲山牧場を見学し，休憩しながら六甲山頂の市共済組合松風荘に宿泊し，2泊目は有馬温泉での総括討議がよい。

　雨天であってもロープウエイ・ケーブルもあり，臨機応変に対応できる。また有馬温泉といっても，安上りの旅館・ホテルも多くあり，私もゼミ学生の合宿でよく利用した。

第3に，政策課題の徹底討論である。本来ならば研修職員に，研修レポートを提出させ，集団討議をし，人事課が研修後の配置を決定する，人事評価材料を得るため必要である。

私の記憶は定かでないので，簡単なレポート提出があったかも知れないが，いずれにせよ人事評価の材料になるような，報告書ではなかったはずである。

第4に，人事課研修係には，私の上司になる岩井宏邦主任がおられ，大変，お世話になり，申し訳ないが，研修スケジュールは，ムダが多かった。

その後，新任研修の講師で，淡路の青少年センターの合宿研修に参加したが，その時は，砂浜を走らすハードトレーニングが，とり入れられていたが，落伍者がみられ，やり過ぎではないかと危惧した。

新任研修に限らず，事務事業の目的，費用効果などを十分検証すべきで，前例踏襲は無駄の増殖となりかねない。

私は研修講義でも，紋切り型でなく，聞き手の意向を察知し，ニーズに即応した内容でなければ，効果もないとの意向をもっていた。[4]

## 注

(1) 松下圭一法政大学教授は，公務員は市民，公務員，労働者の3つの性格がある。自治体職員は，市民の立場で行政をする発想を原点として，行動すべきと訴えている。私の推論では，労働者に徹すれば，ムダがあっても改革しない。公務員であれば，公務員の責務として改革を指摘するが，反対があれば実践しない。市民感覚であれば，ムダがあれば，市民サービスの向上ため，上司と衝突しても，万難を排して市民サービス向上をめざす。要するに市民の感覚で行動するかどうかである。

(2) 私が質問したかったのは，「私たちは現在の中高年職員の年齢になっても，同一給与水準にならないが，この不公平をどうするのか」との点であった。原因は戦後のインフレ時，給与運用にあって，給与体系を改定せず，6ヵ月短期昇給を繰りかえした。安定成長期になり平年度運用となると，新規採用との格差が発生した。局長会議で当時の宮崎助役は，古参局長の退職金が，数千万円になると名指して批判していたが，是正措置はとられなかった。

(3) 中西十四郎保育係長に，中学でサッカー部の経験があるといったら，人数が不足しているので，サッカーシューズはあげるから，市サッカー部へ入部してくれといわれ入った。その年の夏季休暇を利用して，自衛隊姫路駐屯部での合宿にも参加し，公務員として優雅な生活を満喫した。練習試合は，2・3度は出場した。次年度，新規部員がふえたので，自然退部となったが，人脈はひろがった。百万都市といっても，村役場と同じで，仕事の上で何かと便利であった。

(4) 主幹・参事では，毎年，新任職員・管理職員の研修をした。研修係は地方制度の解説を期待したが，総務局が出版している1500頁に及ぶ「事務手引書」を読むようにすすめた。新

任研修は地方制度と大都市の問題，神戸市史・都市経営などの話をし，新任職員の意識改革に努めた。管理職員には，市長物語・都市問題・人事給与・行政改革などをエピソードなどまじえて講義したが，脱線して，市OBから聞かされた，退職後，年金生活はインフレで目減りし生活困窮に陥り，また生き甲斐のある趣味・仕事をみつけるのが大変といった，退職後の人生のむずかしさも話した。

## 財務課予算兼雑用係

　私の最初の職場は，財務課調査係であった。都市経営の必須専門分野で，企画課勤務後，税制課調査係長となったので，税財政に精通できた。ことに税制は，外部からでは難解であるが，内部で実務経験をつむと，案外，実態はよくわかる分野であった。

　さて財務課調査係といっても，中谷清俊調査係長，中尾正夫庶務主任，西沢章子係員と私の4人だけで，私の執務内容は，庶務・調査・予算(消防局担当)であったが，庶務の雑用が大きな比重をしめていた。[1]

　私はこの雑用を，何とか軽減しようと知恵を働かした。第1に，文房具・官庁用紙の調達・保管事務で，職員の要求で保管状況を調べ，地下室の物品調度係へ，たびたび発注して，引き取りにいっていたが，2年分をまとめて調達したが，誰にも苦情をいわれなかった。

　第2に，頻繁に発生したのが，計算・複写の作業であった。予算編成期になると，消防局担当は暇とみなされ，一晩中，アンモニア臭のある複写室で，予算書を何冊もコピーさせられた。物件費を惜しみ職員を酷使する，宿弊の犠牲となった。[2]

　つぎに計算作業で，当時，職員には手動式タイガー計算機が与えられていたが，肝心の割算機能は，時間がかかった。財務課に1台だけ，デスク型電動計算機があった。日中は教育・土木などの大口予算担当が，占拠してしまうので，早朝出勤して，消防局予算・財政調査計算を片付けた。

　第3に，会計の支出命令書作成で，事業課でないので，少ない方であったが，それでもかなりの件数となった。しかし，些細な経費建替払(駐車料金)まで請求されたが，一般的支出と違い手数が現金払いで繁雑となり，10倍以上のコストがかかった。

　平素の勤務状況をみると，誰しも私用で有形無形に公費を使っているが自覚していない。融通をきかして，たまには公費の私費負担をしても，罰が当たらない。些細な

ことであるが，一事が万事で，実質的コスト意識でもって，柔軟に処理すれば，公費節減に大きく貢献する。

　第4に，直営印刷所の問題である。財務課の予算・決算書，業務報告書，議会議案書などの印刷は，神戸駅ちかくにあった，直営印刷所で印刷したが，民間業者とくらべて，極端にサービスが悪く，融通がきかなかった。

　業務報告書は，私の担当で各部局の庶務から，提出された原稿を，編集・出版するが，官庁の悪弊として，校正の途中でも，修正がいくらでも入ってくる。

　民間の業者の対応は素早いが，直営の印刷所では文句をいわれ，しかも遅いため，期日に間に合わせるため，神経をすり減した。私は民間業者が，処理できる事務事業は，民間委託でという，直営方式への拒否反応が根付いていった。[3]

## 注

(1) 庶務は，なんでもやらされたが，係長から衛生管理者の資格が，各局で1人が必要で，理財局は合格者がなかなかでないので，頑張って取ってほしいと懇願された。仕方なく受験用解説書を購入し，10月に国家試験をうけ，昭和35年12月20日に兵庫県労働基準局長から，「衛生管理者免状」(第6463号)の交付をうけ，係長に合格を伝えたが，素っ気ない返事だけであった。まして手当が支給されずはずもなく，馬鹿正直に頑張って損をしたが，衛生管理者の仕事は何もなく，何のための資格者設置か，行政の無駄であった。

(2) 私は庶務の新入りで，課長・係長の複写だけでなく，予算担当主任の複写を頼まれた。複写機は市役所の地下室に1台しかなく，連絡用エレベータは3階通過がよくあり，やむなく3階・地下室を，運動靴をはいて往復した。別段惨めとは思わなかったが，せめて各階に1台ぐらい，大神戸市が設置すべきだと，情けなくなった。企画課に能率係があったが，それ以前の問題であった。常識的には複写器購入は，職員の残業手当が減少し，単純作業がなくなり，本来の職務に精励でき，数倍の節減効果が発生する。しかし，庁内では職員は採用してしまえば，いくら働かせても，人件費は同じという，まったく費用効果を考えない，妄想にとりつかれていた。

(3) 印刷所人員約27人で，当時の平均年人件費100万円とすると，民間は約半分で50万円×27人＝1,350万円，10年廃止が遅れると1.35億円，施設管理費をいれると1.5億円はこえる。その後，直営印刷は廃止されたが，交通・病院・水道など，"公共性"のある事業はともかく，一般事務は多様な経営形態で，最適方式を選択していくべきである。直営の生活廃棄物収集方式は，大きな負担となっているが，福祉サービスの膨張を考えると，民間委託方式にし，公的福祉サービスの流用財源とするべきである。ただ早期に実施し，退職者不補充で，強制退職者を発生しない長期対応策が実現性があった。ごみ収集については，高寄昇三『ごみ減量再資源化政策』(2001年)73〜82頁参照，以下，高寄・前掲「ごみ再資源化」。

　　　　　　　　　　　　　　　　　　　　　　財政課予算兼雑用係

## 財務課落第生の追放劇

　財務課の仕事は，新入職員にとっては，　何らの予備知識の情報もなく，徒弟奉公のような，見様見まねで習得するしかなかった。ただ消防局のベテラン奥川音次郎嘱託には，懇切丁寧に指導していただいたて助かった。

　第1の事案として，私の財務課での業務をみてみると，第1に，予算事務は，新入職員は慣例として消防局予算担当であった。消防費は，関係各局との予算の入り組みがなく，しかも補助金・手数料なども少なく，単純予算であったからである。

　ただ消防局予算は，昭和35年度全予算196億円，消防費5.44億円（構成比率2.78%）に過ぎないが，経済局の産業経済費4.94億円よりは大きかった。

　小規模といっても，消防局予算を担当し，予算編成・執行に関与できたのは，貴重な経験となった。何によりも財務課を離れて，予算要求の立場になっても，財務課へのコンプレックスを感じないのは，大きな強みになった。

　第2に，財政調査は，厄介な調査は中尾主任が担当していたが，何分，件数が多く，簡単な調査は，私が予算・決算・業務報告書などと睨めこして，調査項目の空欄を埋めていった。そのため財政指標の勘どころが，養われていった。

　財務課1年目で，地方交付税算定の大仕事が，舞い込んできた。北神淡河町合併で，合併補正交付税の交付となった。昭和34年度の神戸市は不交付団体で，35年度から本番となり，予算係の嘉本主任と2人で，基準財政需要額を改めて精査したが，大変な作業量となった。

　しかし，交付税なる摩訶不思議なシステムを，基礎数値から算出操作をしたのは，得難い体験となった。

　第3に，市長査定は，当時，須磨海浜公園内の市長公館で行なわれた。市長・助役への予算要求では，担当局長の説明能力・各部局の要求書など，腕の見せどころであった。

　要求する各部局はともかく，要求される市長・助役は，長時間の査定で疲労困憊，頭の回転も悪くなっており，よほど簡潔に説明しなければ，理解してもらえない。[1]

　第4に，予算編成時は，平職員の私でも，季節労働で須磨市長公館での徹夜勤務となった。もっとも私などは深夜に仮眠を，薄い煎餅布団にくるまってとれたが，予算担当係長・主任クラスは，徹夜となったのではないか。

　第2の事案として，予算執行決裁をめぐる，財務課長との衝突をみる。財務課の執務は，なんとかこなしたが，支出科目流用をめぐって，当時の棚池信一課長との

衝突という，想定外の事態となった。

　第1の事例は，生田区旧居留地の消防出張所敷地は，国有地であったので，消防局が大蔵省近畿財務局と交渉し，市有地への払下げをしてもらった。当時のことで，いわゆる接待費(消耗諸費)が膨らんだので，他費目からの流用の決裁であった。

　しかし，財務課長は，事後決裁などの理由で流用を認めないので，担当者として消防局の苦労に免じて，流用は認めるべきと，融通の利かぬ課長判断に反対した。最終的には消防局は，外郭団体の文房費と，消防局の接遇費の振替支出で，辻褄をあわせるという，いらざる気苦労をした。

　第2の事例は，御影消防出張所建設で，用地買収費は予算化していたが，敷地所有者の伊藤忠兵衛家から寄贈となったので，建設費に流用したいとの決裁であった。私としては消防局が努力して，用地費を浮かしたので，建設費枠内の流用を当然認めるべきとの考えであったが，またしても課長は，昔堅気の財務気質で認めなかった。

　結局，私は土地・建築費の内訳まで，課長は審査しないので，用地費を圧縮し，建築費を膨張させ，一部を次年度へ繰り越し，建設費へ流用した。

　初年度建築費膨張を避けるため，本体工事以外の電気設備などの付設工事は，会計年度上は次年度に繰り越し，他建築費に紛れて執行する，悪知恵をはたらかし，なんとか辻褄を合わせた。消防局は業者への支払を，次年度に繰りこすとか，さまざまの会計操作に難儀した。

　第3の事案として，財務課からの配置転換を見てみると，財務課長の意向を無視する予算措置をとったが，もし露見すれば由々しき事態となる。もっとも消防費でも人件費は，毎年，巨額の予算剰余は発生していたが，物件費への流用は，絶対にみとめられない，不文律があったが，物件費はきびしい流用禁止はなかった。

　新米の私が敢えて，反対した心情は，第1に，財務課長が物件費内の流用手続きまで，余り干渉するべきではないとの論理であった。実際，予算査定でも，広報紙の枚数を調べて算定していたが，政策査定より経費査定が罷り通っていた，情けない現状に耐えられなかったからであった。

　第2に，財務課長は，私の知りえない思惑が，あったかわからないが，このような財務課の財政支出への統制は，大袈裟にいえば，国・地方関係の市役所版の悪しき官庁体質で，その淘汰が急がれた。財務課は予算編成・財政運営といった，本来の財政施策最適化に専念すべきであった。

第3に，これら費目流用・分割執行などの裏操作事実が，課長の知るところとなったかどうかは，分からずじまいであった。

　しかし，財務課担当職員は，係長試験までの8年間在籍が，不文律であったが，2年で財務課はお払い箱という，異例の人事異動になった。

　第4に，私はこの人事を，個人的事由とは，考えていなかった。私が神戸市役所へ就職した当時，戦後，学卒採用の25年組の原田健（のちの理財局長），安好匠（のちの環境局長・教育長）などが，改革意欲が旺盛であった。

　勉強会と称して，勤務時間後，庁内で研究会をひらき，旧態依然たる役所体質に悲憤慷慨し，淘汰を訴えていた。当時，学卒採用職員は，市役所全体では圧倒的少数であった。市役所向いの飲食店河野家からうどんを取って，意気投合して気炎をあげていた。

　当時，職人肌の管理職が多く，学卒職員は上司との軋轢にかなり悩んだようで，勉強会という名目で，役所気質の変革をめざした。私自身は財務課罷免については，この戦前派の職人気質と，戦後派の近代合理性の意識落差とみなした。

注

(1)私は消防局予算要求を，緊張して同席していたが，原口市長は，大西雄一消防局長の説明に脊をむけて，予算要求書をみているだけで，局長の説明をあまり聴いていない様子であった。しかし，突然，向き直って人口の数値が，間違っているといいだし，局長の説明も混乱し，時間切れであっけなく幕切れになった。不幸中の幸いというが，市長が査定するほどの重要事業はなかったので，市長査定後，助役・局長ベースで再査定された。ほどんどの要求事項は認められたが，思わぬハプニングの一幕であった。


## 「なんでもやる」企画課

　私は財務課を，2年で追いだされたが，"面白い奴"がいると，宮田芳彦企画調整課長に拾ってもらった。まさに捨てる神あれば，拾う神ありで，私の役所生活も様変わりした。昭和37（1962）年総務局企画調整課企画係に配置換えとなった。ともかくカッコよい名称で，向井章係長のもとに係員5人で，私は会計処理・複写事務からも解放された。

　企画係は，2年間（昭和37・38年）の勤務であったが，「なんでもやる課」で，看板に偽りありであった。宮田課長は，やり手で細かいことは係員まかせで，仕事はやりやすかったが，外部との折衝も大まかであった。

　そのため庁内調整会議で，引きとり手のない雑務を企画課が押し付けられ，そ

のとばっちりで，私は企画係本来の事務とは，縁もゆかりもない雑用を押し付けられた。

　第1に，交通安全運動で，行政・区政・市民課のいずれかが，分担すべきであったが，奇妙にも企画課担当となった。

　幸い実質的な運動は，区役所が分担してくれたが，私の仕事は，旗・帽子などの用品調達・配布など雑役だけであったが，意外と時間・労力を費やした。[1]

　ただ交通安全運動は，建前は企画課が主管課であったので，熱心な市民の方が，しばしば来られ運動状況を説明されたが，その熱意に十分に応えられなく，申し訳なかった。市役所として今後，市民が行政非難の先鋒となるか，行政協力の精鋭となるか，市にとっても重大な事態となると予感した。[2]

　第2に，須磨海水浴場の管理運営である。土木局に頼み，掘立小屋を設置してもらい，須磨区保健所の看護師，須磨消防署の救命士の方と，私の3人が駐在となった。私は常駐できないので，週に2・3日であった。警察は県管轄で，常駐は困難で須磨署に懇願して，巡回強化をしてもらった。

　須磨海水浴場は，年数十万人の憩いの場とあるが，汚染がすすみ，このままでは閉鎖となりかねない。そこで先進地である，関東の鎌倉海水浴場視察にでかけた。まずびっくりしたのは，海岸は白砂青松と思っていたが，砂浜は黒っぽい砂であった。

　鎌倉市は海水汚染対策として，塩素滅菌装置を敷設し，塩素水で点滴をしていた。担当職員は，効果は気休め程度でと，苦笑していた。帰神して臨時費で，妙法寺川に塩素滅菌装置を敷設したが，まさに大海の一滴で，須磨区の下水道整備が急がれた。

　さらに心配の種は，白砂の浸食による縮小である。砂防ダム・宅地開発などで，海へ流入する白砂減少が原因であったが，ただ傍観するしかなかった。

　その後，開発局がハワイの養浜工事を視察し，昭和46(1971)年沖合に流出防止堤防を建設する，養浜工事(2億円)を市単事業で着工し，35mまで浸食された砂浜を70mに復元に成功した。このような先進的事業は，本来，政策官庁を自認する中央省庁がなすべき，政策形成にあって，自治体に先行されては，政策官庁の沽券にかかわるのではないか。[3]

　この効果に注目した政府が，48年国庫助事業として採用し，全国に普及させてい

ったが，神戸市もその後補助事業で36億円を追加投資している。

　神戸市は先進市としての名声をえたが，先験都市としての苦労・支出があった。このような先進事例は，新長田市街地改造・工場アパート・新交通システムなどもあった。

　第3に，市迎賓館相楽園の宿直で，正月元旦の宿直当番となった。当時，独身であったので，別段支障はなかった。2日に広い立派な庭園を眺めながらの散策は，格別の気分であった。この庭園は，戦後第1回公選市長小寺謙吉の邸宅で，戦前，市民暴動をうけ，一躍有名になった。たが小寺財閥も経済低迷の痛手をうけ，勝田市長の時，神戸市が買収した。

　この相楽園は，秋には菊花展が開催され，一般的市民に有料公開され，また邸内には，神戸の茶道愛好家が，特別に茶会をゆるされる茶室があった。さらに相楽園には明治異人館ハッサム邸が移築されており，重要文化財が3つもあり，ひとりでゆっくり眺めるのも，おつなものであった。[4]

　ただ文化資産を観光資源として，保存・維持するには，巨額の経費がかかる。風見鶏で有名な異人館の前に，マンション建設の動きを市は察知し，宮崎市長の厳命で買収し，現在は階段状の公園になっている。

　もし手遅れになっていれば，景観が壊されただけでなく，観光地としのイメージも，ガタ落ちになったであろう。

　また東京銀行旧支店を買収し，市博物館としたが，買収費・運営費を考えると，文化資産であるから施設収支は問われないとはいえない。市内消費効果がかなり発生しなければ，文化戦略としては経営手腕が問われるであろう。

　観光行政といっても，自然資源はともかく，文化財保護・景観保全などの人工資源は，維持・運営には，コストと労力が予想外にいることがわかった。或る意味では開発投資よりサービス投資は，物入りであったが，神戸市はそれなりに支出を惜しまなかった。[5]

**注**

(1)区役所への事務連絡・用品運搬は，已む無く市公用車を利用したが，全区役所への用品配送は2日間かかり，運転手は荷物運搬をしないので，高層階の庶務課への搬入は重労働となった。要するに事務職の私などは，なんでもやらされた。災害時に布引の滝の奥にある，市ヵ原の現場で泥のかき出しに従事し，埋立地の防衛庁売却反対市民運動阻止のため，市会議事堂のピケに狩りだされた。神戸祭のパレードでは，雑踏整理で道路に座り込みをし

た。肉体労働・危険作業・群衆整理なんやらされる，動員予備軍であった。企画課といえば知的遊戯で，優雅な勤務ができるという夢は，無残にも吹っ飛んでしまった。

(2) 私の研究課題でも，比較的早い時期に拙著『コミュニティと住民組織』(1979年)を出版し，研究所でも『地域住民組織の実態分析』(1980年)などをまとめている。防災・防犯・ごみ選別など，行政・地域の連携は不可欠で，町内会・自治会の存在価値は，再評価しなければならないだろう。一方，環境保全・地域福祉・市政監視などは，地域機能団体の役割は，その後，NPO法人の法制化などで，活動実績は飛躍的に拡大している。自治体は，これら組織と連携して行政を，どう展開するかが，きわめて重要となってきた。私の研究をみても，『コミュニティ・ビジネスと自治体活性化』(2002年)などの出版となっている。

(3) 養浜工事については，宮崎辰雄『人間環境都市への挑戦』(1973年) 84・85頁参照。

(4) なぜ異人館が相楽園に，移築されたかであるが，昭和30年代になると，都心山手北野地区の異人館は，マンション建設で日一日と，取り壊わされていった。ハッサム邸までも破壊が及ぶと，当時の原口市長・文化人・マスコミが保存を訴え，所有者の神戸回教寺院当局から，買い上げることになった。この買収は難航したが，北野在住の主婦寺西みねさんの尽力によって成功し，移築にあっては市職員坂本勝比古技師が頑張り，異人館は破壊を免れた。先人の苦労を偲びながら，ハッサム邸を静寂のなかで眺めると，よくぞ生き延びたとの思いがこみあげてきた。本来，現地保存であるべきだが，当時，異人館は観光資源との認識はなく，北野地区外への移築となった。なおハンター邸は県が移築し，王子動物園内の設置されている。北野異人館地区の都市景観・異人館保全について，新修神戸市史編集委員会編『新修神戸市史・行政編III都市の整備』362〜370頁参照，以下，神戸市・前掲「神戸市史・行政編III都市の整備」

(5) 宮崎市長は，垂水区舞子の五色塚古墳復元で，当初5,000万円の予算要求であったので認めたが，一度スタートした事業は中止にできないので，最終的には数億かかったとこぼしていた。さすがのカミソリ宮崎市長も騙されたかと，教育委員会の策謀に舌をまいたが，宮崎市長は，予算超過はある程度予想していたのではないか。それは教育・福祉施設で，予算超過課は頻発していたが，宮崎市長はあまり叱責していない。善意の過失であれば，数億程度の支出は必要であれば容認していた。昭和51年坂本典昭心身障害福祉室長が，心身障害福祉センターで2割の設計オーバーで2億円も予算超過となり，財務課に叱責されたが，宮崎市長はそのまま追加工事費を決裁し，事なきをえている。いうなれば事後決裁であり，否決されば工事見直しとなれば大変な事態となるが，無事にすんでいる。坂本典昭『福祉行政最前線』(1990年)187・188頁参照。以下，坂本・前掲「福祉行政最前線」。

## 「イベント」プロモーター

　「なんでもやる課」を，さらに拡大させたのが，イベント行政であった。各局庶務課が，所管イベントは分担していたが，市全体イベントは，企画課が総合調整という口実で，担当させられた。

　第1のイベントは，昭和38(1963)年11月5日，第7回「日米市長・商工会議所会頭会

議」で，私にとってはじめての国際会議で，会場は神戸オリエンタルホテルに決定し，同時通訳のイヤホーンは，三洋電気から借り上げて対応した。

会議が近づくにつれて，発表者の選定・発表要旨の印刷など，事業量が膨らんでいった。日米の問題意識の落差から，発表テーマの取りまとめには苦慮した。[1]

事務的には海外の参加人数・日程が，なかなか通知がなく，事務局としては伊丹空港への出迎え，ホテルの部屋割などができないなど，かなり焦った。

また会議担当の企画調整課主査が過労で倒れ，現場担当の私たちが，独断でスケジュールを，進めていかざるをない羽目になった。イベント行政は，最後の1週間が勝負で，体力・人員・予算を，温存しておくのが，ベストというノウハウを学んだ。

第2のイベントは，昭和42(1967)年5月15日の神戸開港百年祭であった。本来なら港湾局所管であるが，百年祭で大々に施行され，国際港湾都市会議も同時開催で，全庁的体制での対応となった。

またしても企画課にお鉢が回ってきて，新設の総合調整係が事務局となった。ただ総合調整係は係長をふくめて3名で，港湾局から2名の応援員を派遣してもらった。

準備は前年度からはじまり，個別事業ごとに各部局に割りふった。たとえば式典は総務局で，参加者名簿は給与課，式場設営は行政課と細分して，日常業務に支障がないように配分していった。港湾局は式典の引き出物として，全ページカラーの『神戸開港100年の歩み』を，作成するなどであった。

本番の行事は，着々と進んだが，開港100祭を盛り上げるため，毎年実施されている秋の懐古行列と春の神戸おどりを，開港祭当日に同時実施と決定された。結局，このパレードも，100年祭本部の所管となった。

さらに事務局員を驚愕させたのは，予算1億円を2年計画で計上していたが，2年目の予算査定で，原口市長が，祭りに1億円は多すぎると言い出し，突然，5,000万円に削られてしまった。

この予算削減は，国際都市港湾協会(IAPH)開催経費の補填か，単なる予算減額措置かわからないが，関係部局はすでに事業の一部に着手していた。

そのため事務局が，関係部局に自腹を切ってもらうよう，頭をさげるしかなかった。この開港百年祭の秘話として，海上自衛隊の連合艦隊派遣中止に，事務局は衝撃に見舞われた，忘れがたい事件であった。[2]

港湾局所管の「神戸開港100史」は，カラー頁は半分にし，500万円としたが，それでも財源不足となったので，増刷して区役所で有償配布し，財源を捻りだした。

　また総務局分担の式典費は，会場費は負担するが，一般開催費は，総務局全体での工面としたが，関係部局から不満が続出した。市役所内はともかく，民間の事業者にも一部約束しており，善後処理には頭を悩まされた。<sup>(3)</sup>

　開港記念日がちかづくが，市内の祝賀気分は，一向に高揚しない。広告費約250万円は，全額削減されてしまっていた。石田課長は，公務員離れした，雑誌広告・テレビ放送という秘策を打ちだした。<sup>(4)</sup>

　ただ春の懐古行列と秋の神戸カーニバルの同時開催は，祭典本部の人員・予算も考えずに，事業効果だけを狙った，思い付きでの実施で，事務局へ大きな禍根を残すことになった。<sup>(5)</sup>

　祭典当日，私は事務局に陣取り，万一を想定し，親衛隊長よろしく20名ばかり，応援職員・連絡要員を手配した。宣伝が効きすぎて，当日，パレードの観衆が沿道に膨れて，密集による交通麻痺・人身事故が，発生するお恐れがでてきた。

　そのため岩井係長以下，本部の要員が急ぎ整理に出払ってしまい，本部要員は激減してしまった。そこに石田課長から，市役所前のビルから紙吹雪をまき，パレードの景気付けをやってくれとの緊急電話が入った。

　やむなく残りの私以外本部員全員ででかけてしまい，本部は私一人ぼっちになってしまった。

　パレードが無事すみ，人波が散らばっていくのを見て，やっと緊張がとけ，連日の疲労に一気に襲われた。いずれにせよ事故がなく，何よりであったが，イベントの裏方は，懲り懲りだと骨身にしみした。

## 注
(1)困惑したのは，商工会議所会頭のアメリカサイドの発表テーマは青少年育成で，日本側もこれに合わすことになっていた。アメリカでは企業・経済界が，夏季休暇に河川・海岸清掃などで，学生の有償ボランティア活動をつうじて支援をすすめているとの内容であった。しかし，日本商工会議所は，社会活動をしていないので，草案作成には頭を，悩まされたのではないか。
(2)開港百年祭を記念して，海上自衛隊の連合艦隊による観艦式を，神戸港で挙行する案がきまり，神戸市と神戸市自衛隊協会が主体となり，自衛隊に打診して承諾をえた。ただ当日に一部市民団体の反対運動が神戸港内で活発に展開されるとの情報が入り，結局，紛争を回避するため中止が決定されたが，艦隊はすでに出発しており，重大な事態になった。自

衛隊の配慮によって事無き得て，神戸市・協会も安堵で胸をなぜ下した。印象的であったのは，課長とともに有岡助役の決裁をえるとき，助役は市民の反応は，大丈夫ですねと危惧の念を示されたが，楽観ムードであったのでそのまま決裁をもらった。神戸市政は，宮崎助役の"動"という積極性が事業をすすめ，有岡助役の"静"という慎重性が，市政の暴走をコントロールしていたが，この事案は事務局のミスで破綻を招いた。

(3) この時，事務局は「湊川神社前の『菊水せんべい』を，式典の粗品として配るからという感触をにおわせていたので，当時の社長さんは，期待して何度も足を運ばれていた。情にもろい石田課長が『せんべいを買うか』とまず折れ，私が半分，自棄くそで数百箱近く買い込んだ。ところがこの煎餅を手土産にして，石田課長はせっせと寄付集めに回って2・3百万円を集めてこられた。私も門前の小僧よろしく見習って，関係課へ煎餅を手土産に，費用をねだりにいき結構，戦果をあげた」（高寄昇三「異色の人材」『フレッシュ・ひがしなだ』第6号・昭和60年6月1日）が，大量の煎餅は，それでもさばききれなかった。最終的には費用転嫁で面倒をかけた関係各課・区役所に，慰労として配布し，かえって同情された。

(4) 宣伝について，「私はどうなるのか気が気でなかった。ところが朝日グラフの『神戸開港百年祭』の特集をみてびっくりした。もちろんスポンサーとして，市内の企業が名をつらねているが，石田課長が仕掛人である。『さすが課長だ』と，滅多なことで人を誉めない私も脱帽した。・・・・・・開催，1週間前になって，もっとショッキングな宣伝作戦が浮び上った。当日の祝賀パレードを1時間にわたってNHKが，テレビで実況放送することが決定した。当時としては異例のことであった。まさに石田課長のウルトラC」（同前レポート）であった。石田課長の官僚ばなれの才覚・発想に舌を巻いた。

(5) 協賛のパレードを集約したので，終着地の東遊園地では，駐車場不足となった。石田課長は，私をつれて周辺ビジネス街をまわり，付設屋外駐車場がある事業所をみつけては，日曜日は100年祭での利用をお願いするよう，私が各会社と交渉するよう命じられた。難儀なことになったと，気が滅入ったが，民間企業は快く承諾していただきホッとした。大袈裟にいえば，何事も勇を鼓してぶつかるべきということを学んだ。石田課長はその後，東灘区長から市会議員になられた，ユニークな人材であった。企画課では，宮田・池田・石田課長と，タイプの異なる課長に仕え，組織内の遊泳術を学ばせてもらった。

## 市町村合併騒動の顛末

　町村合併は，都市間調整で総務局行政課ではなく，企画調整課の所管であった。神戸市は戦後，神戸市を中心とする，20〜25km圏の地域を，合併する方針で，市街地の東西，六甲山系背後の西北神地区の合併をめざし，昭和22〜33年にかけて，20ヵ町村を合併するが，肝心の明石市合併は，昭和30年1月23日の住民投票で否決され，明石郡の農村部だけの合併にとどまった。

　それでも東部5町村，西北神15町村（有馬・明石郡）を合併し，面積は21年115km²から，22年390km²，38年532km²と4.63倍に拡大され，合併がすすみ一段落していた。

昭和33(1958)年10月，加古郡稲美町合併問題が発生し，38(1963)年，神戸市・稲美町議会も合併を議決し，県へ合併申請をする。

　しかし，県は播磨工業開発に支障がでるとの理由で，反対を表明する。合併申請採択・拒否の権限は，県がもっており，合併成功の可能性は小さかった。

　しかも神戸市にとって加古郡への越境合併は，無理があったが敢えて申請をした。私は合併担当で，早急に合併促進素案をまとめるよう命じられ，戦前の勝田銀次郎市長が提唱した，武庫川・加古川にわたる，大神戸市案を提示した。

　合併が切迫し，稲美町合併賛成派は，兵庫県・神戸市へ陳情攻勢のため，バスで大挙して来神するとの情報がはいり，夕食のパンを数百調達するため，パン業者に注文する，てんやわんやの騒動になった。

　県は合併問題を，議会に提案せず，総務委員会だけで処理する目算であった。その背景には，神戸市選出県会議員の大物細見達三議員が，病気で長期不在，そのうえ議会総務委員会での神戸市議員は2・3名程度で，県執行部は，議会総会審議は不要と門前払いとを目論んでいた。それでも神戸市会議員は分担して，阪神間都市の選出議員への工作を試みたが，賛成をえられなかった。

　県の稲美町への合併締め付けは強く，昭和38年11月になると，稲美町は赤字再建団体として，再出発を余儀なくされ，合併問題はそのまま棚上げとなり，自然消滅した。[1]この合併問題は，権限をもつ県が，神戸市より絶対的有利な地位にあることを，改めて痛感させられた。[2]

　県も市も，突如起こった合併に，泥縄式の対応であった。県にしても播磨工業地帯への影響というが，漠然たる理由で，稲美町は海岸線に面しておらず，具体的にどのような支障が発生するのか指摘はない。

　神戸市も西神地区への地下鉄延伸などの事業計画は，当時はなく，稲美町の合併要求に対応するという，受動的対応であった。

　神戸市の合併方針は，戦前昭和期における周辺合併の遅れが尾をひいていた。[3]歴史的にみて合併は，府県が許認可をフルに活用して，大都市を統制・操作していた。そのため大正14(1925)年の大阪大合併，昭和6(1931)年の京都市の伏見市合併も，三部経済制廃止が交換条件であった。

　神戸市は戦前，三部経済制廃止という切り札があるうちに，明石市・北神の山田町などの合併を試みるべきであった。しかも県は三部経済制廃止と交換で合併打診

を，時の勝田市長が断っている。結局，政府によって昭和15年，三部経済制は全廃となる。[4]

　稲美町合併挫折の原因は，不利な行政状況での合併であったが，昭和28年9月，議員立法で「町村合併促進法」が，3ヵ年の時限立法で成立していたので，この時点で稲美町合併をすすめていれば，成功していたかもしれない。しかし，もともと受動的合併で，当初から情勢分析もなかった。[5]

　この間の市境調整で特異な出来事としては，芦屋市との市境調整で，海面埋立事業がすすむと，市境が沖合で交錯する事態となるので，調整問題が発生した。

　私が考案した案は，大阪湾は楕円形で，中心が2つあり，その2つを結ぶ軸の中心にむかって，延ばせば交錯することはない。

　奇想天外な案であるが，政策検証にも対応できる，我ながら見事な案であった。課長段階の一度の会合で，両市が相互に了承し埋立事業はすすめられた。

## 注

(1) 合併認可システムは，制度的には問題であった。市町村合併という府県・市町村が，対立する重要事項が，実質的に府県段階で決着できる制度で，戦前の政府による府県経由方式の市町村支配システムが温存されていた。地方分権一括法で，機関委任方式が廃止されても，基本的支配システムは縮小されたが，存続されている。あとにみるように政府が，調整機関を設置するシステムが，あってしかるべきであった。

(2) この合併騒動は，稲美町の財政悪化が引き金で，神戸市との合併で赤字解消という目算が大きな要素であった。神戸市としても，この程度の合併規模で交付税種地ランクが低下する恐れはないので，それほど実害なく，将来の工場団地建設あって，稲美町は有望な地域であったので合併申請となった。県が中立的立場を逸脱し，町当局へ圧力をかけ，稲美町反対派を利することとなり，結局，反対派2人から9人に増加した。この点をとらえて，久保源三郎総務局長が「県政の堕落」と非難し，県市の関係は険悪化した。合併の経過について，神戸市会事務局『神戸市会史第5巻・昭和編3』(1977.3) 173～184頁参照。

(3) 戦前昭和期をみると，横浜市は37km²から401km²，京都市は60km²から289km²，東京市は81km²から469km²へと大合併を実施している。大阪・名古屋市は，大正期に大合併をしている。神戸市のみが63km²から83km²と，垂水区の合併だけである。背後を六甲山系に阻まれ，合併はすすまなかった。

(4) 岡田周造知事(昭和11～13年)から，三部経済制廃止と交換条件に周辺市町村合併を打診してきたが，勝田市長は合併で財政負担がふくらむとの理由で断っている。難しい判断であったが，三部経済制は大阪・京都市でも合併と交換で廃止に同意しているので，残る神戸・愛知もいずれ廃止されることを予想してもよかった。岡田知事の打診については，阿部環『続神戸市長物語(1)』(神戸市史紀要『神戸の歴史』第7号・1982.10) 84頁。以下，阿部・前掲「続神戸市長物語(1)」。

(5) 他の大都市をみると，大阪市は昭和27年，周辺7ヵ町村の合併申請は，大阪府が放置したま

であった。名古屋市の30年の周辺11ヵ町村の合併は，2町村だけ認可であった。しかし，町村合併促進法にもとづく，内閣総理大臣の再審査制度という救済制度で，大阪市は6町村，名古屋市は4ヵ町村(のち2町村追加)の合併が認められている。高寄昇三『10大都市時代』(1972年) 131～135頁参照，以下，高寄・前掲「10大都市時代」。なお今日では，地方自治法(250条の7)の国地方係争処理委員会，地方分権一括法の自治紛争処理委員制度が創設されているが，市町村合併という高次の政治係争が，処理できるかどうか疑問である。

## 開発調整と現地総合性

　昭和39(1964)年，企画係を分割し，総合調整係が新設された。陣容は人事課から異動となった，岩井宏邦係長と，都市計画局からの武田義孝係員と，私の3人だけであった。私は企画係2年だけで，あと4年は総合調整係で，企画係に輪をかけて忙しかった。

　私が総合調整係をはなれてから3年後に，昭和44年に企画局開発調整課が，人員8名で新設されているのをみてもわかる。

　高度成長期，神戸市内では無数の民間開発事業が行われ，六甲山麓の宅地開発では，乱開発で災害が多発し，原口市長が昭和35(1960)年4月に，憲法違反論争を覚悟で，「急傾斜地土木工事規制条例」を制定し，乱開発阻止を目指した。[1]

　有名な奈良県の「ため池保全条例」(昭和29年9月24日制定)について，最高裁合憲判決(昭和38年6月26日)がでていたが，「ため池条例」と異なり，民間の開発行為を直接禁止する強力な規制であった。その後，宅地開発規制法(昭和36年)が，制定され発展的に廃止された。

　ただ開発事業の監督・規制は，所管部局の許認可で処理されたが，その枠組みにはまらない，調整事案が頻発した。

　第1の調整事項は，昭和38(1963)年制定の「近畿圏工場学校制限法」で，大都市自治体は高地価の大都市既成地域で，工場・学校の新設はありえないと猛烈に反対したが，多勢に無勢で押し切られてしまった。

　大都市は，地域区分として，既成市街地の工場制限区域，近郊整備区域，都市開発区域，保全区域を指定し，制限区域では1,000㎡以上の工場(学校をふくむ)建設の制限措置であった。

　同様の法律は首都圏では，34年に制定されていた。ただ法律内容をみると，新規の海面埋立地だけでなく，明治以降の地籍で明確であれば，埋立地は除外するとの

内容であった。

　この法案の除外措置を，フル活用するため，連日，私と武田係員は書庫に入り，戦前からの埋立地を一つ一つ調べる地道な作業で拾い出した。結果として神戸市の工業区域だけでなく，既成市街地の準工業・混合地区でも，かなり埋立地が判明し，実質的な工業誘致には支障はなくなった。

　この埋立地の一覧表を作成したが，この表は，事業部局にとって重宝され，事業概要・案内に掲載されていった。

　ただ関心は薄かったが，問題はむしろ開発保全地区の指定であった。六甲山麓は次第に宅地開発がすすんで，災害危険地がひろがっていた。区域の線引きは，六甲山麓を保全する意図で線引きしたが，その後の市街地の急斜面の開発が，予想をこえてすすみ，宅地化がおこなわれた。(2)

　さて工場制限法は，戦前の大都市抑制と同じで，政府は本気で大都市抑制をする気はなく，大都市抑制のポーズを誇示し，郡部の不満を鎮静化させれば，政府としての面子がたつ，また大都市も結果として，大規模埋立事業はつづけられ，万事目出度しであった。結局，既存中小企業の工場増設が，制限法の対象になったぐらいであった。(3)

　第2の調整事項は，関西電力が表六甲山系を縦断して，黒四ダムから西神を迂回し，表六甲山頂に60㎡前後の60万ボルト送電塔を立て縦断し，東部市街地の渦が森へ南下するコースを計画していた。

　このルートを容認するかどうかの調整であった。

　要員不足で私一人だけでの交渉となった。当然，だれでも気が付くが，表六甲ルート，しかも山頂建設は景観が阻害され，住民の反対運動を誘発しかねない。私は当然反対で，裏六甲ルートで市街地へ，南下する案を提示した。

　しかし，関西電力サイドは，裏六甲ルートは，神戸電鉄路線を縦断するので，信号に電気障害が発生するとの理由で，どうしてもルート変更はできないと，現ルートに固執した。

　私は高圧電力などまったくの専門外であったが，本当に電気障害が発生すのかの疑念があった。神戸市役所の建築局営繕部の電気専門家に聞いても，弱電専門でわからないとの返事しかなかった。

　私は関西電力の言い分を呑むしかないと思ったが，念のため交通局技術部の栗村

正和電気課長にたずねると，強電の専門家で，次回の調整会議への出席を，快諾していただいた。会議での関西電力の態度は豹変し，結局裏ルートとなったが，一部市街地渦が森発電所へ南下するルートも，私は，山頂設置は絶対に駄目で，全鉄塔は緑の塗装を条件とした。

　ただ決裁段階で，当時宮崎助役が，北神での道路建設にともなう関電鉄塔移転で，多額の移転費を負担させられたので，協定書のなかで費用負担の原則を，明確にすべきと指示された。

　関電と交渉し，「移転費用については誠意をもって，双方が応分の負担を処理する」との協定書を締結して解決にこぎつけた。[4]

　いまでも阪急電車の車窓から，超高圧鉄塔を見ると，建設調整の苦労が思いだされる。この関電交渉を通じて，痛感されたのは，都市自治体の現地総合性のメリットである。わざわざ外部の専門家に鑑定費を払って，鑑定を依頼するとなると，経費も時間もかかる。さらに神戸市サイドで交渉してくれるがどうかわからない。

　内部の神戸市職員であれば心強い，もし企画課だけで関電と交渉していれば，関電の要求受諾を余儀なくされていたかもしれない。[5]

　もっとも行政分野がひろがり，行政内容がソフト化すると，自治体内部での対応は限界がり，民間との連携が必要となる。今後，官産学の連携がますます必要となるが，自治体職員は専門知識をマスターしなければ，中小企業振興をみても，民間と対等に施策を議論できないのではないか。

　第3の調整事項は，長田地区のゴム工場アパート建設で，総合調整係が各関係部局の取りまとめ役となった。大都市の住工混在地区，いわゆるインナーシティ地区は，工場等制限法で痛めつけられていたが，大都市を支える工場集積地であった。だが神戸市長田区のゴム工場は，密集・木造工場で，しばしば火災を起こし，多くの死傷者をだす大火災が頻発していた。

　神戸市は，混在スラム地区の再開発を，複合純化方式で住宅・工場の分化を図っていく方策を導入していった。

　そのため政府公害防止事業団融資をめざして，企画局(総合調整)・衛生局(公害・衛生担当)・経済局(企業融資担当)・都市計画局(用途地域制担当)の混成チームを編成し，事業団融資への申請をした。

　この事案では公害調査などが必要となったが，都市再開発研究会で顔なじみであ

　　　　　　　　　　　　　　　　　　　開発調整と現地総合性

った，花田完五衛生局主幹(のちの公害部長) に頼み，一切の調査をすませ，事業団
融資の申請にも同行してもらった。

　事業団へ融資申請にいくと，新規事業の実績となるので歓迎された。昭和42年6
月から47年4月にかけて，公害防止事業団から19.9億円の融資をうけ，4工場アパー
トを建設し，38工場を集約した。[6]

　神戸市は建設省の新長田市街地改造事業，運輸省の養浜事業，建設・運輸省の新
交通システムも第1号となり，中央省庁は神戸市の先進的市政を，好感をもってむ
かえた。神戸市がこれら施策を実現できたのは，政令指定都市となり，保健・建
築・道路・福祉行政の事務権限委譲あり，地域ニーズに密着して直接行政を執行す
る現地総合性が発揮できたからであった。

　第4の調整事項は，実務としての開発調整事業である。兵庫県が明石・神戸市
の市境にまたがって，昭和39~44年に開発した明舞団地(面積161ha・人口2.3万人)の
負担調整であった。兵庫県から新設JR朝霧駅の設置負担金要請に，どう対応する
かであった。

　当時，同団地には，宅地開発指導要綱は適用されておらず，地域開発の現地では
調整を迫られていた。調整会議は，県サイドは藤井課長補佐のほか，係長・担当の
3名であったが，神戸市サイドは，課長・係長の多忙で，私一人で，申し訳ないと
詫びざるをえなかった。

　県は，新駅は明石市内であるが神戸市民も利用するので，応分の負担をしてもら
いたいとの要求であった。

　しかし，宅地開発にともなう関連公共施設は，団地開発施工者負担が一般常識で，
神戸市負担は無理であると，拒否反応を示した。県は難色を示しめしたが，それ以
上の追求はなかった。ただ団地内に敷設した下水道処理施設を，神戸市に引きとっ
てもらいたいという意向であった。即答はできないので，下水道局と相談して回答
すると保留にした。

　下水道局の言い分は，県から建設時に設計合議をうけていないので，将来の維持
管理に責任がもてない。さらに旧市内でも下水道が普及しておらず，一足飛び郊外
団地だけの施設を引き受けると，コストがかかり，引き受けられない。

　現在，幹線下水道管を旧市域から西神へ鋭意敷設中であり，それが明舞団地に到
達するまで，待ってほしいという意向であった。

県は不満であったが，下水道局と直接交渉しても，難航は必須で自己管理となった。県として新規住民から下水道料金を徴収し，下水道処理場を維持・運営するのは，繁雑な事務事業となった。私は県から受託費をもらって，市管理とする腹案をもっていたが，県が納得したので提案することもなく安堵した。

　開発調整で実感したのは，適当なガイドブックがないことであった。幸い開発調整費は，ほとんど予算がいらなかったので，私は激務の合間に開発行政の概要・課題をまとめた行政出版物を作成していった。

　当時，神戸市『神戸市総合基本計画』(1965年)，いわゆるマスタープランが策定されていたが，事業計画の図面集に過ぎなかった。

　私は昭和41(1966)年企画調整課『神戸の現状と将来』(1966.3)と題する，都市政策論(250頁)を，一人でまとめ印刷した。大都市が直面する，過大・過密都市，都市再開発，社会福祉問題などへの対応論，長期経済目標・市財政計画分析など，マスタープラン実施への科学的分析・実施戦略論である。

　さらに当時，神戸市が全国初の都市改造事業・工場アパートの建設がすすんでいたが，都市再開発の理論・政策は，あまり研究されていなかった。そこで都市再開発関係課長・係長など26名で，都市再開発研究会を創設した。

　事務局として，統計課牧原省三・企画調整課高寄昇三が担当し，問題点を整理し対応策をまとめた，企画局企画調整課『都市再開発論』(1968.3)と，題する政策戦略論(200頁)をまとめた。都市開発行政が一定の政策感覚をもって対応する指針を設定した。[7]

## 注

(1) 神戸市は昭和13年の阪神大水害で大被害をうけ，政府に陳情して，六甲山系に数百の砂防堰堤を造成し，以後，土石流被害を防いできた。しかし，戦後，宅地造成による人為的災害が，六甲山麓で頻発し，指導・監督では限界があり，急傾斜地条例を制定し，権限をもって規制しなければ，民間の乱開発は阻止できないからである。自然災害であっても人為的要素が介在しており，防災政策学といった視点から，効果的施策の策定が急がれた。2021年6月，静岡県熱海市で土石流災害が発生したが，県条例での規制の網を逃れた人為的災害であった。なお急傾斜地条例については，原口忠次郎『過密都市への挑戦』78～83頁参照，以下，原口・前掲「過密都市」。

(2) 担当者は私一人で，事務作業は一任されたが，地籍を一筆ごと踏破して，現地調査をする余裕も人員もなかった。しかも山林で現地調査ははぶき，地籍簿で一筆ごとの単位で線引きをした。市街地近接区域では，一筆といっても広大な面積で分筆して線引きは不可能で，一部が開発済みの地籍は除外したが，開発不能と予測したが開発が及んだ。分筆すべきと後悔したが，事実上不可能であった。

　　　　　　　　　　　　開発調整と現地総合性

(3) この工場制限法に抵触した案件は，私の担当期間4年間でたった1件だけであった。近畿通産局への合議が必要で，審査のため職員と面談したが，「日本の貿易が将来とも膨張する保障はないので，慎重に精査したい」という弁であったが，私は「日本経済の将来など，誰にもわからない。審査の焦点は，当該，企業の工場新設が，神戸市企業立地の過密化に，影響をあたえるかどうかであろう」と不満をのべた。最終的には認可されたが，半年ぐらいかかった。

(4) 宮崎助役の決裁は，市政の生き字引といわれるだけあって，何かと注文・指示があった。行政処理にあって，関連行政事実をどれだけ知っているが，適正な決定にあって重要な要素となる。この度も関電問題も六甲山系であっても，災害復旧事業の発生が，十分想定されるので，神戸市・関電も，共同責任が妥当といえる。ただ無理な注文もあり，事業部の局長は大変だったとおもう。

(5) この交渉で痛感したのは，現地総合性の発揮には，行政機能拡充が不可欠で，その効果はきわめて大きいと実感した。事務事業の拡充は，同時に技術・情報研究機関の充実である。あとにみるように私が，大阪維新の大阪都構想反対の理由の1つは，府市二重行政の一元化という口実で，大阪市の精神保健福祉センター・環境科学研究所などが，大阪府研究所に吸収してしまった，府集権主義への反発であった。大阪市立大学・病院などの府統合がすすむと，大阪市（特別区）は，専門行政分野にあって，十分な現地総合性が発揮できなく，指定都市として威信すら凋落するのではないか。

(6) 工場アパートについては，原口・前掲「過密都市」120〜128頁参照。新修神戸市史編集委員会編『新修神戸市史・歴史編IV』（1994年）1048頁参照，以下，前掲「神戸市史歴史編IV」。

(7) 神戸市は全国ではじめての立体的換地方式の大橋市街地改造事業（事業費30億円）を実施予定であったが，何分，市街地改造法は制定されたが，どこの自治体も実施しておらず，建設省にあっても成り行きを見守る状況にあった。そこで当時の東京工業大学石原俊介教授と，神戸大学嶋田勝次助教授と共同で研究することになった。またゴム工場アパートの問題では，都市構造の推移・分析もあり嶋田研究室に協力を仰いだ。その後，教授となられた嶋田教授とは，都市問題研究所設立後も，長い関係がつづくことになる。大橋市街地改造事業にいついては，原口・前掲「過密都市」55〜60頁参照。

# Ⅱ　悪戦苦闘の係長時代

## 税務行政と人事給与問題

　私は昭和43(1968)年，税制課調査係長となり，2年間務めるが，係員とはまったく異なる事態に直面した。税制課は，区の課税・徴収課をふくむ職員約650人，予算約5.5億円の巨大組織であった。

　予算運営は，財務課で消防局を担当したので，戸惑わなかったが，徴税費の85%は人件費で，諸手当をふくめた約1億円の運営費が，税制課の所管であった。

　第1の課題は，8区間の税務職員のアンバランスであった。旧市域（生田・葺合・兵庫・長田区）の人口減少区と，周辺の人口増加区（東灘・灘・須磨・垂水区）との，職員配置がアンバランスに悩まされた。しかし，人員配置は，総務局・区役所・市職労の所管で，税制課の権限外でどうにもならなかった。[(1)]

　この区税務職員アンバランス是正のため，税制課がアルバイト代・機材(計算機・スクーターなど)を，周辺区に優先配分し尻ぬぐいをした。

　その後，兵庫区から分離して北区設置(昭和48年)，生田・葺合区の合区での中央区創設(55年)，垂水区から分離して西区設置(57年)の一連の区再編成で，人口アンバランスは緩和された。[(2)]

　しかし，区制再編成だけでなく，人事・給与問題には，保革政権をとわず不公平があった。人事・給与課・労組も既得権を淘汰し，格差是正のため，真剣に取り組み，事業部局の苦労・経費のムダを軽減すべきであった。[(3)]

　第2の問題は，税務職員の人事・給与問題であった。第1に，税務職員は，正規職員だけでなく，臨時職員・嘱託・アルバイトなど多様な構成であった。当時，各部局が必要に応じて，臨時職員(非正規職員)を採用し，やがて正規職員化する，愚かしい「無駄の繁殖」を繰り返していたが，人事課が抑制できていない。[(4)]

　第2に，残業手当などの諸手当問題である。全庁的にみて，杜撰な状況にあった。区の市税部門は，事業部門とみなされ，税制課で残業手当などを所管していたが，全庁的に支給率は大きな差が発生していた。[(5)]

　また職務手当も，不合理な手当が多く存続していた。戦後の名残であるが，税務手当は，かつては区別徴収率を基準として，区ごとに配分していたが，その後各区一律となり，徴収職員だけでなく，課税職員も全員支給となった。このよう

な存在価値のない手当は，公営企業をふくめて無数にあったが，その廃止は容易でなかった。(6)

第3の課題は，税務職員の問題だけでなく，市全体の人事・給与の多くの懸案事項を抱えていた。

第1の懸案は，行政サービス膨張による人件費圧迫であるが，この点，民間委託の可能な事務事業は早急に実施をしなければ，福祉・衛生・教育などの専門職員の増員ができない，深刻な事態となりかねない。

あとにみる神戸市行財政制度調査会(昭和49~54年度)で，行政サービスの分類と，費用負担の関連を分析したのも，"公共性"の高い分野への人員確保のためには，"公共性"の低い分野の行政サービスは，民間委託導入はやむを得ないという，施策推進の地ならしであった。

第2の懸案は，定年後の再雇用問題である。神戸市は高度成長期，建設型外郭団体が多く創設され，過剰職員・退職者を吸収していったが，近年は中高年層・退職者（再雇用）が市役所内に滞留して，人材活用として十分に活かされていない。

それは民生行政でも，社会保障・施設運営より生活サービス行政が激増するが，直営供給方式だけでは不可能で，民間団体との連携によるさまざま供給形態システムが急がれるからであった。(7)

ただ近年，実際，シルバー人材センターなどが設置されたが，民間の「なんでもやるサービス法人」が，続々と創設され競合しているが，自治体の生活支援公的法人が，その特色・強みを活かし，贈与の公共化・相続の社会化を図れば，経営は成り立つ。(8)

神戸市には市民寄付による多くの基金が存在する。さらにクラウド・ファンディングなどの市民寄付を活用し，今後，自治体も福祉基金を充実していかなければならない。(9)

## 注

(1) 原因は市の税務事務は，府県のように財務事務所方式でなく，区政の一環として区役所事務になっていたので，人員配置・勤務体制など，人事・労務管理で大きな制約をうけた。区税務行政でも，区課税課長に少額の市税減免権限を付与していたが，区長の干渉で区間での対応が異なる事態が発生し，調整が必要となるケースも見られた。

(2) 戦前，宮崎市長が企画課主事という係長で，昭和20年5月1日，戦前の8区制を6区制に再編成したが，戦後，市長・区政課もなかなか動かなかった。そのため長期にわたり見えない区行政のムダが，改革怠慢ではびこっていった。戦前6区再編成については，宮崎辰

雄『私の履歴書』(1985年)59〜61頁参照。以下，宮崎・前掲「私の履歴書」。神戸市会事務局『市会史第3巻昭和編(1)』(1973年)307〜331頁，神戸市『新修神戸市史・行政編Ⅰ行政のしくみ』(1995年)267〜270頁参照。戦後，中央区創設については，同前274〜276頁参照。

(3) 自治体の不合理な給与措置是正は，革新自治体の飛鳥田横浜市政でも，昭和49年12月，実質的な地方公務員定年条例を実施している。国家公務員定年導入の7年前である。この背景には横浜市では，交通・水道労組は，58歳定年制を市と協定を締結したが，市従・市職は野放しだったので，格差是正という事由で実施された。飛鳥田一雄『飛鳥田一雄回想録』(1987年)182〜185頁参照，以下，飛鳥・前掲「飛鳥田回想録」。

(4) 非正規職員の問題は，昭和35年度地方財政統計では，5大都市で，普通経済正規職員基本給184.6億円(神戸市28.4億円)，臨時職員給与4.3億円(神戸市0.2億円)となっている。神戸市をみると昭和35年，税務職員で正規職員化がすすんでも，国民年金がはじまり，年金徴収員を臨時雇用で採用し，やがて正規職員化していった。個別部局の臨時職員採用は，短期的コスト減になるが，最終的には正規職員化で，中高年職員が一気に膨張し，大きな財政負担となった。学校給食センターも，臨時職員の正規職員化が実施された。ただその後，臨時職員は増加したが，正規職員化がなされなくなったので，非正規職員は2020年の総務省調査では，職員数全体で比率29%であるが，市町村では44.1%と高い比率である。非正規職員は全国的問題で，自治省は2017年度に改善措置として，会計年度任用職員制度を創設したが，正規職員化には程遠く，欺瞞の制度化と批判されている。労組はこの官製ワーキングプア問題改善を求めているが，執行部にとっても職員間の身分格差は，職員意識の堕落につながりかねない，全国的問題と化している。朝日新聞・2021.5.24・参照。非正規職員についてくわしくは，上林陽治『非正規公務員のリアル』(2021年)参照。

(5) 残業手当の支給率問題は，私が財務課から企画課に配転となったとき，100%から20%へと激減した。同期の連中に聞くと，開発局100%，土木局80%とばらばらであった。役所役の気風として，職員が給与とか手当について，不平・不満をいうのは，卑しいという雰囲気があり，市長以下だれも，表だっていわないが，残業手当の未支給は違法である。だれも苦情をいわず，提訴しないから放置しているが，組合・人事給与課は，検討会で極端なアンバランスを是正し，支給率の平均化・事務事業の改善で，不公平を緩和するべきである。もっとも災害時などの待機手当などは，別途，定額手当で対応すべきである。

(6) 私が税制課調査係長の時，税務手当廃止の打診が，労働組合からあった。税務手当は，戦後の市税徴収がきびしい時代の遺物であった。廃止のやり玉にあげられたのは当然であるが，なぜか税務・広報手当だけであったので，全庁的手当廃止でなければ，合意できないと回答したが，そのまま沙汰止みとなった。労組内部で委員会を設置し検討し，全庁的に不合理な手当ては廃止し，冷遇されている分野への，補填財源とするといった，対応策を検討するべきであった。もっとも財政悪化に対応した事務事業見直しの一環として，2000年度，一般会計の179業種の特殊勤務手当は，廃止94業種・減額94業種で，約41.7億円から約35.5億円と約6.3億円が削減されているが，氷山の一角ではないか。週刊ダイヤモンド『神戸・都市経営の崩壊』(2001年)120・121頁参照，以下，週刊ダイヤモンド・前掲「都市経営の崩壊」。

(7) 市社会協議会・人材シルバーセンターが小学校単位に1つづつ，地域住民をサポートする官製NPO団体に設立がのぞましい。ただ市退職職員は，税務・戸籍・保険・教育など多彩であり，日常的サービスには対応できるが，高度な専門サービスは，民間と連携となる。ただ生活サービス単独での経営は困難なので，複合機能をもった人材派遣サービスが想定されるが，よほどの経営センスがなければ，民間ヘルパーの活用はむずかしく，「経営の知恵」が発揮できるか試されるであろう。

(8) 福祉団体の経営基盤充実は，遺贈・贈与の活用である。イタリアのトンチン年金（Tontine annuity）システムのように，拠出方式で資金を集め，早期死亡者の年金は遺贈システムを，組み込んだシステムがすぐれている。相続税が全額国税というのは，今日となっては不合理で，脱法的にも自治体が遺産を受けられる，遺言・贈与などの措置活用を考えるべきである。なお，娘が兵庫県からの留学生として，シアトルのあるワシントン州の首都オリンピアのエバーグリーン大学に留学していたので，同市の高齢者団地（retirement・community）を訪れた。びっくりしたのは，パノラマシティ（Panorama City）高齢者団地には，銀行だけでなく証券会社の窓口もあった。さらに体育・医療施設も完備しており，団地住民活動も活発であった。事務所で経営方針をきくと，多くの入居者は死亡すると，自己住宅をパノラマシティに遺贈する契約をしており，つぎの入居者が購入するので，購入費は経営基金として積み立ていくので，経営基盤は安定していた。

(9) 相続の社会化である。「私有財産制にもとづく現民法の下では，自治体がどのように献身的に介護しても，葬儀にも顔を出さなかった息子連中が相続財産を根こそ持ち去ってしまう。公的扶養による介護者の遺産に対して，先取特権，代位請求権，特別縁故者などの制度を活用して，自治体がサービスコストの回収を図っていかなければ，親孝行が馬鹿をみるだけでなく，コストの高い高齢者社会となって，社会活力も喪失して」（高寄昇三『経営者』1985年12月・67頁参照）しまい，自治体財政がもたなくなる。なお相続税制改正（基礎控除額減額・最高税率軽減）によって，高所得者層が優遇されたが，相続の私的相続から社会的相続への改革に逆行する措置である。高寄昇三「社会相続と相続税再編成」姫路独協大学経済情報学会『経済情報学論集』（2004年・第18号）29〜48頁参照。なお高齢者福祉については高寄昇三『高齢化社会と地方自治体』（1986年）　以下，高寄・前掲「高齢化社会」。

## 素人・税制課調査係長

　私は昭和43（1968）年，税制課調査係長になった。初めての昇進で，専門外の不安があったが，古参の斎藤一三係長が，法規専門主査として，残留していただいたので，大いに助かった。また係員8人で充実しており，結果として私は，税務行政の効率化・課税措置の適正化に専念できた。[1]

　余談になるが，鈴木重志税制課長は，神戸市ではたった1人の事務系天下りキャリア自治省官僚であった。ただ税務行政の専門事項には関心があったが，税務

行政の運営問題には関心がなかった。結局，私が全責任を負うて徴税費配分・効率化だけでなく，課税施策の是正(市税減免措置)も対応した。

　税制課を離れて後からみると，調査係長の仕事は，第1の業務は，税務行政の改善であった。第1に，特別徴収交付金廃止である。昭和43年灘区の市税課長が，特徴交付金事務が煩雑で，通常事務に上乗せであるから，人員増加かアルバイト費増額を要望された。当初，特徴交付金の意味が，わからず戸惑った。[2]

　特徴交付金は，東部は灘区，西部は須磨区が担当で，職員増員はできないが，アルバイト代は裁量の範囲で面倒をみて，課長の面子を立ておさまった。

　まず疑問となったのは，兵庫県下では，神戸市と相生市だけが特別徴収交付金が存続していたが，大企業の存在が，原因と想定された。相生市は当時石川島播磨造船所が立地しおり，神戸市では神戸製鋼・神戸銀行の本社があるからであった。

　ただ交付金は，年6,000万円で大手企業では200〜300万円もあり，労働組合・共済会にとって旨味のある歳計外収入になっていたので，廃止といってもすんなりといくかわからなかった。

　しかし，私は独断で廃止を起案したのは，将来，交付金はさらに増加し，10年後には1億円という巨額になりかねない。さらに還付事務費だけでも，個別納付者への金額算出，多くの振込事務件数とかなりの事務量・費であった。

　このような不合理な交付金を温存していれば，税制課として区へのいわゆる"示し"がつかない。ただなんらかの行政的配慮がなければ，決裁はえられないのは歴然としていたので，廃止交付金は噂になっていた，勤労会館建設費の特定財源に充当するとの腹案をもって起案した。

　だが課長・部長決裁をえ，問題はなかったが，狩野学理財局長のところで，政治的に反発があるという理由で，決裁はもらえなかった。しかし，税制課としては，不合理な交付金をこれ以上放置できないし，交付金交付の時期も切迫していたので，緊急避難措置として，局長不在・市長在庁の日をねらって，局長不在後関の奇策を断行し，市長決裁をえた。

　この行為は，明らかに狩野局長の逆鱗にふれる行為で，大袈裟にいえば，清水の舞台か飛び降りる勇気がいった。あえて行政の〈仕来り〉をやぶる行為であったが，私自身として不合理を見逃すことができず実施したが，関係者の協力が支

えとなった。[3]

　ただこの行財政改革で痛感したのは，私個人がじたばたしても駄目で，何より
も関係部局が情報を共有し，相互の信頼関係が前提条件であった。

　まず灘区市税課長の苦情，私の独断，市長の理解，財務課・相談室の尽力といっ
た，一連の連携行為の成果であった。私が税制課を離れてから，10年後に勤労
会館が竣功した。その新聞記事を読み感慨無量であった。[4]

　第2に，市外滞納徴収の全市一括方式である。ある日，突然，区徴収課長会議
に引っ張りだされた。

　問題は遠隔地への市税徴収旅費が，150万円では少なく，対象職員の割り振り
ができないので，増額してほしいという要望であった。しかし，出張費は人事課
一括管理で，税制課ではどうにもならないと説明した。

　事情を聴いてみると，税務関係では，古参の徴収職員に北海道・九州など遠隔
地への徴収派遣措置が慣例となっていた。市外徴収は地元の税担当課が，段取り
をつけており，さして苦労の多い出張ではないので，希望者が多かった。

　びっくりしたのは，各区別徴収方式を市外でも適用し，灘区の職員は，東灘区
の滞納を徴収しない方式で，外部にいえない恥ずかしい実態であった。この各区
方式を解消するならば，150万円に50万円増を，成否はともかく人事課と交渉す
ると約束した。

　課長会議が，全市一括徴収に同意したので，私は人事課と交渉し，50万円の増
額を確保し，当番区課長に電話し，一件落着となった。出張費50万円増額で，徴
収額増加・徴税職員士気高揚にどれだけ効果があったかわからないが，全体とし
て喜ばしいことであった。

　第3に，税務行政合理化で，事務機材拡充をめざした。財源捻出のため全員配
付の「税務小六法」を，初年度で半分，次年度で4分の1にした。これらの財源
で卓上計算機・スクーターなどを大量購入したが，単価下落で予想外の成果を
みた。[5]

　つぎに自動封入機導入である。私が調査係長着任する以前に，税制課指導係が
予算措置はしていた。当時の西ドイツから自動封入機を購入し，課税通知の効率
化を一気に促進させていた。政府からの課税基準の通知が遅く，課税通知期日ぎ
りぎりであったので，手作業では間にあわなかったからである。

この封入機を知った，教育委員会などは，就学通知の送付に便利であるので，使用させて欲しいとの強い要望があった。税制課として，財務課に頭をさげ予算化し，苦労して機器を選定し，やっと確保した新兵器である。利用を認めるのは，やぶさかでないが，教育委員会への"貸し"であると念をおした。

　その後，選挙管理委員会など利用範囲がひろがったが，税制課がどうこういう雰囲気ではなくなった。

　第4に，固定資産税台帳の整備である。区役所へときどき連絡事項があり行くことがあり，固定資産台帳をみる機会があったが，ボロボロである。これでは照合事務も大変で，なによりも火災などで焼失や不手際で紛失の恐れがある。

　有田指導係長と相談して，台帳課税検討会を創設した。この検討委員会の意図は，さきにみたように事務事業改善であったが，私は別の意図があった。

　税務行政は地味で根気がいる。たまには区課税課も研究・調査といった知的業務で，堂々と先進都市への出張口実ができ，気分転換を図ってもらいたいという思惑であった。その後どうなったかは，異動したのでわからないままであった。[6]

　第5に，主税部税制課・固定資産税課の人事異動である。係の構成をみると，専門職であったので，10年以上の古手の職員が幅を利かせていた。税務専門職として居心地がよく，研修手当が巨額であったので在籍をつづけ，後から移動してきた若手職員が，順次転出する奇妙な状況となっていた。

　これでは後継者は育たない。古手職員が退職すると，税務専門家が枯渇する。税制課もふくめて，係長試験をうけて，区の係長になってください。試験に合格しない場合，順次，異動していただくとの方針をだした。

　その後，該当者の半分は合格し，残り半分は配転となった。本庁の固定資産税課は，若手職員が定着し，課の雰囲気も様変わりしたのではないか。

　第6に，予想外の事態が，路面電車廃止による交通局職員の主税部受入れである。上層部で決定した既定路線で，局長・部長は知っていたかも知れないが，こんな無茶な人事案件を押し付けられるのは，憤懣やるかたなかった。問題は配転の交通職員の人数・質であった。

　昭和43年度から本格化し，第1次として50人ほどが決まった。全市にみて多すぎる人数で，土木・港湾・建築などもあり，区税務に集中的に押し込むのは，抵抗力の弱い分野への便乗配転という安易な対応であった。

その後，第2・3次と続々とつづいたが，交通局・人事課から挨拶はなかった。官庁でも"仁義"が，あるのではないかと腹がたった。

当初は若手職員であったが，区税関係職員600名程度で，そこに最終的には200名程度の交通局職員が，配置転換となった。

しかも次第に高齢者となり，勤労意欲も乏しく，事務適応能力もない。交通局職員としては，税務事務をやらされているとの，被害者意識があった。

市税徴収率も低下していき，本来の税務職員の労働強化となり，主税部が受けた被害は，甚大であった。昭和33（1958）年，㈱神戸高速鉄道が決まった時点で，余剰人員・経営悪化は予測された。市長・助役をはじめ，交通局幹部は何をしていたのか，〈改革の怠慢〉は長期にみれば人件費の無駄は膨大で，割増退職金方式で対応すべきであった。(7)

第2の業務は，自治体課税権をめぐる事務で，一般的には市税の大半は付加税で，課税自主権などは，無きに等しい状況にあった。それでも自治体が，本気で対応すれば，法定外普通税・超過課税の余地はあった。

私も税制課調査係長となった以上，法定外普通税の1つぐらいは，創設したかったが，駄目であったが，埋立地減免廃止という，市税賦課の公平化は実施できた。

私は釧路判決を新聞でみたが，他人事と思っていた。この事案は，工場誘致条例改正による奨励金交付廃止違法訴訟で，いわゆる釧路判決（釧路地裁昭和43年3月，控訴審札幌高裁昭和44年4月）は，企業への交付金は期待権で，条例改正での廃止は，行政裁量権の範囲で，違法でないとの判決であった。(8)

ところが市会総務委員会で，十倉茂雄議員（共産党）が，埋立地企業への市税減免を追及していたが，共産党は2人しかおらず，理財局長の答弁は，紋切型ですませていた。しかし，私ははじめて，神戸市が埋立地への固定資産税軽減を知った。当初はそれなりの事由があったかも知れないが，何時までも存続させておくのは問題であった。(9)

私は廃止すべき好機と，独断特攻型で決定したが，玉砕型ではなかった。神戸市は，誘致補助金条例化でなく，毎年，企業の減免申請に対する減免措置認可方式で処理しており，廃止しても法律問題はなく，行政の裁量権範囲内は明白である。

また埋立地売却後，分譲土地地価は，数倍に値上りしており，企業の含み益は

膨大で，しかも固定資産税の評価額は，時価とは大きくかけ離れており，いまさら減免でもなかろう。

　もし訴訟になっても，安価な埋立地分譲事実が明かになれば，却って企業は激しい市民批判を浴び，神戸市も行政怠慢で非難の的となる，先手を打って，早期廃止がベストで，議論の余地はなかった。

　それでも市長決裁まで無難にいけるか，半信半疑であったが，課長・部長・局長・助役・市長の決裁は，意外とスムーズにすみ，昭和44(1969)年に廃止をみた。一体，減免はなぜ惰性で存続していたのか，不思議なくらいであった。

　もちろん企業の異議申立・訴訟はなく，年間5,000万円以上の減免廃止となり，10年として5億円である。なお神戸市の東京都法人市民税超過課税に追随した施策は，昭和50年度であった。[10]

　2年間の税制課調査係長での埋立減免・徴交付金廃止などは，新聞報道・市会委員会・区課長要求など外部情報が改革への動機となっている。もっとも外部情報を成果として結実させるのは，職員の感受性がカギとなるが，いずれにしても情報が，きわめて重要な要素と身にしみて感じた。

## 注

(1) 税制課調査係係員の構成は，年配の調査担当神田孝幸・庶務担当小田切梅四郎係員と，古参上田一嘱託，若手では調査の常信八郎係員，備品担当の小沢忠次郎係員，庶務の峠田剛甫・山名昭・入江貴美子係員という8人の陣容であった。この陣容をみても，税制課調査係は比較的充実していたので，日常的実務は係員にあずけて，後顧の憂いなく，税務行政の改革・改善ができた。なお税制課の指導係の上崎栄司・有田二郎係長が，私のやや越権行為の事務合理化要請に，即座に全面協力してくれたお蔭であった。

(2) 特徴交付金は，戦後の事業者は，給与から住民税を源泉徴収して，自治体へ振り込み，当初，自治体は納入済住民税5%を，その徴収費用として還付していたが，法律改正で廃止となった。神戸市では存続しており，昭和44年度市民税(個人特徴)44.10億円で，交付金は1.36%になっていた。

(3) 市長・助役決裁の時，狩野局長反対の意向を伝え善処を要望し了解していただいたが，その後，局長にどう対応したかはわからなかった。特徴交付金廃止のため，市内労働組合などへは，当時の柳瀬俊郎市民相談室長，銀行など大手企業には原田健理財局財務課長に，ご足労をかっていただいた。相談室・理財局が動いたのは，理財局は，徴税費の削減，相談室は会館建設というメリットあったからである。それでも係長クラスが，持ち込んだ厄介な役割を，即座に承諾してくれたのは，神戸市政の行政風土が，開放的で改革志向性があったからである。特徴交付金は，昭和44年に廃止となった。狩野局長の叱責は，覚悟の上であったが，私が出張中に内田正義主税部長が，狩野局長に苦情をいわれたが，私自身は何もいわれずに済んだが，部長には申し訳ない結果となった。

(4) 昭和55（1980）年4月，都心三宮に勤労会館が竣功したが，10年余の特徴交付金廃止積立金が財源であった。当時の関係者はすべて，所管を離れていたが，私は感慨無量の心境で，その記事を読んだ。市民相談室としては，活動拠点ができ，多くの市民に便宜を提供できることになった。勤労会館の建設資金捻出のため，このようなドラマがあったことは，マスコミ・市民はもちろん，人事課もほとんど知らされていない事実で，歴史に埋没したままであった。このような事実は，市政では数限りなくあるが，異人館の坂本博士（教育委員会）のような個人的功績として，脚光を浴びるのは稀なケースである。

(5) 税制課調査係長になった時点で，卓上計算機を1台12万円で，8区分8台分の予算が確保されていたが，入札で4万円となり，24台購入でき区の課長に喜ばれたが，偶然の結果である。また神戸は坂道が多く，市税徴収は重労働となっていたが，人口増加区でも定員増はなく，自転車にかわるスクーターを，周辺区に重点的配置していった。

(6) このような事務文書の改善は，市役所ではかなり以前から行われていた。28年組の坂本典昭さんが，31年に公文書の横書き方式採用に孤軍奮闘し，一般文章のタイプによる横書きを実現している。その5年後，文書係長になり，予算・会計のIBM化による機械処理を実現している。坂本・前掲「福祉行政最前線」23～32頁参照。

(7) 市電廃止は41年税関線廃止が最初で，43年から加速されたのは，43年4月神戸高速鉄道の開通で，41年度比41%と乗客が激減したからである。46年3月には全廃と急ピッチですすめられた。そのためバス事業・神戸高速鉄道への配置転換だけでは不十分で，一般会計部門への受け入れとなった。なお地下鉄西神線建設は47年11月，営業は52年3月と遅れた。公営交通の経営悪化は，昭和33年神戸高速鉄道（株）が正式に決定され，市会審議でもドル箱路線の都心交通が激減すると憂慮された。当然，将来の人員整理にそなえて，退職者再雇用で新規採用を中止し，事前に対策を練っておくべきであった。しかし，事前の対応策の遅れで，大量の余剰人員を普通経済への配置転換となったが，無用の巨額損失となった。また本来，普通経済と公営企業は，別個の経営体で，この点〈けじめ〉を明確化すべであった。神戸市交通局『神戸市交通局80年史』（2001年）132～141頁参照。また普通経済受入にしても，試験・面接で一定限度に絞るべきで，路面電車廃止で全員が，普通経済への事務職として当然配転を既定路線のように考えるのはおかしい。職員素質としても問題があった。神戸市交通局『神戸市交通局60年史』（1981年）251～270頁参照。

(8) 釧路市の工場誘致条例改正訴訟については山口哲夫『都市の実験』（1969年）56～99頁参照。全国革新市長会・地方自治センター編『資料革新自治体』（1990年）406～412頁参照，以下，地方自治センター・前掲「資料革新自治体」。

(9) 神戸市の埋立事業は昭和28年から実施され，30代当初には分譲がはじまっていたが，地価上昇は本格化しておらず，開発局も事業収益積立金もなく，当初は苦しい財政状況にあったので，赤字にするわけにはいかず，固定資産税の減免を優遇措置として導入し，販売促進を図っていった。

(10) 50年度に神戸市は法人市民税超過課税を実施した。市法人税約120億円で超過課税10%を実施したが，制限措置もあり，実質的10億円程度であった。市税収入729億円，個人市民税349億円であった。なお事業所税も50年度に創設され，初年度約4.7億円，51年度28.2億円であったが，実質的には大都市特別税であったが，交付税基準財政収入額に算入されたので，51年度でも実質的7.1億円に過ぎず，超過課税額に及ばなかった。これでは神

戸市は市税21.5億円を国庫へ払い込み，国庫交付税負担を減額させ，郡部財政を潤すだけであった。このような点からみて，大都市財政財源としては，交付税で調整されない超過課税・法定外普通税が有利で，東京都がめざした事業用固定資産税の超過課税に期待したが，東京都が都議会の政治事情から挫折すると，実施は不可能となった。もっとも戦前，昭和4年東京市は，家屋税で強度の累進制課税を実施しているが，評価額300円は100分の100，300万円以上は100分の1600と極端な累進性で，実質的には不均一超過課税であった。なお家屋税付加税540万円，地租付加税98万円，営業税付加税490万円であった。東京都固定資産税超過課税は自治省の反対にあったが，戦前の内務省の方が，課税自主権を尊重していたといえる。高寄昇三『近代日本都市経営史下巻』195〜197頁参照。以下，高寄・前掲「都市経営史下」。

## 都市間調整と行政実績

　昭和45(1970)年，異動で企画課企画係長となった。担当職員は，石川博義・矢野栄一郎係員の2人だけで，48年に矢野係員の後任として野口剛係員が着任した。市長会議だけでも，県・指定都市・近畿・全国市長会など多くあり，毎週のように会議があった。

　第1の連絡調整会議は，市長会で全国・近畿・兵庫県市長会があった。全国市長会は，開催市となることはなかったが，近畿市長会は，順番制で開催市がまわってきた。兵庫県では神戸・姫路市などでの開催が多かった。

　兵庫県市長会は，当時，全国市長会長と同様に，歴代会長は大都市の市長が就任していた。兵庫県市長会も同様で，神戸市長が歴代就任し，事務局も神戸市役所にあった。

　市長会の分担事務として，神戸市の埋立3工区にある，兵庫陸運事務所で軽自動車登録・廃車状況を関係市への通知事務を担当していたので，市長会職員が常駐していた。ただ派遣職員の採用には難渋した。[1]

　しかし，平成元(1989)年宮崎市長が退任すると，会長は中小都市の市長が就任し，事務局も兵庫県庁内に移転した。兵庫県の素早い市町村統制措置を，まざまざとみせつけられた。

　私は退職していたが，市長会は，要求団体から陳情団体へと変質していったのではないか。県の市町村対策は，激変を避けながら長期にわたって，県支配をあらゆる方策を駆使し，浸透させる体質化した方針であった。

　第2の連絡調整会議は，周辺都市との会議であった。第1は，阪神間協議会で，

第2阪神国道建設のための事務連絡会議が，発足の動機であった。海岸部の尼崎・西宮・芦屋市と，大阪・神戸市が協議会を結成していた。

その後国連阪神調査団の来日もあり，広域行政の対象として脚光をあび，合併による指定都市・広域市による共同処理も期待された。やがて広域市構想の熱も冷め，阪神間都市から解散の意向が示され，大阪・神戸市としても，積極的に引き留める理由もないので消滅となった。

しかし，都市問題は激化しており，大阪・神戸市が保有する情報は，有益であったはずであるが，阪神間都市のモンロー主義に付き合いかねて解散した。

府県・市の関係のように，補助金・許認可などで利害行政関係ではないが，都市間会議のメリットは，情報入手である。しかも人脈がなければ，どうしても十分な情報は確保できない。(2)

第2は，神戸・明石都市協議会で，明石郡を南北に分断し，北部を神戸市西区，南部を明石市となっていた。中央部を明石川が貫通しており，生活圏は同じであったが，行政区域は別々になってしまった。そのため両市でかなり深刻な問題が発生した。

1つは，市境調整問題である。さきにみた明舞団地の北部は，神戸・明石市がいりくんでいた。現地をみると，たしかに南北に深い谷筋が幾本のあり，高速道路で南北は遮断され，生活圏が分断されてしまった。

神戸市の家庭では小学校への通学が困難となり，結果として明石への生活圏が便利となり，市境変更が迫られた。

団地開発事業者は，生活圏の分断について，そこまでの気配りはなく，神戸・明石市は，団地完成後になって，後始末を余儀なくされた。この調整は，明石市の協議会担当の藤原衛係長から強い要望があり，神戸市としても踏み切ったが，地籍調査など面倒な事務であった。(3)

ところが神戸・明石協議会の当日になって，明石市の市会議員が，神戸市の面積が大きいといって，変更案を拒否し，会議は中断された。

しかし，神戸市に編入される地域は，谷筋で利用価値はなく，明石市は市街地で利用価値は大きい。結局，面積より土地利用価値が，有利ということで合意形成が成立した。

2つは，下水道処理場敷設問題である。旧明石郡は，明石市と農村部に分割さ

れていたが，農村部は神戸市へ合併されたので，さまざまの問題が発生した。ことに明石川の上流は神戸市，下流は明石市であった。神戸市は明石の埋立地への共同下水処理場を打診したが拒否された。

神戸市は困惑したが，幸い玉津区画整理組合から3万5,000坪の下水道場用地を有償譲渡してもらい，窮地を脱した。

今度は明石市のごみ焼却場は，市西部にあり，人口集積地区の東部にはなかったので，家庭ごみは東西に細長い市域を，横断する非効率な状況にあった。そのため東部の神戸ごみ焼却場への明石市ごみを，西部の神戸市ごみを明石市への，交換焼却方式が提案されたが不調におわった。

3つは，明石川浄化問題である。上流地区での神戸畜産農家のし尿が，明石川へ放流され，明石川の汚染がすすんでいると苦情がった。神戸市は市農業公園の広大なブドウ園に，散布するとの方式で対応し，一応の納得をえた。

第3は，神戸・三田都市協議会で，明石ほど行政調整課題はなかったが，一部事務組合で八景中学校を運営していた。

また福知山線複線促進運動が展開中であり，神戸市は北部の長尾町などが関係していたので，神戸市に頑張ってもらいたいという意向が強かった。いずれにせよ都市間調整といっても，利害が対立すると，調整はかなり困難であった。

## 注

(1) 通勤の不便な東部埋立3工区の陸運事務所の片隅で，たった1人だけでの勤務で，有給休暇もとれなかなかとれなかったのではないか，さらにトイレ掃除当番も押し付けられ，気苦労の多い職場環境であった。それでもやっと採用した女子職員はタフで，その後，様子をきくと長期に勤務してくれているとのことでホッとした。しかし，このような官庁相互の情報交換は，当該所管官庁の事務として法制化して対応するのが，もっとも適切なシステムといえる。

(2) 地方団体間でも身内意識があり，指定都市相互は，電話で情報交換は円滑で，資料提供なども気軽に要求できた。それでも厄介な情報は，大阪市には官意識が強く，京都市は類似性がなく，横浜市が気軽に依頼ができた。時々，府県の方が，神戸市へ視察にこられるが，必要以上に遠慮気味であった。私も府県への出張は気が重たかったが，東京都・神奈川県は，大都市並みに開放的で何とかなるが，府県は大阪府でも知人がいても，情報入手は厄介であった。

(3) この市境変更は，県の明舞団地・国の道路公団の開発事業が原因で，本来の事業者が関連事務として処理すべき事務で，地元市が後始末をするのは，明らかに超過負担的作業であった。しかも厄介な事務であった。地籍調査は，北条弘伊川谷出張所長が，以前，固定資産税償却資産係長で，なじみがあったので，超過勤務手当を企画課で面倒をみる

ことで決着した。ただ市境変更で，神戸学院大学の本部が，明石市になれば，明石学院大学となりイメージが壊れると，大学側は危惧していたが，谷筋にあるので神戸市に，そのままでホッとしていた。

## 虚構の大都市擁護運動

都市間調整とは別に，大都市制度拡充の運動があった。私が企画課係員として担当したときは，5大都市共同事務局で，東京日比谷公園の東京市政会館にあった。戦前の後藤新平東京市長が，安田善次郎の寄付で建設された由緒ある建物である。

大都市運動は，政令指定都市設置で一段落し，全般的に低調であった。しかし，私にとって東京出張ができ，都市間調整とは異なり，それなりにメリットのある会議であった。ことに他の指定都市担当係長と親密になり，情報収集などの便宜が大きかった。[1]

指定都市というささやかな権限付与でも，戦前から半世紀以上の運動の成果物であるが，特別市制とは似ても似つかぬ代物であった。しかも運動はマンネリ化し，新機軸の展開が迫られていた。

大都市関連の運動をみると，第1の運動は，指定都市の大都市行財政拡充運動であった。第1に，運動の実態は，都道府県に比して，大都市の実質的政治力は脆弱で，とても官治的中央統制・府県集権主義打破は，不可能であった。それでも毎年，大都市拡充運動を継続してきたが，実際，大都市は一枚岩ではなかった。[2]

全国知事会は，都道府県の都市・農村的という，性格の相違をこえて，統一した行財政行動をとり，政府へ都道府県の要求をぶつけ，政治力を発揮し，世間的関心を惹き，実効性のある活動と評価されている。

その背景には，都道府県は，政府による府県経由方式の地方支配の拠点でいわば親藩で，大都市は如何に大規模であっても外様で，冷遇されていた。これは大都市の僻みではなく，地方制度の運用でも，大都市富裕団体との潜在意識は根強く，政府の対応も冷淡であった。

指定都市は要望書をまとめ，大都市制度改革を訴えても，中央省庁はもちろん，マスコミ・世論の注目をひくことはなかった。指定都市は行財政制度改革に重点をおいていたが，運動方針を練り直し，大都市問題を逆手にとって，陳情でなくマスコミに都市問題の緊急課題として訴え，世論の関心を惹くイメージ作戦が効

果的であった。

　たとえばニュータウンが建設されると，周辺農地の宅地化がすすんだが，全く開発負担の権限がなかった。この法制に欠陥を指摘し，団地開発の許認可権・宅地開発税創設要件の緩和を要求し，具体的実質的な改革を訴えるのが実効性があった。

　第2に，政府への要望書も，常識的な内容であった。当時，政府への陳情書として，「大都市財政の実態に即応する財源の拡充についての要望」(通称青本)，財政問題の概説書(通称赤本)『大都市財政の課題と対策』(昭和42年3月)があったが，各都市の担当係長で，大都市制度の実務問題を徹底的に分析した，改革報告書をまとめようとした。

　しかし，事務局長が，神戸市出身の当用漢字権威を自認する，斎木直久局長にかわり，この企画は没になった。だが指定都市の現状をみると，現行の権限・財源配分で，大都市の切実な苦境の実態を訴えなければ，改革への世間的共鳴はえられないままで，運動は閉塞状況にあった。

　第3に，昭和50(1975)年，大都市税源拡充運動の長年の成果として，やっと事業所税が創設されたが，自治省課長をむかえて，事業所税の交付税基準財政収入額への算入は不当と訴えた。[3]

　事業所税は，大都市立地企業に賦課し，大都市特有の財政需要に対応する目的税を，一般の普通地方税のように基準財政収入額算入するのは，不当と反対したが，交付税基準財政需要額で，面倒をみるとの一点張りで，当然，空手形であった。自治省にとって交付税は“魔法の杖”のような万能機能をもっており，国にとって不都合な問題が発生しても，議論をせず避難できる〈シェルター〉のような存在といえる。[4]

　指定都市は制度といわれるが，特例措置に過ぎなかった。[5]このような制度の壁を打開する，政治・行政力が指定都市は貧弱であった。今日では指定都市が20市となり，中央官僚出身の市長も多くなり，まとまりもむずかしく，内憂外患の様相で，全国市長会と同様に，陳情団体化していくのではないか。

　第4に，大都市は地方自主権活用による財源確保が，交付税の調整うけず，都市問題の解決効果があることを認識し，陳情でなく自治権による解決をめざすべきで，制度改革は，その実績による波及効果として実現されるのではないか。

戦前の大都市も，公営交通・区画整理・地方外債などの自主的経営施策で，財源を確保していった，歴史的事実を思いおこすべきである。

　政府陳情による対応では，大都市の税源が拡大されても，府県・市町村の交付税財源がふえるだけで，指定都市のメリットは少ない。

　その点，公共デベロッパーでの開発利益還元は，正味の歳入でメリットは大きい。より効果的であったのは，補助金超過負担訴訟，法人税超過課税，宅地開発指導要綱などの行財政自自権活用による，財源確保であった。

　第2の大都市関連運動は，近畿圏工場・学校等制限法をめぐる運動であった。第1に，工場制限法をめぐる対応は，地方分散をめざす，政府・府県が，大都市過密・過大を口実に，工場制限をくわえていた。大都市は当然，反対して政府・府県と対立したが，多勢に無勢で勝てるはずもない。

　先にみたように大都市は，法律の抜け道を活用して，都市開発をすすめていったので実害はなかった。だが戦前の国土計画と同じで，府県・大都市の対立・論争は激化していった。<sup>(6)</sup>

　ただ近畿圏開発関連法は多くあり，これらの運用を討議するため，3ヵ月に1回，近畿2府4県と3大都市が会議をもった，午前は東京本部から法律運用の説明がなされたが，午後はなぜか係長クラスの細部の議論という，スケジュールとなっていた。

　ところが事務的な議論よりも，大都市圏をめぐる政策論争へと，何時もヒートアップしていった。大都市は，京都市高山係長(のち府会議員)，大阪市大多主査(のち助役)，神戸市私の3人で，人数では府県6人に対して劣勢であったが，大都市は論客ぞろいで優勢で，現実の経済メカニズムからみて，大都市抑制は無謀と反論していった。<sup>(7)</sup>

　第3の大都市関連運動は，神戸市東京予算対策本部での運動であった。企画課は，内部調整の一環として，東京麹町・日本都市センターにある神戸市東京事務所が所管していた。

　12月の政府予算編成時には，予算対策本部を設置した。職務上，私は企画課の担当・係長時代に8回ほど，派遣要員に指名された。

　都市センターのホテルに10日前後連泊するが，本部要員は外出機会が滅多になく，ずっと本部に缶詰めで，何時も運動不足で体調不良になった。また越年編成

となると，帰神し再度上京する延長戦となる。

　ただ政府予算と都市財政の関係をみると，生々しい大都市状況をつぶさにみせられた。

　第1が，高速鉄道建設補助である。地下鉄補助は，昭和37年度から利子補給で行われていたが，神戸市の場合，郊外の西神ニュータウンへの郊外高速鉄道・ポートアイランドへの新交通システムへの補助が実現するかであった

　昭和46年度，政府の財政支援が決まったときは，歓声をあげたが，中身をみてがっかりした。高速鉄道・新交通とも3割補助であったが，交付方式は10年分割方式で，実質的には利子補給にも足らなかった。

　　この方式は，戦前の水道補助でも採用されていた方式で，喜ぶのは勉強不足であったが，それにしても大蔵省は，姑息な手法を使うものだと呆れた。[8]

　第2が，運輸省新交通調査補助金である。私一人が本部で資料整理をしていたが，午後12時過ぎ電話が運輸省からあった。

　新交通調査費が復活で認められたが，神戸市で引き受けてくれるかであった。浜口武久東京事務所長に電話をして，何とかなるだろうと受諾した。

　ただ運輸省の担当は，私が係長というと，不安そうであったが，本省からの調査補助費を，港湾局が断るはずがないと返答した。深夜でもあり，港湾局鳥居課長への電話は控え，翌朝，電話をして了解をえた。

　実は内心，最悪の場合，企画局で引き受ければと，腹を括った。もっとも港湾局が，東京事務所が独断で決断したといった，そんな狭い了見を，起こすはずがないという確信があった。

　第3が，政府予算編成資料の確保であるが，編成後では意味がないので，政権党の自民党各委員会の資料を如何に早く入手するかであった。地方団体によっては自民党本部へ，常駐職員を派遣する熱意を，示していた都市もあった。

　神戸市の場合，東京事務所木下敏郎係員が，自民党職員になりすまして，予算資料配布とか資料の仕分けなどを手伝い，資料を事前に入手する巧妙な対応を示していた。公務員らしからぬ強心臓と鮮やかな手並みに驚嘆した。

　第4が，陳情の実態である。自治体の道路・港湾・下水道・都市開発など，自治体の事業ごとに臨時の全国大会が開催された。政府補助の概況説明などで，自治体の参加職員は，気分的に楽であった。それでも多数で，自民党本部を訪れる

　　　　　　　　　　　　　　　虚構の大都市擁護運動

光景は異様であった。

　たまたま原口市長の日本港湾協会会長としての，予算陳情に随行したが，自民党建設委員会委員長から陳情は1分以内で簡潔にと要求された。原口市長は「日本港湾協会会長の原口です。港湾は船込みの窮状にあります。拡充予算を切望します」以上と，手慣れたものであった。

　要するに協会としての熱意を示す，デモストレーションをすればよかった。随行の自治体関係者には，さきの木下係員が入手した資料が配布された。

　自治体職員は上京のついでに特にする業務もかぎられ，全体としては公費の無駄で，自治体職員としては，陳情という屈辱感を味わう年末行事であった。

　大都市制度，特に指定都市拡充への運動を，大都市担当係長としての実態をみてきたが，毎年の政府要望以外に，「市民の暮らしから明日の都市を考える懇談会」『市民のくらしからみた明日の大都市』（平成3年5月）を，指定都市は策定し，「大都市特例法」制定による，大都市権限拡充をめざしたが，ほとんど実現していない。(9)

　実際の大都市の現状・政府の対応をみて，失望を禁じえなかった。むしろ大都市自治体が，制度改革に固執せず，行財政自主権・都市経営実践によって活路を見出すべきであった。

　第1に，1960年代，過密過大都市症状は深刻であった。私は，現状は「政府が大都市問題を避けてとおり，大都市自治体がなすべきことをなさず，市民が政策をかかげて行動しない限り，大都市はよみがえらないであろう」(10)と，現状脱皮を訴えた。

　大都市自治体は，政府と対決してでも，自力解決をめざすしか選択肢はなかった。革新自治体のように，政府に対策を迫る政策連合団体性を，どう形成するかである。

　第2に，大都市問題解決には，都市政策実施へのシステムの改革が必要であった。「市場メカニズムに対する公共経済の挑戦，機能優先の空間開発に対する環境優先の都市づくりへの転換，行政テクノクラートに対する市民参加のフィードバックが」(11)が避けられない。

　そのためには「大都市自治体が自ら大都市問題の壁を破る先験的実験をなすべきである。大都市が大都市たる価値は，その経済的優越性にあるのではなく，す

ぐれた『行政の知恵』と勇気ある『政策の実践』にある」[12]ことを自覚しなければならない。

第3に，政府の大都市対策のコペルニクス的転換である。政府は大都市を過密・過大都市と汚名をきせ，「過密と過疎は楯の両面」として，地方振興策を優先し，大都市問題は一地方の問題とみなし，政府地域政策の対象から，"疎外された存在"と排除していった。

大都市自治体は行財政改革だけでなく，国土構造における，大都市の機能再評価を迫り，大都市再生ビジョンを策定し，都市集積による都市問題，財政調整による大都市財政貧困を，政府と対決してでも解決する，都市自治権を発揮しなければならない。

## 注

(1) 指定都市会議は，係員時代は市役所勤務後，神戸駅始発の夜行列車「銀河」で上京し，早朝，着くので，神田の古本屋を漁り，都市関係の古書購入が楽しみであった。午後は指定都市会議に出席し，会議後，各市の職員が，局長室に押しかけた。大阪市出身の小川忠恵事務局長に，政令指定都市創設をめぐって，府県と争った対立・抗争劇の顛末を聞くのが目的であった。私の脳裡には，その後，府県への猜疑心は消えることはなかった。当日は深夜の「銀河」で帰神し，そのまま翌朝出勤するのが，当たり前となっていた。当時，事務局には戦前の東京市政調査会に勤務していた，村上太郎さんがいて，池田宏署名の著書・雑誌『都市問題』特集号などをいただいた。

(2) 昭和38(1963)年北九州市が，指定都市になったが，市長戦で革新市長候補と現職保守市長との対立となった。横浜市などの革新自治体は，政党ベースで革新候補を応援したが，そのしこりで北九州市が，指定都市事務局から一時，脱退する騒動があった。

(3) 事業所税は普通税でなく，特別税で法定外普通税にちかい賦課税で，交付税基準財政額に算入されるにしても，75%でなく50%に減額されるべきである。なお東京都が超過課税を実施したとき，東北知事会は交付税財源が減ると反対したが，事業所税で交付税財源がふえたが，感謝の声明文決議もなかった。事業所税創設過程については，高寄昇三『地方自治の財政学』273〜275頁参照，以下，高寄・前掲「地方自治の財政学」。

(4) 地方交付税財政需要算定，そのものが問題であった。指定都市の財政需要を十分に算定されていない。指定都市サイドでも，赤本といわれる『大都市財政の課題と対策』(昭和42年3月)は，交付税についてわずか1頁しかふれていない。毎年の『大都市財政の実態に即応する財源の拡充についての要望』は，従来，交付税改革の要望は欠落し，市税・国庫補助金・財政特別税措置の要望が中心であったが，もっとも平成21年度の要望をみると，「交付税改革」という項目を創設し，2頁で全国と都指定都市との全体的な比較をベースに分析している。15年・19年対比では，総額は全国15.9%減，指定都市38.3%減，基準財政需要額は，全国3.8%減，指定都市6.1%減となっている。人口増加を考えると，大都市はかなり冷遇されている。交付税システムには，多くの矛盾が潜在していた。大都市圏の府県は，有利であった。大都市が広域的施策・

施設を負担しているが，交付税では府県財政需要となっている。この点，地方の県では，中心都市の施策・施設までも負担している。基準財政需要額算定は，道路・港湾など実績主義であるが，公園・行政サービスなどは人口が費用単位で過小算定となっている。大都市需要は種地で補正しているといわれても，地価が高く，用地費の算入率は少なく，一般的・標準的指標で算定され，交付税は大都市では不利であった。交付税について指定都市で，専門チームを編成して，実務ベースでより詳細で説得性のある，調査報告書を作成すべきであった。もっとも自治省は，不交付団体そのものの存在を，都市財政法2条違反との潜在意識があるので，大都市交付税算定改善は期待できない。柴田護『自治の流れの仲で・戦後地方財政外史』35頁参照，以下，柴田・前掲「自治の流れの中で」。

(5)たとえば煤煙規制防止法でも，煤煙は広域に拡散されるので，府県しか規制権限は認められなかった。しかし，実態は大都市にある工場煤煙被害は，近隣の住民被害が深刻で，指定都市は運動して権限を認められた。要するに法律制定があれば，府県権限と同様の自動的に付与される制度でない。

(6)国土構造の産業配置については，戦前の戦時体制期に，過大・過密都市論が台頭し，工業の地方分散が提唱された。しかし，大都市沿岸部は，京浜工業地帯にみられるように造成ずみで，大都市抑制・分散効果はなかった。この政府の大都市抑制策について，大都市は正面切って反対し，大都市主導の国土構造成長論こそ，適正な施策として反論している。高寄・前掲「都市経営史下」294〜305頁参照。

(7)府県との対立で痛感したことは，都市経済とか都市政策への府県の認識不足で，この点については，戦前内務官僚であった菊池慎三(秋田県知事・東京市助役・東京府内政部長)の意見では，農本主義に汚染された府県官僚が，都市行政に関与する弊害を指摘している。高寄・同前26・27頁参照。また戦前の大都市は，過大・過密大都市論に対しては，大都市の持続発展なくして，国家経済の発展も，地方分散もありえないと，大都市成長必然論を展開していった。同前26〜28参照。

(8)創設された軌道建設補助は，6.5.4.3.3.3.3.3.3.2%の10年分割方式であった。しかし，当時，利子6%で利子補給でも赤字で，しかも建設テンポは，補助年次より早いので，さらに利子補給率は低下する。高寄昇三『都市経営の戦略』131〜135頁参照，以下，高寄・前掲「都市経営戦略」。戦前の東京市の水道補助をみると，第1期工事723万円に対して，明治24〜42年度の18年間の補助で最初の14年間は年14万円，最後の4年間は17万円で合計264万円，名目補助建設工事が18年均等分割では36.5%と3分の1補助を充足するが，工事は前倒しで実施されるので，利子補給程度であった。

(9)この通称「明日都市懇」(会長総合研究開発機関理事長下河辺淳)は，中央研究機関代表・大学教授・財界代表・評論家など26名から構成されている。事務局は日本都市センターである。大都市の将来像をふまえて，指定都市の特例措置から，単独の「大都市特例法」制定をめざす提言は魅力ある方策である。しかし，報告書は「大都市の将来像」「大都市圏連合制度」「都市憲章制定」など，観念的総括的提言となっている。指定都市としてしては，府県経由方式の中央統制メカニズム，府県集権主義による大都市脆弱化，大都市集積と大都市権限・財源の窮乏など，実務ベースの深刻な窮状を，まず訴えるべきで，微温的抽象改革論では，府県集権主義の打破はできない。

(10)高寄・前掲「10大都市時代」3頁。(11)同前4頁。(12)同前6頁。

## 海外視察の刺激効果

　係長時代の楽しい思い出は，海外視察であった。第1に係長時代，昭和48年の3週間（10.13〜11.3）の海外研修参加であった。兵庫県が，県職員約40名，県下自治体職員約40名程度の欧州合同研修団を編成し実施されていた。県主催の事前研修が4・5回ありうんざりした。

　印象に残ったのは，当時の坂井時忠知事が「自分のもっている分しか，もって帰れない」といわれた。当初，何のことかわからなかった。あとで考えると，訪問国の事情・日本の課題を，しかりと把握していなければ，物見遊山に終わるということで，さすがに含蓄のある講話と感銘した。

　研修団は，グループ編成が行われ，私は加古川市総務局長・赤穂市消防長との3人となったが，私だけが係長の若輩であったので，研修報告書をまとめる役を引き受けた。現地調査は，ロンドンのウェストミンスター特別区でヒヤリングをしたが，現地の留学生が通訳として参加してくれた。

　「都市計画における市民参加」について，同区都市計画局次長のM，ルック・ウッド氏で，図表を示しながら親切に説明してくださった。私はありきたり都市計画策定の説明と思っていたが，有名な都市田園法にもとづく，4段階の手続きを踏み，市民参加の実質的保障を確保しながら，策定されるシステムに市民自治の実質的重視の姿勢を示され，イギリス地方自治の本質をみた感じがした。[1]私は以後，実務・著作にあっても，市民参加のシステムを模索していった。

　研修の効果は，ヨーロッパの都市景観の素晴らしさに圧倒された。建築物だけでなく，街路・橋梁・公園など，都市インフラが，都市景観の一部を構成していた。

　高速道路が高架で都心空間を占拠するといった都市景観破壊はみられなかった。これからの日本の都市づくりは，インフラ整備だけでなく，都市景観・街路美観などにも，どう配慮していくかが課題と痛感させられた。[2]

　ロンドン・パリ以外に北欧諸国などを訪れたが，さらに夜は，現地日本大使館職員の，勤務地の国情などの説明会があったので，かなりハードスケジュールであった。ただ研修6ヵ月前にローマで，赤痢が発生し，オーストリアのウイーン

に変更になったのが，残念であった。

　第2の海外視察は，市役所では幸運にも，参事の時，2回目の海外視察にめぐまれた。コンベンション施策の調査を，神戸商工会議所が企画し，団長は神戸製鋼外島会長で，川崎製鉄専務など財界人が中心で，県・市から1名づつ参加した。

　コースはロンドン・パリ・ローマと，お決まりのルートであった。イタリア・ミラノ滞在中の溝橋戦夫係長が，ロンドンから参加してくれたので助かった。[3]

　日本と異なり，コンベンションは盛んで，会場は地元自治体が，年1,000円程度の長期賃貸契約で，民間団体が借り受け，独立採算制で運営していた。

　見本市などは，業者相手の開催期間のあとは，市民対象の期間があり，日本の府県物産展のようなもので，市民生活に溶け込んでいた。

　第3の海外視察として，甲南大学での留学状況を紹介してみよう。昭和64(1989)年に3ヵ月の短期留学の順番が回ってきた。夏休みを利用して，最初の1ヵ月は，神戸市事務所がある，アメリカのシアトル市の市政調査をした。

　特徴的な事例をみると，1つは，住民投票で高層建築物を，5年間禁止を決定している。シアトル市は香港のように急傾斜地であるが，高層ビルが乱立し，都心の過密化がすすんだかからである。

　2つに，公共施設建設は，超過課税(売上税)・地方債・施設使用料・寄付金などの財源が明示され，住民投票にかけられる。

　要するに文化スポーツ施設・高速道路であれ，すべて財源内訳が明示され，杜撰な公共投資は，費用負担の関係からみて，住民に効果がなく，負担に値しないとして，否決できるシステムとなっていた。

　3つに，通勤高速バス創設の住民投票で，実施が可決されたが，いざ通勤バスを走らすと，利用者はすくなく，投票とは大違いであった。

　一般選挙と同時に多くの案件について住民投票が行われ，「長い投票用紙」といわれ，重要案件は事前に討議・PRがなされるが，それ以外の案件は，十分に検証され投票されるとは，限らないからでなかろうか。

　4つに，行政サービスの市民団体への受託・補助・支援は，人口50万人のシアトル市で700団体以上もある，ボランティア団体などが対象であった。コミュニティ活動の実績があると，補助対象となる可能性が大きい。

　これらの事実は，日本自治体補助は手続きが面倒で，民間団体への補助はきび

しい制約におかれていたが，アメリカ自治体の補助は，気軽に実績主義で支援する，全く柔軟性のある対応で，示唆に富む事実であった。(4)

　次の1ヵ月は，神戸の都市問題研究所からの，市係長2名とともに，アメリカ各都市の視察にあてた。各都市の視察・ナイヤガラの観光などをしたが，宮崎市長は，神戸兵庫南部地区の運河整備を起爆剤に考えていたので，有名なサンアントニオ市の運河ゾーンを視察した。(5)

　なお市長からアメリカ各地の飛行場の調査を，依頼されていたので視察したが，着陸料などでなく，付設駐車場料金・空港商業施設収入が大きく，経営安定化に貢献していた。(6)

　あとの1ヵ月は，単身でヨーロッパ各都市の調査に充てた。ロンドンでは山下進神戸事務所長の世話になった。ロンドンのウォーターフロント開発，パリでは新副都心，ローマでも新副都心開発を視察した。

　つぎに，平成5（1993年）の夏には，1年間の外国留学が巡ってきたので，イギリス・ロンドンへ留学を決めた。杉原四郎甲南大学学長のご子息杉原薫教授が，ロンドン大学のアジア・アフリカセンターの教授であったので，研究生として在籍を認めてもらった。月2・3回の研究会への出席以外，拘束はなかったのでありがたかった。

　ロンドンには神戸市の事務所があり，岸本光雄所長には何かとお世話になった。ロンドンには日本人は5万人以上も在留しているので，日本人むけの書店・病院・飲食店・スーパーなどもあり，生活に不便がない環境であった。(7)

　留学中は徹底して自治体などの現地調査と，イギリスの地方行政関係の資料収集に精をだした。当時のイギリス自治体は，サッチャー改革の後遺症で疲弊しきっており，地方自治の故郷という面影はなかった。

　イギリスの都市問題は，イギリス経済の低迷で解決を困難にしていた。サッチャー保守政権は，市場重視・民間主導によって，都市問題の克服をめざしたが，政府開発公社によるロンドン・ドックランドのウオーターフロン開発は，地価下落で，事業破綻に見舞われていた。

　ロンドンでもそうであったが，地方都市では広大な工場跡地が，荒廃地として広がっており，北部都市への企業誘致は，政府施策として租税減免でなく，経済衰退状況に応じて，思い切った，進出企業の設備投資額への補助という，優遇措

置が注入されていた。北部の人口減少地区への補助は手厚く，日産自動車など日本企業が多く立地していった。

　E・ハワードの『明日の田園都市』で有名なレッチワースを視察したが，日本の住宅団地に工場を配置した，職住近接のニュータウンで特に活況がある都市でもなかった。

　開発事業だけでなく，運河庁・観光庁・ドックランド開発公社・自然史博物館・会計検査院など関心のある多くの行政機関を訪問した。

　土・日曜の休日は，ロンドンリバプール・ビクトリア駅再開発などを訪れた。コベントガーデンなど商業施設の広場では，大道芸人などの演技が披露され，賑わいをみせていた。日本のように建設するだけでとは違っていた。

　イギリスでは国営企業の民営化が実施されたが，地方自治体にあっても同様で，サッチャー保守政権の自治体への締め付けは，徹底していた。公営住宅の売却まで行われている。

　公営交通の民営化も，強制入札制(CCT)が実施されたが，大都市では旅客交通局公社(PTE)を創設し，公営を維持し，中都市では理事者・組合が協力し，公営バス施設・設備を無償譲渡し，民間路線参入に対抗していった。しかし，一部都市では入札に敗北し，生活路線のみが公営として残り，赤字路線で公営交通は存亡の危機に瀕していた。

　イギリスの地方行政は，都市社会主義にそって，公共至上主義で発展してきたが，公営官庁主義によって財政破綻に見舞われた。

　サッチャー保守政権は，この放漫財政を撲滅するため，人頭税(ポールタックス)を創設し，徹底的に労働党支配の都市自治体を締め上げた。

　しかし，都市自治体は，公共施設を売却し財源を調達し，賃貸方式でその施設を利用する，無謀ともいえる対抗措置で，血みどろの保革対決が展開されていた。日本では想像もできない，極端な民営化と自治体の公営化維持の，対立劇が展開されていた。このようなイギリスの地方行政の実態は，視察・資料入手も容易で助かった。[8]

　日本の地方自治は，中央統制といっても，現実は牧歌的風情の漂う微温的対決に過ぎない。イギリスでは，権限・財源が縮小された自治体と，地域参加精神に富む民間団体が，官民協調路線で自治再建を模索する動きがみられる。[9]

# 注

(1) イギリス市民参加は，やや長文になるが，簡略にまとめてみると，マスタープランの原案は学者・官僚によって作成されるが，現案は文字どうりたたき台で，新聞・ラジオによる広報，地域集会・公聴会が，1回だけでなく何回・何日でも行われる。最後は政府の準司法官である査問官（Inspector）が主催する公聴会があり，異議申立・高裁への提訴の途が保障されている。そこには市民の権利のための参加があり，イギリスがもつ精神的遺産をみることができる。なお「公表」「協議」「討議」「作成」の4段階の作成プロセスは省略するが，詳しい説明は，神戸市職員研修所『第3回ヨーロッパ海外研修報告書』（昭和39年3月）5〜8頁参照。

(2) 甲南大学での1年間（1993年夏から1994年夏）のイギリス留学で，気が付いたことは，一般住宅地区でも歩道は広く，新聞，空き缶・瓶など，資源ごみ選別・回収は，種類別の巨大投入ボックスが設置されていた。したがって住民は随時投入し，行政も随時集団回収方式で，選別の手間もはぶけて，日本よりはるかに効率的であった。もっともこの方式は，戦前から採用されていたらしい。

(3) イタリアで現地解散であったので，宮崎市長に大きな飛行場はよいから，小さな飛行場をみてくるとうにいわれたので，溝橋係長とミラノのマルペンサ飛行場を視察したが，国内向きの地方空港で，トタン屋根の粗末な搭乗口であった。日本では大阪八尾空港のような自家用飛行機専用空港でも，もっと立派な施設であった。

(4) シアトル市の市政調査については，高寄昇三「アメリカ地方自治体の実際」（『都市政策』1990.1・第58号103〜124頁参照，以下，高寄・前掲「アメリカ地方自治」。

(5) テキサス州サンアントニオ市の運河は，日本語訳もあるが，わざわざ原書（A DREAM COME TRUE：RROBERT HUGUMANN AND SAÑANTONIO'S RIVER WALK）を購入して研究しようとおもった。運河のスケールは，それほど大きくないが，両岸の建物と運河が一体なった景観は，観光資源としては魅力的であった。神戸の兵庫運河も整備すれば，十分に観光資源として甦るのではないか。日本語版は三村浩史監修・神谷東輝雄共訳『サンアントニオ水都物語〜ひとつの夢が現実に〜』（1990年・都市文化社）。

(6) 空港調査については，正式の報告書は作成していたが，印刷はしなかった。概要は高寄・前掲「都市経営の戦略」123〜128頁参照，なお空港関連の調査としては，神戸都市問題研究所『近畿圏における空港整備のあり方−都心型大都市空港としての神戸沖空港−』（昭和63年7月・空港調査研究会・座長伊賀隆神戸大学教授）がある。神戸市からの研究委託研究であり，都心型空港の必要性・経済効果が大きいことがわかるが，課題はどう経営するかであった。空港を核として余暇・ショッピング・コンベンションなどの複合経営が考えられる。神戸空港は経営難であるが，アメリカの空港は付帯建設，ことに駐車場収入は大きく，空港は複合経営であった。

(7) 外国留学では，情報が研究だけでなく，生活利便まで大きな影響を及ぼした。たとえばロンドン地下鉄は，区間単位の全線定期が発売されており，その区間内の地下鉄は乗り放題であった。日本のスーパーで，日通退職者の中村氏と知り合いになり，何かと生活情報をえた。帰国するとき不要となったトースター・ラジカセなど不用品売却セールで処分してもらった。また関大の柴教授（公会計）とは，偶然，留学が同じ時期であったの

で，一緒に関係教授へのヒヤリング，現地視察・観光などをした。訪問さきの教授から，民間の地方財政研究協会への紹介状をいただき訪問し，高価な地方交付金（Rate Support Grant）の資料を無償でいただいた。神戸市など自治体が拠出して，自治省と共同で設立した（財）自治体国際化協会の研究会・現地視察も参加した。この研究会で自治省の佐々木敦朗さん・愛知県の菅沼恵勇さんと親しくなり，イギリス地方自治の資料・情報提供，現地視察などでお世話になった。帰国後，佐々木敦朗さんが，震災復興の関係で神戸市役所へ出向勤務しているのに再会し，奇遇にびっくりした。神戸市の事務所にいけば，日本の新聞も見られたし，事務員の30代イギリス人女性に何かと，イギリスの事情を教えてもらった。イギリスは年金だけでは，老後が心配で，株式投資で私的年金を運用しているが，日本株はどうかと問われたが，高度成長期がすみ駄目だと説明した。医療制度でもイギリスは，入院は順番待ちで，容易でないとこぼしていた。ただ親族・神戸市職員・大学セミ生など訪問が多く，ロンドン観光の案内とか，日本食レストランでの会食とか，毎日がかなり多忙であった。

(8) ロンドン大学の図書館は，研究生でも自由に閲覧でき，複写できたので，所要のない日は毎日のように通った。利用できる施設は可能なかぎり利用した。現地視察は地方の都市へいけば，視察は少ないので親切であった。行政項目・都市別状況は，政府刊行物センター・民間特別協会などで，資料は有償であるが，案外手軽に入手できた。

(9) イギリス留学の研究結果は，著作として高寄昇三『現代イギリスの都市政策』（1996年，以下，高寄・前掲「イギリスの都市政策」），『現代イギリスの地方財政』（1996年），前掲「イギリスの地方自治」（1996年）にまとめて出版している。最近のイギリス地方自治変革については，巻末の参考文献を参照。

# Ⅲ　混迷模索の主幹・参事時代

## 都市経営擁護論の展開

　昭和49(1974)年，私は主幹(課長級)となり，研究・調査業務が多くなった。神戸市の年功序列人事も行き詰まり，主幹8年間をへて，昭和57(1982)年にやっと参事となり3年務める。役所らしい仕事から離れた，壮年期11年間は，あまりにも長きにおよんだが，担当職員はずっと2・3人に過ぎなかった。[1]

　昭和44(1969)年，宮崎市政が発足し，48年革新自治体となり，政治的紛糾は鎮静化したが，神戸都市経営は，高度成長の終焉・地価上昇の鈍化で，経営危機に見舞われた。

　しかし，宮崎市長はデベロッパー依存から脱皮し，複合経営へと転換し，安定経営へと軌道修正した。それでも都市経営への非難は依然として激しく，今日でも私は都市経営擁護を余儀なくされた。

　第1の課題は，都市開発主義への反論であった。第1の論点は，広原盛明教授は，神戸型開発主義の特徴として，「大神戸市構想」(都市拡張主義)，「公共デベロッパー主義」(補助・起債活用)，「都市経営主義」(第3セクター収益主義)，「テクノクラート主義」(官僚主導行政)，「神戸市共同体主義」(市職・市民団体の包摂)をあげ，「際立った開発主義的体質を有しておる」と批判している。

　しかし，収益主義以外は，どこの自治体でも内包する症状を，都市経営が原因とみなす短絡的推論であった。[2]

　批判論は，神戸都市経営を，都市開発・産業基盤優先の〈企業〉資本主義と批判したが，現実は逆で民間開発・利益抑制で，開発利益の公共還元・都市基盤整備をめざす〈公共〉資本主義であった。しかも都市開発主義が批判されるが，新産・工特都市にみられる，コンビナート誘致などの産業都市化でない。

　また都市開発主義によって環境悪化・福祉劣化・財源悪化がすすんだ症状がなく，都市開発主義の悪しき自治体経営との先入観が批判しているが，大都市統計指標でも反証はできる。[3]

　第2の論点は，神戸開発主義と港湾との関連である。池田清『神戸都市財政の研究』は，「神戸市都市経営は，港湾を基軸とした近代神戸の都市形成のなかに位置づけてこそ，その本質が解明される」[4]と即断されている。

しかし，港湾は都市成長の誘因力となったが，都市づくり・都市開発の牽引力ではなかった。第1に，港湾整備が，都市経営のルーツと断定しているが，歴史的にみて神戸は，明治初期，開港によって神戸は経済発展を遂げ，港湾は企業進出の要因となった。しかし，都市経営的施策は区画整理・水道交通などが主流で，港湾の都市形成への財政負担は小さく，戦前港湾整備を都市開発優先の原因と断定するのは，早計ではないか。

　第2に，戦前の神戸港は国営で，戦後も港湾事業は規模としては小さく，公共投資の主流は戦前・戦後とも都市計画事業であった。[5] また市営大阪港のように，市独自財政負担で築港はすすめられ，事業の中断・民間企業導入といった事態に追い込まれていない。

　第3に，しかも戦前神戸港は，埋立は港湾用地のみで，企業誘致・事業用地の埋立は実施していない。大阪港は明治期より築港赤字補填策として積極的埋立をしており，公共デベロッパー要素は，神戸港よりはるかに濃厚であった。[6]

　第4に，神戸市は戦前の横浜市のように，地元負担を自ら申し出て，港湾整備を促進する積極性は欠落していたので，そのため神戸築港は，横浜築港に17年もおくれている。

　また神戸市は戦前，横浜市のような大規模な京浜工業地区の海面埋立工業用地（約62万坪）を実施していない。神戸の埋立事業は戦後の産物で，港湾と一体化した都市形成のルーツとみなすのは無理がある。

　第3の論点は，神戸・都市経営の源流を，「満州や朝鮮での植民地的都市計画とナチスヒットラーの国土計画の影響を強くうけた日本の都市計画および戦時統制経済のなかに見出した」[7] と論じているが，戦後の神戸市の都市経営実態・戦略は，戦前の国家権力を背景にした，官治的都市づくりとは本質的に異なる。[8]

　第1に，戦後，原口市長によって都市開発が始動したが，戦災復興で財源はなく，埋立事業も神戸港の深い水深によって阻まれた。そのため原口市長は〈イノベーター〉として，画期的といえる公共デベロッパー方式を考案し，資金・技術・システムを創設していった。

　具体的施策が，資金は前納予約金・民間縁故資金・地方外債であり，技術は，ベルトコンベヤー・河床道路であり，発想は背山造成・海面埋立事業の一体的開発戦略であった。しかも開発戦略は，開発・集積利益の公共還元となり，むしろ収益財

源を確保した，採算事業であった。

　第2に，このデベロッパー方式は，戦前の神戸築港・都市開発にはみられない方式で，戦後の産物である。原口市長の「行政の知恵」による，開発事業の隘路打開の開発戦略であった。したがって官治・強権的な植民地・国土開発型に，神戸都市経営のルーツと求めるのは，実態分析なき観念論的批判であった。

　第4の論点は，都市開発主義は，都市拡大主義と非難されたが，神戸の都市形成史をみると，開発主義でも拡大主義でもない。

　第1に，戦前，神戸の都市整備は，勝田市長が大神戸市構想をかかげて登場したが，昭和13年の阪神大水害で出鼻をくじかれ，挫折したままであった。戦後も合併は六甲背山の西北神地区で，明石・芦屋市の都市部は合併できず，大神戸市構想は実質的に頓挫している。

　第2に，港湾建設・ニュータウン開発・都市再開発などの，「神戸型都市経営は，環境破壊や市街市の外延的拡張にともなうインナーシティ問題を激化させた」[9]と批判されている。

　しかし，港湾・埋立，ニュータウン造成・都市再開発事業は，インナーシティ改善に貢献し，インナーシティ悪化をもたらしたとはいえない。

　また港湾・埋立の事業収入は全体してみれば，都市環境整備の財源を捻出したといえ，戦災復興事業はインナーシティ再生への環境改善事業であった。

　第2の課題は，都市経営の戦略である。自治体運営における政策・施策選択という，実践的対応策をどう実践するかである。自治体の行財政能力は限界があり，その枠組みのもとで，経済振興を図っていきながら，福祉・環境を守っていくため，施策の選別・戦略の選択をどう展開するか，開発姿勢の問題である。

　第1に，神戸市は都市開発主義であるとしても，批判論は建設と環境・成長と生活の調和を図っていった実績・メリットをまったく，度外視した非難である。自治体が無策であれば，開発利益は民間に独占され，自治体はその後始末忙殺され，市民は生活環境悪化で悩まされる。

　公共デベロッパーは，民間の乱開発に果敢に挑戦し，民間の暴走を阻止し，環境保全・防災対策に貢献している。さらに財政的には開発利益の公共還元で，補助金を上回る財源を市財政にもたらしている。都市開発は，ベストでないが，ベターな結果をもたらしている。

第2に，神戸都市経営は，都市開発・収益主義で，生活環境劣化の要因とされているが，都市改造効果を全く無視している。ニュータウン造成・市街地再開発は，都市・住宅構造の改善であり，耐震効果もあり，生活環境の改善効果も大きい。

　第3に，神戸の開発主義に欠陥が，なかったのではない。都市経営のアキレス腱は，都市経営はテクノロジーだけでなく，福祉・環境・参加といったイデオロギーが不可欠である。都市経営にあっても，"公共性"へのイデオロギーが希薄であると，テクノロジーにあっても，施策選択のミスをおかしかねない。

　防災対策のミスは，都市構造の"安全性"へのイデオロギーの不足がもたらした，テクノロジー優勢の病理症状といえる。

　第3の課題は，都市経営の概念の明確化である。まず都市経営は，実際は政策科学としての都市経営理論・戦略論の形成は欠落したままであった。そのため都市経営批判を誘発したといえる。まず都市経営の都市経営概念・戦略の確定が必要で，さらに次節で公共デベロッパー論争を整理してみる。

　第1の論点は，都市経営の定義である。都市経営は経済活力があり，住みよい都市の創出が目的であり，自治体が市民の〈公共信託〉に応えて，自治体の運営を効率・効果的なすことである。しかし，都市問題・都市政策・地域開発・行政経営論が混在し，曖昧なままであった。

　都市経営は，ビーアド博士の『東京市政論』(1923年)にみられる，内部・外部経営にわたる自治体経営が，正統派であるが，あまり認識されていなかった。(10)

　第1に，都市問題は，都市禍現象の総称で，土地・交通・環境・福祉・生活などの，すべての悪化現象である。

　ただ日本の経済・地方財政メカニズムは，産業開発優先で都市経済は成長していたので，市民生活・環境を脅かしており，如何にして都市開発と福祉・環境を調和させるかが，都市経営の姿勢が問われた。

　第2に，都市政策は，都市問題の政策的解決への方策で，松下圭一教授のシビル・ミニマム論をはじめとして，公共経済学が提唱されたが，どう実現するかかが課題であった。福祉・環境優先も，過剰に膨張させれば，財政破綻となり，政策は頓挫する。

　第3に，都市経営は，都市問題解決のため，都市政策を策定し，その実現のための実施戦略である。ただ対応策は，減量経営・公共デベロッパー・自治権活用とさ

まざまで，いずれの施策も，オールマイティではない。

　第4に，都市経営の担い手は，都市自治体であるが，政府の介入・指導，議会の審議・決定の影響を大きく受けるが，問題は主権者たる市民の参加・決定である。まず住民投票の導入であるが，一過性の運動から日常的専門的な政治勢力をもった市民参加へとどう強化していくかである。(11)

　第2の論点は，都市経営の内容で，都市開発・財政健全策に限定されない。第1に，都市経営は内部経営として，人事・財政・政策などの運営システムの適正化，つぎに外部経営として，公共投資・行政サービス・地域開発の費用効果の追求である。

　ただ自治体の内部経営は，軽視され勝ちであるが，杜撰であれば，都市経営は，財政破綻の危機・政治支持の喪失で崩壊する。また外部経営の戦略を誤れば，都市環境破壊といった，産業資本への奉仕となり，都市経営の目的である，市民福祉を自ら踏みにじることになる。

　第2に，都市経営は，「事業型経営」の公共投資・行政サービスの実施，「施策型経営」の事業形態・投資・サービスの選別・選択，「政策型経営」の自治権活用(超過課税)による自治体改革(政策転換)の3つに類型化(表1参照)できる。

表1　都市経営の実施システム

| 類　　型 | 事　業　型 | 施　策　型 | 政　策　型 |
|---|---|---|---|
| 内部経営(人事・財政・形態) | 年功序列型・事業量査定・直営官庁方式 | 業績評価・事業効果査定・外郭団体方式 | 政策評価・情報公開・官民連携方式 |
| 外部経営(公共投資・サービス・) | 投資縮小拡大方式・外部環境迎合型 | 費用効果方式・選別選択型 | 課税自主権活用・条例要綱行政実施 |

　事業型経営は，あくまでも制度の枠組内での効率化であったが，施策型市経営は，外郭団体・外資導入・デベロッパーなど，制度の枠組外の戦略であった。

　政策型経営の典型的実践は，革新自治体の自主権行使による，開発から福祉・環境への転換，市民参加による市民主権重視，行財政運営における中央統制からの脱皮という，制度枠組を超越した，自治体改革であった。

　ただ従来，都市経営を事業・施策型の狭義に解釈してきたが，第4章でふれるが，政策型都市経営は，戦前，公営企業独占化にみられた戦略で，大都市自治体は遺伝

子として保有しており，どう蘇生させるかであった。ただ都市自治体の運営という内部経営を無視・軽視しては，政治改革といえども実践は不可能で，政治・行政のシステムと同時に改革をめざさなければならない。

　第4の課題は，都市経営をめぐるメカニズムで，外部経営環境の経済・政治・行政メカニズムの影響を強くうけ，経済・政治メカニズムは，自治体をして性急な産業基盤整備で企業誘致をすすめるが，福祉・環境悪化が避けられないジレンマに陥る。

　しかし，神戸市は，公共デベロッパーによって，政府補助を利用しながらも，開発利益の公共還元によって，財源を調達し，市民福祉への連動させる戦略を実施してきた。すなわち"戦略的自立"の都市経営を実践し，政策的破綻を回避した。[12] 具体的には超過課税・公共デベロッパーによる開発・集積利益の公共還元を達成していった。

　第1に，都市経済メカニズムが，必然的に都市産業資本主義が稼働するので，自治体は活動の座標軸を，市民参加・地方自治・生活優先の公共メカニズムにおいて，都市経営を実施しなければならない。

　都市経営は手段であって，福祉・環境に収斂する自治体運営のメカニズムが，安定装置として機能しなければならない。

　第2に，都市政治メカニズムにあって，保革のイデオロギーが明確で，保守による都市開発による成長主義と，革新による福祉・環境主義の対立が，改革選択として分かりやすい。しかし，保守による成長主義でも，都市経営を十分に駆使すれば，必ずしも生活・環境破壊とはならない。

　都市経営は，都市経済メカニズムを逆手にとって，都市成長利益の公共還元を，確実に自治体財政に収め，内部経営では行財政基盤を固め，成長と生活を調和させる経営手腕を発揮していった。

　第3に，行財政メカニズムである。鈴木俊一（元東京都知事）は，戦後，中央自治官僚として「戦後の改革の基本理念は『集権から分権』であり，私は『地方の時代の基礎をつくった』と自負している」[13]とのべている。

　しかし，戦後改革の地方分権を，政府は忠実に実施せず，むしろ中央統制の温存を画策した。たとえば地方債を「当分の間」で認可制とし，近年，届出制としたが，実質的には許可制を温存している。都市経営は必然的に中央統制の排除をめざして，

地方自主権活用となる。すなわち自治体はテクノロジーを過信することなく，イデオロギーの旺盛な自治復権志向を忘れはならない。

　第4に，自治体運営のメカニズムである。ただ自治体は行政団体として，官治統制メカニズムが稼働するが，外部環境の変化には経営というテクノロジーで対応していかなければならない。

　神戸市の都市経営は外部経済環境の変化に対応し，高度成長期になると，原口市政は公共デベロッパーで，開発利益の公共還元をめざした。安定成長期になると，宮崎市長は複合経営で，都市経済構造の第3次産業化を図っていった。もっともこの経営テクノロジーは，生活・参加といったイデオロギーとを融合し，最適選択への市民参加のメカニズムが稼働するシステムへの変革が必要である。

　第5に，都市自治体は，都市経営システムを駆使し，事業・施策・政策手法(表1)を内部・外部経営環境の変化に即応して実践しなければならない。

　ただ革新自治体の崩壊に見られるように，財政運営・市民参加・地方自主権という政策追及だけでなく，政権維持のための内部経営を固める努力が欠落すると，財政危機・政治分裂・市民離脱によって，中央統制への屈辱を舐める悲劇となる。

　都市経済振興策にあっても，経済成長至上主義ではなく，内発的開発・地域循環経済による，地域産業の再生をめざす，地域重視・生活優先主義を実践しなければならない。

## 注
(1) 主幹時代の職員は，49年，大櫛和雄係員(のち弁護士)だけで，50〜51年度石川博義係長，丸川瑛児係員の2名となった。52・53年度，溝橋戦夫係長，54・56年小松大作係長で，丸川係員は50〜55年継続で，56年度山本耕平係員であった。この3人で，本務の調査・委員会を運営し，研究所の面倒をみていた。主幹とか参事というポストをあたえられたが，一般的には特命事項として担当事務が明記されるが，なんらの明記ない曖昧な役職で，政策室長にでも任命してくれれば，担当職員も恰好がつき働きやすかったであろう。
(2) 広原盛明編著『開発主義神戸の思想と経営』(2001年)はしがき参照。以下，広原・前掲「開発主義神戸」。なお宮崎市政は平成元(1989)年に笹山市政に交代しているが，原口・宮崎市長の開発主義・テクノクラートの経営が批判の対象とされている。
(3) 神戸市全会計の職員数推移(1969〜1985)をみても，民生局3.3倍，土木局(港湾・開発局ふくむ)1.3倍と福祉が上回っている。大都市比較財政指標でも，神戸市は土木費が大きく，民生費が小さいことはない。ただ昭和60年度公営企業会計支出で，港湾538億円・開発1,530億円会計2,068億円と，一般会計土木・都市計画・住宅費1,409億円の合計より大きいが，埋立会計は黒字で，港湾会計の規模は小さい。港湾へは他会計繰入金もあるが，市税負担は交付税補填があり負担は大きくない。また神戸市は拡張開発主義といわれたが，町村合併は大きく遅れている。

官による包摂共同体主義などの体質も，革新自治体でも労組・市民団体の囲い込みは行われており，神戸市が特に官僚主義といった要素が濃厚といえない。

(4) 池田清『神戸都市財政の研究』（1977年）143～177頁参照。以下，池田・前掲「神戸都市財政」。

(5) 池田・前掲書は，港湾整備主導の都市投資で，財政悪化をきたしたと指摘されている。しかし，戦前，港湾整備をみても，神戸港は国営港で工事費1,674万円（明40～大10年），地元負担437万円は4分の1であったが，前納金方式で金利負担が増え677万円となったが，期待された港湾配当金382万円が79万円しかなく，598万円負担となっている。しかし，都市計画費歳入（大3～昭5年）6,194万円で，補助金139万円しかなく，都市計画税488万円，受益者負担金261万円で市民負担も大きい。一般会計負担以外に電気事業繰入金757万円で支援しているが，不足分は市債1,875万円で補填している。大正10年度都市計画費は，同年度だけで補助金除外で単年度505万円，全港湾負担に匹敵する巨額で，同年度の港湾市負担172万円である。神戸の都市整備の本質は，港湾でなく道路整備といえる。なお大正10年度一般会計歳出費目をみると，教育費463万円，衛生費125万円，社会事業費29万円で，生活関係費は少なくない。高寄・前掲「神戸近代都市」218・325・415頁参照。戦後の港湾事業は，海面埋立事業の収益で，財政悪化の要素ではなくなった。さらに戦後都市整備は，戦災復興事業が主流で，都市再開発・ニュータウン事業が都市化への有効な対策であった。港湾・埋立は華やかな開発プロジェクトとして注目をあつめたが，市税負担からみれば，港湾・埋立は都市整備事業の主流ではない。公営企業会計の開発事業の大半はニュータウン事業で，市税負担なき生活整備事業であった。なお戦前の港湾事業については，高寄・前掲「近代都市の形成」189～226頁参照。

(6) 戦前の神戸海面埋立事業は，埋立面積は211.8万㎡（明治26～昭15年）で，111.5万㎡はすべて港湾施設埋立で，工場・企業誘致の埋立事業はない。なお民間は100.4万㎡で，都市開発利益は民間が吸収していった。高寄・前掲「都市経営の戦略」267頁，大阪港埋立は浚渫方式であったので，港湾用地10万㎡を除外して都市開発用地約429万㎡（明31～昭4年）が埋め立てられ，民間も495万㎡を埋立している。ただ大阪市埋立は売却方式でなく，賃貸方式のため事業収支は赤字であったが，昭和期になると埋立地の含み益によって良好になっていった。高寄・前掲「昭和地方財政史Ⅴ」332～341頁，高寄・前掲「都市経営史上」同前352～353頁，横浜港は大規模な埋立事業を展開しているが，まず民間が先行し，大正期から昭和期にかけて約300万㎡を埋立し，横浜市は遅れ，昭和期になって工業用地埋立231万㎡が造成され，一大工業地帯を形成した。横浜港史刊行委員会『横浜港史・各論編』（横浜市港湾局企画課・1989年）201～207頁，高寄・前掲「近代化都市経営史下」306～319頁参照。

(7) 池田・前掲「神戸都市財政」18・19頁。

(8) 原口市長・当時の技術職員は，たしかに満州・国土開発の経験者が多く，その技術・経験をいかして公共デベロッパーを考案したといえるが，実際の事業手法は，国家的強権による都市開発でない，あくまでも自治体としての経営センス・手段による自主的都市づくりである。その後宮崎市長によって公共デベロッパーは，複合経営へと変貌している。何よりも新産・工特都市のように産業基盤整備の都市づくりでなく，都市づくりとして総合戦略として実施されている。「神戸植民型」都市計画については，池田・前掲「神戸都市財政」85～98頁参照。

(9) 池田・前掲「神戸都市財政」255頁。

(10) 都市経営のくわしい概念については，高寄昇三『都市経営思想の系譜』1～37頁参照，以下，

高寄・前掲「都市経営思想」。

(11)松下圭一教授は、「都市問題解決の起動力は市民運動にある。私たち市民一人一人の批判性と創造性が結集されて、はじめて都市問題解決の第一歩をふみだしうる」(松下圭一『都市政策を考える』1頁)といわれているが、実現は容易でない。第一に、市民運動を牽引する強力な市民団体・研究機関がなく、地域民主主義・自治体改革といっても、そのビジョン・実現への処方箋はなく、散発的な開発事業への反対運動にとどまっている。

(12)伊東光晴教授は都市経営について、「都市の行政の効率的運営と市民福祉を極大するための手段についての創意と科学的政策の推進であり、・・・中央政府による画一的規制は、こうした創意と競争とを窒息させるもので」(伊東光晴「都市経営における効率と平等」(『岩波講座・現代都市政策Ⅳ』1973年・4頁)以下、伊東・前掲「都市経営の効率と平等」とのべている。要するに都市経営・地方創生でも、自治体の自主性がなければ、補助金消化だけで、地域経済の創出には連動しない。地域経営の核心は、自治体の自主性で、画一的な補助金で自主性をスポイルされるようでは、地域再生は成功しない。そのための防御システムが、都市経営といえる。

(13)鈴木俊一『私の履歴書』14頁。


## 公共デベロッパー論争

都市経営にあって、最大の争点は、公共デベロッパー論争であった。開発事業で〈金儲け〉をし、都市環境を破壊したと批判された。

神戸市埋立事業は、「土地を利殖の手段とした開発」であり「『民間不動産会社の経営体に擬制した』不動産経営であり、しかも事業収益は大阪府の堺コンビナート埋立事業に劣る」[1]とけなされている。

しかし、公共デベロッパーは、単純な公共投資と異なり、収益性を発揮し、〈開発利益の公共還元〉をしたにもかかわらず、産業資本奉仕、さらに自然破壊・福祉劣化の元凶との批判は、本末転倒である。

第1の課題は、公共デベロッパーの、事業成果の分析である。第1に、初期の神戸市埋立事業は赤字であったが、以後、都市開発利益の公共還元を達成し、都市基盤整備を負担し、企業誘致を成功させ、税収も獲得する優れた施策である実績を残した。新産・工特都市のように、コンビナート誘致に成功したが、市税減免・基盤整備負担で、赤字団体化する施策とは異質である。[2]

第2に、神戸市は港湾・埋立事業の会計を分離し、独立採算制を適用し、多くの都市のように港湾の赤字を埋立で補填するシステムを採用していない。なお港湾会計は普通経済繰入金があり、市税投入と批判されているが、地方交付税の基準財政需要額における事業費補正で、かなり市税は補填されている。[3]

第3に，公共デベロッパーの成功は，経営能力が前提条件である。資金の調達・開発用地売却・建設施設運営など，効果的に実施できるかである。

　都市経営の戦略は，「最小のコストで最大の効果」をめざして，経営の知恵を働かし，産業基盤整備は市税負担のほとんどない，経営実績を達成した。[4]

　第4に，公共デベロッパーが，市民福祉・環境保全・防災対策へと連動するには，さきにみたように経営収支確保のテクノロジーだけでなく，イデオロギーとしての生活環境主義が，リードする経営メカニズムが定着していなければならない。

　神戸市の都市経営をみると，環境イデオロギーで下水道・都市緑化事業をすすめ，安全イデオロギーで，区画整理・再開発事業では，耐震化事業をすすめたが，ただ地震対策は，切迫性がなく軽視された。

　阪神大震災は，防災・減災政策を費用効果の分析からも，事前対策として対応しなければならないとの教訓を残した。

　第2の課題は，都市開発と自然環境保全である。都市開発事業は公共デベロッパーと民間開発との競合，公共デベロッパーと環境破壊との関係が争点となった。神戸市の「山，海へいく」という開発方式は，一般世論から自然破壊として糾弾されたが，政策的視点の相違で，批判は実証的根拠に乏しい。

　第1に，民間の六甲山麓での乱開発は，しばしば災害をひき起こしていた。神戸市は昭和35年「急傾斜地土木工事規制条例」（第1章第9項参照）を制定するが，それでも乱開発はつづいた。法制上，民間の乱開発阻止は限度があり，公共セクター方式による開発が，確実・有効性な防御策である。

　第2に，六甲山麓の鶴甲団地をみても，開発と保全の調和を図っていきながら，防災対策の実施・開発利益の公共還元を実践している。[5]

　要するに宅地開発が同時に，防災対策であった。公共デベロッパーとして，六甲山系の前面山麓の表層部を削り，鶴甲・渦ヵ森団地など造成をした。それは防災面からも，昭和13年の阪神大水害が，表層なだれが原因であったからで，宅地造成で表層部を削りとることが，有効な防災対策となるからである。[6]

　第3に，公共デベロッパー方式では，公共用地確保，防災・環境対策が実施できるが，民間デベロッパーでは，規制行政の網しかかぶされないので，成果は必ずしも達成が確実視されない。都市開発の主導権を地方自治体が発揮しなければ，開発利益の公共還元も都市環境保全もできない。[7]

第4に，戦前とことなり，昭和50年代では環境保全は，不可能でなくなった。かって市東部の葺合港は，工場排水で赤褐色と化し，背後の住宅地区も煤煙で悩まされたが，公害条例・公害協定などで改善された。

　その意味では，ポートアイランドの海上都市は，工場誘致による，都市公害を回避した，画期的プロジェクトであった。もし神戸市が沖合方式のポートアイランドを造成しなければ，民間・政府・県がなんらかの口実のもとに，コンビナート・コンテナー基地を誘致し，神戸市は後世に悔いを残すことになったであろう。[8]

**注**

(1) 池田・前掲「神戸都市財政」110～139頁参照。しかし，神戸市の埋立事業は，全く逆で，民間不動産開発を抑制し，開発利益の公共還元をめざす，民間不動産開発とは異質の経営戦略で実施された。堺の埋立コンビナートは，大阪府企業局の事業で，埋立地区内の都市整備事業が不用の公共コストの低い埋立事業であった。また泉北ニュータウンへの堺市の宅地開発指導要綱の適用が遅れ，大阪府は大きな収益をあげた。一方，堺市は市南部のコンビナートによる環境悪化で，市民の生活環境は劣化し，泉北ニュータウンへの市財政負担は激増した。開発行政のメリットは，民間企業・府企業局へ，デメリットは堺市・市民へ転嫁されていった。要するに都市開発における，費用負担・利益配分の原則を誤った，都市開発主義であった。さきの池田論述は，大阪府のコンビナート・ニュータウン開発の市・市民への負担転嫁を見落としている。神戸市の埋立事業は，宅地造成との複合開発で，トータルの事業収益性は，堺コンビナート事業に劣っていない。この点について，全体事業費・売却収入をみると，神戸市は平均1坪2万3,641円で売却し，平均1坪4,739円の売却益をあげているが，大阪府は平均1坪2万3,641円で売却し，平均1坪864円の売却益しかあげていない。結果として大阪府は神戸市の3倍の面積を売却しながら，利益は神戸市の57%・44.6億円にとどまっているとの分析があり，大阪府が神戸市より優れているとはいえない。宮本憲一「都市経営の総括」『都市政策』第59号1990年4月6・7頁参照。

(2) 新産・工特都市と比較すると，神戸の都市整備は，公共デベロッパーの大半は，市税依存でない。道路でも有料道路をみればわかる。神戸は市営有料道路が多いが，最初，表六甲山有料道路を民間縁故債で整備し，その収益で裏六甲山有料道路を造り，さらに六甲山トンネル有料道路を建設するといった，ネズミ算式で整備していった。宮崎・前掲「私の履歴書」91～96頁参照。

(3) 同前43～46頁参照。

(4) 都心の三宮地下鉄街株式会社(資本金1,500万円，市出資金800万円)は，進出予定のテナントから保証金を集めて，工事費として1万㎡の売り場面積を持つ，地下鉄商店街を建設している。さらに東西海面埋立事業も保証金予約方式で，前払い方式であった。ただポートアイランドは，事業費5,000億円，10年の長期工期となるため，従来の埋立での予納金方式の資金調達が不可能となり，外資導入となった。さらに巨額事業を神戸市単独で実施するのはリスクが大きいので，埠頭建設を国負担とするため，阪神・京浜外貿公団となった。宮崎辰雄『神戸を創る』(1993年)178～185頁，以下，宮崎・前掲「神戸を創る」。神戸新聞社『神戸市長14人の決断』

(1994年) 184頁参照, 以下, 神戸新聞社・前掲「14人の決断」。

(5) 開発・防災・自然保護の関係について, 山を削って何が自然保護かと, その欺瞞性が追及されたが, それならば民間の乱開発で災害が発生し, 死傷者がでるがそれでもよいのか。環境規制を完璧にすればよいとの見解もあるが, 法制的に限界があり, 民間乱開発を食い止められない。しかも神戸市が宅地開発・海面埋立事業をしなくとも, 必ず政府・府県・民間が開発し, 神戸市は関連都市基盤整備だけを強要される。神戸市が開発可能地を先行的開発する, 公共デベロッパー方式が有効な選択・戦略であった。原口・前掲「過密都市」77〜89頁参照。

(6) この点について, 山麓での宅地開発は, 「六甲山系が秘める山津波による災害をくくり抜けなければならないという『恐怖の報酬』への覚悟を意味した。六甲山系は花崗岩が多く, そのため風雨による深層風化が年々進行し, 硬い岩石の上に風化された土砂が雪のように積もって, ちょうど表層なだれの起こる状態が形成されるという厄介な地質」（原口・前掲「過密都市」15・16頁）であった。神戸市は裏山土砂採取計画委員会を設置して検討した結果, 防災対策として「砂だめます」・排水施設等, 万全の対策を講じて, 宅地造成による安全対策を実施した。この事業でベルトコンベヤーによる埋立土砂を搬出する工法を採用した。周辺の民間開発では災害が発生し, 危険な宅造がなされた。くわしくは日本経済新聞社神戸支社編著『六甲海へ翔ぶ』(1981年, 以下, 日経・前掲「六甲海へ翔ぶ」) 95〜99頁参照。神戸市・前掲「神戸市史行政編Ⅲ都市の整備」401・406頁参照。

(7) 阪神間都市の海面埋立事業をみると, 尼崎市では戦前, 浅野総一郎が100万㎡以上の埋立をしており, 開発利益を民間デベロッパーにうばわれている。西宮市では戦後, 海面埋立地への石油コンビナート立地の危機にみまわれ, 都市自治体の主導性すら脅かされた。この点, 神戸市は公共デベロッパーで, 民間と比較すれば, その公共性を確保したといえる。戦前の海面埋立事業については, 高寄昇三『昭和地方財政史第5巻』332〜341頁,

(8) 経済振興策と環境保全策の両立はきわめてむずかしい。戦前の関大阪市長は, 積極的都市開発をすすめ, 同時に煤煙規制規則で公害を抑制したが, 実際の規制は形骸化され, 実効性を欠き, 空気汚染は悪化していった。都市改良主義の限界といえる。高寄・前掲「都市経営史下」259〜264頁。関市長の都市経営思想については, 高寄・前掲「都市経営思想」454〜606頁参照。戦後の開発にあっても, 新産・工特都市は都市成長策は成功したが, 環境・財政は破綻した。神戸の都市開発主義は, さまざまな批判をあびたが, 総合的成果としては, 経済成長と環境・財政は両立できたのではないか。

## 第2秘書・広報課の役割

　私の主幹・参事時代(1974〜1985年)は, 都市経営論争がつづいたが, それでも宮崎市政の政策転換によって, 反対論に対抗した。しかし, 都市経営戦略は軌道修正で成功したが, 市政方針はハードの開発施策から, ソフトの行政サービスへと転機を迎えた。

　私の所管事項からみてみると, 市政専門委員会(1971・1972, 1978・1979年)・都市行財政調査会(1974〜1974年)などであったが, 関連事務として内部では市長・関係部

局への調査情報提供とか，外部では市民・民間団体・マスコミと市政との媒介役であった。

第1の事務は，市政調査・研究である。都市問題研究所など事務は，事業部局などの実務ではない。さりとて中央省庁の審議官のように，将来の実務ポストにそなえて，充電期間という組織上の役職ではない。

これらの調査・研究事務は，庁内職員の研究会，外部研究者との合同調査会など，多くの報告書を作成し，発表したが，役所の組織では雑用の類で，政策決定に間接的に寄与するにしても，効果はわからない。(1)

第2の事務事業は，第2秘書の機能である。府県などでは政策秘書を配置しているが，神戸市で市長・助役の秘書は1人だけで，日程調整などが主たる業務である。

市内経済団体・市民組織などの対応は，秘書室で調整するが，市外の政治・行政・研究の会合への対応は，秘書課では手に余るので，私が政策秘書的役割で，情報収集・講演素案・担当部局との調整などの，準備作業をこなさざるをえなかった。(2)

政策秘書という大袈裟な役割でないが，市長・助役への市政に関する情報提供は，かなり頻繁にあった。陳情者に対する対応とか，時事問題に関する質疑とか，市政に関するもろもろの資料の提供などであった。(3)

宮崎市長になると，都市問題研究所もできた関係で，さまざまの市長の要求に，対応せざるをえない状況になった。欧米の飛行場・観光地の状況，欧米の地方自治の歴史・現状などであった。私も各自治体の先進的事例などを，機会あるごと提供に努めた。

第3の事務は，第2広報課の役割である。市役所行政がスムーズにいく，潤滑油のような機能で，あれば便利であるが，なくても何とかなる，役割であった。市政記者は，特定分野の取材は，各事業部局で対応するが，市政全般とか，各局取材で納得いかないと，私のところへきた。

一般的に大都市でも，広報官といった専門職は設置していないが，各部局で古参といわれる職員はいたが，広報的機能は期待できなかった。

広報課長は市政PRだけで，忙殺されていたので，私が専門的な取材は対応していた。誤った情報で，偏った報道となっては困るので，できるだけの情報提供に努めた。

しかし，私もマスコミの対応策など，持ち合わせていなかった。神戸市政の宣伝に利用するのは，後ろめたい気がするが，さりとて市政を，けなされるのは気持ちの良いものでない。結局，実態を説明し記者の判断にゆだねるしかなかった。[4]

　神戸市のマスコミ対策は，姿勢・システムにあっても方針はなく，市長自身も美濃部都知事のように積極的でなかった。[5]

　ただ神戸市の都市経営についての新聞・雑誌の取材は無数にあり，都市経営の宣伝効果はあったが，かえって都市経営への反感を増幅さす誘因とともなった。

　このようなマスコミ対策は，市政として全くの無策であった。いうなれば各部局・職員が，個別に対応するだけであった。

　私自身も市政記者とは，取材関係で市史とか市政資料の紹介など，さらに必要な部局への斡旋などの便宜を図った。ただ市政記者の取材は，気心が知れているので，神経を使うことはないが，飛込み取材には，要注意であった。[6]

　対外的情報提供で，意外に多かったのが，他都市議員の市会への市政視察で，市会事務局が対応するのでなく，関係各部局が対応していたが，調査項目が多いとか，全庁にわたる場合は，主幹・参事の時代，視察団の対応は，事業部の特殊な事項以外は，一人で対応した。

　事前に関係部局にヒヤリングして，資料をそろえてもらっていたので，他都市からの議員視察が多い，市会事務局は，大いに助かり，関係部局は執務に専念できたのではないか。

　やや過剰サービスであったが，勉強になったし，庁内人脈がひろがるので，引き受けていった。しかし，大都市ならば職制で，政策室とか広報官とかの専門部を設置すべきで，職員の個人的な対応で処理するのはどうしても無理があり，職制で府県のようにきちんと対応すべきである。

## 注

(1) 研究所の関係部局との研究会で，『神戸市における戦後都市経営事業の総合評価』(1989年)，『神戸市市街地整備の研究』(1998年)は，300〜400頁の戦後開発事業の軌跡・事業を，関係部局と共同で，総括した報告書を作成した。これら報告書が，事業戦略にどれだけ寄与したか，各部局次第であったが，共同研究チームを結成したので，職員間の連携効果があったはずである。また市史・委員会報告書などの行政記録と同様に，数少ない職員であっても，事業実施への示唆をえる効果は，過小評価すべきないだろう。

(2) 日程調整では，革新市会は私の担当で，秘書から欠席したいとの知らせがあったが，前の選挙では選挙期間中に美濃部都知事・飛鳥田市長が3度も来神し，応援演説をしてもらっている。

欠席はまずいのではないかと，市長に直訴し変更してもらった。扱いに困るのは，全国学界・団体からの講演依頼である。神戸市での開催では，問題ないが，市外となると市長と特別なつながりのある会合以外は，助役・部局長にかわってもらった。市長の講演は，特定部局の演題であれば問題ないが，市政全般となると，私の分担となった。雑誌への寄稿も同様であったが，宮崎市長は日本土地区画整理協会会長を，昭和47〜64年の17年以上もしていたので，毎年機関誌『区画整理』の新年号に挨拶をかねた，区画整理の重要性・事業効果などの論文を掲載していた。60年甲南大学へ転職したので，その後，種もつきていたので，都市計画局は困惑したのではないかと心配した。

(3)原口市長は『過密都市のへの挑戦』を出版していたので，著作関連で外部で話す機会もあり，私は地方税や地方財政の説明を求められた。目立ったのは，乗数効果とか産業連関表とか，ゴルフ場利用税，交付税算定などの経済・財政問題であった。私は計量経済には，統計課に専門職員がいますので，呼びましょうかといったが，専門家の説明はわかりづらいので駄目といわれた。仕方なく私が説明すると，よくわかった。君は頭がいいねと褒められたが，この程度のことは常識ですといようとして，戦前の技術家市長にとっては，厄介な代物と気が付いて，余計なことはいわずもがなと控えた。対照的に宮崎市長は，あまり褒めない性格であった。

(4)マスコミをめぐっては，局長会議での興味あるエピソードがあった。「ある局長が『マスコミの力は恐ろしいので，市政記者には丁寧に対応しなければならない』と，政治的才覚を披歴したつもりだったが，和田衛生局長は語気鋭く『そんな馬鹿なことはない。市民こそ主人公だから区別するのはおかしい』と真面目に反論した。発言した局長は唖然とし，皆が『そらそうや，税金を払っているのは市民やから・・・』と，和田局長をかつぎ上げてしまった。本気でいっているのか冗談かわからないが，ともかく愉快だった」(高寄昇三「企画課の思い出」庁内誌『おーるとめいど』第167号・1985年7月)とその場は盛り上がった。しかし，局長会議は余りにも呑気な対応で，マスコミの世論誘導力は軽視している。正確で十分な情報提供が必要で，事実をマスコミがどう受けとめるかわからない厄介な問題である。もしマスコミを誘導できれば効果は絶大で，反対に不十分な情報提供しかなく，批判報道となれば被害は甚大である。そのため平素から市政記者と，意思疎通を図っておく必要があった。

(5)この点，関東は関西よりすすんでいた。美濃部都知事は世論の重要性を認識し，「何よりもジャーナリズムを味方にしておかなければならない。・・・ジャーナリズムの動きが，世論の動きを左右する」とのべている。美濃部亮吉『都知事12年』2頁，以下，美濃部・前掲「都知事12年」。

(6)私は市会運営について，地元記者の取材をうけ，「決算委員会といわれているが，委員会前の話題性のある事項の質疑も多く，必ずしも決算だけでない」と，実態をのべた。このことが新聞記事となり，市会が議会軽視と問題にした。当時，宮田企画局長であったが，記事は自治体幹部の弁としており，兵庫県か他の自治体か不明で，神戸市の幹部ではないと，さりげなく追及をかわしてくれた。あと1つは，政府景気対策の追加公共投資予算についての，現場取材として，東京から全国紙の記者が取材にきた。広報課では手に余るので，私が対応したが，「政府の追加予算は，予備費での対応となり，新規事業でなく追加・継続事業となり，厄介だ」と明言は避けた。そのため同記者は土木局担当課長に取材したが，「用地買収してから事業発注をして予算消化をするので，景気対策としては時期遅れになる」と，現実をありのままに伝えてしまい，全国紙面の新聞記事になった。建設省が市土木局長に説明に来いとのクレーム電話

があり，土木局は災難に見舞われた。いずれにせよ市決算委員会・建設省にしても，事実を説明しただけであるが，議会とか中央省庁の面子をつぶされたという，不快感があったが，大人気ないといえる。最近の中央省庁をみると，政権への忖度をすれば，マスコミにたたかれ，政府への忖度を怠れば，政権に疎まれ，左遷の憂き目をみている。要するに公務員にとって，議会・マスコミは鬼門で，用心に越したことはない。

## 第2調査・市民課

　第2調査・市民課の役割も担った。宮崎市政となり，従来の開発分野に限定されず，福祉・環境・観光・国際化など，ソフトな施策実施となった。そのため庁内・庁外の衆智をあつめて，新政策への理解と協力を求める機運が高まった。

　神戸市の都市経営も，安定成長期になると，公共デベロッパーより，文化・環境・福祉などソフトの分野へ拡大し，企業・市民への負担・官民協働システムなど，行財政運営も変質が迫られた。

　調査会は，開発プロジェクトとか，行政サービスの新設とかいった，派手さはないが，神戸市政が直面した施策転換へのビジョン策定であった。

　まず第2調査課として，第1の対応策は，市政専門委員会の設置であった。私は係長であったが，従来，手薄であったソフトな行政への処方箋を描くことになった。昭和46(1971)年度『市民生活と余暇の活用』(委員長今井鎮雄・神戸YMCA総主事)も，従来の市政では，想定されない課題であった。

　委員会は大学教授だけでなく，市民団体役員など8名，市委員9人の合計17名であった。余暇行政という未開拓分野であったので，余暇施設・組織・行事など，余暇関係主要事業の一覧表・余暇関連情報のデータ整理がなされている。

　ともかく余暇行政の活性化として，余暇指導員・六甲愛護市民憲章・市民余暇生活計画書作成などの提言がなされている。なお昭和46年度『神戸市余暇施設基本計画』が，嶋田勝次神戸大学助教授・多胡進大阪市大講師で策定されている。

　昭和47(1972)年『市民文化の創造・都市行政と文化の接点』(委員長小島輝政神戸大学教授)は，委員として大学教授もいたが，作家の陳舜臣・画家の中西勝・彫刻家の信谷琇樹さんなど9名，市委員3名の12名であった。市は博物館運営・文化財保護などは実施していたが，神戸文化の育成策はなかった。文化不毛の地といわれたが，どう汚名を返上するかであった。

　報告書は個別文化の体質・特性からはじまり，施設・組織などに整理，そして市

民文化祭開催・新人文化賞・歴史博物館などの提言がなれている。

　市立博物館・神戸フルート演奏会などが実現されたが，行政と文化人だけでなく，企業・市民団体などの幅広い分野の協力体制が，必要ではないかと思った。

　いずれにしても机上演習的に，新規行政課題を提示し，現状を整理しても，担当部局の文化行政に期待するしか妙案はなかった。実効性からみて調査・審議だけでなく，市民運動とかマスコミとか，専門研究者とかの具体的動きが不可欠であった。私も市長に美術館設置を直訴するだけはした。(1)

　昭和53・54(1978・1979)年『神戸の国際性』(委員長今井鎮雄・神戸YMCA総主事)の作成時は，委員会は大学教授だけでなく，財界人に加えて，外国人の留学生・主婦・教師など多彩な顔触れで18名，市委員3名の21名で構成されていた。

　神戸の特性は，京阪神都市との比較でみても，国際性という歴史風土しかない。この国際性を活かして，経済・文化・都市環境をどう形成していかであった。

　外国人居住のための環境整備，さらに外国人との交流の拡充などで，学校教育での国際交流，海外帰国子女教育，在住留学生問題などの対応である。政策的には貿易・観光の振興へと施策の拡充を提唱している。

　しかし，グローバル化がすすむ一方で，在神領事館の大阪移転，近年のインバウンド効果による外国人観光客景気もなく，国際都市としての特性が活かされておらず，国際機能の地盤沈下がみられ，神戸市として決定的な促進策が迫られていた。

　このような余暇・文化・国際行政を，行政機関による施設ベースの次元から，一般行政のレベルまで昇華させるには，自治体にとって発想の転換が求められた。施設行政でだけなく，イベント行政の支援で，文化的土壌をまず培養してことであった。

　たとえば余暇では市民六甲山全山縦走，文化ではフルートコンクール，国際ではアジア情報センターの設置などであったが，これらさまざまの施策を統合・融合化していけば，相乗効果があり，魅力的都市としてのイメージも高まる。問題は担当部局が，真剣に政策実現をめざすかであった。

　第2の対応策は，「行財政調査会」(昭和49〜54年度)の設置で，企画局係長・主幹として担当した。宮崎市政は，福祉・環境・文化行政をすすめながら，六甲アイランド・西神ニュータウン・ハーバランドなどの建設を，すすめなければならならず，財政的にはむずかしい舵取りとなった。

そのため転換期にある宮崎市政の行財政ビジョンを模索していった。しかし，財政再建を視野にいれた，行政サービスの見直しではない。神戸市があらたに直面した行財政課題を，関係者に理解してもらい，協力を求める意図で設置され，6回報告書をまとめている。

　もっとも神戸市財政が，危機にあったのでなく，サービス行政の増加への対応策は，公共投資と比較して遅れており，政策・施策的対応が迫られていた。

　自治体行財政運営の効率化・選別化は，いわゆる新行政管理の潮流として，政府・学者が提唱していたが，革新・市民サイドからは，行政サービス抑制・行政費用の住民転嫁との批判にさらされた。この対立点を克服して，行財政の政策科学的対応をどうすすめるかであった。

　当面，都市開発・基盤整備事業の縮小は容易であったが，行政サービスは縮小でなく供給形態の変革によって，拡大策を模索するべきとの方針であった。

　私は未開拓の行政分野である，行政サービスの実施形態・費用負担・官民連携などの，答申書作成に苦心したが，一応の改革への処方箋は提案できた。あとは市の改革方針を，各部局がどこまで本気で実施するかであった。

　昭和49(1974)年度『「大都市財政の再建」"財政自主権の活用をめざして"』は，学識経験者8人，経済界・労組6人，市民団体・主婦7人，市会議員6人，市局長4人の総数31名の大規模構成となった。法定外普通税として，六甲山環境保全税・消防施設利用税・高速道路利用税・空かん等回収税を提唱したが，神戸市に実現意欲がなく，そのまま放置された。

　昭和50(1975)年度『「都市行政適正化への課題"低成長経済下の福祉向上をめざして"』は，近年の行政サービスの膨張・多様化に対応して，行政選択基準の政策科学化・使用料負担の適正基準・企業の地域への責任構造などを図表化し，理解を求めた。

　その背景には近年，執行部が議会へ提案した，使用料は軒並み否決され，料金値上げは袋小路に入ってしまった感があった。財務課からも打開を求められたので，前年度で示した，簡単な使用料区分図を，「行政サービスに分類と料金」(図1)としてより詳しい表示にして提示していった。

　この図の効果は，予想外に大きく，議会も理解を示し，使用料値上げに一斉に同意し，難航していた使用料変更は下水道料金をはじめ，一気に数十億円の増収に成

功した。その後，全国の各市にも援用され，料金値上げの一般的選別基準となった。
　昭和52(1977)年度『「都市行財政運営の近代化」～行政サービスの向上をめざして～』も，前回の報告書の続編ともいえ，神戸市財政の窮乏を説明して，行政サービスを求めるには負担と協力が必要と訴え，行政サービスの費用負担(図2参照)を例示していった。

図1　行政サービスに分類と料金　　　　　　図2　　行政サービスと費用負担

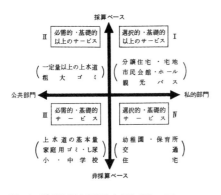

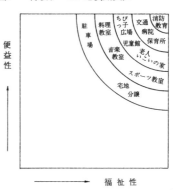

昭50年『行財政制度調査会報告書』11頁。　　昭52年『行財政改善委員会報告書』22頁

　昭和53(1978)年度『「都市行政における責任と協力」～市民的行動をめざして～』は，財政でなく行政の視点から責任・供給システムの類型化を福祉サービス・廃棄物処理で試みた。廃棄物処理では，国・県・市・市民・企業などの負担・責任を分析していった。ことに生産・消費過程で発生する廃棄物の抑制・処理コストの分担を求めていった。

表2　廃棄物処理法における責任体系

| 国・府県 | 廃棄物処理の技術開発，県市への財源・技術援助 | 市民 | 市一般廃棄物の収集・運搬・処分への協力 |
|---|---|---|---|
| 市 | 環境整備(美化)思想の普及，施設の整備，作業方法の改善 | 企業 | 事業活動による廃棄物・製品・容器の自己適正処理 |

昭和53年度『神戸市都市制度調査会報告書』(要約)12頁。注　県責任省略

ただこれらの施策・サービスを実施しようとすると，実際，どのような実施形態となるか，市場・地域・公共メカニズムの活用(表3参照)となり，どう活用するか問題となった。

表3　行政サービスと行政形態

| |
|---|
| 市場サービス(市場メカニズム)→開発公社・第3セクター(独立採算制) |
| 地域サービス(参加メカニズム)→財団社団・第4セクター(実費補償主義) |
| 公共サービス(行政メカニズム)→直営方式・特別会計(収支均衡の原則) |

昭和53年度『神戸市都市制度調査会報告書』15頁。

　昭和53(1978)年度『地域生活施設の市民的利用』は，市は生活関連施設を無数に設置しているが，管理・利用状況はばらばらで，適正化といえない。現在の小規模公園管理をみると，自治会をはじめ163団体が受託している。

　今後，あらゆる分野で市民・団体委託管理をすすめるべきであるが，当然，メリット・デメリットがあるが，市と市民が協働関係にもとづいて，委託財源・ノウハウを活用していくことである。

　昭和54(1979)年度『「地域生活行政の拡充」"区政を中心として"』は，今後，地域サービスを拡充していくには，区政を重視する「都市内分権」が重要となるが，受け手となる住民組織の充実が前提条件となる。

　現在の地域組織分類(表4参照)と公的補助・委託の状況などを整理し，如何に有効に活用していくか，市民組織の自立化と参加意欲が求められる。

表4　地域住民組織の分類

| 区　　分 | 名　　称 | 区　　分 | 名　　称 |
|---|---|---|---|
| 包括的組織 | 自治会・町内会など | 職能的組織 | 商店会・労働組合・医師会 |
| 年代・性別組織 | 婦人会・老人会など | 機能的組織 | 文化・消費・余暇集団 |
| 行政補完的組織 | クリーン作戦市民委員会・民生協議会 | 問題別組織 | 住民運動・○○をする会 |

昭和54年度『神戸市都市制度調査会報告書』13頁。

調査会の報告書は，或る程度の財政効果をもたらしたが，決め手を欠く内容であった。行政組織の再生は，長期的プログラムであった。それでも全国的に，同様の調査会が設置され，行政サービスの負担区分などは，他自治体に採用されていった。

　いずれにしても，明解な解決策はなく，気の重い仕事であったが，心安らぐ時間が，県下の小野市への市政アドバイザーとしての出張であった。宮崎市長と小野市長が知り合いであったので，小野市政運営に神戸市の事例を，紹介して欲しいという要望であった。

　半年に1度ぐらいで数年つづいた。神戸電鉄で1時間ぐらいの鈍行でいったが，三木市を過ぎると田園風景で，私が縁故疎開で通学していた，平田小学校の地区を通り過ぎると，懐かしさがこみあげてきた。第2の故郷への紀行時間であった。

　小野市は人口5万人前後の農工商混在の都市で，ソロバンは全国生産で有名であった。市政施策をきいて感心したのが，不況期に工場団地を造成し，好況に売却し，工場誘致に成功している都市経営の実績である。これでは神戸市が，逆に学ぶべき先例ともいえた。

　市幹部との意見交換で，特に強調したのが，複合建設の方式である。市からさまざまの公共施設の建設計画を聞いたが，個別立地よりできるだけ集約し，かつ総合施設を計画的に配置するのが，将来的に見ればベストの策で，また市民利用の点からも，バス路線の経営らみても有効な施策であると私見をのべた。

　現在の法制・補助システムでは，福祉・教育・衛生など，個別施設建設方式で，折角の施設も細分割されるが，設計を工夫すれば複合施設が可能である。複合施設の方が，利用の利便・管理コストなどさまざまの利点がる。さらに市民サービス分野の行政は，将来，建設当初の行政需要をこえて，需要は膨張するので，計画的に整備し大規模化がのぞましいとの意見をのべた。[2]

## 注

(1) 私は宮崎市長に東山魁夷は，兵庫高校の出身であるので，美術館を設置したらどうですか提案したことがあった。市長は南蛮美術館を買収しており，その後東京銀行神戸支店を買い上げ，現在の神戸博物館としてなっており，文化行政にも理解があった。しかし，費用の関係もあり，あまりよい反応をしめさなかった。私は長野県立東山魁夷美術館を，長野県職員研修のついでに訪れたが，小規模であった。ただ私は北野小学校廃校跡地のことを知らないままであったが，もう少し早く知っていれば，賛同者を募り，具体案を詰めて市長に提案できたと悔やんだ。東山魁夷先生が神戸にどういう感触をもっているかわからないが，要は神戸市の熱意の問題では

なかろうか。なお千葉県市川市に2005年東山魁夷記念館が開館されている。37歳で復員し，1945年から市川市で長期に生活し，画風を磨いていったが，地元の味噌醸造業家の支援があったからである。(2020. 11. 10・朝日新聞・2021. 11. 1参照。

(2)この点，神戸市の大倉山文化ゾーンでは，図書館・文化ホール・体育館・婦人会館など，集中立地しており，都心三宮にはない，文化ゾーンを形成している。対照的なのがポートアイランドで，市民病院・国際会議場・展示場・体育館・商工会議所・博物館などが立地しているが，分散立地である。他都市の成功・失敗の事例の情報収集に努め，そこから戦略を学ぶことであろう。なお神戸市政の実績をかわれて，鵜崎功(のち神戸市助役)氏が，1989・1990年，赤穂市助役に就任している。


## 外部審議・調査会への参画

　私は昭和60(1985)年，甲南大学へ転職すると，研究・調査活動の分野は，一気に拡大した。まず神戸市職員では，庁内組織・役職での研究はともかく，外部での活動は職務免除が必要で，実際問題として市会委員会の開催日は職免は不可能で，しかも市会委員会開催日が決まらず，長期に，活動は制約された。

　つぎに大学教授は，対外的には社会的評価は高く，時間的余裕もでき，自由な立場で，持論を主張できた。

　神戸の研究所にとっても，内部研究会などで，形式的に指導者として大学教授にお願いし，迷惑をかけてきた。しかし，私が代役を務めることで，研究所の研究活動もやり易くなったが，大学と研究所をかけもち，さらに対外的活動も忙しくなった。

　私が参加した外部活動の第1の事例は，委員長としての委員会であった。印象の残った委員会をみてみる。第1に，国土庁(現内閣府)「災害に係る被害認定基準検討委員会」(2000. 11. 16)で，1968年に制定された，内閣総理大臣官房審議室長通知「災害の被害認定基準の統一について」の改訂である。

　私がどうして委員長に指名されたかわからないが，阪神大震災の関連著書などで，実際の状況に詳しいからではなかろうか。

　審議会の目的は，はっきりしていた。名古屋市で水害が発生し，床上浸水などで甚大な被害が発生したが，建物物の物理的倒壊でなければ，被害補償はでないという欠陥があった。このように硬直した対応を，実質的被害に応じて改善することであった。すでにさきの鳥取震災では，建物地盤が崩壊し，建物が傾斜し，実質的に居住不可能となったが，政府の補償システムでは，対象外となったので，鳥取県が

独自基準で補償を実施していた。

　詳しい内容は『都市政策』（第105号2001.10）で，委員であった坂本功（東京大学大学院工学系研究科教授）「木造建築物の被害認定基準とその背景」，中埜良昭（東京大学生産技術研究所助教授）「非木造住家の被害認定基準について」など，くわしく解説されている。今日では建物損壊だけでなく，浸水被害も対象となり，東日本大震災でも適用されるようになった。

　第2に，「大阪市廃棄物搬入手数料改訂委員会」で，大阪市はすでに専門家からなる，廃棄物専門委員会があったが，財政問題であるとの理由で，私は委員長に任命された。審議の課題は，民間廃棄物処理業者が，回収した廃棄物を市の焼却センターに搬入する手数料の値上げであった。

　それだけであれば，簡単な問題であるが，業者が200以上で大半が零細事業者で，民間大手の進出で，零細事業者は，経営圧迫の状況にあった。しかも多く零細事業者が，同和事業の個人事業救済策として，認可を付与してきた経過もあり，公的救済が求められる窮状にあった。

　零細事業者は，直営方式の市職員高給与を非難し，市直営事業の一部委譲を要望した，市サイドは明言を避けたままであった。そのため委員会は，1年で終わらず，2年がかりで答申をまとめたが，手数料を低い目に抑えただけであった。

　私自身としては，他都市では家庭用ごみ回収も，民営化が普及しており，大阪市も零細事業救済を口実に，公営の民間化への好機だと思ったが，大阪市の意向は，そこまでの改革実施の意向はなく，後味の悪い結果となった。(1)

　第3に，「富山県スキー場経営改善言委員会」は，県内の公営・民営のスキー場が，軒並み経営不振であり，どう再建するかであった。地理的にみて関東・関西からも遠隔地であり，北海道・長野県などと比較して知名度も低く，きびしい環境にあった。

　県はかなり財政支援をしてきたが，経営改善の目途がなければ，拡大・継続も難しいという窮地にあった。県支援廃止はできないが，県・町村・民間が，共同で改善策を検討して，夏場の利用とか，他の集客機能の創設などの打開策を，検討するべきとの答申でまとめた。

　答申としては，お座なりであり，申し訳なかった。現地視察を丹念にし，より専門的見地から，打開策を提案すべきであったが，県当局が一応のまとめで，結構と

のことで甘えてしまった。

　第4に, 「第三セクターに関する検討委員会」(1999年3月)で, 自治省の外郭団体「自治総合センター」が事務局であった。構成メンバーは, 大学教授は3人, 弁護士・監査法人・開発銀行部長など専門家, 自治省の財政局指導課長・準公営企業室長・大臣官房地域政策室長の3名であった。

　自治省の意向は, 構成メンバーの顔触れからみて, 破産手続による整理・再生も辞さない方針であった。外郭団体を不動産型・施設型・サービス型に区分し, 再建策として倒産・清算, 統合・法人形態変更, 存続再生としており, そのための「公社の経営診断」「関連法精査」「解散事例」「整理手続きの比較」などをあげている。私の意見は, 不動産型の整理は免れないが, 施設型への変更で可能な限り存続を図っていくのがましいという方針であった。

　第2の外部活動の事例は, 委員として参加した委員会で, 印象に残った事例をあげると, 第1に, 京都市の「京都迎賓館準備協議会」で, 国立迎賓館設置がきまったので, どのような設計が良いかとの審議であった。私が委員となったのは, 多分, コンベンションの専門家と勘違いされたのではないか。

　ただ神戸市の相楽園会館などの事例からみて, 迎賓館はどうしても有名建築家の設計となり, 外観とか内装などに凝るが, 会館の管理運営からみると, 使い勝手のためには, 厨房とか倉庫などに広いスペースを取った方がよいとの見解をのべただけであった。

　第2に, 「岐阜市立薬科大学運営委員会」は, 市としては財政的に重荷であるので, 経営改善を図っていきたいという委員会の趣旨であった。当大学は薬剤士国家試験合格率もよく, 教育水準は申し分なかった。

　公立大学は地方交付税による財政補填措置があり, 財政収支は補助金・交付税なども精査しなければならない。また大学は文化産業であり, さまざまの地域経済効果もあり, 地域経済への還元状況も算出してみる必要がある。

　もっとも民間大学が運営を, 肩代わりしてくれるならば, 条件つきで応じてもよいのではないかとの見解を示した。

　第3に, 「神戸市固定資産税還付検討委員会」は, 全国的に固定資産税の超過徴収が発覚し, その返還が問題となった。更地に建築物を建てると, 底地の土地固定資産税は, 軽減されるが, 調査漏れでそのままになっていた。

ただ地方税の時効は数年で，法律的には，それ以上は遡及できない。この減免は所有者の申告での減免でなく，行政が審査し，自動的に軽減されるので，市民の過失はない。自治体の課税ミスで発生した事案で，発生時に遡及し，時効をこえても建築時から補填するべきとの結論となった。

　ただ監査請求などで，違法請求と認定されれば，別途対応すべきとなった。ただ個人では相続もあり，全員の同意が不可能の場合があり，戸籍を提出してもらい代表者が受け取り，将来，全員に配分するとの確約書を，提出してもらう便宜的解決を採択した。

　第4に，大阪府豊中市の「市立保育所民間移管審議会」である。同市の芦田助役とは，自治体学会で親交があったので，委員就任を求められた。要するに市立保育所は，人件費のコストが高いので，民間委託にするとの方針であった。

　移管団体を公募したところ，鳥取市の民間保育所経営者も参加し，民間サイドの受託意欲は旺盛であった。その移管条件は，市立施設はそのまま無償で移管され，公務員以外の保育士のみ引き継ぐという条件であったからである。

　当然，市民は保育所サービス低下として反対したが，その反対集会での対応を，審議会委員がさせられる羽目になった。最終的には公務員である市保育所園長が，移管後，経営視察員として監視していくことで，納得してもらった。

　数ヵ所の市立保育所移管であったが，民間保育所事業者からヒヤリングをし，各委員の採点方式で決定した。ただ委員としては，民間事業団体の経営姿勢・実態などのヒヤリングを十分にし，採点評価基準を明確にして，適正な採点とすべきであったが，不満が残る決定となった。

　第5に，特殊な調査としては，西宮市外部監査調査(監査法人トーマツ)である。平成20(2008)年度「公の施設等の管理運営」，21年度「普通財政を中心とした管理に係る財務事務について」，22年度「債権管理事務について」，23年度「子育て支援に関する財務事務について」，24年度「外郭団体に関する事務の執行及び事業に係る経営管理について」，25年度「使用料・手数料等に係る財務事務の執行について」である。

　私は会計事務所の調査前段階と，報告書素案ができた最終段階のみの参加であったが，まず調査資料は行政監査では算出できない，包括的詳細な分析で，分析資料として利用価値があった。つぎに調査結果の意見・改革への指針など，行政団体が

活用すべき提言であった。

　報告書について，市会議員への報告会が開催された。残念ながら私は参加しなかったが，問題は市執行部・市会が，この監査報告書を市政改革に，どう活用するかであった。

　第3の部外活動は，衆議院公聴会への参考人公述であった。「地方交付税法の一部改正法律案」の第80回国会衆議院「地方委員会」（昭和53年4月13日），第91回国会衆議院「地方委員会」（昭和55年4月9日）で意見をのべる機会があった。(2)

　地方交付税法第6条の3は，交付税財源の国税3税(所得税・法人税・酒税の100分の32)と，交付税の財政需要額にあって，「著しく」「引きつづいて」不足が発生した場合，特別交付税の総額を加算するとなっているが，どのように措置するのかであった。結局，直接的財源補填による措置でなく，起債などによる対応となったが，私はこのような補填措置は，法律改正でないとの反対意見であった。(3)

## 注

(1) 私は生活廃棄物収集事業の民間委託について，宮崎市長にもしばしば進言したが駄目であった。41年度の神戸市清掃関係職員1,204人，総額19.24億円，1人当り約150万円(直接接人件費)として，管理部門・焼却工場もあるので，民間委託できる事業職員1,000人で約15億円，民間委託で約7.5億円は節減できる。市役所全体でみて，区役所1,549人，衛生局1,149人，民生局672人であるが，民間委託の余地はすくなく，ごみ収集事業の節減効果に期待することになる。もっとも退職者不補充策で早期導入，長期段階的実施に実現性がある。ただ年25人程度の減員で40年かかり，年3,750万円減に過ぎず，民間委託費を差し引きすると，1,875万円だけで，気が遠くなる長期対応となる。しかし，労務対策の摩擦を回避しながら，一定方針で実施するのが鉄則である。軽減分も順次，福祉事務所などの民間委託できない分野へ補充するのが，穏当な改革案である。

(2) 参考人は，私以外は昭和53年では宇田川璋人横浜国立大学教授・橋本徹関西学院大学教授・工藤巌盛岡市長などであった。54年では井手文雄横浜国立大学名誉教授・北野弘久日本大学教授・古川卓萬西南大学教授・伊藤龍太郎川西市長などであった。

(3) 昭和53年(80回)委員会は，地方交付税総額確保の措置として，交付税率引上げで国庫財源注入をなすのが正攻法であったが，借入金で補填し，その償還時に元金の2分の1を国が臨時地方特別交付金として交付税特別会計繰入という暫定措置を決定するかどうかを検討する重要な委員会であった。後年度に繰り入れる措置が，財源補填として妥当かどうかであった。昭和55年委員会(91回)も，同様の交付税財源補填措置の継続問題であったが，税収増加があり財源不足は緩和されたが，引き続き借入金方式での補填となった。私の見解は，財源不足を国・地方で折半は，あくまで暫定措置で，本来は交付税率引上げである。地方財政が半分負担といっても，行政サービスの削減は困難である。また地方財政は，補助金・地方債の裏負担にくみこまれ，自主性が乏しく，財政効率化も困難である。財源対策として超過課税の制限緩和・市町村固定資産税の高速道路課税・宅地開発税改正による法定外普通税化・交付税の補助金・地方債化の

抑制などによる自主財源拡大が不可欠との主張であった。最後にこのような特例措置は、法律の制度改正に該当しない。交付税の基準財政需要額算定議論は不十分であり、交付税が地方財政の固有財源という原点にたって，改正がなされるべきであると論述した。第84回国会衆議院地方行政委員会議事録第12号・第91回国会衆議院地方行政委員会議事録第13号参照。

## 研究・調査活動の拡大

　第3の外部活動の事例は，委託調査で，個人受託は，会計処理などで煩わしいので，できるだけ民間シンクタンクなどに受託を依頼し，その調査事業にだけ参加する方式をとった。

　第1の委託調査は，昭和61（1986年）の流通産業研究所『「つかしん」の経済波及効果に関する調査』で，流通産業研究所から，複合商業ゾーンの「つかしん」の経済・社会・環境など，総合効果の算定・分析依頼があった。

　事務局は流通産業研究所で，私はすでに甲南大学に，転職していたので，当時の安田丑作神戸大学工学部講師・加藤恵正神戸商科大学商経学部講師といった若手と，調査グループを編成した。

　「つかしん」（1985年開設）は，尼崎市中央部グンゼ工場跡地（6万㎡）の再開発で設置された，教会・コンベンションセンターもある，複合商業ゾーンで，郊外のいわゆる大型ショッピングセンターとは，異質の地域融合型のセンターであった。

　この調査によって，「つかしん」の経済・非経済効果を算出し，地域への存在価値，そして尼崎市のイメージアップ効果策定が，研究の目的であった。経済効果は既存方式で算出できるが，課題は非経済効果（環境・文化・経済誘発効果）であった。

　工業都市尼崎のイメージが，「つかしん」建設で，イメージチェンジへの効果が期待された。しかも事業者は，関連公共投資負担をしており，市税は初年度で12億円，平年度で3億円の収入で，財政効果はあり，経済効果も売上額で測定は容易であった。

　報告書の問題は，非経済効果分析で，住宅団地などでも同様であるが，建設後の文化・環境・経済刺激効果をどう活用するかである。環境効果では2,000㎡の公園を付設し，都市河川をウォーターフロントとして取り込み，都市空間環境効果をあげている。文化効果は，つかしんホールの文化展など，イベント広場の催しなどで112万人以上の参加をみている。これらの環境・集積力をいかして，経済刺激効果を発揮することである。

市民の社会活動の創出とともに，市施策支援・連携の充実が課題で，単なる行政サービスだけでなく，地域連携・協働の事業化の相乗効果で，地域活性化を図っていく戦略が重要性である。

　ショッピングセンターであっても，民間だけでなく，行政が文化・社会的施設を併設し，その複合効果で，ショッピング機能の収益向上となり，行政も生活サービスの波及効果がみられ複合効果が発揮できる。

　今後の尼崎市の「つかしん」への文化機能の積極的支援，周辺住民とのイベント開催による官産民連携がどれだけなされるかであった。それは，集客吸引は商業機能だけでは限界があり，文化・医療・教育機能との相乗効果がもっともオーソドックスな対応である。それは都心再開発ビルをみてもよくわかる。

　第2の調査委託は，平成4(1992年)の大阪府『第3セクター・外郭団体の設立及び運営に関する基本的調査』(大阪府行政管理改善基本報告書)で，私のところへ委託調査の依頼があったが，個人での受託は，作業量が多くなり，また会計処理など面倒なので，民間シンクタンクへの委託をおねがいした。

　結果として大阪のシンクタンク・DAN計画研究所が受託し，第1章の現状調査をDAN計画研究所，第2章の経営戦略の留意点を私が，第3章の経営分析評価システムを，監査法人朝日新和会計事務所が分担してまとめた。

　調査の核心は，全国的に開発型外郭団体は，高度成長期がすみ，都市膨張・地価上昇が鈍化すると，経営危機が顕在化した。開発型でもビル・施設管理型は，複合経営化すれば対応できるが，建設・分譲型は切開手術が必要であった。廃止・公営化・管理型への転換であった。

　自治体全体としては，外郭団体が縮小すると，人事運営・行政機能にも支障ができるので，行政サービス型，官民共同型への転換を図っていくのがベターな選択と提言した。

　第4の部外活動は，第1に，他大学への非常勤講師として講義で，最初は関西学院大学社会学部の非常勤講師で，田中國夫教授の幹旋であった。

　当時，市企画局主幹であったが，対外的活動が多くなっており，市役所以外の肩書として関学非常勤講師は，衆議院地方委員会の参考人公述など，市職員では不都合で有難がたかった。

　夏の休暇にはいると，沖縄国際大学・北九州市立大学へは，数年集中講義でいっ

た。また単年度では，京都大学法学部大学院の客員教授を，村松岐夫教授の依頼で，1998年度務めた。母校で講義ができるとは，夢にも思わなかった。筑波大学・福井大学・大分大学など出張講義もあった。現地の大学教授・院生との懇談会は，都市経営の点からも得難い情報がえられ，楽しい時間が過ごせた。

　第2に，講演会である。各自治体・各地の経済団体などへの，講演も多くなった。もちろん自治体での講演は，一般的行財政論もあったが，自治体経営論をテーマにしてもらった。

　それは「自治体は，市民の所得によって財政を維持しており，市民の生命・財産の公共信託をうけているという」，都市・地域経営への基本的認識が欠落していたからである。公共信託の認識が甘いと，失敗は免れないことを強調した。

　公共信託の理念からみれば，公害工場の誘致による健康被害発生は，市民への背信行為であり，防災対策の怠慢による被害拡大は，未必の故意といえる市民への生存権侵害である。

　自治体はどのように努力しても完璧な成果は達成できないが，「誤謬の選択」を可能な限り抑制する努力を惜しまないことである。

　研修担当者から刺激が強すぎるのではと，苦情をいわれたが，地方公務員には，市民が主権者であり，市民に付託に応えなければならない，強すぎる刺激的効果があっても，意識改革としての"覚醒剤"で，効果をあげなければ，研修効果がないと弁明した。

　なお，ポートピア'81で，神戸市の企業経営的地域経済振興策が全国的に注目されると，経済団体・民間企業からの「企業家精神と地域づくり」といった講演依頼が多くなった。岡山産業人クラブ・日本鋼管会社などであった。著書も高寄昇三・田村明・清成忠男編『地域づくりと企業家精神』(ぎょうせい・1986年)などがある。

　第5の部外活動として，第1に，学会への参加は，多忙であったので，控えていたが，それでも多くなった。行政学会・財政学会など，大学の講義で関係の深い学界には参加した。そのうち学界創設に関係することになった。

　一ノ瀬智司国際基督大学教授・吉田寛神戸商科大学教授と私が発起人となって，昭和58年に日本地方自治研究学会を創設した。その動機は，公認会計による自治体外部監査があり，公会計士の方々に自治体経営実態のさらなる研究が必要となったからである。

学会の創設に際して，当初の運営資金がないので，発起人で10万円づつ負担して創設した。幸い学会会員も増えたので，拠出金は返還してもらった。公認会計士が多い学会としての特色をもっている。

　第2に，研究助成委員会への参加である。昭和57年千葉市企画調整局委託で『地域開発と都市経営に関する調査』(研究主査・伊東光晴)，昭和63年日本総合研究開発機構研究助成研究会・昭和63年『日本的都市経営の特質と課題』(研究主査・伊東光晴)に参加した。この研究会で「わが国の都市経営論の系譜」をまとめ戦前・戦後の都市経営を，簡単な年表でまとめてみた。

　伊東光晴教授の斡旋で，都市経営関連で多くの研究会・講演会などに参加した。都市自治体に都市経営の有効性を知ってもらい，実践にうつして，その実効性を試してもらいたかったからである。

　第3に，平成4年国土庁大都市圏整備局「国際的機関の立地を核とした地域づくり推進方策調査」(座長大久保昌一・大阪大学名誉教授)に参加し，「国際的機関の波及効果」「国際的機関と地域振興政策」を分担した。神戸都市問題研究所で報告書作成を担当した苦労に比べると，単なる参加者の負担はきわめて軽いことを実感した。

# Ⅳ　革新自治体と政策型都市経営

## 革新自治体の政策実践評価

　昭和39(1964)年6月，全国革新市長会が結成され，全国的なひろがりをみせ，地方自治史にあって自治権実践という金字塔を築いた。戦前，後藤新平・関一市長もなしえなかった，政策型都市経営の形成であった。

　事業・施策型経営は，内部経営重視のテクノロジー優先となり，イデオロギーとしての市民参加・地方主権・福祉環境への認識が希薄であった。一方，政策型経営はイデオロギー重視となり，テクノロジーとしての内部経営軽視となった。

　都市経営は，これら3経営形態を融合し，実践していけば，都市開発利益の公共還元を実現し，市民福祉を充実し，中央統制介入を排除する，高次元の都市経営形成が期待された。

　昭和48(1973)年，神戸市は革新市政となり，先進的革新自治体の追随に過ぎなかったが，革新自治体の影響は，全国自治体に波及した。

　保守政権の福岡県大牟田市が，電気ガス非課税憲法違反訴訟(1975年)を提訴し，全国自治体に影響を及ぼした。私自身も釧路判決(1969年)に刺激を受けて，神戸市の埋立地固定資産税軽減廃止を実施した。

　私は神戸市の革新自治体担当主幹として，その活気溢れる自治体連合の実践力に共感し，その将来に大きな期待を抱いた。

　昭和54(1979)年，美濃部都政は瓦解し，「ばらまき福祉で，財政破綻を招き自滅した」との汚名を着せられ，歴史から抹殺される悲運となった。しかし，財政破綻での都知事辞職は，美濃部知事のみでなく，鈴木都政も例外でなかった。<sup>(1)</sup>

　革新自治体は瓦解したが，その改革実績は永久に銘記されなければならない。第1の功績は，従来の保守政権内のイデオロギーなき，権力抗争という低次元の地方政治を，経済開発か生活福祉か，中央集権か地方分権かの政策選択を争う，政治改革へと昇華させていった。<sup>(2)</sup>

　第2の功績は，革新自治体は政府の地方支配システムを，上乗せ条例，宅地開発指導要綱，保育所超過負担訴訟などで，排除した制度改革であった。美濃部都政の超過課税は，都市自治体すら忘れていた，都市課税自主権の行使で，中央統制機能の空洞化をもたらし，地方自治復権を達成した。

第3の功績は，革新自治体は，都市産業資本への追随による，環境破壊・福祉劣化という，政府施策の失政を糾弾し，自治・生活優先への都市政策の変革であった。これまでの政治イデオロギーだけの革新政権でなく，行政実績としての福祉・環境行政を実践し，その存在感を実証した自治体像の形成であった。

　美濃部都政は無認可保育所への補助，老齢福祉年金受給者の医療費無料化など，政府との論争をえて，先取り福祉を達成すると，全国への波及していった。

　第4の功績は，革新自治体は，新産・工特都市での環境破壊に対する，反対運動を背景にして，国策の失政による不満層を吸収し，「市民参加こそ自治体改革の原点」という市民意識改革をもたらした。市民が実感をもって政治参加をし，被支配者から地方主権の主役へと躍りでた，市民自治の誕生あった。

　自治体は公共投資をめぐる紛糾の経験から，市民参加のエゴ的要求へのアレルギー反応が根強い。しかし，市民自治の未成熟は，施策・政策などの一般的行政への市民参加の機会が少ないことが原因で，自治体が率先して情報公開・参加システムを実践する責務があった。

## 注

(1) 美濃部都政の財政破綻は，知事自身が"惨憺たる幕引き"との言葉で，都知事退任の無念を語ったので，杜撰な財政運営が原因と誤解されている。しかし，戦後都政の推移は，東都政はオリンピック事業で財政赤字となり，美濃部都政が再建し，美濃部都政の赤字を鈴木都政が再建したが，臨海副都心事業で赤字となった。そして青島都政をへて石原都政が，財政再建を達成している。歴代都知事の財政運営は，課税自主権行使もあったが，いずれも都知事の経営手腕による再建でなく，景気回復の都税増収による再建で，激変緩和の財政安定化の発想はなかった。美濃部都政にしても，54年財政危機は不景気による一過性の財源不足で，次年度まで辛抱すれば，財政危機は脱皮できたかも知れない。日比野登『財政戦争の検証』（1987年）13〜34頁，以下，日比野・前掲「財政戦争」。佐々木信夫『都知事』（2011年）33〜56頁，以下，佐々木・前掲「都知事」。なお鈴木・青島都財政については，神野直彦編著『自治体倒産』（1999年）2〜23頁。石原都政については，佐々木・前掲「都知事」183〜211頁。

(2) 自治体の政権交代の多くは，「政府交替による政策転換がおきないため，政策変化についての〈経験〉がひろく蓄積されず，・・・政策型思考の未熟が今日なおつづいている」（松下圭一『政策型思考と政治』（1991年）17頁）と嘆かれてきたが，革新自治体は政治意識変革であった。

## 宅地開発指導要綱の政策的根拠

　革新自治体の施策に呼応して，私自身も論文・著作で，反論覚悟で革新政策を支援していった。宅地開発指導要綱をめぐる論争が，典型的事例であった。

　周知のように昭和40年川崎市「団地造成事業施行基準」，42年兵庫県川西市「宅地地開発指導要綱」が全国にひろまったが，法律違反の批判がたかまった。

　政府は多くの都市問題と同様に，人口急増都市への対応について，的確な制度改革を実施せず，指導要綱を違法と批判するだけ無能ぶりを露呈した。しかし，宅地開発の開発利益は，政府・民間がほとんど占め，都市自治体はわずかな収入だけで，開発負担に喘ぐ窮状に陥った。

　宅地開発の現場では，初期環境整備費をめぐって自治体・民間事業者がどう負担配分するかが，緊急課題となった。

　民間の都市開発協会『宅地開発実態調査』(昭和55年度)によると，調査12団地全事業費1,1051億円，公共公益施設費708億円(64.1%)で，うち自治体の負担金132億円(11.9%)に過ぎないと被害者意識が濃厚であった。

　しかし，民間負担が大きいのは，近隣住区の道路・公園などが，面積的にひろいので当然である。一方，自治体は団地内主要道路・学校など施設建設負担だけでなく，建設後の施設維持費が加わり，さらに団地外施設整備費などの関連投資をふくめると過重負担であった。

　私は主幹となり，神戸市行財政委員会などで，宅地開発指導要綱の政策的必要性の裏付けをし，拙著『地方自治の経済学』でも主張していった。[1]

　だが地価上昇が鈍化すると，民間事業者負担は分譲価格への転嫁が困難となり，自治体との対立は激化した。[2]

　私は，政策的に宅地開発負担は正当性があり，財政的にも不当な転嫁でないと主張していった。第1に，宅地開発指導要綱は，法律根拠がなく違法と批判された。しかし，政策的には各種法律で公共施設整備への民間負担が認められており，その拡大適用に過ぎなく，まったく法的根拠がないとはいえない。[3]

　現に中央省庁は国道・港湾など直轄事業負担金を，地元自治体に賦課しており，JR各社も新駅負担・複線化など自己収益施設費について，脱法的に地元自治体に負担を賦課している。

第2に，宅地開発指導要綱は，財政的には超過負担訴訟と同じ，財源配分をめぐる自治体の正当防衛であった。宅地開発関連の税制は，譲渡所得課税は国税の比率が高く，市町村への還元は少ない。また生活関連整備費は，摂津市超過負担訴訟にみられるように，涙金程度で是正はすすんでいない。

　さらに団地周辺に零細な乱開発がはびこるが，自治省が法制化している宅地開発税は，自治体が採用するには要件がきびしく，創設は事実困難であった。

　結果として団地関連の自治体財源は，八方ふさがりで，要綱による民間負担がなければ，都市自治体財政は破綻が免れなかった。(4)

　この問題は既成市街地のマンション建設にも波及した。東京武蔵野市のマンションへの開発要綱違法判決（東京地裁八王子支決昭和50年12月8日）にみられるように，窮鼠猫を噛むとの類であった。

　その背景には都市計画法で建築税などを創設しておくべきで，不動産取得税は府県税・登録税は国税でしかも流通税である。市町村は固定資産税があるが，既成市街地での高層高密度住宅は，急激な人口増加をもたらすが，公共施設整備は困難で，なんらかの規制がなければ，都市スラムの温床となりかねなかった。

　都市高層化が産んだ都市問題で，制度の空白が，開発業者に転嫁され紛争となった。原因は人口急増がもたらした，地域空間構造変化に対応でない，地方行財政システムの硬直性にあった。

　地方交付税の特別交付税はこのような激変に対応すべき特別措置であったが，中央の発想は都市的発想が欠落していた。

　第3に，宅地開発指導要綱に対して，自治体責任の回避・地価上昇の誘因・整備費用の転嫁などの非難にさらされた。建設・自治省の「宅地開発指導要綱等に運用について」（建設省計民発第50号・自治政策第101号・昭和57年10月27日）も，自治体の要綱運用の適正化を求めている。

　しかし，元凶は政府の宅地政策貧困であり，都市自治体に都市計画区域外の宅地開発許可権を付与する，法案整備をすれば済む問題で，政府に宅地開発指導要綱を咎める資格はない。ちなみ民間宅造の乱開発による，都市災害も頻発しており，開発関連法の不備は，都市自治体にとって〈政府災害〉ともいえたが，中央省庁は自治体の越権行為と譴責した。(5)

第4に，自治体は乱開発阻止のため，公共デベロッパーとして住宅団地を建設したが，自治体負担金はきびしかった。都道府県・都市自治体・住宅供給公社などの10団体は，『公的大規模宅地開発事業の現状と課題』(昭和53年1月)を策定し，政府に財政支援を求めた。

　しかし，政府支援は，一時借入金融資だけで，参加10団体の11団地合計事業費内訳は，用地費17.8%，工事費36.4%，公共公益施設負担金14.8%，借入金利子19.7%，その他事務費等11.3%と，借入金利子負担が大きく，公共施設整備費負担が大きく，負担解消にはならなかった。

　第5に，民間宅地開発地の多くは，都市計画区域外の遠郊地の山林・丘陵地開発で，都市計画税も課税できない，関連公共・公益施設整備の未整備地域が大半であった。

　民間開発は安価な用地買収による，巨額の開発利益を目論んだ強引な開発行為であった。そのため自治体は，一挙に公共施設整備の過重負担に襲われた。(6)

　第6に，この窮地を脱する唯一の方策は，公共デベロッパー方式による，ニュータウン建設である。神戸市地下鉄西神線の沿線開発をみれば，神戸市のニュータウン建設が，民間開発を圧倒し，開発主導権を発揮していった。

　宅地開発指導要綱は，公的開発にも適用されたが，負担金の一部は地下鉄建設負担として，交通事業に還元され，開発地域全体の都市づくりの公共財源となっている。それでも神戸市の宅地開発は収益事業となっている。

　この事実は，民間は事業赤字を宅地開発指導負担が，原因とみなしているが，事実無根であることを立証している。

　政策的には都市計画区域外での民間宅地開発は，地元自治体の許可制とし，許可条件として交通建設費・環境整備費の負担を適用するべきである。

　現行制度のままであれば，民間宅地開発に自治体としては特急料金として，負担金賦課となるか，場合によっては団地内施設を建設せず，区域外で当分対応する対抗措置を取らざるをえないであろう。

　第7に，根本的解決は，開発関連税で優位にある政府が，税収の還元として団地開発への財政支援をいくらするかである。解決策は，大規模宅地開発公共整備法を制定して，自治体・開発事業者への負担軽減をもたらすしか，解決策はなかった。(7)

　　　　　　　　　　宅地開発指導要綱の政策的根拠

ひるがえって考えてみると，政府は埋立地への企業誘致については，地方税・交付税・補助金など総動員して財政支援がなされているが，住宅団地開発について冷遇そのものであった。官民の住宅開発事業団体は政治力を駆使し，工場誘致並みの財政措置を実現すべきである。

**注**

(1) 宅地開発指導要綱については，高寄昇三『地方自治の経済学』(1982年)40〜75頁参照，以下，高寄・前掲「地方自治の経済学」，高寄昇三「宅地開発指導要綱の法制的考察」『都市政策』（第6号・1977.1），「宅地開発指導要綱の政策的考察」『都政策』（第15号・1979.4）参照。関連文献については，巻末参考文献参照。

(2) 昭和57(1982)年6月18日，社団法人都市開発協会・専務理事花形道彦氏から，拙著『地方自治の経済学』の宅地開発指導要綱擁護論が，民間デベロッパーへの不当な負担転嫁であるとの，私宛ての抗議文書を受けとった。民間デベロッパーの言い分はわからないでもないが，負担の元凶は政府の政策怠慢と，民間の無謀な宅地開発で，自治体は被害者であった。都市開発協会『宅地問題を考える・宅地供給の再出発にあたって』(都市開発協会・1978年)参照。

(3) 宅地開発負担金は，都市計画法第29条の府県知事は，計画区域内の開発について，同法32条で「公共施設管理者の同意」を求めている。下水道・港湾法など開発関連法も，受益者負担を認めている。ただ地方自治法第224条も負担を容認しているが，ただ教育などに一般的施設負担外としている。しかし，都市計画区域外の団地開発は，法規制の空白で地区での開発で，政策的に負担金制度を拡大適用して，民間開発への負担金を求めても，自治体の正当な対応である。

(4) 開発者負担金による財源構成(昭和49年度『神戸市行財政調査会報告書』39頁）をみると，人口3.5万人，面積193ha，有効宅地率75.9%で，生活環境整備費187.9億円の内訳は，負担なしでは国庫支出金54.2億円，公共負担136.6億円，負担ありでは，国庫支出金54.2億円，公共負担43.4億円，事業者負担90.3億円となる。民間事業者負担は，公共負担の2倍以上で過重負担といえるが，都市計画区域外の開発が多く，地価上昇利益は巨額であり，公的整備負担を主張するのは，或る意味では自治体への負担転嫁である。

(5) 宅地開発指導要綱について，自治省は川西市を，建設省は横浜市を呼びだし叱責している。鳴海正泰『地方分権の思想』128〜130頁参照。以下，鳴海・前掲「地方分権の思想」。類似の行為は，石原都政の銀行税創設にあっても，都主税局税制課長が連日，自治省に呼びだされ，朝から深夜まで軟禁状態で，新税の説明を詰問されている。東京都租税研究会石原慎太郎企画監修『タブーなき改革に挑む戦士たち・東京都主税局の戦い』(2002年)77〜79頁参照，以下，石原・前掲「東京都主税局」。しかし，このような対応は，中央省庁の都市政策への欠如を，棚上げにしておきながら，中央省庁が開発規制・財源補填を，法制化する自覚がまったくない，本末転倒の行為である。かつて戦前内務官僚の菊池慎三が慨嘆したように，政府・府県はまったく，都市問題への認識を持ち合わせておらず，しかも都市自治体を指導・監

督をする，まさに救い難い状況を痛烈に批判したが，これら事態を実証する政府の無策であった。

(6) 自治体としては，既成市街地から一足とびでの，公共施設整備はできない。それでも民間が造成するとなると，民間が公共施設負担をするべきである。地方財政制度は，緩慢な市街地化しか想定しておらず，生活環境施設整備費への地方税・補助金・交付税措置は欠落している。卑近な事例が交付税で，港湾・道路整備費は事業費補正で，財政需要額が十分に算入されているが，生活関連投資には事業費補正が不十分である。

(7) 政府は住宅公団等の住宅団地建設については，昭和32年度の4省協定（大蔵・文部・建設・自治省）で，関連公共公益施設の「建替施行制度」が導入された。42年度には5省協定となり厚生省が追加され，施設範囲は拡大されたが，利子補給に過ぎなかった。さらに昭和46年度から人口急増地域の小中学校の新設用地取得について3分の1の補助を創設した。校舎建設補助拡充が48年度から2分の1が3分の2になった。昭和54(1978)年度から建設省は，宅地関連公共施設整備事業助成（56年度300億円）を実施している。そして54年3月5日，建設・自治両大臣が協議して，「行き過ぎた開発負担要綱」に見直しを指導する姿勢を強めていった。しかし，開発にともなう土地売却者・政府・自治体・宅地開発事業者の開発利益配分の法制化はなかった。

## 革新自治体と低公害車推進

昭和40年代，神戸市は都市経営に没頭していたが，革新自治体は，革新7大都市首長懇談会を結成し，都市問題打開をめざしていた。公害問題でも政府の動きは鈍く，都市自治体は公害防止協定・条例で工場煤煙抑制をしていったが，自動車排出ガスへの対応策は，決め手が欠落していた。

私は大都市首長懇談会の神戸市担当主幹で，革新自治活動の参加機会にめぐまれた。印象に残る事案は昭和49年5月，京都市で開かれた，次回議題設定がメインテーマの担当課長会議であった。前回は公営バス値上げ半年延期など，ささやかな実績だけで，しかも美濃部知事が，会議開催前に単独発表する不手際があり，関西の首長は不満で足並みは乱れていた。

次回会議は，絶対に失敗は許されず，しかも世論にアピールする刺激的テーマでなければならなかった。だが課長会議で決め手となるテーマは浮かばず，溜息まじりであった。次回は同年7月，神戸市開催予定で，眼玉商品にふさわしい政策提言がなければ，当番市の神戸市長の面目丸つぶれになる。

私は切羽詰まって，7大都市で一斉に低公害車購入実施を宣言すれば，世論へのインパクトがあるはずと提案した。役所は普通乗用車だけでなく，土木・環

境・交通などの事業車もあり，いざとなると購入台数はかなり多い。結局，その他に良いテーマもなく，低公害車購入がメインテーマとなった。[1]

ただ7月の何日にするかで，私は開催市として議会・首長の都合だけを考えていた。しかし，東京・横浜などから，大きなイベントとか，政府・外国の重要事項発表がない日とかが，ベターという見解が示された。さすが政治の関東は，職員の政治感覚からして，違うと感服させられた。

昭和49(1974)年7月18日，神戸市で開催された会議では，「自動車排出ガス対策の推進に関する声明」にもとづいて，排ガス調査団結成・低公害者購入決定との声明文発表という形で，開催市市長は面目をほどこすことができた。瓢箪から駒ではないが，結果オーライとなった。

8月26日には，柴田徳衛東京都公害研究所長を団長とする7人の学識経験者と，7大都市職員16人の合計23人の「7大都市自動車排出ガス規制問題調査団」(東京・横浜・川崎・名古屋・京都・大阪・神戸)が結成された。

その後調査団は，7大都市首長連名で「7大都市自動車排出ガス規制問題調査団中間報告」(昭和49年9月24日)を発表し，各自動車メーカーの自動車排ガス調査を実施し，その結果を公表し，さらに環境庁・中央公害対策審議会との意見交換などで，政府対策への弱腰に圧力をくわえて，排ガス規制の強化に大きく貢献した。[2]

私は革新自治体の担当として，関東大都市と交流も深まっていった。東京都の新財源構想担当の高木美昭・政策室副参事とは，とくに親しくなった。

東京都は新財源構想をかかげて，政府に財政戦争をしかけており，新財源構想研究会など，政策形成への研究には熱気があった。一度，神戸市都市経営の実態を，ヒヤリングしてみようということで，私は東京都新財源研究会で話をした。

これが契機となり，当時の伊東光晴(法政大学教授)，柴田徳衛(元都立大学教授)などの先生と，交流が深まった。その後，これらの先生との関係から，宮本憲一・大阪市大教授との交流もはじまった。

また武蔵野市福祉施策の調査にいき，当時の塩原恒文(秘書課長)に会い，以前，担当であった，自宅担保方式の福祉サービスについてヒヤリングをした。

この時，松下圭一法政大学教授を紹介された。

先生方には，その後，神戸都市問題研究所機関誌『都市政策』への寄稿，職員研修としての講演，市長との懇談とかの機会も設定し，市政の政策化への指導をいただくようになった。

　革新自治体を都市経営の関連からみると，神戸市の都市経営は公共デベロッパーでも，内むきの行政的対応であったが，革新自治体は，外むきの変革的対応であった。

　私は都市経営のレベルアップをめざして，政策型経営を強調し，政治イデオロギーの希薄な都市経営欠陥の治癒策をみいだすことができた。

## 注

(1) この課長会の決定は，新聞で大々的に報道され，世間の大きな関心をひいたが，事務局横浜市の北村亘課長(のち港湾局長)は，飛鳥田市長に叱責された。それは課長会で首長会の議題を漏らしては，肝心の首長会は課長会の二番煎で首長のイメージダウンになるからである。飛鳥田市長の言い分はもっともで，どうして会議の内容がマスコミに漏れたかである。京都市の大石課長によると，市政記者が会議に紛れ込んでいたからでないかと弁明していたが，果してそうか怪しかった。結果として首長会も，引くに引かれない状況となり，実施が既成事実となった。

(2) 調査団は，自動車排ガスの都市環境破壊への現実を厳しく追及し，自動車メーカーの対応についてトヨタ・日産の2大メーカーの対応は，「スピード競争等環境破壊につながる商業にのみ裏打ちされた従来の諸性能の維持に汲々として自ら開発を阻止するがごとき印象をうけた」ときびしく批判している。東洋，三菱・本田の3メーカーの対応は，排出規制基準を「51年度中にはごく基準値に接近した段階に到達することを想定することが不可能でない」と発表している。このような排ガス調査結果にもとづいて，報告書は「七大都市同一基準による低公害車指定制度の実施」「自治体による優先購入，および地域内官公庁・企業等への購入勧告または協力要請」「七大都市現有車両の車種別排出ガス実測値の公表」などの方針を打ちだした。結果として低公害車購入は世論となり，本田技研などは低公害車を先兵として，アメリカ市場に日本車売り込みを加速させていった。自動車排出ガス対策調査の活動経過・結果については，柴田徳衛『日本の都市政策』(1978年)174〜234頁参照。

## 東京都銀行税訴訟への評価

　革新自治体崩壊後の地方自治は，保守革新というイデオロギーの明確な動きでなく，混迷がつづいた。東京都政をみても，鈴木都政後は，青島・石原・小池と目まぐるしく政権は交代し，官僚型統制自治から，大衆的迎合自治へと変貌していった。

　平成11 (1999) 年，石原都政となったが，美濃部都政のように市民性・政策

性はなく，石原慎太郎という個人の政治的名声をあげるための，パフォーマンスが目立った。ただパフォーマンスとはいえ，問題への感受性は鋭かった。排ガス汚染という環境問題を訴え，自動車排ガス抑制をめざした。(1)

意外であったのが銀行税創設で，隔世遺伝のように美濃部都政の課税自主権を踏襲し，平成12年2月に銀行への外形標準課税を発表した。

東京都は政府の企業保護優遇措置による東京都財源収奪を弾劾し，実力行使に踏み切ったが，保守政権としては予想外の自治権発動となった。その動機は，政府による露骨な銀行優遇措置の乱用があった。(2)

私はたまたま東京都の「新財源構想研究会」の高木美昭副参事が，その後，都主税局に異動になり，東京都の税務職員研修・研究会・寄稿（『東京税務レポート』）などで，関係が深まっていった。石原都知事による平成12(2000)年2月の銀行税創設を，保革というイデオロギーを抜きにして支援していった。(3)

東京都の課税自主権実施は，美濃部都政が昭和49年法人事業税，50年法人住民税の超過課税実施につづき2度目である。しかし，石原保守都政が，課税基準変更であったが，いわゆる「銀行税」創設は，奇異な感じがしたが，革新であれ保守であれ，政府の企業優遇の租税施策で，自己税源が侵害されれば，「権利のための闘争」として，税源回復に動くのはむしろ当然であった。

まず美濃部都政の超過課税をみてみる。昭和49(1974)年3月，都議会は資本金1億円以上，所得1000万円以上の法人に対して，事業税16.6%(2割アップ)の超過課税を可決した。

これによって東京都は，初年度90億円，平年度500億円の増収が見込まれた。しかし，政府は法律改正で，超過課税率を1割に制限した。

第1に，超過課税は，法律が容認した自治権の行使で，賦課率が高いから制限というが，国税は地方税の固定資産税・電気ガス税など減免措置導入をし，自由自在に自治体の課税自主権を侵害している。

一方，自治体の2割程度の超過課税は当該自治体の議会が可決しており，地方自主権制限は地方自主権の侵害である。(4)

第2に，その後，自治体の動きをみると，保守・革新も東京都に追随して，法人事業税は4府県，法人住民税は148市町村が超過課税を導入し，東京都の超過課税のおこぼれにあずかった。

革新はともかく，保守自治体まで超過課税導入をしたが，財源のため政治的信条を反故にしでも，財源漁りをする赤裸々な自治体の醜態が露呈した。

　東京都超過課税の地方自主権は，消滅したかと思われたが，同じ東京都で石原都政が，21年ぶりに平成12(2000)年2月，大手銀行に外形標準課税方式で約1,000億円を導入した。(5)

　これに対して，地方税違反として，銀行側21行が提訴し，長期紛争となった。政府・経済界・銀行などの反対論に対して，地方自治体の課税自主権行使としての主張を展開していったが，東京都は平成14年4月一審敗訴，平成15年1月控訴審敗訴となり，前途が悲観された。

　私はたまたま平成15(2003)年11月25日，取材で東京都主税局を訪れたので，その帰途，クラスメイトの銀行税訴訟弁護団岡田良雄(元大阪高裁裁判所長官)，桧垣正巳（前東京都副知事)と，東京都の法務部特命担当部長(銀行税担当)川村栄一(のち首都大学東京法科大学院教授)と私の4人で会合し，訴訟の前途がどうなるか心配で話し合った。

　銀行税創設後，大手銀行の経営悪化，法律改正による外形標準課税の一部導入などで，状況は東京都に不利となっているが，高裁の課税自主権の認定，さらに和解の暗示もあり，3氏から解決の前途は必ずしも悲観的でないとの予想で安堵した。

　平成15(2004)年10月上告審和解で，決着しているが，東京都は政治工作によって，実質的には勝訴といえる。和解は一見，東京都敗訴ともみなされるが，「和解によって銀行外形条例は有効・適法な条例として認知された。また財政面でも4年間で外形課税1,260億円の税収を確保し，所得課税方式の税収317億円程度であり，還付加算金・訴訟費を差し引きしても810億円の税収増がある」(6)ので，実質的には勝訴といわれている。

**注**

(1) 都は12年12月，排ガス排出基準を設定し，違反者は都内走行を禁止とした。この背景には平成12年10月の「不正軽油撲滅推進会議」が創設され，重油を軽油にまぜ，悪質な排気ガスが大気汚染の元凶との事実を把握し，違反者は都主税局が軽油引取税脱税で摘発していた。石原・前掲「東京都主税局」7〜18頁参照。

(2) この背景には，都税法人2税は平成元年2.6兆円が11年度1.4兆円と激減していた。ことに銀行の法人2税は平成2年1,827億円が11年度には34億円しかなかった。外形標準課税にすれば，大手銀行の都税は巨額の増収が見込まれた。平成10年3月期の主要19

行の業務粗利益は8.5兆円であったが，税収はゼロであった。不良債権処理損失補填で利益を圧縮したからである。類似の喪失は日本銀行でも平成11年3期純利益1.5兆円であったが，東京都への法人2税はわずか1,600万円であった。政府への日銀納付金1.4兆円が損金処理されたかであった。同前29〜33頁参照。

(3) 「東京税務協会」の『東京税務レポート』で「外形標準課税への評価」（第445号2002.2），「新税創設と税務行政」（第448号2002.11），「銀行税控訴判決は，都課税自主権みとめる」（第450号2003.3）「銀行税訴訟への政策評価」（第464号・2005.5）で，銀行税を擁護していった。

(4) 東京都の超過課税は，東京都税の事業税など課税基準・消費税の税源配分にあって大都市財源調整が実施され，さらに政府による地方交付税の算定不公平，消費税企業課税の都市配分軽減措置なども追加され，政府による東京都税の収奪措置は巨額であった。そのため地方税法の超過課税権行使で，都税回復を図ったが，政府のあらゆる権限を行使した財源収奪と比較して，2割程度は許容の範囲内であったが，1割に制限された。しかし，政府が地方税財政制度で，どのような「行政の知恵」をきかせても，大都市と過疎地，大都市と府県を均衡化させる措置は不可能である。大都市の課税自主権による財源調達を容認するしかない。しかも2割程度の超過課税は，喪失した財源の10の1程度の調整で，政府が制限をくわえたのは課税自主権への不当な侵害である。戦前の東京市家屋税付加税は，課税対象額によって20倍近い累進課税の不均一で，企業課税は極度の累進性であった。地方自治体の課税自主権については，高寄昇三『地方主権の論理』（1977年）47〜75頁，高寄・前掲「地方自治の財政学」14〜20頁参照。革新自治体の超過課税については，美濃部・前掲「都知事12年」125〜129頁，高寄・前掲「地方自治の財政学」14〜20参照。

(5) なお東京都銀行訴訟については，高寄昇三『東京都銀行税判決と課税自主権』（2002年），『ジュリスト・東京都外形標準課税条例特集』（1181号・200.7）参照，『都市問題・特集東京都の外形標準課税条例』（第92巻第10号・2000.10），石原・前掲「東京都主税局」参照。

(6) 東京都税制部税制課副参事吉富哲郎「銀行外形訴訟の終結について」東京都税制部税制課副参事吉富哲郎『東京税務レポート』2004年4月号9頁参照。

# V 都財政危機と革新自治崩壊

## 革新自治体崩壊の構図

昭和50年代，地方財政は悪化し，給与問題が浮上すると，市民の批判は保革を問わず，全国自治体に向けられたが，自治省・美濃部都政の紛糾にあって，自治省は意図的に革新自治の失政として，攻勢を強めた。

革新自治体は，外部・内部経営で綻びがみられたが，その実態は，イデオロギーとして革新自治の理念を実現するが，テクノロジーとして自治体運営にあって，内部統制・調整力が欠落していた。

第1に，革新自治体の外部環境変化への硬直性である。政府が先進的福祉・環境施策を取り込んでいくと，それをこえる地域循環経済の創生，環境・福祉行政への市民協力，諮問的住民投票の実施などの施策を，提唱・実践すべきであったが，政策能力の貧困で迷走してしまった。

第2に，革新自治体政治基盤の脆弱性である。革新政権は政治統合・調整力の不足で，実質的支持母体である，組合・政党とも社共内紛で揺らぎ，革新大義の前に小異を捨て大同につくという，犠牲的精神はなく，政治基盤が修復不能の分裂状態と化した。

革新自治体は政権維持のため，支持政党・組合など配慮すると，どうしても施策・政策の最適選択が困難となる。市民自治の理念で，「市民党」に徹し，あらゆる団体・市民層と連携して，社会的弱者救済をめざすのが，もっとも有効な集票機能を発揮し，政権基盤を安定させるとの信念をもたなければならない。

結果として革新勢力だけ，政治主導権を発揮できず，中道勢力の台頭がみられた。しかも革新首長自体が，革新を死守する気概を欠き，保革対決にあっても，革新自治体自滅を傍観する，対応に終始した。[1]

第3に，革新自治体の市民参加は，啓蒙的市民参加に過ぎず，幼稚な首長依存型であった。[2]革新自治体は市民主権を提唱したが，市民勢力を利用しただけであった。

横浜市の1万人集会は，議会の空洞化・党勢拡大策だという，批判を排して開らかれたが，直接民主主義の有力な手段である，住民投票については無視してきた。

もっとも都市社会の市民意識そのものが未成熟で，市民をまとめる団体・リーダも欠如していたが，戦前からみられる市民の自治意識の未成熟の産物であった。[3]また

革新自治体は市民と対峙し，市民自治意識の涵養を，辛抱強くすすめなければ，市民
による支持をえられないという，現実主義の冷静な認識が希薄であった。[4]

　結果として革新自治体で，杜撰な給与問題が顕在化すると，市民は革新自治体を弊
履の如く見捨てていった。この市民の離反行為は，革新自治体が市民を主権者として
認識し，市民参加の実績拡充への努力を惜しんだツケでもあった。[5]

　第4に，自治体経営の内部経営への軽視である。もっともすべての革新自治体が財
政悪化ではなく，ほとんど黒字であったが，東京都の財政危機が，革新自治体全面的
崩壊の引き金になった。自治省は執行部と組合とのベア交渉の内紛というアキレス腱
を，起債許可権とからめて革新自治体を追い詰めていった。[6]

　自治体は赤字団体となり，自治省に屈すれば，政権崩壊という重大な結果となりか
ねない事態を想定すると，執行部・労組も自己の主張・要求を修正・撤回し，共闘体
制で減量化という自己犠牲を耐えるべきであったが，自己権益に固執して，革新自治
に自滅を招いてしまった。

　自治体は革新自治崩壊の教訓から，政権の安定化には政治的思惑・利害をこえて，
自治体を下支えする，市民団体が不可欠であることを痛感させられた。[7]ただ私の生
涯で一度だけ，地方政治に関与したが，市民団体が一定の政治力を確保することのむ
つかしさを痛感させられた。[8]

　自治省は，東京都・大阪府・京都府・横浜市・沖縄県などの革新首長を狙い撃ちに
して，保守政権への交代を画策した。その深層心理は，保守政権復活によって，自治
体支配を復活させ，自治官僚の天下りをめざす，利権的思惑が否定できないのではな
いか。

**注**

(1) 飛鳥田市長にしても，革新市政を途中で投げだし，社会党委員長に転身し，細郷道一を支持す
る醜態を演じたが，後継者を決め選挙戦をすれば，勝てた可能性はあった。飛鳥田・前掲「飛
鳥田一雄回想録」196〜202頁参照。また美濃部都知事にしても，4選を断念し，等距離中立を
宣言し「自分がポスト美濃部を指名することは都知事の座を私物化」（太田久行『美濃部都政
の12年』(1979年)26・27頁参照，以下，太田・前掲「都政12年」）との自己弁護を表明して，
都知事選から逃避してしまった。しかし，就任と同じように退任あっても，革新都政退任の事
由を都民に説明し，最後まで革新自治に殉じる意思を固めれば，革新自治の死滅は回避できた
可能性もあった。

(2) 要するに「かつて飛鳥田や美濃部を熱狂的に支持した人々と，青島幸男や横山ノック，石原慎
太郎や橋下徹を熱狂的に支持した人々は思想信条こそ大きく異なるが，自分たちで問題を解決
しようと考える前に，自分たちの要望を聞いて実現してくれる『名君』の出現を期待している

点では通底している」（岡田一郎『革新自治体』（2016年）193頁参照，以下，岡田・前掲「革新
　　自治体」）といわれている。

(3) ビーアド博士は「都市民本主義の実際作用についてみるに，之を動かすものは市民全体ではな
　　く，市民の或る団体である」（ビーアド博士・『東京市政論』1923年・172頁，以下，ビーア
　　ド・前掲「東京市政論」），「日本の民本主義は，下から自発的に発生したものではなくて，
　　達見ある指導者から天下り的に培養されたものである」（同前184頁），日本の地方官僚は「一
　　般に民情の急激なる発達には彼等の特権を侵害する虞あるを以て，之が助成には熱心でない」
　　（同前184頁）と，戦前，日本の市民主権の脆弱性を的確に指摘しているが，この点，戦後の今
　　日も変わっていない。

(4) この点について，「市民運動は，大衆心理ゆえに，極端にはしりやすい。現実を一歩ずつ改善
　　する道よりも理想にはしる。時として市民は自らの利害のために不当な要求をかかげる。にも
　　かかわらず，新しい都市経営者は人民主義の炎に焼かれることの必要を，その苦痛の中に見出
　　すことがなければならない」（伊東・前掲「都市経営の効率と平等」28頁）と，自治体に寛容
　　と忍耐をもって，市民運動への対応を求めている。

(5) 松下圭一は「市民運動は，保守・革新いずれも体質となっていた発想の官治的集権性を，あら
　　ためて自治的分節性へと転換させ，保守・革新の政治対立」（松下圭一『市民自治の憲法理論』
　　1975年・9頁）をこえて，市民分権的自治をめざすべきとのべている。革新自治体は住民投票・
　　情報公開などの効果を過小評価し，地域民主主義の重要性を軽視していた。

(6) 東京都財政と自治省との対応については，日比野・前掲「財政戦争」75〜173頁参照。

(7) 主体的市民運動としては，藤沢市市民連合が，統一市民要求を実現させる誓約をとり，市長候
　　補を応援するシステムを実現させた。市民主体性からは選択肢の1つであった。岡田・前掲
　　「革新自治体」192・193頁参照。ただイギリスの納税者政党のように，市民団体が議会に数名
　　でも議席をもち，一定の政治勢力を占め，行政を監視し政治的安定機能をもつ状況を創出しな
　　ければならない。高寄・前掲「イギリスの地方行政」180頁参照。

(8) 私の旧知である大学教授のご子息が，近所に住まれ，奥さんが市民運動家として市会議員には
　　じめて立候補するので，選挙事務所開きに挨拶をする羽目になった。将来，市民派議員を増や
　　し，市長をめざすべきと激励した。選挙はトップ当選となった。しかし，市民派議員の同志を
　　増やさず，3期目に市長選に挑戦し敗北し，政界を引退してしまった。近所であったので，も
　　う少しアドバイスすべきであったと後悔した。神戸市の空港反対運動も，「神戸空港・住民投
　　票の会」は，さまざまな市民グループが結集した団体で，ピラミッド型でなく，ネットワーク
　　型の組織であった。これらの運動を母体として，市会議員選挙に数名が挑戦したが全員落選し
　　た。市民運動から市民政党への拠点をつくることの難しさがあった。週刊ダイヤモンド・前掲
　　「都市経営の崩壊」125・126頁参照。


## 起債許可と赤字再建団体

　　昭和50年代になると，革新自治体の政策実践も精彩欠き，財政悪化が浮上し，革新
政権から保守政権へと潮流は変化した。

　　昭和53(1978)年飛鳥田横浜市長の後任は，細郷道一(元自治事務次官)，54年美濃部都

知事の後任は，鈴木俊一（元自治省事務次官）で，いずれも中央官僚が選挙で政権奪回を果たし，地方政治は再び保守官僚政権と化した。[1]

　日本地方自治の不幸は，中央省庁が中央集権に執着し，地方自治の自主自律性を信頼しなかった姿勢にあった。さらに地方自治体にあっても，首長をはじめ住民も中央官僚願望論が強く，地元人材への信頼が希薄な傾向がみられ，地方自治への信奉性は弱かった。

　戦後自治史をみると保守官僚政権は，自治体の行財政権限を拡充してきたが，それは産業振興と中央統制のための手段に過ぎなかった。自治省は対自治体の対応では，財政運営のミスが発生すると，それを奇貨として，保守政党に追随し革新自治体の瓦解を画策した。

　その象徴的事実が美濃部都政の崩壊で，保革が激突した政治的敗北ではなかった。美濃部都政は都債発行許可をめぐる，自治省と政治・行政的思惑の強い駆け引きの末での敗北であった。

　美濃部都政が自治省と積極的に対決できなかった背景には，自治省主導の強権的赤字再建団体への転落という，強迫観念に悩まされる絶対的に不利な立場にあった。

　第1の課題として，一般論として，自治省の地方債許可権を背景とする，赤字財政再建方式の是非をみてみる。第1に，地方財政の財政危機は，景気変動などさまざまの要因があるが，政府の杜撰な産業開発施策を見落としてはならない。

　政府は地方財政運営にあって，財源支援・財政力調整を図っていったが，同時に産業育成のため国策として，異常な高率補助金の散布，地方交付税における補助裏補填，さらに地方債発行の奨励などの優遇措置を注入していった。

　政府による「補助金・借金づけ」「交付税による囲い込み」で，地方財政のモラルハザードを招いていった。[2]

　第2に，自治体は自力再建が不可能となると，財政再建団体指定をうけての再建となるが，自治省（現総務省）の赤字再建団体方式（地方財政再建特別措置法・昭和30年）は，自治体の放漫財政への救済策とみなされている。しかし，地方財政の運用実態をみると，地域振興のため過剰な政府支援を注入し，自治体の地域経営感覚を麻痺させた，政府施策の杜撰な対策の後始末の感は否めない。[3]

　第3に，高度成長期がすぎると，旧産炭地復興事業が衰退地区での中小都市で実施されたが，困難なプロジェクトが成功するはずがない。財政支援をうけて実施した，

先行投資が挫折となり，赤字団体が続出した。

　表面的には自治体の放漫財政が原因であるが，零細自治体に困難な地域復興を丸投げした，政府の無責任は無視できない。赤字団体化といっても，一方的に自治体が譴責されるべきでない。(4)

　北海道夕張市の赤字再建団体化にしても，地域産業・政府施策に翻弄された，過疎地の悲劇であった。政府は新産・工特都市の失敗の先例から，何らの教訓を学ばず，無理な投資を奨励するだけであった。(5)

　第4に，穿った見方をすれば赤字再建団体方式は，破綻自治体への恩恵的支援というより，実像は地方債許可権による方支配の装置にすぎなかった。ラスパイレス指数・地方財政健全法にしても，ある意味では自治体の行財政運営の政策科学化に貢献したが，自治省の中央支配の統制基準の設定でもあった。

　第2の課題は，自治省の地方債許可権運用実態を政策的に検証しみてみる。一般常識では赤字になれば，赤字債を発行し，財政再建をしていけば済むと考えるが，実際は自治体には地方債発行権がない，禁治産者である。

　自治省の匙加減で，東京都財政は操作され，非自治団体と化していき，自治省に軍門に下る恐れに見舞われた。しかも自治省の東京都への放漫財政キャンペーンは，鈴木都政への過剰な優遇をみると，地方自治育成は眼中になく，あくまでも中央省庁の権威を誇示する，官治統制の遂行であった。

　第1に，美濃部都政の政権崩壊は，民意変化による政治変動ではなく，地方債許可による自治省介入が大きな誘因であった。(6)本来，政治的中立であるべき自治省が，個別自治体の財政運営に対して，意図的に貶める行為がゆるされるべきではなかった。(7)

　第2に，自治省は機関委任事務とか，自治体運営適正化とかを口実にして，許認可権で自治体運営への介入を正当化している。しかし，起債許可権は「当分の間」による脱法的権限で，個別自治体の特定支出にからめて行使する権限でない。政策的には地方外債とか景気対策としての，資金統制対応などに限定されるべきである。(8)

　第3に，自治体の財政危機があっても，中央介入が容認されるのではなく，本来は自主自律的再建が正常な対応である。

　自治体サイドからみても，東京都は如何に苛酷な減量経営であっても実施し，起債なしの自主再建を遂行しなければならない。しかも政府による起債認可は一時的カン

フル剤で，赤字団体回避の延命措置に過ぎなない。

　結局，自治体は，赤字補填債の起債許可があっても，償還財源を減量経営で捻出し，自力で財政再建をしなければならない。最終的収支は，減量経営による自主再建も，中央統制による赤字再建も同じであった。

　自治体執行部・労組・政党は，この点を考慮して，給与ベースアップは次年度へ繰り延べ，財政膨張を避け，革新自治体を崩壊させるべきでなかった。[9]

　第3の課題として，自治省の起債許可を誘導とする，自治体の赤字再建団体方式の再建システムをみてみる。

　第1に，政府主導の赤字再建団体方式は，地方自治からみて淘汰されるべき，アブノーマルなシステムである。政策論としては正常なシステムは，政府・民間資金をふくめて，自治体による起債での自立再建方式がノーマルな対応である。

　第2に，自治体が赤字再建団体となるか，自主的再建をするか，自治体の判断である。自治体は，起債自主権があれば，総合的長期的判断で，苛酷な減量経営を実施し，自力再建をなすはずであり，実際，自治体は戦後混乱の財政再建は，自律型で財政危機を自己統制力で克服している。[10]

　第3に，万一目算を誤って破産すれば，自治体廃止はないので，夕張市のように赤字再建団体となれば済む問題で，個人・企業の自己破産処理と同様の対応で処理すればよい。ただ政府による起債認可を誘因とする畸形的再建方式では，公共・市場メカニズムも作動しない変則的再建である。[11]

　第4に，自治体の赤字再建は，起債発行自主権をもって，自己〈自己・市民〉統制で再建すべきで，自治体は財政状況を公表し，再建策を議会だけでなく，市民参加の審議会にも提出し，職員給与・福祉・公共投資削減を公開で議論し，市民統制で財政再建を達成しなければならない。

　中途半端な再建では，再度の財政危機に見舞われるだけで，自力で試練を克服して，はじめて自治体は財政運営の自己統制力は涵養される。もっともベストの対応は，平素から財政基金を積み増し，景気悪化・制度改悪があっても，対応できる激変緩和の自治体運営を定着させていなければならない。[12]

**注**

(1) 革新自治体の崩壊過程については，岡田・前掲「革新自治体」144〜177頁，鳴海・前掲「地方分権」142〜172頁参照。坂田期雄・東洋大学教授「戦後40年首長変遷史」『地方自治職員研修臨時増刊第24号・首長の群像』(1987年4月15日)235〜264頁参照。飛鳥田・前掲「飛鳥田回想

録」196〜202頁参照。

(2) 橋本行史(関西大学教授)が，「第1に，国家主導の計画経済志向の国土開発，国と地方の税財源のアンバランスであり，第2に，自治体側のモラルハザード，無責任体制を招いた公社・第三セクターの運営，安易な国策追随であり，第3に，住民側の『あれもこれも』との過剰要求等である」(橋本行史『自治体破たん・「夕張ショック」の本質』2006年・36頁)と要約されている。ただ住民の過剰要求は，むしろ自治体サイドが住民包摂のため財政放出をしたといえる。要するに自治体破綻の直接的原因は，放漫財政もあるが，過剰・過大な政府財政支援での開発行政の失敗で，以後，赤字団体化を回避するため，粉飾決算をつづけて傷口を大きくしたというのが真相である。

(3) 政府は郡部の零細町村にも，補助金・交付税・地方債で地域開発を煽り，開発ミスがあればきびしい統制下におくのは，理不尽な措置である。福岡県赤池町の赤字団体化も，産炭地の閉山での地域経済の衰退を回復するため，工業団地造成を実施した。資金は政府が奨励した土地開発公社の起債で調達したが，見込み違いで償還が負担となった。ただ土地開発公社は，高度成長期が過ぎた時期で，だぶついた公的資金への救済策で，土地開発の失敗は当然の結末であった。失敗した自治体が悪いが，高度成長後退期に土地投資を，唆した政府も責任がないとはいえない。餓死寸前の病人が空腹に耐えかねて，与えられた食物を暴飲暴食して，重度の下痢症状に罹り，治療のため極度の食事制限を強いられる事態となるようなものである。赤字再建方式といっても，政府は地域成長を渇望する自治体に，潤沢な資金援助を提供するが，失敗すれば徹底的減量化で資金回収をする苛酷なシステムに過ぎなかった。結果として自治省は，自治体に対する生殺与奪の権限を駆使し，中央支配の完璧な体制を確立した。産炭地区の財政破綻については，橋本・前掲「財政破たん」51〜63頁，神野・前掲「自治体倒産」26〜31頁参照。

(4) 政府・府県は，地域開発にあって，公団・公社を設立し，また財政支援で市町村の開発も督励してきた。しかし，旧産炭地復興といった困難で不利な，しかも高次の戦略が不可欠の開発事業を，弱小の市町村が，如何に財源を付与されても成功するはずがない。財源の問題でなく，地域経営力の問題である。衰退地域の再生という厄介なプロジェクトを，地元自治体に転嫁し，政府は財政支援のみと，実質的責任を回避した。少なくとも地域復興は，広域行政で国・都道府県が共同で対応し，政府はともかく都道府県が実施すべき施策であった。

(5) 夕張市の財政危機は，同市の無謀な観光開発事業が原因であるが，政府の財政制度設計の拙劣性も原因である。旧産炭地域優遇の措置から発生した，巨額の地方債残高が，赤字団体化の原因であった。しかし，夕張市の人口をみても，1960年10.3万人が2006年1.3万人激減しているが，急速な都市崩壊は，地域開発がそもそも無謀で，メロンづくりのような内発的開発に専念すべきであった。そこに2001年までに炭鉱閉山臨時交付金67億円が支給されたので，夕張市は人口増加策として，同補助を活用して観光産業に活路をみいだそうと，積極的投資を展開した。たが開発事業は破綻し，経常収支比率110%で，起債もできず脱法的一時借入金を乱用し，負債総額500億円となった。借入金は10年前から行われていたが，市会・道庁・政府も阻止できなかったが，監督責任が不問のままであった。人口急増都市の財政は危機であったが，人口急減都市は悲劇そのものであった。しかし，政府支援は，観光関連事業費147.4億円のうち補助21.9億円で，かなり手厚かったが，ただ急激な都市崩壊過程で，財政支援を有効活用する経営センスを，どのような市長であっても，無理な注文であった。張市破産については，読売新聞社夕張支局編著『限界自治・夕張検証』(2008年)。橋本・前掲「自治体破たん」76〜108頁。

高寄・前掲「地方財政健全化法」9〜38頁参照。

(6) 革新自治体崩壊の原因について，自治省による革新自治体のバッシングは，政治的には大きな影響力はなく，中道勢力の革新からの離脱が大きな原因とされている。岡田・前掲「革新自治体」180〜183頁参照。政治的要因はそうであっても，行財政要因として，自治省の東京都起債不許可などが，革新自治体のイメージを損ない，革新支持の動きを鈍らせ，保守政権奪還への政治変動の誘因となった。

(7) この点，戦前の内務官僚は，「官僚とは本来政治的には中立でなければならず，‥‥たとえ首相の命令であっても，あるいは上司の指図であっても，問題があると思えるときは，これを勇気をもって指摘し，反対意見を具申することもまた官僚の当然の責務」(村田光義『海鳴り上・内務官僚村田五郎と昭和の群像』2011年・2頁)と，きびしく政治との関係を律していた。

(8) 地方債許可の違法性については，高寄昇三『現代地方債論』(1988年) 153〜199頁参照。

(9) 昭和30年「地方財政再建特別措置法」では，赤字団体認定を受ければ，自治体に再建債発行が認められ，退職手当債には利子補給(3分5厘)，指定事業には補助率嵩上(最高2割)のメリットがある。石原信雄等『地方財政制度』(第1法規・1973年) 856頁参照。しかし，余分の地方債制限が追加されるハンデを考えると，自治体運営が自主自立的運営できないデメリットは，総合・長期的にみて損失は大きく，しかも中央統制に屈した，精神的後遺症は計り知れない。自主再建か強制再建かについては，橋本・前掲「自治体破たん」21〜34頁参照。しかし，再建法の成立は，戦後インフレ・制度改革費の激増，平衡交付金の欠陥などで，外部要件で自治体が赤字となり，赤字補填債の発行で財政再建をする制度であったが，その後，自治体財政を統制システムへ，と変質していった。自治庁編「地方財務再建の状況−総括編−』(1958年) 1〜10頁参照。

(10) 神戸市の戦後財政再建については，宮崎・前掲「私の履歴書」86〜90頁参照。

(11) 日本の赤字団体再建方式は政策的に適正なシステムではない。公共メカニズムであれば地方自治の原則から，自治体は経費削減・，地方債発行・外郭団体整理などを選択する自主再建である。市場メカニズムであれば自己破産すれば，自治体・債権者・関係団体などで，破産管理団体を設立し，既存の借金(地方債)減額・給与カット・住民負担増加といった，関係者の合議での方式となる。しかし，公的再建方式では，政府の専決での管理型の減量経営的再建となり，再建自治体の裁量はほとんどなく，再建計画が了承されなければ起債発行さえ認められない。一方，政府資金もふくめて金融機関の責任も棚上げされている。夕張市が巨額の一時借入金を，脱法的に民間金融機関から受けいれていたが，原則として民間借入金減額はなかった。これでは企業は赤字自治体に高利融資をしても取りはぐれがなく，旨味の大きい融資をし，自治体も財政再建に本腰を入れない事態を招いた。結果として政府公的資金の再建は，悪しき公共・市場メカニズムでの赤字再建である。

(12) 要するに日本の地方財政運用システムは，財政安全装置が組み込まれていない。アメリカ都市の公共投資は，その事業の財源内訳が示され，その資金の返済財源を住民投票にかけて決定される。そのポイントは建設起債の償還財源である財産税の引上げである。したがって公共投資が多いと，財産税の負担が増税となるので，市民は住民投票に真剣にならざるをえない。高寄・前掲「アメリカの地方自治」(『都市政策』58号)107〜109頁参照。

## 財政危機と美濃部都政

　第4の課題として，自治省都債許可の運用と東京都財政対応の関係をみてみる。第1に，49年度の東京都都債不許可の背景をみると，美濃部都政は赤字額1,000億円と大きいが，都歳入1.80兆円，都税1.11兆円，都債0.15兆円である。

　都債残高の公債費は30％と高いが，政府の60％に比較すれば低水準である。しかも不交付団体であり，都税収入比率が高い構造からみて，景気変動に対応して財源不足の都債補填は当然である。

　しかし，自治省は昭和49（1974）年の東京都減収補填債を不許可としたが，東京都財政の特異な財政構造を斟酌しない不許可であった。[1]

　第2に，昭和54年度の起債不許可をみと，3選後は政治基盤が脆弱化し，固定資産税不均一超過課税が挫折し，最後の頼みの綱というべき起債訴訟も挫折し，財政自主権による財源対策は万策尽き，都債発行がなければ，財政再建団体への転落の危機に見舞われた。

　美濃部都知事は，赤字団体回避のため起債を求めたが，自治省起債不許可の圧迫のもとで，暗黙のうちに鈴木知事誕生反対への言動を封じられたまま，無念の都知事退任となった。[2]国家財政は国債依存率40％という，放漫財政運営を平然と実施しながら，都道府県には経常収支赤字5％という苛酷な赤字準用団体回避への財政規律を強要する，理不尽な状況が罷り通っていた。[3]

　第3に，自治省の起債許可運用は，政治・行政的思惑が強い運用であった。美濃部都政が崩壊し，鈴木都政となったが，財政状況はそのままであったが，自治省の起債許可は大幅に緩和された。都政は財政再建を達成し，その行政手腕が高く評価されたが，古巣自治省の都債許可による粉飾的再建であった。[4]

　第5の課題として，美濃部都政の財政運営をみてみる。第1に，自治省介入を誘発したのは，革新自治体の財政危機が原因で，東京都は他府県が実施している定昇ストップに失敗し，行政能力の欠如を露呈し，都債許可が難航してしまった。[5]

　第2に，財政運営の安定・健全化策は欠落していた。財政調整基金といった制度上の安定基金だけでなく，各種事業・施策基金を積み立て，また外郭団体への貸付金など"みえざる"内部留保など，実質的安定基金を積立てておくべきであった。

　東京都は不交付団体であり，都税企業課税の高比率を考えると，一般自治体より財政調整基金は多く積み立てる必要があった。しかし，外部ブレーン依存の都政は，自

主権実施という攻勢には強いが，財政運営の健全・安定性という，防禦には配慮が欠けていた。[6]

　第3に，自治体は，財源膨張は容易であるが，財源圧縮はきわめて困難で，無用の犠牲を市民・職員に強いるだけでなく，自治体運営の内紛噴出，政権崩壊という代償を払う誘因となる。東京都は財政運営健全化に細心の注意を払い，自治省への警戒を怠ってはならなかったのである。

　国・地方の行政力学からみて，東京都の超過課税で面目をつぶされた自治省は，反転攻勢の機会を虎視眈々と狙っていた。都財政の危機にあって起債許可権という伝家の宝刀を自由自在に駆使し，東京都政を屈服させていった。

## 注

(1) 東京都の財源対策債は，昭和46年度のニクソン・ショックという，外部要因で補填債を認めたが，49年度起債は内部経営の職員ベースアップ財源で，東京都の財政運営は杜撰として不許可となった。一応，自治省不許可の理屈は立つ。しかし，財政運営が杜撰かどうかは，都議会が判断に委ねるべきである。49年度ベースアップ745億円は，50年度予算計上人件費から支払っているが，49年度に法人事業税超過課税が実施され，財源の見通しが立ったからであろう。日比野・前掲「財政戦争」88～93頁，岡田・前掲「革新自治体」132～135頁参照。

(2) 美濃部都知事は，昭和54年度の起債許可について，「いったん同省に約束した『職員の定昇ストップ』を反故にしたのであるから，全く不確定であった」（美濃部・前掲「都知事12年」14頁）と，当時の状況を語っている。自治省は都債不許可の制裁でもって，東京都を財政再建団体へと追い詰めると威嚇していった。この点について美濃部都知事は，「『何といっても美濃部憎し』の同省は，最後の最後までいじめてやろう，ということである。地方債の許可は，いわば私が『反鈴木』をいわないようにすることの，暗黙『取引』であった」（美濃部・同前「都知事12年」14・15頁）と，背景を述懐している。要するに自治省は鈴木俊一（自治省事務次官）の知事選挙を有利にするため，起債許可拒否をちらつかせ，美濃部都知事の言動を牽制したのである。自治省の革新自治体攻撃については，日比野・前掲「財政戦争」75～97頁，太田・前掲「都政12年」22～33頁参照。ただ54年度のベースアップ問題は，職員2,669人の職員定数大幅削減で，退職手当債580億円を確保し，53年度定期昇給復活財源に流用する計画であった。人員整理という人件費削減をし，その補填として定期昇給の復活との苦肉の対応であった。

(3) 赤字再建団体への準用基準は，地方財政の死命を決める非常事態の決定事項であるが，市町村・都道府県にあっても経常収支赤字比率で一律である。地方債残高と償還財源である地方税・交付税・起債償還基金の合計額といった，償還能力のストック財政指標との比率といった，合理的な指標とすべきである。

(4) 鈴木都政は，美濃部都政の赤字財政（一般会計1,012億円）を解消し，財政再建を達成したと，行政手腕は賞賛されているが，財政悪化ムードが追い風となり，減量経営が容易で，景気回復で法人超過課税増収も貢献した。だが鈴木都政の財政再建の実態は，自治省の起債優遇が大き

な要因であった。「隠されていた景気回復による都税300億円を加え，減収補てん債116億円のほか，退職手当債590億円，財政健全化461億円，合計1,167億円の財源対策債が苦もなく許可され」（日比野・前掲「財政戦争」201頁），形式収支黒字となる。世論は鈴木知事の財政手腕を評価したが，実態は自治省による底上げの粉飾操作の黒字であった。しかも鈴木都政の第2期以降は，マイタウン東京構想，臨海副都心開発などで赤字となり，都市経営手腕の欠如が露呈した。

(5) 兵庫県は50年度，約730億円の赤字見込みで，赤字再建団体転落の危機に陥った。赤字削減のため，超過課税・使用料値上げ・行政経費削減などの財政健全化計画を策定し，自治省に提出し，減収補填債280億円，財政健全債312億円で，再建団体転落を辛うじて回避している。ことに職員給与の1号切り下げで40億円を削減している。自治体としてそれなりのガバナンスを発揮している。毎日新聞社神戸支局編『素顔の地方自治・兵庫県レポート』112・113頁，以下，毎日新聞・前掲「兵庫県レポート」。

(6) 神戸市昭和50年度基金（全会計・外郭団体除外）26基金533億円，市税726億円の73.4%である。東京都都税8兆8,850億円で，神戸市と同様の基金ベースでは6兆5,216億となる。1,000億円程度の単年度赤字は，簡単に内部操作で工面できる。もっとも巨額基金の積立に対しては，首長・議会・市民すらも反対で，当面の財政需要への充当を迫られる。したがって巧妙な対応策は，外郭団体への貸付金・基金など経営安定策の名目で，"隠れ基金"として積立て，普通経済の財政危機にあって繰り入れ，民間融資に振り替えても，議会議決は不用で法令違反でなく，実質的には都債発行と同様の財源補填機能を発揮するが，違法でも脱法でもない，単なる財政操作の手段である。美濃部都政の外部ブレーンも，内部の財政運営で狡知にたけたテクニックを駆使する，策士はいなかったのではないか。もっとも実際は悪用されるケースが多いが，財政局はテクノクラートとして，政権の如何にかかわらず，隠し財源をつくり，財政安定化を維持するテクノロジーを駆使する責務が当然ある。なお神戸市の平成3年度基金は，5,572億円で，市税2,821億円の197.5%で，16年間に10.54倍に増額されている。高寄・前掲「宮崎神戸市政の研究Ⅱ」301頁参照。


## 給与削減と天下り統制論

　革新自治体崩壊後も，地方財政危機はつづいた。「地方の時代」による地方再生は，中央統制を排除できなかった。そもそも地方再生策は，内向きの地域振興策・自治体改革で，しかも財政再建というテーマは重視されなかった。

　第1の課題が，地方公務員給与問題であった。保革を問わず自治労は強力で，既得権として給与水準維持を図っていったが，50年代，高い給与が市民の批判の対象となり，情勢は一変した。市民・マスコミが大きな影響力を，発揮するか如実に立証された。[1]

　政府だけでなく自治体執行部も，給与問題の市民批判を追い風に，給与・退職金の減額を画策していった。人事・給与をめぐる国・地方の歪みは，地方行政の深部にま

で浸透しており，政府も自治体，そして組合すらも，個別利権紛争対処だけで，労使関係正常化への好機を逃してしまった。

第1に，革新自治体の財政運営は，財政健全化の意向は乏しく，組合・圧力団体による利益擁護がめだった。しかし給与体系・運営には同一年齢同一賃金など，多くの欠陥が増殖されていった。[2]だが革新自治体の執行部でも，給与業績評価方式導入・特殊勤務手当整理などの改革すら労使交渉では解決できなかった。[3]

そのため市民運動がおこり，杜撰な給与運用・法外な退職金などが，全国的に露呈された。革新自治体は，健全な市民的意識による自己調整機能が麻痺してしまっていた。[4]

しかし，給与問題は従来からの〈経緯〉があり，一概に既得権として批判できない事由あった。労使がその場しのぎで，これらの不公平な措置を長年放置してきたので，容易に淘汰されなかった。[5]

それでも法制改正による給与適正化は遅れていたが，昭和56年6月に国家公務員の定年制法案が可決され，ついで同年11月に地方公務員の定年制法案も可決され，国家・地方とも60年3月から実施されることになった。

自治労・職員にとって痛手であったが，密室的な解決より法制化は，市民だけでなく組合員も納得できる決着であったのではないか。今日では定年後再雇用も定着し，具体的対応はそれぞれの自治体の交渉で決定するのが，妥当な対応である。

第2に，景気低迷・財政悪化もあり，中央統制による給与統制が，是認されるムードが浸透していったが，事態は必ずしも自治省の思惑どうりには推移しなかった。世論は給与削減には賛成したが，天下り官僚を先兵とする中央統制による，放漫給与撲滅を必ずしも歓迎しなかった。一般的には「監査制度の充実と給与改定の制度化」[6]をあげ，中央統制による減量化再建に疑問を呈している。しかし，中央官僚は中央統制による給与削減を主張していった。[7]

要するに自治省の指導・監督は，政治・行政的思惑から，問題が顕在化してからの事後的対応で，平素から自治体の給与問題の適正化を，真摯に行政指導する行政努力を怠っていた。[8]この点，給与以外の自治省の地方行政への対応にもみられる。[9]

第3に，昭和50年代，市民・自治省・自治体・自治労を巻き込む，地方公務員給与水準論争に発展した。最終的には自治体の異常な給与水準は，当時の自治省がラスパイレス指数を導入し，高水準の自治体に特別交付税削減を適用するなど，強硬措置で

やっと鎮静化したが，自治体の自己統治力の欠落を，露呈する事実となった。[10]

　しかし，革新自治体凋落後も，全国の知事・市町村長による組合潰し・給与削減がひろがったが，ラスパイレス指数やベースアップ廃止では，地方財政の財源不足は解消しなかった。低経済成長期になったが，生活福祉サービス費の増加でかえって地方財政需要は肥大化していったが，財源補填はすすまなかった。卑近な事例が三位一体改革にみられるように交付税削減で，地方財政悪化がすすんだ。

　第2の課題は，天下り官僚による財政再建である。自治省は法律にもとづく，指導・監督だけでなく，自治体財政健全化のため，自治官僚を自治体に天下りさせ，その中央統制の完璧を期した。

　結果として自治体の財政再建は，中央統制が強すぎ，自己統制が形骸化し，市民統制が疎外されていった。このような自治省の対応は，どうみても自治体の行財政運営の適切な指導とはいえないであろう。[11]

　第1に，天下り人事を公然と批判するのは，一般的に憚れるが，自治体の自主自律のためには避けられない検証課題である。天下り人事で立派な地方自治行政ができ，生え抜き人事ではできないという論理は成り立たない。[12]

　府県はともかく都市自治体の大半は，天下り官僚でなく，生え抜き人事での財政運営で安定化を持続している。それでも自治省は天下り人事をつづけているが，合理性はなく，かえって自治体の自主自律的行政への阻害要素でしかなかったが，体質的な方針であった。[13]

　第2に，天下り方式は，中央統制の浸透効果があるが，地方自治からみれば弊害が多い。中央官僚の天下り人事が当然視されているが，自治省の権限を背景として，自治体を指導する権威主義は，自治体・職員に自主的意欲を衰退させる，デメリットが看過されている。

　天下り人事は，経営能力のある職員の派遣でなく，自治省の人事行政に組み込まれ，はめ込み人事である。しかも幹部職員として就任し実権をにぎっているが，自治体運営の適正化を歪める行為である。要するに能力主義での適材適所人事でない。[14]

　府県によっては知事・副知事・総務部長・財政課長・地方課長といった役職が，すべて自治省出身者に占拠され，中央支配の完璧なシステムで，地元の意向が反映されにくい硬直的体制である。[15]

　第3に，一般論としては天下りエリート官僚は，地方行政の水準向上という要望に

は応えられない。自治体には人材選別の選択権はなく押し付け人事で，みせかけは自治体の要請となっているが，中央・地方による打算の産物である。

　渡り鳥のような中央官僚で，自治体職員が納得しがたい身分の格差がある。しかも都市問題とか生活環境とかの専門官僚でなく，都市政策への知識は必ずしも十分でない。自治体自治からみて天下り人事は，アメリカのように職員の行政能力による選抜人事でなく，たんなる自治省の順送り人事にすぎず，自治体の人事行政の適正化を歪め，改革の重要なテーマなのである。[16]

## 注

(1) 給与問題の発端は，昭和49年12月の広島県山県郡加計町の住民直接請求による町職員給与改定率引き下げであった。中国新聞社編『ルポ・地方公務員』(1976年)76〜94頁参照。58年1月の東京都武蔵野市の高額退職金問題へと波及していった。坂本充郎『地方公務員・究明される側の不透明な構造と論理』(1983年)7〜46頁。以下，坂本・前掲「地方公務員」。加藤富子「武蔵野市にみる革新市長のアキレス腱」（職員研修臨時増刊第24号「首長の群像」1987年）284〜298頁参照。

(2) 武蔵野市58年度退職金は，30〜35年勤務で4,000〜4,500万円で，課長・係長の差はない。坂本・前掲「地方公務員」57頁参照。給与体系をみると，武蔵野市(57年度)の最高収入は部長993万円(手当89万円)，課長896万円(手当72万円)，運転手1,145万円(手当367万円)，清掃作業員899万円(手当34万円)で，部長は課長より高いが，運転手より低く，同一年齢同一賃金に等しい。同前59頁参照。一方で非正規職員は，給与体系に枠外で，不安定な雇用状況にあった。

(3) 地方公務員人件費運用の矛盾は，特殊勤務手当などは枚挙に暇がない無数にある。雨中作業・窓口業務・自動車運転手当など，本来の業務が対象となり既得権化していた。最大の課題が，同一年齢同一賃金で，1997年大阪府高槻市が勤務評定に応じて，勤勉手当0.075月分を3段階的で格差を付けて配分する，ささやかな再配分案を実施しようとしたが，組合は客観性に乏しい基準での配分は，時期尚早として反対された。日本経済新聞社編『自治体破産』(1999年)18・19頁，以下，日経・前掲「自治体破産」。改革の意図は理解できるが，むしろ報償金制度で能力主義による勤務評定基準適用を試行錯誤で定着させる試行期間が必要ではなかったか。給与政策は長期で政策性豊かな対応が不可欠で，自治体経営でも，もっとも高次の政治判断が，求められる分野である。

(4) 私も革新自治体は「これまで革新は，経営の問題を，開発優先，福祉軽視という企業的戦略や労働強化をねらう合理化とみなして，市民的合理性に基づくあらゆる行政効率化に拒否反応をしめしてきた。・・・自治体の内部にはますます市民の常識を受け付けない〝官僚〟性を増殖させてきた。それは行政組織だけでなく議会，組合，圧力団体などあらゆる関連分野にまで蔓延させてしまった」(高寄昇三「地方自治の原点からみた〝武蔵野市〟」（『晨』1983年9月号28頁）と，批判せざるを得なかった。

(5) 戦後からの給与運営の矛盾が蓄積され，淘汰は容易でなかった。たとえば高額退職金は，地方公務員には当時，定年制がなく勧奨退職金として高額化する事由があった。また給与水準も，戦後，物価上昇・景気変動などの対応として，昇給短縮を適用したので，その後中高年の給与

は高いままであったが，若年層の給与は低いままで，採用年次による給与格差の歪みは肥大化していった。中高年層の給与抑制・若年層の給与増額という，是正は組合もできなかった。

(6) 自治通信・「特集・問われる自治体の賃金」（第99号・1980年3月20日自治通信社）。

(7) 先の「自治通信」特集記事で注目されるのは，自治官僚加藤富子・地方自治研究資料センター長が，「天下り反対なんておかしい」との理論を展開している。「天下った職員ならヤミ給与のようなずさんな管理をさせない」と，天下り正当性を主張している。「自治通信」も自治官僚はしがらみがないので，「行き詰った地方行政に大胆なメスを入れ大改造だって不可能でない」と効果を認めている。しかし，多くの府県の財政・地方課長は，天下り官僚であったが，世論・市民が給与問題を，指摘するまで放置したままであった。天下り方式とて万能でなく，「自治通信」も「だが自治の原点に立って考えるなら・・・自治体が育ってくれるのが望ましい」と，中央統制には賛同していない。

(8) 自治省は地方自治法第245条・246条の1〜4項で，自治体運営への助言・勧告・監査をし，財務運営について適正な措置を命じ，代行する権限を認めている。自治省は自治体の行財政監査を行っており，中央統制の日常的ルールに従って，調査報告書を公表し，自治体を指導するべきである。たとえば東京都武蔵野市の退職金問題も，事前に察知していたはずであり，是正勧告をだし公表すべきであった。しかし，自治体の不適切な給与は，或る意味では自治省の制度設計・指導行政の怠慢が要因で，問題が露呈してから減量経営を断行するのは，責任の転嫁である。そして監督天下り官僚という，仕掛け人による給与削減は，一時的対症療法で根本的解決にならない。

(9) この度の給与問題の発端は，市民運動であり，給与問題が自治体の恥部として浮上してくると，俄然，中央官僚は給与統制に本腰をいれ，存在をアピールしていった。要するに溝に落ちた犬を痛打する行為で，平素の行財政指導を怠り，自治体たたきをする常套手段である。政府は自治体が，地価上昇で苦悶していても傍観していたが，自治体は用地先行取得をするにも地方債は許可されなかった。神戸市は38(1963)年に都市整備公社を創設し，民間資金を借り入れ，先行用地買収を実施していった。政府は公的資金がだぶつくと，土地開発(1972年)を自治体に設置させ，過剰融資したが，バブルがはじけて先行用地は塩漬けとなり，財政後遺症で自治体は苦しむ羽目になった。要するに場当たり的対応に過ぎなかった。山本節子『土地開発公社』（1999年）参照。なお自治体は先行用地取得をしたが，公共投資の低迷のあり5年以上の保有地が多くなった。ワーストランキング(1999年)をみると，都道府県では1位大阪府2,421億円，2位和歌山県678億円，10位山口県208億円，政令市では1位横浜市2,851億円，2位名古屋市1,254億円，3位川崎市1,146億円，4位京都市756億円，5位大阪市455億円，10位神戸市107億円で，公共デベロッパーの神戸市はすくなかった。日経・前掲「列島破産」74頁参照。また非正規職員への対応も同じで，非正規職員は激増しているが，自治省の対応は会計年度任用職員制度など姑息な対応で，賃金は同じでも，長期雇用への改正がなされるべきであるが，依然として不安定な雇用状況のままである。

(10) 給与問題については，高寄昇三『地方自治の財政学』21〜27頁参照，以下，高寄・前掲「地方自治の財政学」。

(11) 2000年に地方分権一括法が施行され，国による集権型行政システムが崩壊したが，名目的改革であったといえる。その証拠が天下り官僚が依然として健在であり，むしろ増加の傾向をたどっている。三位一体改革をみても，地方自治体の財源拡充でなく，財源減額でおわっている

が，中央政府の画策は自治体より巧妙であった。

(12)生え抜き・非学歴主義人事については，第6章第8項目「都市経営と行政風土」（注5）116・1
17頁参照。

(13)中央政府・官僚にみられる，自治体の放漫給与に対するアレルギー症状は体質的なものであ
った。昭和42年の北九州市谷伍平市長などは，徹底した給与削減を実施したが，その実施を担
ったのは，急きょ派遣された天下り官僚であった。しかし，このような中央官僚による過度な
内政干渉的人件費削減は，あたかも子供が宿題をしないから，親が替わってやる教育上はやっ
てはならない仕草である。政府は一定の財政運営基準を設定し，指導・監督はするにしても，
あくまで自治体の自主・自発的財政再建を見守るべきで，もし赤字再建団体の申請があれば，
制度にしたがって再建指導すればすむ問題である。

(14)甲南大学教授のとき1989年の夏，アメリカのシアトル市（人口50万人）に滞在し，行財政全般
のヒヤリングをしたが，幹部職員の人事採用は，新聞広告で応募職員を募り，中小都市の同一
部門で業績をあげた地方職員を，議員・市幹部・人事局長などが面接し，人物本位で採用して
いる。天下り人事が幅をきかせている，日本の自治体人事は，近代化以前の状況で，どう考え
ても科学的合理的人事とはいえない。渡り鳥のような天下り官僚は，2・3年で成果をだそうと
すると，短期的減量化となり，財政改革のような長期的対応はできない欠点がる。自治省の天
下り人事の功罪については，高寄・前掲「地方自治の行政学」204〜208頁，前掲「アメリカ地
方自治の実際」109〜116頁参照。政府全般の天下りについては，中野雅至『天下りの研究』
（2009年）参照。

(15)自治省財政局指導課長から大阪府総務部長に着任し，1年後に筆頭副知事になった木村良樹氏
は，「自分がこの若さで副知事になれたのは，国とのパイプ役を期待されたからのこと」（日
経・前掲「自治体破産」72頁）と，その就任の弁をのべているが，現代の国・地方の関係が濃
縮に表現された言葉である。自治体は自治省からより多くの財源を，引き出すために中央官僚
を迎え入れ，天下り官僚はそのために頑張るが，皮肉にも地方自治の衰退をますますすすめ，
しかも天下り官僚は中央の地方支配という意思が日常勤務にあっても原動力となっている。

(16)アメリカの都市自治体のように人材能力を審査して，選別する方式ではない。したがって都
市自治体のような都市問題の解決を担う，能力ある中央官僚は例外であるが，都市自治体など
では，当初はキャリア官僚を送り込むが，やがてノンキャリア官僚となり，自治省の人事運営
の便宜的手段と化している。高寄・前掲「地方自治の行政学」204〜208頁参照。天下り人事で
「地方の行政官の多くは意欲を失い，人材は育たず，創意と改革のプランが行政の内部から生
まれることがなくなってゆく。・・・・市民生活と生活権についての護民官意識も育ちにくい
し，その結果，行政官が自らの仕事を，その中に目的と生き甲斐を見出すworkとしてでなく，
疎外感をともなうlabourにすぎないように意識してしまう」（伊東・前掲「都市経営の効率と
平等」7頁）と，弊害が指摘されている。


## 自治体減量・効率化の争点

　　自治体は中央統制の重圧に喘いでいたが，財政再編成の現場は，政府の減量経営・
自治体の効率経営・組合の反対論と〈三つ巴〉の論争の渦中に巻き込まれた。批判応

酬のポイントは，自治体運営の効率化は，減量経営への信奉，国・地方財源配分の断念であるかどうかであった。

第1の課題は，自治体再編成をめぐる，中央・自己・市民統制による運営方策の選択であった。第1に，中央統制による自治体の減量化をみると，ラスパイレス指数にしても，都市も郡部と同額という机上演習的基準で，物価・地価などの生活費格差を正確に反映した基準ではない。

しかし，給与抑制の余波は，給与水準低下にとどまらず，市町村での非正規職員が4.4割以上(2020年)という，事態と化していった。要するに自治省は，人事行政・給与体系の政策的改革はなさず，財源操作だけで，その歪みはさらに増殖されていった。

第2に，自治体運営は自己統制による，自主自律的運営が期待された。赤字団体転落の脅威とか，起債許可権の威嚇とかでは，減量経営のみが強化され，自治体の自主自律的再建は委縮してしまう。

制度・運用のムダは，自治体内部に沈滞したまま，財源操作だけの再建で，実質的な政策型再建はますます遠のくことになる。

自治体の自己統制による財政運営を実現するには，施策的にサービスの選別・選択，経営的には基金の積立，政策的に公共投資効果の検証といった，科学的な財政運営が実施されなければならない。

しかし，執行部の財政安定化への認識が薄いと，議会は利権追及で，政府も地域開発志向で財政膨張型となり，財政健全化は困難となる。

第3に，市民統制による財政再建が，どうしても不可欠で，執行部・議会(政党)・組合という談合まがいの運営では，実効性のある成果はみられない。問題は市民団体が常時，自治体運営を監視し，財政膨張に歯止めをかける，抑制機能が発揮できるかである。

第4に，結局，中央・自己・市民統制のいずれも欠陥があるが，相互に補完しながら，自治体運営の適正化への機能発揮が求められる。行政は自然発生的な市民運動に期待するのでなく，平素から市民オンブズマンとか情報公開をつうじて，行政参加の実地経験をつんだ市民団体・リーダが不可欠である。[1]

まず首長が自治体改革の一環として，住民投票・情報公開を充実させ，重要な決定は諮問的住民投票に付する，実績を築いていかなければならない。

したがって首長は市民統制なくして，自治体運営の最適化は永久に到来しないこと

を認識し，積極的に市民参加をすすめる責務がある。市民も市政にあって，一定の勢力をもつ市民団体の創設・拡充へと努力しなければならない。

　第2の課題は，この財政危機への対応策を整理してみると，制度改革による財源配分か，行政減量化による収支改善か，自治体運営の再編成による財政健全化の選択となる。

　第1に，自治体の財政環境は，革新自治体崩壊もあり，国・地方の財源配分は難しく，課税自主権活用も当面は無理となった。また開発利益公共還元も，経済成長・地価上昇鈍化で，財源調達はきびしくなった。残る選択肢は，政府による減量経営か，自治体による効率経営かの狭い選択となった。

　第2に，当時，まず行政適正化論が提唱された。全国研究としては，日本都市センター・都市行財政研究委員会『都市経営の現状と課題』(1978年以下，都市センター・前掲「都市経営」)・『新しい都市経営の方向』(1979年)がある。

　自治体サイドでは，都市経営研究会『都市経営システムの開発』(1978年・神戸都市問題研究所)，神戸市行財政調査会『都市行財政に対する提言』(昭和49〜54年度)など，多くの報告書がみられた。

　このような「市政効率化」論は，中央政府が熱意を示したが，革新サイドから「市民福祉削減」「給与抑制」をめざす，減量経営策と批判にさらされた。しかし，実態は批判だけで，市民が納得する自治体改革案は提示されなかった。

　第3に，結局，自治体運営の適正化策は，政府の管理統制型の〈減量経営〉か，自治体の施策選択型の〈効率経営〉かの選択となったが，その性格を見極める必要がある。日本都市センターの報告書は，中央統制の矛盾にもふれているが，自治体の行財政努力の不足を指摘し，財政窮乏化への打開策としても，まず減量経営的を求める性格が濃厚であった。[2]

　自治体サイドとしては，自治体減量化に努めるにしても限度がある。理由は政府の財政支援は杜撰で無駄が多く，自治体財政膨張の要因となっている。政府が財政運営適正化を，率先垂範で実績を示さなければ，自治体は適正化への自主自律的意欲も湧かない。[3]

　神戸市の一連の報告書をみても，都市行政の適正化をめざす，運営システムの改革で，行財政環境の変化に対応して，生活サービスの再編成による行政水準向上策で，政府より優れている。

政府は自治体の減量化強要でなく，自治体の自主性を信じて，より高次の選別・選択による行政サービスの再編成へのビジョンを提示するべきである。

## 注

(1)宮城県・仙台市の汚職撲滅のため，1993年「仙台市民オンブズマン」が誕生した。弁護士・税理士・不動産鑑定士・一級建築士・大学教授など15人の強力メンバーであった。情報公開の複写費だけでも300万円という膨大な費用であった。結果として浅野宮城県知事が1000名以上の懲戒処分・約7.8億円の不正支出の返還などが実施された。神野・前掲「自治体倒産」116・160頁参照。なお市民参加の2本柱の1つである情報公開を1998年の橋本高知県政でみると，単なる公文書公開でなく，行政の説明責任をはたすに十分な意思形成過程の文書の作成・公開である。「実施機関の職員が職務運営上作成または取得し，組織的に用いたもの」となっている。同前135～138頁参照。

(2)財政配分が先か，減量経営が先かの選択について，先の都市センター報告書は，自治体の自主努力について，「自からなすこと少なくて中央により多く求める傾向があったといえる。・・・・政府に制度の改革を迫るという一方的の姿勢でなく，また自治体の主体的努力を踏まえた実績を背景とし，政府に要請するという方向に転換することが必要である」（都市センター・前掲「都市経営」23頁）と，減量経営が先を強調している。しかし，自治体サイドは，減量経営で人件費削減をしても，増加する行政サービスには対処できない。それでも減量化となると，低所得者層にもっと負担増加を要求する減量経営一方倒の事態となり，問題の解決にならない。また自治体・市民はサービスの要求が強いが「負担についての認識は殆どない。足らないのは，国からもらえばよいという無責任な認識になっている。『サービス要求をすれば負担も自分達でする』というのは自治の原点である」（同前37頁）と，市民に自覚を促している。しかし，全体として都市サービスの「受益と負担」をみれば，マクロ対策として，民間企業・高所得者層に対する「受益と負担」を，求めることが前提条件である。市民サービスは保育所をみても，負担をしたくても入れず，市民は無認可保育所で辛抱している。自治体は減量経営ではなく，生活サービス充実のため，給付システムの変革であり，限られた財源の枠組みのもとで，実質的効果を向上させる行政努力である。その成果をふまえて，政府に補助金・交付税・地方債における過剰な財政措置を廃止し，生活福祉環境などへの単独事業への支援拡充を要求するべきである。政府が無暗やたらと自治体に減量化を強要するのは，余りにも身勝手な対応ではないか。

(3)政府と自治体の合理化のいずれが先か問題であるが，自治体は減量化への努力について各かでないが，政府は市民のタックスペイヤーの視点からも，自治体に行政サービスの「受益と負担」を迫るべきと勧告している。しかし，最近の政府自身のコロナ対策の実施をみても，まことに杜撰の極みで，不正受給が続発し，委託事業も再々委託など中間搾取ともえる浪費が発生している。隗より始めではないが，政府が浪費をはびこらす元凶でありながら，財源捻出のため，地方に合理化を強要するのは本末転倒である。自治体は自己判断で，「受益と負担」の適正化は実施しており，政府は自己の行政執行システムの適正化に努めるべきである。本章第8項「国土構造と地方振興策」（注）14・132頁参照。

## 財政再建と行政改革論争

　第3の課題は，自治体は政府の減量化を拒否したが，自治体独自の行政サービス選別・選択による行政適正化論も，激しい批判にさらされた。第1に，「『現代都市経営論』は，革新自治体の統治能力を意識的に否定し，自治体の"自己革新"だけを空しく叫び，独占資本と官僚の自治体支配との正当な闘いを回避している」[1]と批判されているが，批判は故なき中傷といえる。[2]

　私は地方自主権による財源確保を断念したのでないが，現実に自主権行使は困難な情勢で，当面，行政効率化しか選択肢はない。自治体は開発・福祉・環境行政のいずれあれ，費用効果の追及は当然の選択である。

　これまで都市経営は収益的開発行政として，革新から批判され，宅地開発指導要綱・公害条例・超過課税は，保守から法令違反として批判された。自治体運営の適正化という中道的戦略が，自治再生への実効性ある戦略という，都市経営の意図はなかなか理解されなかった。

　第2に，自治体運営における，行政サービスの選別・選択は，政府・世論が提唱した，ニュー・パブリック・マネジメント(NPM)の改革動向(民間参入・顧客主義・独立行政法人化など)による，減量経営と同一視された。

　また適正化経営論による政策化・科学化も，「行政限界論」「行政守備範囲論」「費用負担論」「公私分担論」として拒否反応に直面した。

　しかし，このような硬直化した先入観での批判だけでは，中央統制による減量経営強要の圧力には対抗でない。減量経営論と対決し克服するには，具体的適正化のビジョン・実績が不可欠である。[3]

　要するに批判論は，解決策の提示はなく批判をつうじて，職員給与維持を正当化する利権擁護論に過ぎない。そのような対応では，市民サービスを置き去りにして，地方公務員の利益だけが温存される事態と化し，自治体破滅となりかねない。自治体は給与適正化の実績をふまえて，政府の杜撰な自治体人件費削減を，不当な財源転嫁として打破しなければならない。

　第4の課題が，自治体運営適正化論の根拠である。政府は産業基盤整備優先の開発行政を肥大化させながら，福祉行政をばらまき福祉と捏造し，攻勢を強めている。ただ自治体としては，現実論として財源配分原則論による財政再建が，先決との認識であっても，財源配分の制度改革が，短期で解決されるはずがない。

当面，自治体としては行政サービスの再編成を実践し，まず市民の信頼を取り戻し，その成果をふまえて政府への財源配分要求をする戦略選択とならざるをえない。

　第1に，自治体の行政再編成が，避けられないのは，財源問題だけでなく，生活保護・医療保険といった社会保障に加えて，介護・保育，さらには廃棄物処理・在宅サービスといった，新しい行政サービスの増加である。

　これらのサービスは，単純な民間委託では，実績はあげられず，市民の協力・負担なくしては，サービスが円滑・効果的に提供できない新規の行政需要である。

　第2に，自治体は公共投資にあっては，公共デベロッパーで開発利益の公共還元を図っていったが，行政サービスにあっても，独立採算制とか事業収益化は不可能としても，まず行政サービス形態の最適化を図っていかなければならない。

　もっとも行政サービス再編成は，単なる行政サービス効率縮小論・市民負担転嫁論でない。巨大な福祉サービスは，自治体だけでは無理で，民間企業・非営利団体・NPO団体などの参入する多彩な給付システムを形成し，選択と選別をつうじて，〈共生〉と〈共存〉の社会システムを創出する，生活行政の再編成である。

　第3に，自治体は介護など生活サービスに，巨額の経費を投入しているが，まったく見返りがない。自治体は「行政の知恵」で，生活サービスがもたらす，個人利益の公共還元を具体策とし，生前贈与(遺贈寄付)という，地域還元システムで実現しなければならない。(4)

　第5の課題は，具体的な行政サービスの再編成策・戦略である。自治体の行政サービスは，一般的に高コストで，給付システムが硬直的など，市民ニーズに即応できない，多くの欠陥が内在している。

　第1の対応としては，自治体行政の現状は，単純な民間企業委託すら不十分である。減量的発想でなく，民間委託が可能な行政を委託し，民間委託が困難な行政への財源を捻出する再編成である。ただ行政サービスは多種多彩であり，何を民間委託するか，基準は"公共性"の低い分野である。

　たとえば庁舎管理はできるが，水道など公共施設は問題である。事務管理で住民登録は無理であるが，図書館の貸し出し業務はできる。ただ民間委託方式には，多くの課題があり，慎重に対応すべきである。(5)

　第2の対応として，官民連携による民間エネルギーの活用である。自治体は建設，住民は管理という変則的対応である。町内会・自治会，NPO法人，公益法人などとの

　　　　　　　　財政再建と行政改革論争

連携による行政サービスの効率化である。町内会・自治会の新聞紙など選別による財源確保で，地域活動を活性化する。

　自治体の正規財政支援でなく，外郭団体・福祉基金による柔軟で広汎な支援で，独居高齢者訪問への民間ボランティアへの財政支援などで，弾力的運用による共助サービスの拡大である。

　神戸市行財政制度調査会・報告書(第3章第4項「第2調査・市民課」74〜78頁参照)は，社会福祉協議会・老人シルバー人材センターなど，自治体の外郭団体も再評価し，財政破綻を回避しながら，行政サービス充実をめざす戦略・選択論である。

　むしろ多様な行政サービスの形態，官民学連携型の給付システム形成，「地域公益型」のNPO事業法人の活躍などの支援・育成をめざすべきである。

　第3の対応は，自治体の地域サービスへの民間委託でなく，行政でも企業でも効果的に実施できない，コモン(共有・共生)の領域がある。公共は公平性であるが，非効率で権利的で腐敗がはびこる。企業は効率的であるが，非社会的・営利的で，低所得者層排除・環境破壊などのマイナス行為で社会的の損失をもたらす。共生分野は市民団体が分担するのが，もっともすぐれた供給形態となる。

　革新自治体は，シビル・ミニマムをかかげて，都市の基本的ニーズの充足をめざしたが，実施戦略が粗雑で挫折した。自治体はコモンをめざして，地域団体と協力して再度挑戦し，水・交通・エネルギー・住宅・環境などの確保をめざすべきである。神戸市でも市民主導でコミュニティバスが運行されているが，行政・民間サービスの空白を埋めるサービスが，市民にとって切実な問題である。

　この分野をになう団体は，医療・福祉・教育などの公益団体，民間非営利法人・NPO法人など，さまざまの団体が可能である。最近，活躍がみられるのは事業系NPO団体の地域サービスへの参入で，公共性と収益性を図っていきながら，持続的活動を維持していく動きである。自治体はこのような新しい市民主導の事業活動をどう支援し，有力な地域セクターとして活用していくかが問われている。[6]

## 注

(1) 自治体問題研究社編『「都市経営論」を批判する』(1979年) 9頁，以下，自治体研究社・前掲「都市経営批判」。

(2) 私は昭和50年代の自治体行財政運営について，膨張する財政需要と財源の限界という窮状を訴え，その解決策として，「このままでは都市財政の破綻は歴然である。(陳情を主導因とする税源再配分という〝財政百年戦争〟に見切りをつけて)いま，新しい視点から都市財政の再建

がのぞまれるのであり，それは都市経済メカニズムに財政自主権でもって介入し，（市民型都市経営のパターンをつくりだしていくことである）」（高寄昇三『市民自治の都市政策』100頁，以下，高寄・前掲「都市政策」）との改革を主張した。ところがさきの自治体研究社「都市経営批判論」は，括弧の部分のみを引用し，「制度改革に公然と見切りをつける」（同書38頁）消極的対応と批判されたのは心外であった。この私の引用文は，「今後の都市経営は都市財政の社会化，すなわち企業型財政から政策型財政への転換が必要である。具体的には，超過課税，法定外普通税，分担金・負担金，起債などの財政自主権を活用し，開発・集積利益へ公平な負担を求め，都市財政の公正化を図っていく経営姿勢である」（高寄・前掲「都市政策」100・101頁）と，地方自主権活用による現実路線の実践を求めたのである。

(3) 自治体の経費効率化は当然，地方公務員給与も対象となる，給与水準が高いか低いか，給与体系の不公平はないか，十分に論議されなければならない。執行部と組合の密室的団交だけでは，個別的歪みの微調整といった事態となり，適正化は達成されない。しかも組合サイドは，「今日の自治体労働者は住民のために良い仕事がしたいという根強い要求に基づいて，国の中央集権性とそれと連動された自治体運営の官僚性と闘う最も重要な勢力である」（自治体研究社・前掲「都市経営批判」33頁）との先入観に凝り固まっている。またいわゆる『経営論』を「わたり」「通し号俸」廃止を目論み，職務職階制強化の策として批判している。同前136・137頁参照。しかし，労働組合の論理は，市民サイドからみても，あまりにも現実ばなれしたエゴ的認識である。

(4) その方策として寄付・遺贈による，福祉基金形成である。ふるさと納税なみの7,000億円に匹敵する公共還元をどう実現するかである。武蔵野市は有償福祉であるが，自己資産担保方式で実現している。自治体の生活支援基金へのクラウドファンディングは，ふるさと納税と同様の寄付基礎控除10万円でなく，2,000円とする優遇措置を適用すべきである。寄付・贈与の経済学の活用については，第2章第1項「税務行政と人事給与行政」の注(7)～(9)34頁参照。

(5) すべての市民サービスを自治体が給付でない。警察サービスでも大きなイベントは民間警備会社が分担している。福祉でも民間福祉法人・企業が参画している。「受益と負担」が自然に調整されている。問題は自治体が公的サービスをベースに，市民への不公平な負担転換とならないよう，指導・監視し，必要に応じて公的関与を実施することである。民間委託については日経・前掲「自治体破産」126～142頁，都市センター・前掲「都市経営」83～92頁参照。

(6) 注目されるのは，コミュニティビジネスといった，新しいNPO団体の動きである。組織としては行政・企業セクター，既存公益法人・地縁組織だけでなく，NPO法人であるが政策系NPOでなく，環境・生き甲斐・家族支援・地域おこしなどの共生・共益ニーズ対応するNPO事業法人である。またボランティアと異なり，収益性と共益性という矛盾する目的を，融合させる機能を発揮している。コミュニティビジネスの要件としては「事業性」「地域性」「変革性」「市民性」「地域貢献性」などあるが，自治体・企業の変則的団体とは異質の事業団体である。ただ共生団体の運営は容易でない，市場メカニズムと参加メカニズムを同時に活用し，収益性を確保するには，都市経営より優れた経営センスが必要となる。高寄昇三『コミュニティビジネスと自治体活性化』はしがき・3～24頁参照。

## 自治体再生と地方の時代

　革新自治体崩壊は，中央支配強化へと連動しなかった。第1の課題は，中央支配を拒んだのは，どのような動きであったのか。第1の動向は，昭和50年代は，政治対決を避け，地方の独自性を主張する，「地方の時代」が提唱された。高度成長期，地方行政をリードしてきた〈集権と画一〉による全国開発から，地方自治体による〈分権と個性〉による地域再生への転換であった。

　昭和50(1975)年4月に神奈川県知事になった長洲一二が，「地方の時代」の提唱者であった。飛鳥田・美濃部退任という，革新退潮にのみこまれず，情報公開・文化行政・異業種交流など，時代の要求に即応する施策を打ちだした。

　一方，町村振興策にあっても，地方創生の実践者として，平松守彦大分県知事の一村一品運動にみられ，工場誘致でない地域おこしの実践がみられた。

　第2の動向は，地方の時代は多党化がすすみ，首長選挙でも保革相乗・多党連携など，多様な政治形態となった。

　原因の1つは，高度成長期の補助金方式による産業基盤整備が，地域経済を牽引する効果はなくなった。政府のテクノポリス・田園都市などの地域振興は神通力を失い，政府開発施策は曖昧模糊とした地方創生策となった。

　原因の2つは，中央政府の減量経営型行財政は，たしかに給与問題の劇薬的特効薬となったが，地域社会の動きは，諮問型住民投票条例の制定，生活福祉・環境保全施策の実践，地域おこしによる地域循環経済など，反中央統制の自治再生論が台頭していった。

　第3の動向は，自治体行政は減速経済に直面し，地域経済の衰退，人口減少の全国化，財政の困窮などに直面し，上からの財政支援でなく，地域特性に応じた地域資源活用の自主振興策をめざす時代となった。[1]

　第2の課題は，この不透明な危機における自治体再生策について，私自身は官治的自治体の復活を阻止し，都市(地域)経営による自治体再生策が，ベストと確信し一連の自治体再生論を提唱していった。

　第1に，自治体の創意による自治体財政の再建である。まず「地方財政に新たな危機の始まり」(『エコノミスト』1978年1月24日号)では，自治体は財政危機に怯むことなく，自律・自主的施策で活路をみいだすべきと自治体の奮起を求めた。[2]

　この論文は，松下圭一教授が，朝日新聞の「論壇時評」(1978年1月30日)で「自治体

が自主計画にもとづいて自発的に投資拡大するようなメカニズムをつくりえないかぎり，国の公共事業費の増大は自治体へのオシツケ，シワヨセとなる」と警告し，自治体サイドの論拠として，私の論文が引用された。

　第2に，自治体運営システムの改革である。朝日新聞(1978年2月14日)に「地方財政の再生に向けて」，日本経済新聞(1978年3月27日)に「会計制度の改善が財政再建の糸口」，信濃毎日新聞(1979年4月19日)に「『情報公開』の意味するもの」・「ためされる『自治』」(1979年4月19日)，自治通信社の月刊紙「自治通信(BIC)」(1980年4月)に「都市経営と財政再建」の投稿が掲載された。

　このような一連の論評における私の主張は，中央統制による財源誘導による管理型自治でなく，地方自治による政策・科学化行政よって，自治体運営改革がなされなければ，真の財政再建は達成できないという論調であった。

　また都市経営にあってもテクノロジーといった，浅薄な技能主義に溺れることなく，市民自治・地方自治・生活主義のイデオロギーをかかげて，中央統制・ポピュリズム対決すべきとの論調であった。

　それは財源操作でなく，公会計・情報公開・市民統制といった自治体経営の政策化で，テクノロジーによる効率化だけでなく，市民化・共生化・連携化をすすめる市民主導の都市再生策を提唱していった。

　第3に，自治体再生のため明確な選択肢を，市民に提示し，迎合的政治を抑制し，自治体運営の適正化をめざすべきとのビジョンであった。1980年代をむかえると，地方自治をめぐる政治・経済・財政状況はさらにきびしくなった。

　「都政新聞」が「80年代の地方自治の展望と課題」（上中下）というテーマで「新春鼎談」(1980年1月4.8.11日)を掲載している。太田久行東京都政策室長，鳴海正泰横浜市企画調整局専任主幹と私の3人であった。

　論調は，80年代は「不確実性の時代」「地方の時代」といわれるが，どう対応するかである。太田・鳴海氏のようにグローバルな処方箋は，提示できなかったが，戦後30年の自治・統制・自治・統制という軌跡の総決算として，80年代は「真の地方の時代をめざして」，自治体改革をやり遂げる転換期であると主張した。

　政治的には革新政党・市民団体が勢力を結集して，再度，革新自治体の復権が課題であった。しかし，その後の政治情勢は，大都市では議会選挙をみても，革新勢力は自民党を上回るが，明確な市民政治の受け皿とならなかった。全国的には中道政党に，

主導権をにぎられる不安定な政治状況となり，自治体政治は安定したが，革新な自治
権実践の動きは鳴りを潜め，自治改革不在の時代となった。

**注**

(1) その処方箋は「新しい『地方の時代』は，横並びではない。それぞれの自治体の知恵と，首長
の実行力が問われる。・・・市民もお役所任せや自己中心的な主張を排し，地域の改革に自ら
参加しなければ，分権も建前に終わる」（日経・前掲「列島破産」2頁）と，市民も地域経済資
源を活かし，参加する地域循環経済の形成であった。

(2) 『エコノミスト』論文は，「昭和40年代，環境・福祉で政府を先導した自治体は，この構造不
況脱出にあってもその政策的優越性を発揮して，地方自治の真価を再び実証することが期待さ
れる」（同前論文34頁）「中央政府は，地方財政に対するほぼ完璧といえる中央遠隔操作網によ
って，最も効果的な財政形態を形成したと思っているであろうが，統制による安定性の代償と
して，創意ある財政運営の抹殺という測り知れない代償を支払っている」（同前34頁）「地方自
治体は現地総合性を発揮し，新交通，ごみ資源化，エネルギー，福祉施設等，文化資源経営な
どで，新しい持続的投資需要を呼びおこす大胆な実験に挑戦すべきである」（同前34頁）という
論理であった。

## 国土構造と地域振興策

都市自治体は，地域政治・地方行財政問題だけに没頭することは許されなかった。
保革いずれの政権であれ，地域経済振興という難問に直面していた。従来，過疎町村
だけでみられた，地域崩壊は都市自治体も免れない情勢となった。

神戸市は公共デベロッパーで，都市成長をめざしたが，実態は衛星的大都市のハン
デをかかえて，苦闘の連続であった。自治体経営といっても，地域経済が衰退しては，
手の打ちようもない。

しかも2000年代になると，人口減少・社会資本劣化という衰退現象が顕在化し，新
たな自治体危機の環境変化に直面した。

国土構造をみると，東京の東京一極集中はやまず，首都圏以外では近畿圏すら衰退
し，二眼レフ論とか，大阪経済復権とかも絵空事と化していった。大都市も「都市縮
小時代」にどう，対応するかが浮上してきたが，政府・自治体とも発想の転換が求め
られた。(1)

都市成長のバロメータである人口の減少は深刻で，従来，大都市圏への人口集中・
地方都市圏の人口減少が憂慮されてきた。増田寛也編著『地方消滅』（2014年）は，将
来，全国市町村896が消滅する，衝撃の将来像を発表した。

総務省は過疎法にもとづく2022年度「過疎地域」を，全国1718市町村の51.5%・

885団体を指定した。

　人口減少で地方衰退がすすむと，自治体は中央政府への開発補助の願望・依存へ深め，自治体の自主的運営の意欲が減退し，地域崩壊の現実化が避けられない。地方自治体は，地域産業の再生・新企業の創出などをめざしたが，個別的な地元企業の成功だけでは，地方創生は牽引力に欠け，地域振興策の模索がつづいた。[2]

　中央政府は，三全総の定住構想・首都機能分散を提唱し，自治体も「分権」と「参加」がキーワードの「地方の時代」を提言したが，地方分散は機能せず，地域衰退が止まらなかった。私も日本経済新聞(1979年7月31日)「『地方の時代』をどううけとめるか」のテーマで，上田篤大阪大学教授，中村秀一郎専修大学教授と私との「鼎談」で地方再生策を議論した。[3]

　人口減少トレンドは，大都市圏以外は，明治以来の全国的傾向で，とかく騒ぎ立てることもないが，今日でも増加の兆しが見えないだけでなく，縮小都市としての存在価値も見出しえない，混迷の状況におかれたままである。

　ただ都市振興の処方箋はないが，都市再生の核心は，地域経営資源を活用し，地域循環経済を形成するしか，選択肢はなかった。なぜなら現実の地方創生施策の成功事例は，ほとんどが民間の自主的起業化・自治体の独自施策であるからである。

　第1の課題として，まず地方創生策以前に，政府の国土開発と地域開発との政策課題整理が前提条件である。なぜなら昭和30年以来の政府の地域振興策も，経済・国土構造のメカニズムに対応できず，東京一極集中による地域格差が阻止できなかったが，どう克服するかであった。

　第1に，高度成長期，政府は「国土の均衡ある」発展を提唱し，政府施策で自治体を巧妙に産業基盤整備へと誘導していった。

　しかし，このような政府の財政支援を誘因とする企業分散・地域再生策は，現実の国土メカニズムに対応できなかった。[4]実態は大都市の過密都市化を放置し，過疎農村は補助金漬けで再生意欲を損なう的外れ施策であった。

　もっとも低経済成長期の今日では，政府はかつての新産・工特都市のような露骨な産業優先でないが，依然として地方創生策は，上から財源誘導の個別施策奨励で，地域経済の持続的エネルギーが，培養されるような振興策でない。[5]

　第2に，国土構造のメカニズムは，産業構造の変化から，中心都市圏への集積のメカニズムが，一段と加速している。国土全体では東京を中核とする首都圏，ついで広

域経済圏では，その中核都市(札幌・仙台・名古屋・大阪・広島・福岡)への集積がみられる。地域経済圏では，例外はあるが府県庁所在都市である。

政府は，地方分散を提唱しながら，政府・財界は，産業の第3次産業化・国際競争力強化とか，生産活動の効率化のため，東京一極集中を黙認してきたが，日本の国際経済競争力は2000年以降，低落の一途をたどっていた。

この事実は，日本経済成長には東京一極集中が不可避との論拠は妄想で，その仮説の崩壊を立証している。グローバル化した世界経済のもとでは，国土構造の集中・分散にこだわらず，知識産業化にふさわしい，医療・通信・情報・海洋・宇宙・脱酸素などの先端技術クラスターを開発していけば，振興策によって地方分散もすすむ。

第3に，日本の地域振興策そのものが，世界の趨勢からみて時代遅れとなったのではないか。要するに政府・企業も，護送船団方式で国内市場だけで満足していた。

政策的には日本の国際競争力は，東京一極集中でなく，むしろ国家資本主義(State Capitalism)による技術開発への公的支援による，企業そのものの競争力強化がカギを握っている。[6]

第4に，それでも国土構造にあって，東京一極集中のメカニズムは是正すべきである。それは日本経済の成長策としてでなく，地域経営からみた費用効果からである。財政的には人口減少地区では，社会資本の過剰というムダが発生し，人口増加地区では都市整備費の激増という，財政負担発生というデメリットも大きくなる。

さらに防災対策・地球温暖化策を考えると，多極分散型国土構造がのぞましい。したがって国土構造政策としては，東京一極集中を抑制すべきで，首都直下型地震を想定すると，超高層ビルが林立していけば，被害甚大で国家経済・財政に与える影響は計り知れない。

それでも東京一極集中はすすむが，分散政策が財源を惜しみ中途半端であり，また政策内容が自主的地域再生策となっていない。分散政策が効果を発揮できる要素を培養しなければならない。[7]

第2の課題として，地方創生の振興策を，どうすすめるかである。都市再生をみても，アメリカ・デトロイト市の財政破産は有名であるが，日本でも呉市では新日鉄閉鎖で，大きな打撃をうけている。

地方創生は国土構造の地方崩壊という，逆風にさからっての地域振興となり，ハイテク・環境・観光都市をめざしたが，地域衰退に歯止めがかかっていない。

都市再生もコペルニクス的転換が必要で，実際，東京一極集中抑制にこだわっても問題解決にはならない。しかも地域経済の外部環境は，新産業都市・コメ農政は失敗し，安易な地域振興策(リゾート法)なども効果はなかった。

　さらに三位一体改革・平成大合併は，かえって町村の疲弊をすすめた。個人と同様に生き残りを賭けて，都市再生をめざすにしても，再生への施策の選別は容易でない。

　第1に，地方創生の成功には，公共投資・祖税減免といった，企業誘致をめざす外部依存型での成功の可能性は小さくなった。基本的には地域振興策は，地域経営資源の活性・収益化を図っていく，内発的開発へと転換し，その成果で外部誘致を成功させる戦略が，優れた戦略となった。

　自治体としては，地方創生補助を活用し，地域への移住者奨励は，選択肢の1つであるが，間接的施策であり，実効性があるかどうかである。有効なのは既存産業への支援による，ハイテク技術開発・新産業の起業化で，多くの都市自治体で施策化されている。⑧

　ただ経営感覚の鈍い自治体にとって，一般的施策としては戦略的にむずかしい選択となる。むしろ自治体は，事後的な企業支援が有効な施策ではないか。⑨

　第2に，都市振興策は，地域の人・資金・資源を，どう活用するかがキーポイントであるが，教科書的処方箋はない。全国の無数にある，先進的事例を参考にして，当該地域の経営資源を活用できる施策をどう見出すかである。

　具体的事例としては，地域エネルギーの企業化での地域電力事業がみられる。地域循環経済を形成し，地域消費の地域還元方式による収益で，さまざまの地域活性化施策が実施されている。⑩

　第3に，政府の地方創生補助は拡大され，巷では多くの地域再生論が提唱されているが，問題は戦略である。官・産・学の連携，地域・住民による主体的開発でなければならない。地方創生の戦略は，地域社会が環境改善促進・中小企業支援・地域福祉振興といった，公共性追及施策と経営性確保施策が融合・連携した活動がのぞましい。

　具体的事例では，文化財保全と集客機能，中小企業支援と技術開発，障害者雇用と地域活性化といった施策を同時に達成すれば，地域再生策の複合効果となり，地域振興効果は倍増する。

　自治体・地域社会は，あらゆる方式(地方創生補助・クラウドファンド・NPO法人)を活用した，地方再生策で，公共投資でなく「行政の知恵」「経営の発想」というソフトが

成否のカギとなっている。

　第4に，全国的に警戒すべきは，政府の地方創生策は，一方で極端な支援偏在の地域施策を実施している。政府は，中央統制措置を乱用して，本来の地方創生を歪めている。自治体は治療薬で満足せず，媚薬・劇薬にすがっている状況である。

　ふるさと納税は，名称はよいが，寄付者の意識を堕落させていき，特定自治体への法外な納税額がみられる。[11]むしろクラウドファンディングのような一般市民の寄付行為こそ，寄付控除の恩典によって奨励されるべきである。[12]

　さらに原発立地自治体をみると，膨大な交付金支援が注入されているが，政府施策を実現するための自治体を利益誘導する措置である。しかし，交付金の実態は地域振興には貢献しておらず，原発依存の地域維持を担保するだけの危険な選択といえる。[13]

　第5に，地域振興策は，都市圏以外の過疎地などでは，企業誘致・地域振興も難しいので，窮余の策として米軍基地・原発立地を選択する自治体がみられる。国策として膨大な政府交付金支援が注入され，市民生活も潤い，地域経済も施設依存で繁栄する。

　しかし，交付金依存の自治体財政は，旧産炭地復興・原発交付金のように環境変化で廃止とか事故発生のデメリットを考えると，地域崩壊につながりかねない。自治体は交付金を受けるにして，地域存続を考えて「行政の知恵」で，地域産業創設をめざさなければならない。

　第3の課題は，地方再生への政府支援方式の最適システムは，交付金方式がすぐれているが，どのような交付金システムとするかである。第1に，政府の地方創生策として，補助金メニュー化・地方創生一括交付金といった，中央省庁の遠隔操作による，政府支援が浸透しているが。このような中央指導・依存施策では，創意ある地方創生はのぞめない。[14]

　第2に，政府助成と地域自主事業が融合できる施策は，かつて竹下内閣が実施した「ふるさと創生事業」(1988・1989年)の各交付税団体への一律1億円の交付方式がある。

　ただ制約がまったくない一律1億円方式は，あまりにも大雑把であるので，人口推移と財政力をベースに，傾斜配分策がすぐれている。

　財源は補助金・交付税の地方創生財源を統合して，2兆円規模で実施し，各市町村に事業・施策の実施成果を公表させるシステムがすぐれている。[15]

第3に，この事業を「新ふるさと創生事業」といえるが，使途をまったく拘束しない，自治体の自主財源であるが，実施システムとして市町村長・議会・市民代表が策定し，公開の住民討議で決定し，年度終了後，その事業成果報告を政府へ提出し，住民に公表することにしなければならない。

　このような行政によって，自治体の政策能力は向上し，市民の自治・参加意識も要求一辺倒といった次元から，政策提唱・評価といった，洗練された水準となるであろう。議会の無視といった反対が必ずおこるが，議員も参加すればよく，最終的決定権を議会がもっている。

　地方自治体は，全国市長・町村会などの政治力を結集し，「新ふるさと創生事業」を創設し，自力で強力な地域循環経済を創出していくしかない。今後，自治体は「地域縮小」時代という，試練の時代に直面するが，地域存続のため自治体は，その地域経営力を問われることになる。[16]

　地域振興策の実施は，このような交付金支援のみでなく，今後も政府は財政運営の特例措置で，自治体を景気浮上・合併促進・国策賛同へと財源交付で誘導していくのではないか。自治体は地域振興に努めるにしても，政府施策への先兵として，無理な膨張財政へ陥る失敗を犯してはならない。[17]

**注**

(1) 2000～2020年の都道府県別人口増減の地域別特徴をみると，東京都16.6％，神奈川県8.6％，愛知県7.1％，大阪府0.4％と大阪府の凋落が目立つ。一方，減少は秋田県−19.3％，青森県−16.1％，高知県−15.0％と，首都圏以外は全国の減少がみられる。朝日新聞・2021.10.24参照。2021年10月1日の前年比増減は，沖縄県0.07増以外，全国都道府県が減で，全国的人口減少時代が到来したといえる。沖縄0.07増であるが，東京−0.27，神奈川−0.01，愛知−0.34，大阪−0.34，福岡−1.16，青森−1.35，岩手−1.16，宮城−0.51である。朝日新聞・2022.4.16参照。

(2) 地方創生で有名な市町村の人口動向（2004～2015年）をみると，山形県鶴岡市（134,630→127,168人），福井県鯖江市（68,991→69,469人），愛媛県今治市（167,872→160,178人），町村では宮城県山元町（13,186→12,264人）熊本県・山江村（4,204→3,514），和歌山県北山村（471→436人），岡山県西粟倉村（1,525→1,458人），北海道ニセコ町（4,708→5,292人），島根県海士町（2,361→2,284人）で，単発の創生事業では人口増加は無理で，鯖江・ニセコのように全地域が特定産業で，地域を支える産業でなければむずかしい。なお衛星的大都市をみると，神戸市（1,511,329→1,538,025人），北九州市（970,587→955,935人）で，神戸市は人口微増で早晩，北九州市のように人口減少が避けられない。

(3) 中村教授は，従来，ローカル・リージョナルな施策まで，国がナショナルレベルで処理してきた。上田教授は，所得・インフラ・人口なども，産業社会的発想で処理されてきた。今後，グローバル化と地域振興を同時にすすめる必要があるが，多元的重層化対策は，かなりむずかし

いとの意見であった。私は実現可能な対応は，地域産業の高次化・地域循環経済の形成による，自治体独自の地域活性化策しかないとの持論を展開した。

(4) イギリスでも，地域振興策の効果が批判され，1979年サッチャー政権誕生となり，地域政策の見なおしが断行された。従来施策の誘致工場の不振・内発的開発の低迷・技術開発の軽視・工業の偏重主義などの欠陥がみられたからである。注目すべきは地域の自主開発意欲の弱さであった。辻悟一『イギリスの地域政策』(2001年)134〜140頁参照，以下，辻・前掲「イギリスの地域政策」。

(5) 地方創生の補助金・交付税政策については，高寄昇三『「地方創生」で地方消滅は阻止できるか』(2005年，以下，高寄・前掲「地方創生・地方消滅」) 169〜186頁参照。

(6) 政府は半導体工場立地のため6,000億円の基金を設定し，約4,000億円を補助し，台湾の外資企業を熊本県菊陽町(面積37.46㎢・人口2020年4万2,396人)に誘致する予定である。菊陽町は人口増加地区(3万9,040人)で，富裕団体(財政力指数0.961)であるが，財政規模は18年度1億6,634万円，可住面積33.81㎢しかない小さい地区である。地下水を大量に必要とする企業立地は，新産・工特都市の二の舞になるのではないか。朝日新聞・2021.11.25参照。それでも国家資本主義は，ますます猛威をきわめている。中国は車載電池で世界首位のCATLへ約5,600億円の補助をつぎ込み，世界シェア約3割，時価総額20兆円の巨大企業に成長している。かつて世界シェア1位であったパナソニックは世界3位に転落している。しかし，日本企業の電気自動車(EV)への投資意欲は旺盛で，日産自動車は2兆円，トヨタは1.5兆円の計画をすすめる計画である。政策的に第3次産業の金融・サービス時代になっても，知識・情報開発の第2次産業は，成長産業であることを持続しており，東京一極集中と日本経済成長とは無縁であり，従来の施策は「誤謬の選択」であった。朝日新聞2021.11.30参照。

(7) イギリスでも労働党の工場誘致施策の費用効果は低く，南部への企業集中がすすみ，分散政策の限界がみられるが，それでも企業立地補助は，日本の租税減免でなく，設備投資への直接的補助で企業立地の効果はみられた。辻・前掲「イギリスの地域政策」115〜120頁参照。要するに地域政策の課題は，市場奨励主義か保護介入主義かでなく，地域自主主義でなければならない。イギリスの産業分散については，高寄・前掲「イギリスの都市政策」1〜38頁参照。

(8) 神戸市の事例をみると，500Global (アメリカから起業資金調達)，Global Mentorship Program (起業経験・成長戦略など情報提供・交換)，KOBESTARTUPHUB (企業情報の交流空間の開設)などで，それなりの成果をあげている。武田卓「挑戦するまち神戸のスタートアップ支援」『季刊ひょうご経済』2022,1・153号10・11頁参照。

(9) 地方創生は容易でない。自治体の振興策と関係なく，地元企業のハイテク化で，雇用創出などで地域振興がみられるケースがある。島根県西部の益田市の西南セラミックは，半導体部品企業であるが，その製品が脚光をあび，2年で生産額2.5億円から5.6億円へ，従業員も30人から90人と飛躍的に増加している。今後3億円の増設工場として，廃業の縫製工場跡を再利用する予定である。自治体施策による既存工業の急成長は理想であるが，有望な企業選別は難しい。朝日新聞・2021.12.5参照。

(10) 地域電力会社は，地域出資の自主事業で，太陽光・水力・風力だけでなく，バイオガス発電もある，その収益は，バス補助・子育て支援などで地元還元がなされている。注目すべきはその政策効果で，脱化石燃料化・地域活動活性化などを，官民学連携方式で推進していく地域循環経済である。地域電力会社にいついては，高寄・前掲「地方創生・地方消滅」86〜88頁参照。

(11) ふるさと納税の2020年度納税額6,724億円で，前年の4割増である。寄付額は2,000円差し引きで所得控除できるので損失はなく，しかも全額寄付できる恩典で，高所得者層程有利である。しかも納税額は特定の自治体に偏り，2020年度の最高の宮崎県都城市(135億円)など常連である。これら団体は必ずしも貧困団体でなく，自己財源を獲得する手段と化し，本来の社会貢献になっていない。反対給付をともなう納税額は，当該自治体の地方税額限度に制限し，超過分は交付税の基準財政収入額とすべきである。ふるさと納税は極端な寄付控除の恩典が例外的に適用されているが，一般的な公益寄付にも適用されるべきである。方，横浜市176億円，名古屋市108億円，大阪市91億円と税収減となっているが，交付税で一部補填されるにしても，被害は甚大である。結局，約7,000億円の交付税財源が喪失している。2021.7.31・朝日新聞参照。なお「ふるさと納税」の地域偏在・高所得者層優遇などの欠陥については，高寄昇三『「ふるさと納税」「原発・大学誘致」で地方は再生できるか』(2018年，以下，高寄・前掲「ふるさと納税」)43〜77頁参照。ふるさと納税は，無理なこじつけで制度化したが，実態は3割負担の交付金で，自治体が乱用覚悟で制度を悪用するの避けられないが，自治省の対応は法律遵守をしない杜撰な行政指導の対応で，大阪府泉佐野市への措置は，過剰返礼策に対する制裁として適用除外をしたが敗訴し，また特別交付金減額措置も敗訴している。泉佐野市の乱用の悪質であるが，後だしじゃんけんのような対応は，自治省の自治体統制劣化を露呈することになった。朝日新聞・2022.3.11参照。

(12) イタリアは全納税者が確定申告制で，しかも納税額の0.8%は「宗教団体」，0.5%は「非営利団体」，0.2%は「政党」への財源となり，納税者は受益団体のコード番号で指定団体へ特定寄付ができる。ふるさと納税の実態は，ますます市民意識を歪め，地方自治体をふるさと納税亡者にし，自主自律的自治体運営の気概を喪失させている。政府は自治体にきびしい減量経営を強要しながら，こんな制度を奨励しているようでは，行政指導の資格がないのではないか。朝日新聞・2021.12.26参照。

(13) 原発立地の自治体をみると，将来の原発事故への救済基金とか，地元産業創出の支援金に充当するシステムになっていない。箱物行政とか道路行政に充当され，地域社会は立地企業で経済的には潤っているが，依存経済で外部環境が変化すれば，持続的発展は疑問である。拙著『原発再稼働と自治体の選択』(2014年，以下，高寄・前掲「原発再稼働」)参照。しかも実際の原発被害自治体をみると，立地自治体として恩典をうけた，認定外の自治体が存在し，被害だけ受けて交付金の恩典を全くうけていない，不公平な認定となっている。

(14) 交付金といっても，使途に制約・条件が付加されると，補助金より自治体の財政規律を損なう。しかし，政府が使途を限定するだけの，ばらまき型の交付金も問題である。2020年度の新型コロナ感染対策対応地方創生臨時交付金約4.5兆円をみると，大盤振舞となっている。三重県御浜町(人口8,000人)に5億円交付金(町財政の10%)があったが，感染者は2人しかなく，マスク配付・中小企業支援にわずか支出があったが，ほとんどが地方創生対策費で，予算消化に困り，スポーツグランドトラックター(360万円)，農産物直販店シャッター(350万円)などの地方創生策と支出されている。同交付金は補助事業の補助裏財源への充当を政府が認めていたので，さらに無理な事業化が行われた。しかも中小企業支援費は売上40%減の企業で，国の持続化給付金100万円，市臨時交付金5万円しかなく，町のコロナ対策は不十分であった。全国の状況をみると，横浜市325億円(同市財政1.8%)，感染者2.1万人，大阪市315億円(同市財政1.8%)，感染者2.3万人である。町村は徳島県牟岐町3.6億円(同町財政12.4%)，感染者0人，静

岡県松崎町4.3億円(同町財政12.1%)，感染者1人であった。コロナ対策費といっても町村について棚ぼた式の財源交付で，自主自律的財政運営の精神を麻痺させる愚策であった。NHK「コロナ対策77兆円の使途」2021.12.30参照。

(15) 人口10万人で1億円とすると，人口減少率2%，財政力指数0.8とすると，1億円×1.02%×1.02%＝1.03億円とする。なお人口増加・不交付団体はゼロとなる。補正係数の加算は，さまざまの方式が考えられる。竹下内閣が実施した「ふるさと創生事業」については，高寄・前掲「ふるさと納税」122～129頁参照，新ふるさと創生交付金については，高寄・前掲「地方創生」169～186頁参照。

(16) 縮小都市時代の都市再生策については，第11章第2項の「縮小都市神戸の活性・再生策」266～271頁参照。

(17) 北海道夕張市は産炭地復興・兵庫県篠山市は町村合併の特例財政措置によって，正常な財政運営の感覚を狂わせられてしまった。政府としても良かれと思って導入した特例支援であったが，異常な財政優遇を注入したため，当該自治体は過大投資となってしまった。ふるさと納税・原発誘致・災害復興補助にしても，貧困な自治体にとって媚薬で，過剰な財源に幻惑され，財政感覚が麻痺すれば，環境変化で一気に破綻する，劇薬であることを忘れてはならない。政府は補助金でも交付税でもない交付金をつかって，政府施策を強引にすすめ，沖縄名護市への米軍普天間飛行場移転をみても，米軍再編交付金(約10～15億円)を，賛成政権へは支給するが，反対政権では廃止する露骨な運用をつづけた。同市の地域サービスは交付金で，無料のコミュニティバスが走り，幼稚園の保育料が無料になっている。政府はさらに辺野古地区自治会に，市経由でなく直接補助金数万円を支給している。また北海道寿都町(人口2.800人)に原発高レベル放射性廃棄物最終処分場設置の文献調査交付金(約10億円)を支給することになった。しかし，国費をこのような国策遂行のため恣意的に支出してよいのか疑問である。一方，地方都市をみると，駅前商店街は百貨店・スパーの閉店がつづいているが，買収再生策は多額の登録免許税・不動産取得税・固定資産税が障害となり進展していない。工場誘致などの新規開発に比して，衰退都市再生策への公的補填措置が欠落しているが，政府施策の欠陥であろう。朝日新聞・2022.1.10・2022.1.12朝刊・夕刊参照。

# VI 都市経営の変貌と市長の選択

## 都市経営と財政健全化戦略

　神戸市の都市経営は，革新自治体の台頭・崩壊，都市経済の好不況の変動に関係なく，持続的発展を遂げていった。その要因は，宮崎市長の複合経営への転換，財政運営の巧みさで，財政健全化が維持されたからであった。

　この宮崎市長の都市経営を理論化したのが，当時の松元幹郎日経新聞市政記者で，雑誌『日経ビジネス』(1976.2.2)に，「大都市行政を経営理念でさばく"優良自治体"神戸市の企業顔負けの経営力」を発表した。[1]

　五大都市の財政指標をベースにして，財政力のない神戸市が，なぜ大規模開発の都市経営ができたのかの要素として，「激変緩和の健全財政運営」「基金・市債の利用」「公社・外郭団体の活用」「宅地造成・臨海埋立の開発利益」「超過課税・開発負担金」などの経営手法をあげている。

　これら経営戦略によって，神戸市は都市集積力の脆弱化を補填し，税財政制度の壁も克服した，画期的経営と評価した。松元論文は，神戸市都市経営に対する金儲け主義とか，産業資本の尖兵といった汚名を払拭し，都市経営に免罪符をあたえた。[2]

　ただ宮崎市長の都市経営は，財政健全化だけでなく，都市経済の構造変革をめざす，都市経営戦略の全般的レベルアップであった。

　第1のレベルアップは，単なる建設資金調達でなく，資金運用の巧みさであった。第1に，財政運営の激変緩和方式で，好景気に積立金をふやして，低成長に崩す運用であった。結果として積極的都市開発投資をしながら，基金を積み増していく驚異的実績となった。[3]

　第2に，基金の関西電力株売却である。売却の動機は，株価が急騰し，資産株としての魅力が減退し，4,400円では利回り1.25%で，当時の金利の5分の1に過ぎなかった。

　神戸市は行政サービス型外郭団体の経営安定化基金強化が迫られていたので，関電株を売却し，銀行預金での運用の利殖が大きいので，売却を選択した[4]

　第3に，外債の運用である。昭和55年時点で神戸市は1,000億円以上の外債を発行していた。当初，固定相場で途中から変動相場制になり，為替差損が発生

したので，長期為替先物予約で，平成元年には逆に巨額の為替差益を得ることができた。(5)

　第4に，市債活用である。昭和45年度から下水道整備を積極的にすすめ，44年度26％の普及率を51年度には91％まで高めた。その建設資金は，補助金より起債重視・優先による調達であった。物価上昇負担回避・短期集約集中投資メリットによる，先行整備による建設コスト削減・投資効果のメリット重視から，補助率より資金確保を優先した，起債主義採用を決断した。(6)

　第5に，市有財産の収益化である。神戸市は戦前の不動産特別会計で，膨大な土地買収をしていたが，市全体の普通財産約4,500haで，面積は山林が大きいが，それでも時価約2兆6,000億円である。

　これら安価な土地を活用して，宅地開発・ゴルフ場などで収益をあげていった。たとえば外郭団体の国際カントリー倶楽部の神戸市への収益金繰入金は，昭和49〜平成2年の16年間寄付金合計36.7億円となった。(7)

　余談となるが基金・資産の収益化については，宮崎市長が退任し，平成になり低金利時代となった。外債の為替差損発生と同様で，損失を差益に転換させる経営センスを発揮すべきであった。しかし，各部局・外郭団体など個別の対応で，基金は運用益低下に苦しみ，却って赤字となり，武家の商法となった。(8)

## 注

(1) 私は松元記者とは特に親しかった。記憶に残るエピソードは，ある日，『神戸の中堅100社』（1977年）というテーマで出版したいが，売れるであろうかと相談をもちかけられた。私は掲載された地元企業が，宣伝をかねて20部ずつ購入すれば，2,000部は売れると励ました。つづいて『日経都市シリーズ・神戸』（1989年）も出版された。この2つ企画は，各都市のシリーズ物としても出版され，日経出版局のドル箱シリーズとなった。

(2) 私にとっても，それまで行財政の著作が主流で，この記事ではじめて都市経営への認識が深まった。『地方自治の経営』（1978年）は，さきの松元論文に触発され，翌年，都市経営の理論・戦略をまとめた著作となった。その意味では松元記者は，私を都市経営へと誘導してくださった恩人で，私が関一の『都市政策の理論と実際』に触れてから，10年が経過していた。

(3) 全会計基金（外郭団体除く）は，市長就任当時昭和44年度20基金94.5億円であったが，市長退任直後の平成元年度4,483億円と約50倍の増加となっている。高寄昇三『宮崎神戸市政の研究第3巻』298〜305頁参照（以下，高寄・前掲「宮崎市政Ⅲ」）。

(4) 戦前，昭和17年に市営電気供給事業が，電力統合で現在の関西電力に吸収され，現物出資の見返りで，時価736万円・141万株を交付された。戦後，増資で昭和61年には157.7億円・3,155万株にふくらんでいた。62年12月，500万株（保有株の6分の1）を4,400円で売却し，220億円の売却代金をえた。関西電力株はその後，63年1月2,420円，64年1月には5,740円の高値をつけるが，

以後，下降しつづけ平成2年10月には1,970円の安値，今日では1,200円前後（2022. 4. 16・1,206円）である。同前305〜316頁参照。宮崎市長が関電株を売却した動機がなんであったか，私は宮崎市長と研究所の基金運用で話しあったとき，関電株は株価上昇で含み益がふえたが，時価公募方式が採用され，株主への還元が少なくなり株主利益軽視と現状を説明した。宮崎市政はその後，禁じ手といわれた売却を決断しが，しあわせの村の運営基金の財源調達という思惑もあったと思われる。同前305〜316頁参照。

(5) 神戸市は昭和43年，ポートアイランド債90億円を発行し，以後マルク債11回，スイスフラン債3回発行する。年発行額90〜185億円であった。昭和40年当初は固定相場制が普通で，変動相場制への対応は不十分であった。ところが43年には90円発行のマルク債は，49年の返済時に125円，為替差損約20億円が発生した。50年から為替先物予約をし，平成元年度までに為替差益160億円をみた。差引約140億円前後の差益である。高寄昇三『宮崎神戸市政の研究第2巻』253〜257頁参照，以下，高寄・前掲「宮崎神戸市政Ⅱ」。

(6) 下水道補助事業は補助率40%で，補助裏起債率50%，単独事業は認証枠が大きかったが，補助率0%で起債80%であった。結果として45〜52年度投資総額1,280億円，補助対象558億円(43.6%)で，残余は単独事業722 (56.4%) となった。財源内訳は，国費311億円(24.3%)，起債733億円(57.3%)，一般財源その他236億円(18.4%)で，起債が過半数であった。資金ベースでみれば不利であるが，地価上昇・建設費高騰などの長期投資のデメリットを回避でき，実質的施設整備費の負担は小さくなっている。事業年度は8年であるが，補助事業にこだわると，単純計算では補助事業にこだわっていれば，18.4年となり，物価・建設コストを考えると2,000〜3,000億円になったであろう。その後も積極的下水道建設はつづけられ，建設費は昭和55年度下水道657億円，港湾460億円，埋立事業1,229億円，土木費434億円，都市計画434億円と，下水道費は埋立事業費に次いで大きい。さらに市民は下水道普及が遅れると，自前で浄化槽を付設し，再度，負担金で下水道導入という無駄な支出を余儀なくされる。そして整備が遅れると，道路は舗装され，付設コストは上昇する。直接・間接的デメリットは測り知れなく巨額となる。宮崎・前掲「都市の経営」140〜142頁参照。

(7) 高寄・前掲「宮崎市政の研究Ⅱ」232〜240頁参照。なおこの舞子ゴルフ場の収益を神戸税務署が課税したが，神戸市から出向職員の課長は，神戸市に全額寄付しており，収益でない，大阪国税局に異議申立をした。結局，大阪国税局の調停で無難に解決されている。当時の神戸市には「勇敢なる課長」が多くみられた。なお舞子ゴルフ場の創設・運営については，吉本泰男『航跡遥かなり』(2005年)432〜441頁参照，以下，吉本・前掲「航跡遥か」。

(8) 神戸市は市財政基金だけでなく，外郭団体の基金，さらに市民・企業寄付基金など，巨額資金の有利な運用が緊急課題となった。自治体は低金利長期化で虎の子の基金の収益化が迫られたが，素人では下手な運用は，かえって赤字となる。それでも外国オープン投資信託など，安全で比較的収益性のある基金運用で実績をあげられるが，あまり運用していない。政府の国民年金基金・JR経営安定基金も，運用益をめざして苦闘している。低経済成長期の都市経営が直面した，新しい課題への神戸市の挑戦はみられなかった。なお自治体の資金利殖については，西部均「物的資源のムダと戦略的運用」高寄昇三編著『自治体財政のムダを洗い出す－財政再建の処方箋』(2014年)66〜94頁参照

## 複合経営への変貌

　第2のレベルアップは，公共デベロッパー戦略の修正である。神戸市の都市経営といえば，開発利益優先の偏見があるが，複合経営はより高次の総合的都市経営戦略の実践であった。

　第1に，土地造成・建物利用の分離方式である。投資戦略として自治体は，土地造成はするが，上物の建築物は民間方式という，官民連携方式に転換した。(1)

　ポートアイランド(1980年完成)の商業用地は，神戸市と民間への個別分譲方式であったが，六甲アイランド(完成1992年・総面積580ha)は，中心商業・住宅地区(31ha・430億円)は，住友信託グループに一括分譲した。以後，ハーバーランド・HAT神戸は官民複合方式で，デベロッパーの損失は回避できた。平成になっても，多くの自治体で建物開発に執着し，大きな赤字要因となった。(2)

　第2に，複合連携開発方式で，政府・自治体・企業連携の開発システムである。地価上昇が鈍化し，神戸市体単独の都市基盤整備では，事業リスクが大きくなった。そのため政府公団・民間企業・外郭団体の参加でリスクを分散し，複合開発で「連携の成果」を活用し，運営では「経営の知恵」で成果を確保していた。

　ポートアイランドでは，外貿ふ頭公団，民間企業が参加した。特に注目されたのが，ＪＲ貨物ヤードの再生事業のハーバーランド副都心形成(面積23ha・事業費約3,000億円)である，神戸市・都市住宅整備公団の共同事業で，施設建設は官民で当時の民活事業の典型的事業となった。(3)

　官活と民活の連携による，ハードとソフトの融合で，開発地区の都市集積をうみだす，空間魅力の創出が重要戦略要素となったからである。

　第3に，都市開発の集積力強化である。ポートアイランドにしても，当初，あんな埋立地に住宅やビルが誘致できるのかという不安があった。宮崎市長の独創的発想・決断で，新交通を開設し，ポートピア'81を開催し，海上都市としてのイメージアップで，中心部の商業地区は，集客施設・都市景観・イベント開催などによる，相乗効果で経営的に軟着陸(ソフトランディング)ができた。(4)

　この点，ハーバーランドは当初，運河構想があり，アメリカ・サンアントニオのような水都が想定されたが，残念ながら立ち消えになってしまった。中核集客施設・都市景観創出などで，どう集積力を培養するか，都市経営の手腕が問われる課題である。(5)

第3のレベルアップは，行政サービス型の外郭団体活用である。原口市長は建設型の外郭団体を多く創設し，活用していった。

　宮崎市長は行政協力・生活振興・文化活性化などの外郭団体として，しあわせの村(1989年創設・平成5年基金176億円)，こうべ福祉振興協会(創設1981年・平成5年基金46億円)，神戸勤労福祉振興財団(創設1981年・平成5年基金28億円)などを設立し，事業収益・資金運用益を財源とした基金で，経営安定化を期している。

　第1に，このようなサービス型外郭団体への重視は，都市経営戦略の変革であった。事業経営における“収益性”とサービス行政における“公共性”の融合形態の追及であった。開発事業では有料道路にみられる収益確保を達成していったが，行政サービスでも，供給形態の経営化(外郭団体・基金設定・有料化)によって，公益施設の公共性(生活サービス・文化支援・環境改善)の確保を図っていく経営戦略である。[6]

　第2に，有償福祉サービス方式では，十分な収入をえらないので，経営基金で財政補填をして，独立採算制で運用する経営環境をつくりだし，自主的経営努力で経営効率をめざす経営環境を創り出していった。[7]

　第4の経営レベルアップは，港湾・工業都市からの脱皮である。神戸のような港湾都市・重工業都市は，安定成長期になると，既存産業の衰退・撤去がみられた。都市存続のため産業構造をかえて，その成長の存続を図っていかなければならない。

　第1に，神戸の産業構造は，鉄鋼・電気などの生産機能を基幹産業とする構造で，安定成長期になると成長が鈍化していった。宮崎市長は神戸市の経済指標・経済構造の変化から，生産機能の限界を鋭敏に感じとり，製造業中心の産業構造から脱皮めざした。[8]

　従来の神戸市の産業振興策をみると，北野異人館の観光資源としての潜在的価値を見落とし，製造業のみに依存という視野狭窄症に陥っていた。文化産業都市化はグルメ・ファッション・観光・コンベンションといったサービス産業振興へ方向転換をめざした。[9]

　第2に，都市産業構造の転換としての，文化産業都市形成である。第2次産業にあっても，西神工業団地には，当時の松下電器・NECなどを誘致し，ハイテク産業化をめざした。ポートアイランドでは教育・医療・研究などの新知識産業の強

化をめざした。このような観光・コンベンションなどの文化と，情報・医療など
のハイテク産業などの高次技術産業とが融合した，都市振興策を「文化産業都市」
とネーミングした。[10]

　第3に，製造業の低迷を生活関連産業のグルメ(洋菓子)・ファッション(アパレ
ル)・シューズ(長田ゴム産業) などの地場産業振興で補い。さらに観光事業にくわ
えて，コンベンション都市を充実させていった。

　ポートピア'81が革命的役割をはたした。その後1985年ユニバーシアード神戸
大会を成功させ，市税を使わずスポンサー収入などで運営し，余剰金もでたので，
日本体育協会へ寄付している。[11]

　その後，ポートアイランドの国際会議場を建設し，ポートピア'81の基金を誘
致資金として，国際会議では規模はともかく件数では全国2位の実績を築いた。

　神戸の都市経営は，公共デベロッパーの戦略転換，開発形態における官民連携
の複合経営化，産業構造の3次産業化 (知識・情報・教育振興)で，文化産業都市化
を遂行していった。

　将来は福祉すら，補助金行政でなく，地域経営の担い手として期待していった。
このような文化産業都市の経営戦略・形態を複合経営と名づけた。[12]

## 注

(1) この経営戦略の転換は，宮崎市長は，原口市政を継承したが，三宮再開発センタービル・貿易
　　センタービル・ポートアイランド北ふ頭ビルのテナント穴埋めに散々苦労したからであった。
　　そこで施設建設・運営は，ポートアイランド・六甲アイランド・ハーバーアイランドなどの開
　　発は，民間企業主導の官民連携方式をベースにする，公共デベロッパーの経営戦略を転換して
　　いる。

(2) 大阪市の第3のセクターの1995年開業大阪ワールドトレードセンタービル(WTC)，1994年開業ア
　　ジア太平洋トレードセンター(ATC)，1996年開業湊町開発センター(MDC1995)は，1990年代にな
　　っても，自治体で施設を実施し，いずれも赤字で事業再建に苦慮している。民間に用地売却し
　　て対応すべきであった。日経・前掲「自治体破産」84〜87頁，吉富有治『大阪破産第2章』(20
　　09年)178〜196頁参照。なお巻末参考文献参照。

(3) ハーバーランドについては，私の見解は「官活がしっかりしないと民活はついてこない。公共
　　団体が官活として活かせるだけのノウハウとか技術とか・・・販売力を持たなければならない」
　　と，利益追及でなく，都市づくりを目的して，官民連携方式で多機能都市を形成すれは，事業
　　収益がえられるという，意識革命が必要と理論であった。神戸新聞・1986.7.16参照。

(4) 国際コンベンションセンターを設置し，ポートピア'81基金でコンベンションを開催し，ワー
　　ルト記念体育館・国際展示場を設置し，さらにUCCコーヒ博物館・市立青少年博物館も加わり，
　　集客機能を強化していった。中央市民病院を移築し，医療産業の集積をめざした。ただ減速経

済化でコンテナー埠頭撤去があったが，都心利便が新交通でポートアイランドまで波及効果を及ぼし，跡地に大学群の進出をみた。ただ大阪のUSJのようなレジャー施設の欠落で，都市として賑わいをどうつくりだすか，今日に残された課題である。

(5) 神戸市の開発をみると，ポートアイランドは新交通の開業による利便性は高まったが，都心三宮のような賑わいが醸成されていない。HAT神戸は新交通もなく集積力に欠ける状況である。新長田は交通手段があるが，副都心として集積力はなく，集客施設が必要である。ハーバーランドが辛うじて，集積力があり賑わいもあるが，中核となる集客施設・シンボル建造物がなく，将来への成長に不安がある。大倉山文化ゾーン・キャナルタウン兵庫との連携など，相乗効果をうみだす，地域連携が必要である。

(6) 外郭団体経営について，高寄・前掲「宮崎市政研究Ⅲ」348〜430頁参照。

(7) このような施策のなかで，忘れてならないのは，「しあわせの村」の建設である。発想は昭和44(1969年)の神戸新聞の郷土振興調査会の総合福祉建設の構想であった。この構想に注目していたのは，当時，助役であった宮崎市長で，市長になった46年度予算で調査費をつけた。建設地は北区山田町の谷間を開発残土で埋め用地造成した，用地活用策でもあった。56年に着工し，平成元(1989)年開村した。注目すべきは176億円の巨額の基金であるが，関西電力株の売却金であった。宮崎市長退任の年で，発想から20年で，ライフワークとなった。神戸新聞社・前掲「14人の決断」227〜229頁参照。

(8) 宮崎市長就任は44年であったが，サービス産業都市への転換について，市内基幹製造企業経営者から自分達はもう用済みかと，嫌味をいわれたと残念がっていたが，税金・生産額はともかく，雇用にあっては合理化削減で激減していった。実際，神戸製鋼の加古川移転で大打撃をうけ，社会人口は49年△1,259人，52年△1万112人，55年△5,593人と連続して減少となり，56年にやっと社会増となった。宮崎市長は人口増加策として，西神住宅・工業団地造成，サービス産業振興へと舵を切って目標を達成した。

(9) 神戸市の都市経営はたしかに，ハードの都市整備・公共デベロッパーが牽引力であったので，サービス産業への関心は薄かった。北野異人館にしても昭和52(1977)年のNHKのテレビドラマ「風見鶏」で，初めて観光資源であることに気が付く状態で，ハンター邸・ハッサム邸は，北野地区外に移築されてしまっていた。失敗に気が付き，観光資源の経済効果を認識し，53年に神戸市都市景観条例を制定し，高度制限の網をかぶせ，民間の乱開発を規制し，その一方で，異人館保全・民間用地買収など，環境保全への公的資金投入をつづけた。さらに観光対策として日帰り客が多いので，六甲山・有馬・須磨だけでなく，トアロードを南下した旧居留地，さらに神戸港といった，産業資源の観光化を実施していった。手始めに旧東京銀行神戸支店を買収して，市立博物館を開設した。1981.8.21・日経新聞(1981.8.21)の山本堅太郎大阪本社経済部次長と私との対談参照。

(10) 宮崎市長に文化産業都市化への考えを，問いただす機会を逸してしまったが，私が文化〈産業〉都市として神戸経済の変貌を概念化したのは，観光・ファッションだけでなく，知識〈産業〉も包含した都市経済構造を想定したからである。市史編さんの関係で京都市史をよみ，明治初期の槇村正直京都府権大参事(現在の副知事)の伝統文化・産業の再生で，京都経済を甦らした歴史的事実は，文化が都市成長の牽引力となることを実証している。京都市は観光・イベント・教育産業などで，近代都市として成長していき，その後，市南部にハイテク識産業を誘致し，文化・知識産業の複合都市化で，今日も京都市は大都市の地位を保持している。明治初

　　　　　　　　　　　　複合経営への変貌

期の京都経済振興策については，京都市政史編さん委員会編『京都市政史第1巻』20〜24頁，高寄・前掲「都市経営史上」91〜102頁参照。
(11) ユニバーシアードについては，矢田立郎『道を切り拓く』(2015年)45〜51頁参照，以下，矢田・前掲「道を拓く」。
(12) 宮崎市長は，これら経営戦略の変貌を，外郭団体をふくめた，複合企業体(Conglomerate)と呼称していたが，私は企業経営となぞらえるのは，誤解を生むので，複合経営体(multiple corporation)という名称で概念化していった。それは公共デベロッパー活用・外郭団体の経営・生活文化振興策の包括的概念がふさわしい，名称とみなしたからであった。

## 戦前市長と都市経営の実績

　戦前の神戸市の都市経営は，区画整理・公営企業・起債主義など，都市自主権を活用した都市経営が展開されていたが，意外にも神戸市の都市経営のルーツは，戦前の植民地型・国土開発型開発の遺伝子を受け継いだ，開発優先主義とみなされている。(1)

　しかし，都市経営が官治・強権的開発で遂行できるはずがなく，また戦前の神戸都市経営の実態は，他都市と比較しても，産業基盤整備の実績は乏しかった。

　戦前，神戸市長は市会の間接選挙で，政党勢力に翻弄され，ほとんどの市長は経営手腕を発揮できなく，退任を余儀なくされていった。市長地位が不安定のため，都市整備も進まず，神戸築港も大阪築港より10年遅れた。

　第8代第市長勝田銀次郎は，大神戸市主義を期待され選出されたが，阪神大水害復興に専念を余儀なくされ。結局，戦前の都市経営は，水上・鹿島市長による散発的に経営的実践がみられただけであった。(2)

　戦前，神戸に都市経営が，定着しなかったのは，議会が経営センスのある市長選出に，失敗したからである。この点，戦前三大大都市であっては，東京市は後藤市長，大阪市は鶴原市長，京都市は西郷市長と，経営手腕のある市長を選出し，その後の発展基盤を固めている。

　結局，市会が都市づくりへのセンスを，もっていなかったからといえる。神戸市会は，民間企業経営者の経営手腕とか，中央官僚のコネクションとかに期待し，市長を選出したが，必ずしも有能な市長選出となっていない。(3)

　むしろ窮余の策として選出した水上・鹿島市長が，経営センスの優れた事業実績を残している。また折角，有能な市長を選任しても，石橋・黒瀬市長は，経済不況・職員汚職など責めを市会が追及し，十分な行政能力を秘めたまま，無念の

早期退職を余儀なくされている。

　この点，大阪市では民間企業経営で実績のある，日銀出身の鶴原定吉を2代目市長に選出し，報償契約締結・公営交通創業・大阪築港事業変革など，画期的都市経営実績を達成した。注目すべきは，鶴原市長は民間公益事業と報償契約を締結し，その独占利益を保証する対価として報償金を得ている。

　この報償契約は，大阪市の行政自主権活用による，私的独占利益への賦課金で，政策型都市経営の実践であった。そして市営交通創業は，施策型都市経営であった。さらに鶴原市長は，過剰投資であった港湾事業を縮小し，財政負担を軽減した，築港事業を再生したが，事業型都市経営であった。[4]

　もっとも公営交通独占方式も，郊外私鉄乗入策で破綻の危機に見舞われるが，契約破棄で崩壊を逃れている。[5]

　だが他の五大都市は，民営容認・買収というプロセスで，公営企業独占利益を喪失しただけでなく，買収価格は，東京鉄道では財産評価額の1.70倍，払込資本金の1.50倍で，直接公営企業創設との比較では，巨額の損失を被っている。[6]

　公営交通創設は，住民サービスだけでなく，大都市集積利益の公共還元で，大阪市では単年度ベースでは，市税の1.8倍となる。もし民営であれば0.62倍の損失で，合算で2.42倍となる。鶴原市長の施策選択が，驚異的都市経営的効果をもたらした実績は，改めて評価しなければならない。[7]

　鶴原市長こそ，戦前，後藤新平・関一を凌ぐ，都市経営の真価を実証した先駆者であった。この大阪市先例を踏まえて，残る5大都市もその後，公営交通創設を実現していき，都市経営は定着していったが，鶴原市長は都市経営の理念・戦略・システムを創設した，功績者といえる。

　戦前の神戸都市経営をみると，明治・大正・昭和と都市整備はつづけられたが，公営交通も大幅に遅れ，公共デベロッパーの誕生もみられず，都市経営は，神戸市政の体質として培養されなかった。

　初代神戸市長鳴滝幸恭(明22.5〜34.5)は，県職員から神戸区長に任命された官僚型市長で，兵庫の素封家神田兵右衛門と市長職を争った。神戸の名士・小寺泰次郎が調停し，鳴滝神戸市長・神田市会議長で決着した。[8]

　明治後期の激動時代に，鳴滝市長は12年の長期政権となったが，県官僚出身の市長が外部都市環境の変動に対応できるか，当初から不安要素があった。

　　　　　　　　　　　　　　　戦前市長と都市経営の実績

神田議長は地元名望家とみなされているが，新川運河開設(明治7~9年)を苦難の上建設し，利益を地元に還元するなど，デベロッパーとして実績があり，鳴滝市長より都市経営力はあった。(9)

　ただ鳴滝市長は行政調整力にすぐれていた。公営水道主義で，民営水道の県への出願を県へ根回しで阻止し，市会反対派を説得し，ともかく公営水道を創設した功績は大きく，「水道市長」の名声をえている。

　しかし経営実施能力は平凡で，水道布設に10年以上も費やし，しかも外資導入に失敗し，巨額の損失を生んでいる。(10)

　明治33年水道通水式にこぎつけるが，当初工事費115万円は392万円と膨張していた。数々の失政があったが，それでも長期政権をまっとうできたのは，「潜航艇式」といわれる調整能力，人心掌握術にたけた遊泳術にあった。

　そのため議会・職員も，管理型行政に安住し，市長の消極的行政を黙認し，民間デベロッパー依存で，開発利益の公共還元はほとんどなく，他の大都市に比較して都市整備は遅れた。要するに外資導入などの都市経営の萌芽がみられたが，経営感覚・戦略は貧困であった。(11)

　2代目坪野平太郎市長(明34.5~38.4)は，政友会の論功行賞的選考が毛嫌いされ，教育界からの政治的中立性を配慮しての選出であった。議会は行政的安定性を優先させ，官僚色のない市長選出をしたが，予想外の独断専行型市長であった。(12)

　坪野市長は就任すると，鳴滝長期政権の弊害打破をめざして，水道建設完了を口実に水道部長以下70名を馘首したが，水道事業は拡張事業を控え人員拡充がむしろ迫られていた。しかものちの鹿島市長は，外資導入の関係で外国通として在籍していたが，免職になった。他の5大都市は地方外債を活用し，積極的に整備していったが，神戸市のみ水道拡張工事も，外債発行はなかった。

　坪野市長は，性格的に直情径行の人物で，極端な減量経営で市会と衝突したが，一方で教育者であったので，教育行政偏重の行政を断行していった。もっとも六甲山植林事業などの功績は認められるが，市会と常に悶着をおこしていた。

　結果として伝染病病院用地買収での些細な事務ミスを，市会に追及され一期で罷免となった。しかし，市長の油断があったから，罷免の口実ができたので，偶然の幸運であった。

# 注

(1) 第3章第1項目「都市経営擁護論の展開」57〜60頁参照。

(2) 戦前神戸市長については、伊藤貞五郎『神戸市長物語』(1925年)、以下、伊藤・前掲「神戸市長物語」。高寄昇三『神戸・近代都市の形成』(2017年)151〜161, 295, 304頁参照、以下、高寄・前掲「神戸近代都市形成」。

(3) 要するに市長は、就任してみなければ、その政治・経営能力はわからない。原因は選出する市会が、政党利害の優先・中央官僚への過大評価などで、候補者の能力を綿密に調査し、人物本位で選考しなかったからである。そのため嫌がる中央官僚を無理やり市長就任に懇願して、ミスキャストとなり、市政の停滞をまねいている。この点、旧3大都市・東京大阪京都市は、市制実施が10年遅れたにもかかわらず、新興都市横浜・神戸市より、市会が有能な市長を選出し、都市経営の実績をみたのは、都市として歴史的精神の土壌の差である。なお名古屋市が都市整備に出遅れたのは、国鉄東海道線の開通が大きく遅れ、近代工業化が遅れたからであった。

(4) 鶴原市長の報償契約は、民間公益企業の独占利益への公共還元策で、都市自治体の行財政自主権行使の政策型経営の実践であった。また公営交通創業は、他の5大都市が民営交通を容認したが、大阪市だけは公営交通をはじめから実施し、施策型都市経営を実現させている。さらに大阪築港事業再建は、大阪築港事務所長西村捨三(元大阪府知事・農務省事務次官)の乱脈経営を改善し、事業型都市経営にあっても卓抜した改革実績を達成した。結局、鶴原市政は在任中に3形態都市経営を実践し、内部・外部経営にあって経営実践力を発揮した、都市経営として先駆者といえる。池原鹿之助『鶴原定吉君略伝』(1917年)99〜133頁、高寄・前掲「都市経営史上」253〜255頁、第5回内国博覧会については『新修大阪市史第6巻』34〜48頁、公営交通創業については、同前401〜410頁、大阪築港改善については同前464〜466頁、大ガス報償契約については同前660〜673頁参照。

(5) 大阪市の公営交通独占も、目算どうりに定着したのではない。3代目市長山下重威が、民営鉄道と契約し、今日の南海電鉄と乗入契約をして契約金を受領してしまったが、4代目市長植村俊平(日銀出身)は、市内乗入契約を破棄し、契約金を返済し市内交通の市営独占を維持している。大阪市公営企業独占について、高寄・前掲「都市経営史上」251〜262頁参照。

(6) 民営買収方式の集積利益喪失額については、高寄昇三『近代日本公営交通成立史』271〜296頁参照。

(7) 鶴原市長の公営交通創設と民営交通局容認との比較で、明治36〜44年度8年間のメリットは2,511万円となる。明治36年創業時大阪市税119万円・44年度227万円、平均173万円で、単年度の公営交通効果314万円と市税の約1.8倍となる。高寄・前掲「都市経営史上」402〜411頁参照。鶴原市長の公営企業創設の経由・事績については、同前253〜255頁参照。ちなみに東京市の民営方式による明治35〜44年度10年間の集積利益喪失額3,300万円で、35年度市税200.9万円、44年度208.2万円、平均204.1万円で、単年度喪失額は市税の0.62倍である。同前430頁参照。公営・民営の損益格差は2.42倍と拡大する。鶴原市長の施策選択が、驚異的な都市経営的効果をもたらした実績は、改めて評価しなければならない。

(8) 鳴滝市長につては、高寄・前掲「神戸近代都市形成」151〜153頁、伊藤・前掲「神戸市長物語」27〜48頁、神戸新聞社・前掲「14人の決断」9〜25頁参照。なお神戸市水道建設については、高寄昇三『近代日本公営水道成立史』(2003年)178〜183頁参照。

(9) 神田兵右衛門については，高寄・前掲「神戸近代都市形成」32〜34頁参照。

(10) 水道建設をめぐって，市会は推進派・反対派が，世論を巻き込んで，水道建設の費用効果を
めぐって大論争が展開された。反対派は『神戸市水道布設方策』で，賛成派は『神戸市水道弁
惑論』で政策論争を展開した。このような政策論争も鳴滝市長に都市経営感覚を自覚させられ
なかった。鳴滝市長の水道建設は「誤謬の選択」の連続で，市長に経営能力がなければ，どう
にもならない事実が立証された。水道建設論争については，神戸市水道局『神戸市水道70年史』
49〜59頁参照。高寄・前掲「神戸近代都市形成」243〜2513頁参照。

(11) 鳴滝市政は，神戸市は神戸築港・公営交通などで大きく立ち後れ，都市整備にあって湊川付
替工事を，住民は公共デベロッパーを要望したが，民間デベロッパーに委託し，開発利益370
万円をみすみす逃している。高寄・前掲「神戸近代都市」151〜15頁参照。また水道建設外資
導入では，100万円であったが実質的25万円しか導入できず，不手際で巨額の損失を被ってい
る。同前253〜256頁参照。

(12) 坪野平太郎市長については，伊藤・前掲「神戸市長物語」57〜81頁，高寄・前掲「神戸近代
都市」155〜158頁，神戸新聞社・前掲「14人の決断」29〜39頁参照。

## 戦前都市経営の成功と破綻

神戸市の都市経営は，初代・2代目はみられなかったが，3・4代になってやっ
と実績がみられた。

3代目水上浩躬市長(明38.9〜42.7) は，神戸築港のため横浜税関長から，神戸市
長になった大蔵官僚であった。当初，市会は政友会幹部を政党利害から選出を画
策したが紛糾し，鎮静化するための水上市長を第三の人事として選出した。

もし政治的決着がついていれば，恐らく当初の政党市長選出となり，神戸築港
は大阪築港より10年遅れ，さらに10年遅れていたかもしれない。

水上市長は神戸市長に就任すると，神戸築港に全力を傾注する。[1]注目すべき
は，市長就任にあたって，市政の重要課題である神戸築港について，意見書「神
戸港の将来及び改良策」(明治39年)を発表し，明確な築港方針を決定している。こ
とに対立関係にあった大阪港との関係を，理路整然と分析していった。

この論文は，築港に関する優れた政策論として，全国の新聞・雑誌がこの意見
書をとりあげ賞賛し，水上市長の名声は一気にあがった。

ところが水上市長は，明治42年7月，神戸築港が実現したので，任期6年にあと
2年以上を残して退任する。退任の辞は，自分は港湾の専門家で，これ以上在任
し，神戸市政の港湾への特化を避け，本来の行政に軌道修正をして欲しいとの理
由であった。

無為に市長職に執着し，行政の機能硬化症状がみられる以前に，自分の才能の適格性を悟った，爽快な出処進退であった。結果として交通公営主義の鹿島市長が就任し，交通・電気事業の市営独占が成立する。

　水上市長は築港優先で，公営交通反対で留任であれば，公営実現はさらに遅れたであろう。なお鹿島市長も，三選を要望されたが辞任している。

　4代目鹿島房次郎市長(明43.2〜大9.3)は，水道職員の時に人員整理で解雇され，のち市会議員となり，水上市長の助役に任命された。アメリカ・ミシガン大学に留学した，当時としてインテリであった。

　ただ市長選出をめぐって，中央との関係を重視する輸入人事派と，市民選出の地元実力主義が対立したが，中央と折衝したが，外部で適格者がみつからず，窮余の策として鹿島助役が浮上し，選出された。[2]

　鹿島市長は，公営交通派で雌伏10年，大正6(1917)年神戸電気局株式会社買収に成功した。同社は交通局・電気事業の兼業で，しかも市内独占であった。六大都市で神戸のみが，公営交通・電気完全独占を達成し，都市集積利益の完全公共還元に成功した。[3]

　さらに水道拡張工事(千刈ダム建設)，学区統一，須磨町合併など，行政力を遺憾なく発揮し，実績を残した。鹿島市長は三選を懇望されたが，アメリカ大統領でも三選はしないとして退職した。市会は慰労金15万円を贈って，その功績に報いている。

　5代目桜井鉄太郎(大9.10〜11.5)は，経済不況，そして財政危機という外部環境悪化という困難な状況にあって，市長はどう対応したかである。神戸税関長を務めた，大蔵省官僚であったが，容易に神戸市就任を同意しなかった。しかし，床次内相まで説得にあたり，三顧の礼をもって，市長就任にこぎつけた。[4]

　ただ，経済環境は大正3年の大正恐慌が長引き，財政収支の苦境はつづいたが，当面の課題は，大正年4月に合併した須磨町の合併条件である，市電の須磨への延長路線建設(1,600万円)であった。大蔵官僚の市長をしても，市債認可はえられず，須磨線着工は大正14年3月までずれ込んだ。

　桜井市長は，財政危機克服のため，区制再編成(大正9年)，市税増税案(大正10年)を提案するが，ことごとく否決され，11年5月，慰留を振り切って辞職する。

　この辞職は，市政改革が四面楚歌となり，「主義政策のために，玉砕したので

　　　　　　　　　　　　　　戦前都市経営の成功と破綻

あってその態度や洵に正々堂々たるもの」[5]との評価があったが，辞職の真意は，当初からやる気がなかったからといわれている。[6]

6代目石橋為之助市長(大11.12〜14.6)は，朝日新聞記者をへて，理想選挙を掲げて衆議院議員に大阪市から選出され，10年間つとめる。

その後，山陽製鉄社長など数社の重役となり，経営手腕を発揮する。経歴からみて実務能力は抜群で，人格高潔・識見高邁で期待されての就任であった。神戸市としては，はじめて都市経営能力を期待しての市長選出であった。[7]

しかし，外部環境は経済不況に加えて，関東大震災もあり，困難な状況にあった。しかし，石橋市長は財政運営にあって，高金利市債3,574万円を低利債に借り換え，約50万円の利鞘をえた。また懸案の市電須磨線建設債(430万円)も，市長自ら上京し大蔵・内務省と膝詰談判で，130万円の認可をえて，残余は水道費剰余金335万円の流用で，13年6月7日に資金認可をえた。

清浦内閣は翌8日に総辞職しており，次期内閣は緊縮財政の加藤内閣であり，1日認可が遅れていれば非募債方針で，須磨線建設はかなり遅れることになったが，政変を潜り抜け，大正14年3月に着工をみた。

石橋市政は，行政能力を遺憾なく発揮したが，不運にも，在職中，小学校長誠首事件・教育紊乱問題・電気局伏魔殿事件・須磨水道慰労金問題・震災慰労金問題と，連続して職員不祥事が発生した。

一連の不祥事の責任をとって，市長報酬費を半減し，年末賞与も返上したが，事態は鎮静化せず，参事会は市長責任として糾弾した。

市会は市長擁護派が多数で，市政は混乱をきわめた。最終的には石橋市長の引責辞職となった。市会は慰労金2万円を贈った。在任2年7ヵ月，行政能力があり，政治姿勢も中立的であったが，不況と汚職による無念の退職となった。

都市経営にあって内部経営のミスが破綻となるが，責任なき辞職は，本人にとって不本意であったし，神戸市政にとっても大きな損失であった。

第7代目市長黒瀬弘志(大14.8〜昭8.8)で，山梨県知事就任わずか4ヵ月で辞職し，神戸市長に就任している。[8]黒瀬市長も昭和恐慌期にぶつかり，長期の財政危機を余儀なくされる。黒瀬市長は，増税をベースとする，財政再建をめざすが，昭和3年190万円の原案は，24万円に削減された。

財政再建への反対運動は，財界だけでなく，無産党による大衆運動も台頭し，

きわめて困難な状況であったが，黒瀬市長は「臨時財政調査会」(昭和3～5年)を設置し，行政整理・公債整理・教育改革・県費負担改正・公営企業経営改善と，根気よく全般的財政改革をめざした。

その一方で，東部3ヵ町村(西灘村・六甲村・西郷町)の合併，区制の実施(昭和6年)，川崎造船所への300万円融資(昭和3年9月)など，積極施策を実施していった。黒瀬市長は派手なプロジェクトなどは，提唱しなかったが，世界的不況による財源悪化下でも，辛抱強い説得力で，行政実績をあげていった行政手腕は賞賛に値した。

都市経営として事業型経営であったが，単なる減量経営でなく，財政健全化の目的は達成されていった。当然，3選が予想されたが，市会などは長期緊縮財政に堪えられず，「市政一新」を名目に退任を余儀なくされた。

黒瀬市長の評価は，「恐慌を乗り切り，神戸の基盤整備に渾身の力を注いだその姿は，激動期の指導者にふさわしいものだった。市会は黒瀬に10万円の慰労金を贈り，その業績に応えた」[9]と高い評価がなされているが，

政治は摩訶不思議なもので，せめて3期までは問題はなかたが，ムードだけで辞任を求められ。黒瀬市長が留任に固執すれば，市政混乱は避けられなかったが，市政は黒瀬市長の自発的辞任に救われた。後任は積極派の勝田議長が選任された。

8代目勝田銀次郎(昭8.12～16.12)は，市会議長から市長となるが，元来は勝田汽船社長で財界人，政治家としても衆議院議員・神戸市会議長をつとめている。ただ会社経営は失敗するが，経営ビジョンは壮大であった。[10]

神戸市長としても，大神戸構想を掲げ，東部港湾拡張計画3,000万円の予算が国会で可決をみている。大合併構想・市内三大幹線計画は，戦後，市政が踏襲し実現しており，先見の明があったといえる。

ただ神戸港整備は都市経営からみると，当時，神戸市の財政力では，既存の築港整備だけでも圧迫要因であり，これ以上の海面埋立による産業基盤整備は，かなりリスクの多いプロジェクトで，外部経済環境がどうなるかであった。

それは，ビッグプロジェクトは工期がながく，建設債の残高が脹らみ，外部環境が変化すると建設は中断・挫折となり，公債残高返済に塗炭の苦しみを味わう事業型経営の悲劇となる恐れがあった。

取りこし苦労であるが，もし東部港湾整備が実施され，戦時統制強化・阪神大水害で，工事中断の事態になれば，市財政の破綻は免れなかったであろう。その

戦前都市経営の成功と破綻

意味では，阪神大水害は，勝田市長の暴走を食い止める，天の配慮であったかも知れない。

　阪神大水害で勝田市長は，その政治力を遺憾なく駆使し，水害復旧予算にあって内務省要求8,000万円が，大蔵省査定で470万円に減額されたが，大蔵省内示6,783万円に増額させた。災害復興市長との名誉をえることになった。

　ただ町村合併による，大神戸市は実現をみなかった。結果として勝田市長の大神戸市構想は実現しなかったが，売却の危機にあった小寺邸（相楽園）買収，森林植物園の建設など，さまざまの施策があるが，水害復興事業のかげに隠れてしまった。

　9代目野田文一郎市長（昭和17.1〜20.7）は，衆議院議員であった。政治家らしく構想力はゆたかで，「大港都建設構想」で，当初，東部地区の合併・港湾整備をめざしたが，戦局の動きに呼応して，西神開発をめざし「神戸大本営」構想へと変貌していった。(11)

　この実現のため調査会設置・明石郡6ヵ町村合併仮調印・市営郊外電車建設計画と具体化をすすめていったが，戦局激化で幻となった。勝田市長と同様に豊かな構想力が，実現できなかったのは無念であったであろう。

　神戸空襲が連続して行われると，元来，病弱であったので執務困難となり，任期半年残し辞任した。戦時体制下の困難な3年半の行政をにない，戦時下の防空対策・被災者対策などに献身し，〝悲運の市長〟と同情された。

　しかし，市政のもっとも悲惨な時に，市政を投げだしたとして，当然，非難・中傷があびせられ，「敵前逃亡」とまでいわれた。事実は持病の胃腸疾患が激務で再発し，市長の責務を全うできない，心身の疲労の極限状況に陥っていた。

　ただ後世の神戸市にとって，昭和19年4月，「神戸市特別不動産資金」を，特別会計で設置し，運用にあたって市会などの介入をうけない自由な資金を創設し，インフレによる目減りを回避した。

　この資金は，将来の西神開発・戦災復興事業も想定した資金で，山林・丘陵地を買収し，戦後の公共デベロッパーの基礎を造った。(12)

　戦後の都市経営が，この特別区不動産資金を活用し，宅地開発を事業化し，公共デベロッパーの先駆けとなり，戦前の単純な事業型経営の都市基盤整備でなく，都市開発の収益性をめざす，都市経営基盤を形成していった功績は，歴史的にも評価されるべきである。

# 注

(1) 水上市長については，神戸新聞社・前掲「14人の決断」40〜49頁，伊藤・前掲「神戸市長物語」92〜107頁，高寄・前掲「神戸近代都市」158〜161頁参照。神戸築港については割愛したが，同前189〜209頁参照。なお水上市長は天下りの中央官僚であったが，神戸築港という特定の政府認可が最大の目標として，大蔵官僚のコネクションをフルに活用し，大蔵省主導で内務省を無視して強引に築港をすすめ，神戸築港を見事に軌道にのせた。

(2) 鹿島市長については，伊藤・前掲「神戸市長物語」112〜136頁，神戸新聞社・前掲「14人の決断」50〜66頁，高寄・前掲「神戸近代都市形成」295〜299頁参照。

(3) もっとも鹿島市長は水道職員・市会議員・助役という生え抜き市長であったが，その行政能力が危惧された。「市長としての彼の功績は位階勲等を超越せるを見る時，人は肩書のみで仕事の出来ざる都構想を痛感し，彼のためにも，市民のためにも祝福せざるを得ない」「内務，大蔵等の官省関係などを彼程巧妙に利用したものはない」(伊藤・前掲「神戸市長物語」115〜117頁参照)と，実務能力は高く評価されている。

(4) 桜井市長については，神戸新聞社・前掲「14人の決断」69〜75頁，伊藤・前掲「神戸市長物語」152〜168頁，高寄・前掲「神戸近代都市形成」299〜301頁参照。

(5) 伊藤・前掲「神戸市長物語」165頁。

(6) この点について，「元来桜井氏の神戸市長就任は熱切なる氏の希望から出たものではない。先輩阪谷男の慫慂呑み難くの，何らの決心と抱負となく，只漫然と承諾したのではないか・・・家族を伴はず，・・・下宿住居に等しい生活をして・・・就任当初から熱がなかった」(同前166頁)といわれている。

(7) 石橋市長につては，高寄昇三「石橋市長と行政改革」(『都市政策』第149号・2016.10) 78・79頁。伊藤・前掲「神戸市長物語」188〜227頁，神戸新聞社・前掲「14人の決断」76〜84頁，高寄・前掲「神戸近代都市形成」301〜304頁参照。

(8) 黒瀬市長については，神戸新聞社・前掲「14人の決断」85〜96頁参照

(9) 同前96頁参照。

(10) 勝田市長については，青山学院センター編『評伝勝田銀次郎』(1980年・青山学院)，神戸新聞社・前掲「14人の決断」99〜101頁参照。原忠明『激動期6人の神戸市・原忠明か回想録』(1988年)6〜22頁，以下，原・前掲「6人の市長」，阿部環・「続神戸市長物語(1)」(『神戸の歴史』第7号1982.10)75〜93頁参照。

(11) 野田市長については，神戸新聞社・前掲「14人の決断」110〜120頁参照，原・前掲「6人の市長」101・127頁参照。阿部環『続神戸市長物語(2)』(『神戸の歴史』第8号・1983.4)27〜43頁参照。

(12) 不動産特別会計については，交通局の市電路線延長が，戦時体制困難とり，約1,000万円の剰余金は発生した，交通局は西神への高速鉄道建設資金を予定したが，実施困難で昭和19年特別不動産資金合計を設定した。1000万円といえば，当時の市予算7,000万円の7分の1であった。この資金で買収した土地は，六甲山系の土地は，森林植物園，六甲山牧場などになったが，舞子地区(130万㎡)は，多聞住宅団地・舞子ゴルフ場・工業団地となった。多聞団地は，道路・上下水道・河川改修・公園・公共施設など，一切の整備を負担したが，面積54万㎡，人口7,600人。公共デベロッパーの事業拡大の原動力となった。なお公会堂建設基金500万円が設置され

戦前都市経営の成功と破綻

たが，インフレで目減りしてしまった。原口・前掲「過密都市への挑戦」114・115頁，原・前掲「6人の市長」59〜61頁，高寄・前掲「都市経営の戦略」264〜268頁参照。

## 戦後市長と政権継続の紛糾

　戦後の神戸市政にあって，都市経営がどうして市政の主要戦略として，定着していったか。戦後，市長公選制となったが，経営面をみると，原口・宮崎市政は40年の長きにわたり，都市経営を実践し，全国的にみては，はじめて都市経営なる都市整備手法の実績を，実証していった。

　ただ，都市経営にとって鬼門ともいうべき政治変動は，都市経営のアキレス腱となった。戦前の水上・鹿島市長は，懇願されたが早期辞任を選択した。しかし，原口・宮崎市政とも6選に固執し紛糾したが，原因は市長の権力への執着であった。

　戦後の神戸市政を，政権交代と都市経営の関係からみてみる。第1に，10代目中井一夫市長(昭和20年8月〜22年2月)は，弁護士・衆議院議員の経歴で，市長就任は終戦の4日前の混乱期で，戦災復興事業・戦後改革費(自治体警察・新制中学)などで，極度の財政悪化に陥っていた。[1]

　中井市長は，敗戦処理として進駐軍対策と戦災復興事業の試練に直面したが，戦後の混乱を乗り切りきった。ただ都市経営からみると，徹底した事業型減量経営による，財政運営で精一杯の努力を尽くしたが，それでも財政は危篤状況にあった。そのため大幅な人員整理が断行された。[2]

　ただ最大の懸案事項は，戦災復興事業で第1期復興事業は，昭和21〜25年で実施されるが，当初計画は面積650万坪・事業費10億円で，21年度歳入2.19億円しかなく，途方もない大事業であった。中井市長は，復興事業は原口忠次郎を招き任命し，復興とともに重要施策であった民生には，坂本勝(のちの兵庫県知事)をヘッドハンティングし，人材登用にあって才覚を発揮した。

　中井市長は公職追放で，在任半年で辞任となった。戦後の混乱期をともかく乗りきり，人材発掘にあっては，原口忠次郎の復興本部長就任は，神戸都市経営の誕生・発展の要因となった。有能な人材の任命・活用が，都市経営の必須条件であることがわかる。

　11代市長は，小寺謙吉(昭和22年4月〜24年9月)で，衆議院議員として活動した神戸

政界の大物で，対立候補原口助役を破って，初代公選市長となった。[3]小寺市長は当選して市政をあずかっても，財政は窮迫してなにもできなかった。

　それでも復興事業はスタートしており，具体的にどうすすめるか問題であったが，知恵を働かして，兵庫鐘紡工場跡地，王子動物園・競技場用地を，戦災復興区画整理事業で捻出する。[4]

　しかし，依然として財政問題は解決されず，小寺市長は財源調達をめざして，市営ギャンブル・宝くじ収益に活路をみいだしていった。結果は当然，財源を生み出したが，非常時の特殊施策であった。[5]

　事業収益に魅惑されたわけではないが，小寺市長は職員の反対を強引に押し切り，日本貿易博覧会(通称神戸博)を計画した。都市経営からみると，減量経営に耐え忍ぶか，収益的施策で活路を見出すかの選択であった。しかし，目算が外れ博覧会は，結果として施策型経営の「誤謬の選択」となった。[6]

　もっとも小寺市長は，博覧会失敗で凡庸な市長と，みなされ勝ちであるが，実際は才気がありすぎて，財政運営に失敗したといえる。市長の評価が難しいのは，積極的施策に挑戦して失敗すると，無能との汚名がつけられる。

　しかし，総合的評価としては，戦災復興事業・神戸港管理移管・特別市制運動などで尽力している。外国留学が長く，英語は流暢で，占領軍と激論をかわし，実績をあげた。神戸港が形式的にしろ，神戸市管理となったのは，小寺市長がGHQと交渉したおかげともいえる。この移管問題で上京中に急逝されたが，〝殉職〟であった。[7]

　12代目市長原口忠次郎(昭和24年11月〜44年11月)は，一応，社会党推せんであったが，自治体の自主権拡充など，政治争点ではなく単なる政党の思惑の産物で，革新自治体での政策型都市経営とは，無縁の存在であった。[8]

　ただ市長になったが，誰がみても都市基盤整備が急務であったが，戦災復興事業だけでも財源は不足していた。行財政面でみると，事業遂行は現行地方制度・神戸市財政力では無理で，現状打開のため都市経営的発想・手法が培養されていった。

　第1に，30年代になると原口市長は，外部経済環境が昭和25年，朝鮮戦争で戦後景気は好転したので，公共デベロッパー方式で，事態の打開をめざした。

　幸い公共デベロッパーは，まず戦前不動産特別基金による安価な買収用地があ

り，宅地開発事業は収益を生み，以後も宅地開発は，収益財源をテコとして，事業拡大をみた。

当時，地方債許可はきびしく，デベロッパー事業の資金調達は難航していたが，有料道路は関係企業からの資金調達，埋立では前納予約金方式と，「経営の知恵」を働かせて資金難を克服していった。[9]

第2に，原口市長は，戦後の制度的隘路を潜り抜けるため，建設資金の縁故・外資導入，土地の先行買収・土地開発事業，建設型外郭団体の活用など，公共デベロッパー方式で都市開発をすすめていった。

戦前の公営企業・区画整理による開発方式ではなく，戦後の独自の開発利益公共還元を，財源とする都市経営戦略の創出であった。[10]

原口市長による都市開発は単純な公共投資でなく，画期的開発戦略を考案していき，都市経営を事業型経営から，経営戦略による施策型経営へとレベルアップさせ，都市経営の原型を形成していったといえる。

そして海面埋立事業も，東西海岸の埋立事業から，沖合方式のポートアイランド建設へと飛躍させ，埋立工法としてコンベヤー方式，外資導入，公団誘致と見事な事業戦略を実践していったが，その手法・発想は，水深の深い神戸港の造成隘路を克服する，対応策であった。

第3に，経営的にみると，公共デベロッパー施策は，安定経済期になると，製造業の成長鈍化，地価上昇テンポ低迷という，経営環境悪化に見舞われた。また政策面をみると，原口市長は，さらにポートアイランド・明石架橋建設などを口実に，6選をめざしたが，長期政権における行政と経営環境のギャップに綻びがみられた。さらに政治的には，禅譲を迫る宮崎助役との対立が表面化した。[11]

宮崎助役は，戦災復興事業をささえた功績と，助役4期という豊富な行政経験を積んだ人物で，将来を託せる経営能力をもっていた。

戦後の混乱期であったので42歳の助役に就任したが，原口市長6選では，年齢的に62歳で，市長就任は無理ともいえた。そのため政権禅譲は紛糾し，市民抜きの密室劇は褒められた交代でなかった。[12]

13代目市長宮崎辰雄(昭和44年11月～平成元年11月)が就任したが，1970年代，経済は好況・不況と激変し，財政運営・開発路線の修正が避けられなくなった。[13]

しかし，宮崎市長は，公共デベロッパー事業を維持しながら，より高次の複合

経営方式へと転換させていったが，飛鳥田市長誕生から10年遅れて，革新自治の
うねりという政治環境の変化は，都市経営とは無縁のきびしい選択を，宮崎市長
に迫った。

　第1に，神戸空港をめぐって，神戸市会にあって昭和48年3月，反対決議がなさ
れ，市民アンケートも7割が反対で，住民の反対運動の盛り上がりをみせた。自
民党のみが賛成で，社会・共産だけでなく，公明党も反対であった。

　宮崎市長は，空港推進派として，自民党と命運をともにするか，年来の空港を
諦め，変節者といわれても，政権を継続するかの選択を迫られた。

　もっとも反対派となれば，保守派との対決となり，必ず勝てる保障はないが，
革新派であれば時流に乗って，住民の支持をうけやすい情勢であった。

　第2に，政策的にみて，神戸市の生活環境は，東部の工業地帯からの煤煙によ
る公害被害は深刻で，空港は，さらなる公害源として非難の対象とされかねな
い。沖合空港には公害はないといっても，市民に納得してもらえない雰囲気に
あった。[14]

　宮崎市長は，空港断念か空港推進かの二者択一を迫られたが，反対運動の高ま
りをうけて，宮崎市長も神戸沖空港に反対を表明した。結果は48(1973年)年10月
の市長選は，自民党は前衆議院議員砂田重民を擁立し，保革対決となったが，約
4万票の差で宮崎市長が勝利した。

　第3に，大阪府も泉南沖空港に反対であったが，ただ空港有力候補だった神戸
市の反対は，運輸省のショックは大きく，神戸沖への信頼を喪失してしまった。
航空審議会は49(1974)年7月，泉南沖に空港の位置を決定した。

　その背景には，大阪財界は空港促進運動を裏ですすめていた。宮崎市長は，こ
の大阪財界の動きをわからないまま，反対を表明したことが「私の一世一代の不
覚」とくやんでいるが，歯切れの悪い弁明であった。[15]

　なぜ宮崎市長は，その後も神戸空港にこだわった。たしかに港湾と空港がセッ
トになれば，都市成長の起爆剤となるが，関空が建設され，伊丹空港が存続して
いる状況では，神戸空港は地方空港でしかなく，空港にこだわるべきでなかった。

　第4に，宮崎市長は，政治危機を乗りこえ，長期政権を持続したが，長期政権
による疲弊は免れなかった。健康問題にくわえて，長期政権のマンネリ化もあり，
政治状況の風当たりは強くなった。

宮崎市政末期は，自民党の石井一派の市会議員が，宮岡助役を支持し，同じ自民党の砂田重民派は，宮崎市長支持で，オール与党体制は崩れた。

　紛争を回避するため，第三者擁立の調停案も出されたが白紙撤回となり，宮崎市長は笹山助役を後継者に指名し退任し，市役所を巻き込んだ両助役の対立となった。宮崎市長は，水上・鹿島市長のように早期退職によって，より有能な後継者にバトンタッチする，なぜ名誉ある引退を決断しなかったかである。[16]

　客観的視点からみれば，長期政権は時代変化への対応力にあって，機能不全発生が避けられない。神戸市の原口・宮崎市長の末期は，行政施策の硬直化がみられた。原口・宮崎市長が，せめて4期で退任していれば，宮崎市政の退任は2期8年早くなっていた。その時点では若手の有能な後継者に譲ることができた。[17]

　だが長期となると折角の有望な人材も，死亡・病気・退職などでいなくなり，戦後，採用の有能な職員も退職している。後継者をめぐる争いが発生しても，人材は限られる。結局，助役であった笹山幸俊を，無理やり後継者に指名するが，都市経営の継続に失敗する。

## 注

(1) 中井市長については，中井一夫伝編集委員会『百年を生きる　中井一夫伝』(1985年・中井一夫伝編集委員会)109〜159頁参照，神戸新聞社・前掲「14人の決断」123〜143頁，原・前掲「6人の市長」101〜127頁，阿部環「続神戸市長物語(3)」神戸市史紀要『神戸の歴史』(第9号・1984.1)45〜62頁参照。

(2) 財政悪化の余波で，人員整理が断行された。戦後，人口が100万人から37万人に激減したので，20年から21年にかけて約501人が整理され，22年度には7,147人に減少している。中井市長は有能な人材も整理してしまい，「一生一代の失敗」と悔やんでいる。前掲「神戸市史・行政編Ⅰ」84頁参照。実際，神戸市は町内会廃止で職員を引き継いでいるが，都市によっては名称を変更し存続させ，無用の人件費増を回避する巧妙な対応策を採用している。減量経営の安易な評価は問題で，実質的減量効果・代替施策選択効果など，減量経営のメリット・デメリットを検証しなければならない。その後の職員数推移をみると，24年には警察・消防行政の移管で一気に1万930人に激増し，その後，戦災復興事業もあり28年には1万2,895人に増加するが，再度，人員整理が行われ，29年には9,658人に激減する。制度変更・人口増加などに翻弄され，一貫した人事行政の展開の困難な状況であった。同前357〜360頁参照。

(3) 小寺市長については，神戸新聞社・前掲「14人の決断」144〜162頁，原・前掲「6人の市長」156〜183頁，阿部環「続神戸市長物語(4)・小寺謙吉」(『神戸の歴史』第11号1985年2月)14〜32頁参照。

(4) 小寺市長は，兵庫鐘紡工場跡地(16.5万㎡)は，神戸市がどうしても取得しておきたい土地で，当時，復興事業担当であった，宮崎課長に知恵を求めた。その結果の妙案が，復興区画整理事業に組み込み，交付公債(八掛け)で証券会社が引き取る確約をとり付けり，鐘紡が承諾したの

で1坪250円，総額1,250万円で買収できた。しかも復興事業で国庫補助8割，県補助1割で，市負担1割で実質的10分の1の買収で，1坪25円に過ぎなかった。王子動物園・競技場(19万㎡)もこの方式で取得した。この事実は，市長の優れた着眼点を，職員が行政の知恵で実現させた成果であった。また政府措置は，補助金・交付税・地方債なんでも，効果もある措置は利用した産物であった。都市整備事業にあって，構想・技術とともに成功のカギを握っているのは，事業システム設定・事業財源捻出での「行政の知恵」であった。宮崎・前掲「私の履歴書」73〜76頁参照。

(5) 財源調達としては，6区役所新築のため23年9月，愛市公債を一般市民から公募した。学校改修資金のため24年8月宝くじを発行した。競馬は23年10月，4日間尼崎園田競馬場で開催したのが，競馬の始まりであった。競輪は24年3月に兵庫区鐘紡工場跡地に市営競輪場を建設し，24年10月に第1回を開催し，以後，35年に廃止になるまで99回開催している。原・前掲「6人の市長」177頁参照。

(6) 博覧会は昭和25年3月から開催された。小寺市長は死去していたが，原口市長は廃止を試みるが，計画はすすんでおり，実施となった。西宮で同時期開催された，「アメリカ博」に人気をさらわれ，成績は芳しくなかった。結果は当時，市財政一般会計40億円，市税収入25億円で2億円の赤字となった。この赤字解消のため10年間を費やしている。

(7) 戦後，神戸港管理については，兵庫県・神戸市が管理をめぐって対立したが，26年1月30日，県・市合意が成立し，当面，神戸市管理とする合意が成立した。ただ港湾管理については，名古屋港のように当初，名古屋市外であったので愛知県が築港した経由があり県管理が当然であるが，神戸・大阪・横浜港が，戦前から市事業負担で実施されており，県管理となると，国・市の施設を府県が管理・運営する変則的管理となる。神戸港移管については，前掲「神戸市史歴史編Ⅳ」954〜960頁参照。

(8) 原口市政については，原口忠次郎『技術屋の夢』(1965年)。神戸新聞社・前掲「14人の決断」165〜197頁，原・前掲「6人の市長」217〜251頁。阿部環「続神戸市長物語(5)・原口忠次郎」(『神戸の歴史』第16号)24〜42頁参照。

(9) たとえば表六甲有料ドライブウエー整備(昭和31年)を，六甲山系の多くの施設・土地を保有する阪急電鉄の民間資金導入で，全国初の公営有料道路として実施し，その収益で，裏六甲山有料道路・六甲トンネルと，建設していった。さらに六甲トンネル・裏六甲山有料道路とネズミ算方式で拡大していった。原口・前掲「過密都市への挑戦」156頁参照。

(10) 原口市長の公共デベロッパーとしての海面埋立・宅地造成事業の実施手法は，むしろ『技術屋の夢』『過密都市への挑戦』にみられるように，大都市再生・開発への公共投資をすすめる過程で，阻害要素を克服するために，「行政の知恵」として編み出された。原体験としては，神戸土木出張所長時代の港湾整備事業は，建設投資手法だけで経営戦略的要素はない。もっとも戦前，民間企業は，埋立事業を実施し，事業規模を拡大し，工業都市化をすすめていったが，神戸市は公共デベロッパーへの進出はみられず，もっぱら都市区画整理とか神戸築港とかの基盤整備に没頭していた。戦後の埋立事業については，高寄・前掲「宮崎市政の研究Ⅱ」131〜145頁参照。

(11) 原口市長は6選への意欲は強く，「昭和44年，79歳。激務を果たしながら健康を誇示され，原口式体操と名付けた独特の鍛錬を創作し，普及に努められていて，元気であった」(吉本・前掲「航跡遥か」174頁)といわれている。しかし，市会の委員会で，議員の公害被害と健康問題

　　　　戦後市長と政権継続の紛糾

の質疑に対して，原口式体操で対応すればよいとの答弁に，同席していた私はびっくりした。致命的事実は，20年に及ぶ原口市政末期は，長期政権の積弊として，適応能力の硬直化がみられた。それは公共デベロッパーでは治癒できない，環境・福祉という生活行政の劣化で，自治体行政の政策転換はさけられない状況にあった。原口市長は建設事業では，先見の明を示したが，一般生活行政については，外部環境とのギャップは大きく，退陣はさけられない状況であった。水上・鹿島市長のように功績・実力があり，政権継続を懇望されても，時代の変化をみて潔く退任すべきであった。

(12) 原口市長は6選の意図を秘めながら，中央政界・地元政財界の意向をさぐっていたが，6選の長期政権については，社会党議員団は本部の多選反対意向をうけて，推せんを拒否した。市労連も6選反対を確認した。東京自民党本部も原口市長推せんには消極的であった。原口市長は外堀をうめられた。有岡助役が市長選の2ヵ月まえに急死し，原口市長にとって大きな支えをうしない，内堀を埋められ，最終的には周囲の6選断念の意向をうけて，宮崎市長への禅譲となった。原口・宮崎市長の交代劇については，山口東『都市を創った男』(1990年)14～19頁参照，以下，山口・前掲「都市を創った男」，吉本・前掲「航跡遥か」174～189頁参照。宮崎・前掲「神戸を創る」121～125頁，神戸新聞社・前掲「14人の決断」194～197頁参照。

(13) 宮崎市長については，宮崎・前掲「私の履歴書」参照。宮崎・前掲「都市の経営」，神戸新聞社・前掲「14人の決断」201～234頁，原・前掲「6人の市長」279～309頁参照。

(14) 空港問題が浮上した当時，私は企画係長であり，あまり関心はなかったが，市民運動が反対するのは，神戸製鋼の煤煙問題で，市民感情としては無理もないと思った。しかし，神戸空港は，市街地から数キロはなれた，ポートアイランド沖合で，空港騒音・公害はないはずで，反対でつぶれるのはまずいと憂慮した。考えられる策は，実際，飛行機を飛ばして騒音・公害を測定し，その結果をふまえて住民投票を提案し，決着を先延ばす案が，正攻法ではないが，選択肢の1つではないかと思った。

(15) 神戸沖空港反対については，吉本・前掲「航跡遥か」330～371頁。宮崎・前掲「神戸を創る」212～224頁，山口・前掲「都市を創った男」170～202頁，神戸新聞社・前掲「14人の決断」230～232頁参照。神戸空港反対・建設の経過については，神戸市・前掲「神戸市史行政編III・都市の整備」647～658頁参照。

(16) 政治紛争の要因は，宮崎市長が6選に固執し，宮岡助役が市長への執着を示したからであった。原口・宮崎市長交代劇の再現であった。宮崎市長の功績・能力は抜群であり，十分に功成り名遂げ域に達していた。しかし，5選目ではすでに政策的に新鮮味はなくなり，健康的にも問題があり，本来，自ら引退すべき状況にあった。ただ5選後となると，後継者をだれにするかの難問があった。宮岡助役は助役の経験は1期と経験不足であり，『ポートピア'81成功記』(1982年)を，市長推せん文もなく出版し，市長への野心は旺盛であった。反対に笹山助役は，立候補を頑強に固辞している。むしろ人材を外部に求めるか，有能な職員の多かった25・28年組から選出するのが，順当な人選であった。しかし，なぜか助役に拘り，市役所を巻き込む選挙となった。「内外に大きな傷跡を残すこととなり，筆舌つくせぬ後味の悪さと無用の犠牲を強いることが重なり，マスコミはじめ批判の好餌となった残念に思い続けている」(吉本・前掲「航跡遥かなり」274頁)と，選挙にかかわった当時者が述懐されている。宮崎市長6選紛糾については，同前192～274頁参照。

(17) 政策形成の退化の潜在的要因は，市長と職員との関係が，完全な官僚組織の上下関係となり，

外部・現場からの情報提供もすくなくなり，市長自身も自己の思想・戦略を伝えることが困難となり，変化への対応機能が低下していた。宮崎市政の末期をみると，原忠明・是常福治氏など，いわば戦後市政を支えた同期の職員もいなくなり，政界・官界・経済界の知人も老化症状がみられ，変革への対応力減退が避けられない状況となっていた。残された選択は，若手を抜擢し，都市経営の再編成に挑戦するしか選択肢はなかった。

## 市長主導型経営の危険性

　神戸市の都市経営は，原口・宮崎市長の40年の長期安定政権であっが，市長主導型運営で行政風土は，改革志向で経営成果を発揮していた。

　しかし，今から振りかえると，神戸の都市経営は，薄氷を踏む危機の連続であった。もし原口・宮崎市長の政権順序が逆であったら，高度成長期に十分な開発利益の公共還元ができず，安定成長期になって，性急な開発プロジェクトを実施し，大幅赤字となっていた。その後継者となった笹山市政は，阪神大震災で，壊滅的財政破綻となっていたであろう。

　安定的都市経営のためには，政治・経済・社会変動にも対応できる，内部経営における政策決定システム・実施能力が適正でなければおぼつかない。

　第1の課題として，施策決定の具体的事例をみてみると，市長とて万能でなく，少なくとも市長が「誤謬の選択」をしても，内部行政システムが是正・調整機能を発揮できる行政風土を培養していかなければならない。

　具体的に決定事実をみてみる。第1の事例として，市長・事業部局の二重の事前検証のミスである。私は企画課担当の2年・係長の4年の通算6年，毎週月曜日開催の局長会議を担当した。ただ局長会議で原口市長が，事業部局の選択ミスに，一度だけ激怒したのを目撃した。

　神戸市は昭和30年代，しばしば豪雨災害が多発していたが，昭和39（1964）年9月（台風20号），40年9月（台風23号）とたてつづけに，西部埋立地が高潮災害に見舞われた。39年災害後，ただちに埋立岸壁嵩上げ工事が施工されたが，翌年，かるがると堤防をこえられ，災害が再度発生した。

　原因は前年度の工事は防潮堤設計で砂浜埋立による消波機能喪失という初歩的ミスが原因で，公私全体で100億円以上の損害をもたらす惨事となった。(1)

　第2の事例として，市長の「誤謬の選択」を，事業部局が治癒したケースである。埋立事業実施にあって，神戸港水深は深く，湾内浚渫・市中廃土で対応できない

量であった。原口市長は当初，内務省神戸土木出張所長時代の経験から，和歌山の紀の川河口を想定していた。しかし，初代埋立事業部長宗宮正義は，市外土砂搬入でなく背山造成を提案した。

　原口市長は，昭和13年の阪神大水害の苦い体験から，背山を削って災害が発生したらどうするのか，とんでもない方式と即座に却下した。

　しかし，昭和35年神戸裏山土砂採取委員会が「工事対象の土質は風化が進んでおり，土砂の採取は，むしろ防災上安全性を増す」との結論をだした。事前検証の成果で，市長の既成概念を事業部局が修正した事例となった。[2]

　第3の事例として，市長の事前検証による適正選択である。当初のポートアイランドの設計は，港湾局の「櫛型ふ頭」と，埋立事業局の円形の「おにぎり型」が提示された。原口市長は両局が提出した資料をもとに，十分に〈事前検証〉を行い，事業効果の大きい「おにぎり型」設計を選択した。[3]

　もっとも「おにぎり型」のポートアイランド構想は，効果が大きいが，事業としての不安定要素を多く内蔵していたが，市の経営能力を信用しての決断であった。ポートアイランドは，従来の沖出合方式でなく，沖合方式を採用した。日本港湾の醜悪なスプロール的埋立開発を脱皮し，海面埋立事業は工業用地という常識をくつがえし，海上都市空間形成という画期的プロジェクトとなった。[4]

　原口市長がポートアイランド造成という脚本を書き，宮崎市政が脚色・演出を分担し，舞台装置(ポートピア'81開催)を設定した。両市長の合作で市長の主導性を，遺憾なく発揮した典型的事績である。

　最適決定には市長の十分な建設事前検証だけでなく，事後の運営戦略の適正対応が不可欠で，ポートアイランドは長期事業であったので，原口の建設・宮崎の運営という経営センス発揮となった。

　第2の課題として，市長決定の不安要素は，政治情勢の紛糾・経済環境の変貌・市民意識との遊離などさまざまである。神戸市政をみると，警戒すべきは長期政権末期の政策形成の機能不全である。

　第1は，市長自身の長期政権への執着である。長期政権は多くの場合，卓抜した行政実績を残しているゆえに，市長は行政能力が衰退しても，引退による名声の凋落・使命感の喪失・後継者への不安・政権継続へ執着など心理的要素によって，政権継続が画策される。[5]

しかし，長期政権の場合，政策的にみれば，外部・内部の情勢とのギャップは大きくなり，「誤謬の選択」は避け難い。実際，原口・宮崎市長の5期目は，公共デベロッパーによる過剰投資がみられ，6選をめぐる内紛が発生した。

　第2に，政権の政治思想・行政実績への洗礼なき，政権の継続性・経営の持続性である。原口・宮崎市政の交代は内紛があったが，政権の禅譲が実施された。しかし，選挙・住民投票による政策論争なき交代は，主権者の市民意識・世論の動向とは隔絶した。

　議会有力者・政党・組合，さらには中央の政界・官界だけでなく，地元財界・府県知事までが介入し，市民不在の政治的決着劇が演じられた。

　もっとも政権交代は，密室的な交代劇でも，市民参加の選挙でも，必ずしも有能な市長が選出される保証はない。

　しかし，単なる政治劇だけでの，市民不在，政策論争なき市長交代は，公開の政策論議がなく，後継者の行政への緊張感をなくし，政策形成へ真摯な努力を軽視し，管理型官僚による行政風土を培養する結果となる。

　神戸都市経営が，イデオロギーなきテクノロジーの都市経営といわれる欠陥は，この選挙による市民の洗礼の欠落が潜在的要因ではないか。市民参加にあっても翼賛的参加では，先進施策がない行政同調的参加でしかなかった。

　第3に，神戸市にかぎらず，行政主導型の政策決定システムの致命的欠陥は，外部勢力への拒否反応というべき硬直性である。

　長期政権では議会は政権に追随し，職員も苦言をいう気概をなし，労組も利権追及に没頭するという弊風が定着してしまう。最後の批判機能の住民投票は，制度的不備で機能不全である。神戸市では空港をめぐる，住民投票のチャンスが2度あったが，実施されなかった。[6]

　平素から行政の重要な決定は，市民参加で決定するという行政システムが欠落し，選挙の時だけ主権者という状況である。

　もっとも市民の市民参加への習熟度が低いと，市民参加といっても適正な判断は期待できない。近年，諮問的住民投票制条例化は，有効性を発揮しており，平素から市民参加のシステムによる実験が必要である。

　平素から情報公開が行われ，市政の課題が明確化され，市民の市政への関心があれば，選挙と同時に市民団体・マスコミが公開質問状を提示し，公開討論会を

開催するのが，民主主義の不可欠なルールである。神戸都市経営に欠落していたのは，福祉・環境でなく，イデオロギーとしての市民参加をすすめ，都市経営における決定の最適選択を，保障するシステムの欠落であった。

**注**

(1)原口市長が激怒したのは，埋立で砂浜消波機能がなくなると，高潮はそのまま直接防波堤にぶつかるので，かなり高い防波堤が必要となる。原口市長は，当然土木局がこの事を考慮して設計していると思い込んでいた。だがこの防災事業のイロハともいうべき設計ミスに，気付かなった技術陣に激怒した。当然，立地企業の被害額も大きく，市も追加防潮堤工事(総額60億円)を余儀なくされた。来年の台風にそなえて工事は急ぐので，タスク・フォースという各部局の混成チームで，短期突貫工事となった。防潮堤の高さだけに依存せず，防潮堤の前面にテトラポットを沈めるなど，消波機能を復元する新工法が採用された。原口・前掲「過密都市」84〜87頁参照。

(2)阿部・前掲「続神戸市長物語(5)」30・31頁参照，神戸新聞社・前掲「14人の決断」176・177頁参照。

(3)この決定は，港湾局の固有観念を，反映した提案となっている。「櫛型ふ頭」は埠頭施設建設という単一機能として，事業の有効性が確実であり，建設懐妊期間も短い。「おにぎり型」の埠頭・用地の開発は，建設期間がながく，経済環境の変化に見舞われる危険があった。しかし，「おにぎり型」は，コストのかかる外側岸壁延長が短く，内部の収益性のある用地が大きいという利点がある。ただこの方式は，必然に従来の沖出方式でなく，沖合方式での大規模事業となり，長期の造成期間，巨額の工事資金が必要となる。そのため事業収支の悪化・資金調達の困難，造成地売却の難航など，さまざまの欠陥があったが，都市用地が不足している神戸市にとって，用地確保はどうしても実現したい要素であった。だが筋書どうり実現ができるのか，万一失敗すれば致命的ダメージとなるが，都市経営戦略を信じて決断した。ポートアイランドの決定過程については，高寄・前掲「宮崎神戸市政Ⅱ」193〜201頁参照。事業破綻を回避するため，外貿ふ頭公園の採用，地方外債発行，そして極め付きはポートピア'81の開催で，従来の工場・港湾用地でなく，高価額の住宅・業務用地が確保できたが，原口・宮崎市長の政権移管が実現した潜在的要因も見逃すことができない。

(4)原口市長は沖合方式を選択した理由を，「神戸港の水深は12〜13mで，技術・採算面で沖出方式と同じである」「南風に弱い神戸港をかばうには，南に人工島を築き防波堤にするのが一石二鳥である」「都心機能・港湾管理機能との関連から，いきなり六甲埠頭建設方式よりすぐれている」「大型プロジェクトでは防災・経済開発・社会開発・技術開発という多目的港湾都市でなければ，巨大な資本はペイされない」(原口・前掲「過密都市への挑戦」28・29頁) という発想で，リスクを覚悟の決断であった。

(5)この点については，J．ソネンフェルド・吉野壮児訳『トップ・リーダの引退』(1992年・新潮社)

(6)昭和48年，宮崎市政2期目の選出をめぐって，保革が神戸空港で対立し，宮崎市長が空港断念を表明し，選挙で争われたが，擬似住民投票であった。2度目は笹山市長が空港建設を表明し，反対運動が展開されたが，強引に空港建設へ踏み切っている。

## 政策決定最適化と政策検証

　市長主導性の政策決定を，どう適正化していくか。政策科学による決定システムでなければ，経済不況とか政権交代という環境変化に対応できない。

　1980年代，都市自治体の施策決定について，地方自治研究資料センター『地方自治体における政策形成過程のミクロ分析－政策形成の政治行政力学－』(1979年・総合研究開発機構)，日本都市センター『都市における政策形成過程－予算編成過程を中心として』(1981年)など，多くの研究がなされている。

　これらの研究は，机上演習的な最適決定システムの処方箋に過ぎない。最適化の最大課題は，首長主導型運営の独断決定回避である。その対応策は，自治体運営における〈情報共有〉〈政策検証〉を事前・事後に実施するシステムの定着であるが，容易でない。(1)

　第1の課題は，政策決定と外部牽制機能の発揮である。第1の対応策は，議会が首長独断決定を阻止する安全装置が機能しているかである。しかし，議会・議員は十分に自覚し，使命をまっとうする行動をとっていない。そのため市長をふくめた〈官僚〉決定となりやすい。(2)

　第2の対応策は，市民参加であるが，制度・運用にあって問題が多い。第1に，住民投票に，最近でも愚衆政治との見解がみられるが，地方自治の原理からみて主権者は市民で，重大な決定は住民投票が原則といえる。

　近年，横浜市IR・神戸市空港など，市長選という変則的システムで決定されているが，懸案事項を十分に政策的議論することなく，ムードだけで決着するのはベターな方式ではない。この点，自治体の政策決定システムは，肝心の住民投票制度でも，余りにも欠陥が多い。(3)

　第2に，制度的障害である。市民は主権者であるが，実際は議会より弱い。原因は直接請求制度の不備である。(4)しかし，諮問的住民投票条例は，2021年では多くの自治体で制定され，実質的拘束力を発揮している。

　住民投票が採用されれば，必然的に検証データ作成され，市民に公開を余儀なくされ，市民参加も実効性のある参加となり，行政による上からの独断的決定の「誤謬の選択」を，防止する安全装置となる効果を過小評価してはならない。(5)

　ただ注意すべきは，住民投票も万能ではない。投票対象を市民が判断する，行政データが十分に整備され公開され，採否両者が公開の場で十分討論する機会が

あり，運動にあって両者のイコールフティングが保障されることである。

大阪都構想の住民投票は，法律での投票であったが，なんらの規制もない投票で，行政サイドが圧倒的に有利な運動が展開された。<sup>(6)</sup>

第2の課題は，自治体自身の政策決定システムである。第1の対応策は，「日常的事務はボトムアップ・政策決定はトップダウン」といわれるが，実際は首長の「決定の決断力」によるトップダウン方式と，職員によるボトムアップによる「調整の修正力」との相互作用システムがベストである。

問題は，首長は価値観が多様化し，課題が錯綜すると，首長が政策決定をしなければならないが，決定をせず管理型行政に安住してしまう。

また決定しても「誤謬の選択」であった場合，ボトムアップが機能不全であると，行政全体が停滞する恐れが大きくなる。ことに長期政権となると，ボトムアップ方式が機能しなくなる。

安定政権がつづくと，トップダウン方式となり，情報収集機能も劣化し，マスコミ・市民など外部情報の軽視となり，市長独断型決定となる。市長は自己の政治力を過信し，市民・議会・職員と遊離していても，自治体運営が適正化に行われていると錯覚してしまう。

第2の対応策は，情報開示で，政策決定適正化の前提条件である。現在の情報公開は，公文書の公開に過ぎない。肝心の政策の決定過程・政策結果の分析などは，公文書化されていないか，公文書化されていても情報開示されない。

神戸空港は誰が，なぜ決定したかは曖昧なままである。しかも空港の経常収支状況はわかるが，資本収支は不明である。

本来，議会がその検証機能を，発揮すべきできであるが，多くはマスコミが調査・発表している。また行政は事業検証結果を，発表したがらない。

阪神大震災でも，復興事業誌はあるが，被害・救助・復興事業の概要で，政策検証は別途，個人的研究・被災者の体験記などに依存している。しかも自治体は，さまざまの許認可のため中央省庁に事業内容・効果・収支などの計画を提出しているが，極秘資料でもないのに，これら資料の公開をしたがらない。<sup>(7)</sup>

行政による制度欠陥の治癒は期待できないが，市民が情報公開と住民投票を強く自治体に訴え，諮問的住民投票を採用すれば，情報公開はいやでもすすむ。自治体は市民が市政決定に参加できる，機会をつくりだす努力をするべきで，市民

参加を毛嫌いし，市民意識は未成熟と軽視するのは行政の驕りである。(8)

第3の対応策は，行政内部の事前・事後の政策検証，そのための情報共有化である。市長個人・特定部局長・職員が保有するだけでなく，関係各部局・職員が共有し，具体的政策をめぐって，討議され政策検証がなされる決定システムでなければならない。

第1に，各部局は日常的業務に忙殺され，関係部局との意見交換をする余裕はないが，固有の施策・事業の処理はともかく，普遍性のある公共投資戦略・受益者負担・用途地域制・都市景観形成などは，事前検証を十分にすれば，最適の選択を得られる。各部局が目先の問題に幻惑されず，長期的総合的視野で費用効果を追求するには，関係部局との討議が不可欠である。

いずれにせよ公共デベロッパーの事業収支は，高度成長で開発利益が見込まれたが，安定成長・低経済成長期には期待できない。綿密な事前・事後検証が必要である。

これまで交通機関新設で開発事業は利益確保ができたが，将来は経営悪化に見舞われるかも知れず，自治体全体として事業戦略の見直しが必要となる。(9)

第2に，事業収支の報告である。ポートアイランドは，ポートピア’81もあり，順調に事業展開はなされ，開発効果測定はなされたが，肝心の事業収支はない。またポートアイランドの1・2期の事業経営予測も策定されていなし，憂慮される長期事業収支はまったく公表されていない。(10)

第3に，事業後の政策検証の必要性である。ポートアイランド・空港・六甲アイランドなどであるが，地下鉄海岸線などをみると，事業完了後の施設運営で大幅赤字となり，初めにどうするかの検証作業が省略された，本末転倒の対応である。

もし赤字となると，だれが責任をとるのか，どのような経営再建策をするのかも曖昧で，赤字の垂れ流しである。交通局だけでいくら頑張っても無理で，全庁的な沿線の都市再生事業との連動が必要である。神戸空港も同様で，赤字の実態は不明なままである。

自治体は，「誤謬の選択」をしても，その損失額を最小限にするには，事後の検証による改善策が不可欠である。再開発・空港では駐車場・ショッピングセンターなど，周辺用地をふくめた総合的運営をすれば，経営事業収支も少しは改善

される。

　第4の対応策は，政策策定部局として，企画局(政策局)の主導性確立である。現在の内部決定システムは，財政局・総務局(人事・給与)が，ピラミッド型の支配力を形成しており，官庁内行政力学で，政策形成に大きな影響力を及ぼしている。

　第1に，原口市長の時代は，神戸市政では重要課題の政策調整・決定会議は，市長・助役と企画・総務・理財局長に関係局長が参加し，毎年夏場に摩耶ホテルで行われ，臨時緊急会議は随時，開催されていた。

　しかし，調整会議は，公共投資などの事業調整が主要課題で，肝心の市政全体の基本的方針・戦略，たとえば経済環境の変化への対応，開発・福祉など施策選別などは，論議されない。本来，行政監査とは別個に，政策監査というべき自治体政策への個別評価が必要である。(11)

　第2に，政策最適化には，企画局が施策調整の主導性を発揮しなければならない。財政局(財源)，総務局(人材)は，本来，経営資源を管理する部局に過ぎない。企画局が市政の重要政策を立案し，事前・事後の政策検証を企画局が中心に，関係部局が参加して開催されなければならない。

　しかし，企画局は総合調整とか組織編成が主要業務で，政策形成・調整の機能は貧弱であった。県との比較でも見劣りがした。(12)

　第3に，関連情報の共有化である。実際，市政に関連する情報が，収集・選別され，市長・助役にあげられておらず，神戸市に限らず，都市自治体の政策決定権は，各部局のセクショナリズムが優勢で，市長・助役も担当部局長の情報で事業を認めている。

　神戸市の事業・施策・決定システムは，インフォーマルな調整会議でしかなかった。私がさまざまの調査審議会・研究会を分担してきたが，それを実施する検討策は欠落し，各部局に伝えるだけであった。一方，市長・助役の発案が突如提示され，検証審査もなく予算査定で実現される。本来，企画局が関係部局と費用効果などを検討し，市長・助役の政策決定会議で決定するシステムを定着させなければならない。予算・人事はその後の実施過程にすぎない。

　要するに関係部局が，それぞれの思惑で決定するので楽観的予測で実施されているが，本来は第三者機関が検証すべきである。個別部局は当面する個別課題に

ついて，即応的対応力はあるが，市全体として政策決定の視点がなければ，事業・施策そのものが，内部・外部環境の変革に対応策できないのではないか。[13]

## 注

(1) 政策決定のサイクルは課題設定・政策立案・政策決定・政策実施・政策評価の適正化であるが，まず市長・職員の感受性が鈍感であれば，そもそも課題設定とならない。政策立案にしても組織が硬直化していれば，職員の改革提案はつぶされる。政策決定での市長・議会・市民の合意が形成されるには，柔軟で開放的な政治・行政風土が不可欠である。政策実施も実施センス・戦略が必要となるが，官庁・組合・市民のエゴがあると決定は紛糾する。最後は当該自治体の行政気風・組織体質・職員意欲が決め手となる。いずれもこれらの要素が適正でなければ，最適決定は難しい。

(2) 神戸市の官僚主導型決定について，議員は決して，心よくよくは思っていない。神戸モンロー主義で議会とは，「なるだけ面倒は起こさない，なるだけ議会には知らせない，役所にとって必要なことだけを知らせ，議決を得ればあとは閉じ込める。・・・神戸市職員は俊秀が多い。・・・・それがOBと共に団結し大きな力を発揮する。無意識のうちにも内輪的な仲間意識が結集し・・・市役所中心的な傾向に陥りがちとなる」（吉本・前掲「航跡はるかなり」1・2頁）と批判されている。しかし，現状は，議会はあくまでの受動的で，本来，調査・牽制機能を発揮していない。また官僚は不都合な情報を隠したがるのは，市会による無用の行政介入を回避したい心情が働くからで，市民より以上に議会への不信感は根強い。まず議会は必要な行政情報は，調査権を活用して取得し，さらに正確な情報は，議会審議で追及し確保し，市民と情報共有化するなど，執行部から距離をおくべきで，さらに批判だけでなく，代替施策を提示し政策論争を挑み，議会の存在価値を立証しければならない。

(3) 住民投票については，拙著『住民投票と市民参加』（1980年）・『市民統制と地方自治』（1980年）参照。

(4) 直接請求制度について，「選挙や党利党略の具に供されている場合も少なくなく，住民のこれに対する関心は比較的薄いもの思われる」（久世公堯『地方自治制度』第一法規・1967年258頁）とみなされている。しかし，条例直接的請求権にしても，レフェレンダムでなく，単なる議会への請求権にすぎない。監査請求にしても，行政の壁に阻まれ，行政争訟という困難な手段しか残されていない。このような実効性のない制度では，市民意識の培養されるはずがない。

(5) 市民統制の政策決定効果については，高寄・前掲「地方財政健全化法」80〜88頁参照。

(6) 大阪都構想をめぐる住民投票は，なんらの法的規制がなく問題であった。拙著『脱法的〈大阪都構想〉と「大阪市」形骸化の危機』(1)27〜36頁参照，以下，高寄・前掲「脱法的大阪都構想」。

(7) アメリカ都市自治体のように，住民投票が制度化されていないので，自治体は市民へ施策選択肢を明示して，市民に政策判断を仰ぐという意識がない。市民は市税を負担しているので，自治体は事業関連情報を市民に提供しなければならない。要するに事業の事業費・財源内訳・事業収支予測などである。常設的な市民の行政監視の団体・機関が欠落しているので，議会制民主主義で誤魔化されているが，市民団体は議会への進出をめ

ざし，運動の実効性を高めるべきである。

(8) 私は市民参加と情報公開の重要性については，早くから提唱していった。新聞記者のインタビューであるが，「市民と行政が苦労も喜びも共感しあうような関係が必要だ。そのためには役所の情報をどんどん公開する。・・・市民と行政が理論的な限界まで詰め合えば，現在の地方自治制度の限界もわかり，変革の意義もわかってくる」（毎日新聞・前掲「兵庫県レポート」223頁）とのべている。情報公開で自治体と市民が，討議し相手の立場を理解し，問題をどう解決していくかで，非難の応酬という不毛のいがみ合いは，避けなければならない。

(9) 神戸市の公共デベロッパーが収益確保できた要因は，公営交通機関の設置効果がきわめて大きい。ポートアイランドと新交通建設の事業効果については，事後に測定されているが，行政内部では紛糾した。新交通創業に当たって，鈴木新交通社長が市長査定で新交通建設費は，本来ならば開発負担金で還元されるべきあるので，せめて50億円繰入を要求したが，宮崎市長によって10億円程度減額された。市長はポートアイランドの高額売却に不安を感じていたのではないか。事後調査ではポートアイランド面積436haであるが，商業系32ha，住居系23haなどで，地価上昇は，路線バスだけと新交通建設後を比較すると，商業系(32ha)で31.7万円/㎡から45.4万円/㎡で，上昇額13.7万円，43.2%上昇，住居系(23ha)で15.0万円/㎡から16,1万円/㎡で，上昇額1.1万円，7.3%上昇である。地価上昇額は商業系32ha×13.7万円＝438.4億円，住居系23ha×1.1万円＝25.3億円で，合計463.3億円でとなると算出されている。ただこの地価額どうり売却できたとの仮定である。神戸都市計画局昭和57年度神戸市総合都市交通局体系調査『神戸新交通ポートアイランド線事後評価』（神戸都市計画局・1983.3）24～25頁，65～67頁参照。都市開発と交通機関との関係は重要で，西神ニュータウンでは市営地下鉄が大きく貢献しているが，地下鉄海岸線は，既成市街地で地価上昇率はきわめて小さい。マクロの視点とか，市民感覚の評価とか，多方面の情報を参考とすることは，あらゆる事業・施設・施策の決定にあって不可欠といえる。

(10) ポートアイランドの50年度経済実績は，生産5,816億円，雇用6万5,708人，所得1,833億円，市税58億円で，全市比率約6～16%となっている。ポートアイランド建設史編集委員会『ポートアイランド』（1981年）408頁参照。もっともポートアイランドは長期事業で最終的収益は確定していなが，開発利益を開発局が内部留保しておくか，ポートアイランドの活性化のため，運用基金として活用するか，第2期の事業損失補填財源として内部留保しておくかも未定である。いずれにしても毎年度事業収支は推計し，公表するべきである。

(11) 最近，中央で政府や政党から距離をおく，「独立財政機関(IFI)」設置の超党派の動きがみられる。(2021.8.28・朝日新聞)。市長の調整会議は，事業実施のための会議であるので，監査事務局に併設するか，企画局に新設するかであるが，庁内力学からみて総務局・財政局に対抗できる，企画局設置に実効性がある。

(12) 兵庫県において企画部門強化をみると，昭和35年企画部が発足し，審議室を設置し，民間人も任命されていたが，46年に廃止されている。その後，企画参事制となり，5人が任命され，各参事のもとに5・6人が配属され，重要施策・総合計画・調査調整・地域整備・水資源などにテーマを分担している。神戸市などは，政策・施策担当は一人もいな

い状況と比較すると，段違いの陣容である。毎日新聞・前掲「兵庫県レポート」135・136頁。

(13)たとえば神戸は景観都市を，自認していきたが，中突堤の鼓型のポートタワー・ポートアイランドの楕円形のポートピアホテルは，神戸を象徴する建造物としてふさわしい。しかし，ポートアイランド大橋(連絡橋)をみても，アーチ型の頑丈な重厚なデザインであるが，都市景観としては華麗さに欠ける。また4・5突堤の再開発では通俗的ホテルが建設され，折角の神戸港の景観を台無しにしている。ハット神戸・ハーバーランドにしても，地区のシンボル建造物が存在しない。これらは事業部局の単独決定による「誤謬の選択」であるが，市政の景観都市形成という政策が，事業部局に周知徹底されていなかった。すなわち情報の共有化がなされていなかったからである。

## 都市経営と行政風土

都市経営にあって，決定最適化のシステムが設定されても，実際の行政は市長・職員の改革的発想と実施能力が推進力となる。しかし，一般的に職員は事なかれ主義で，しかも政策発案力が貧困というのが通説であった。(1)

しかし，すべて地方公務員が官僚主義と，決めつけるのは早計で，行政組織・人事システムで大きな相違がみられ，当該自治体の行政風土・職員気質で一概にはいえない。(2)

政策決定システムの適正化には，神戸市にかぎらず，どこの自治体でも官僚的弊害は深刻であった。第1に，官僚的能吏だけでは，日常的行政サービスを処理できても，問題の先送りとか，根回し調整などの弥縫策ですますとかで，事態解決は容易でない。

また上司として下から施策改革を没とし，職員にやる気を喪失させても，人事課はそこまで人事情報の収集はできないので，昇進スピードは余りかわない。要するに職員の執務能力に欠陥があっても，退職するまで放置されている。(3)

第2に，官庁組織ではどうしても，管理型官吏がはびこり，改革型職員の変革行動は，上司に睨まれ，疎まれ，部下から苦情をいわれ，毛嫌いされかねない。上司にしてみれば，行政のムダの排除などいらざる波風をたて，所管事項の問題を抉りだされて，解決を迫られるのは，下手をすると自己の問題解決能力の欠如を露呈されかねないからである。

なによりも平穏無事にやり過ごせば，年功序列型人事では，将来の展望が

167

ひらかれる。何を好んで改革という，火中の栗を拾う馬鹿がいるかという心情である。もっとも人事課も成績評価を取り入れているが，職員表彰などマンネリ化した対応であった。[4]

第3に，官僚主義がはびこっていても，すべての職員が同化されていない。職員の発想の視点が職員の保身か，自治体組織の活性化か，市民の生活福祉かで，職員の行動が大きく異なる。逆説的には，それでも改革をやる〈行政馬鹿〉が，組織を活性化させ，改革成果をもたらす。この才能を首長・上司・組織が，どう評価し活用するかである。

宮崎市長は，都市経営の実利主義から，官僚制弊風を淘汰するため，学歴主義を排除し，能力主義で，生え抜き人事で抜擢された群像が，行政現場で都市経営を実践していった。[5]その背景には公共デベロッパーで，組織，ことに外郭団体を創設し，昇進人事を充足されていった。

第4に，人事運用として，年功主義か選抜主義か，減点主義か加点主義か，いずれを重視するか問題をかかえている。中央省庁のようにキャリア制度でも，年功序列方式でも改革志向の風土はうまれない。

神戸市では選抜方式・学歴主義ではなく，係長試験以外は平等方式であった。庁内方式でなく，民間からヘッドハンティングの「内外公募」を採用するべきとの意見もあるが，大阪維新のケースでは，公募の人材は玉石混合で，泡沫人事でむしろ弊害が多いかったのではないか。[6]

規模の大小にかかわらず，都市自治体の欠陥は事業官庁であり，政策官庁の機能が弱いことであるが，市町村では一般的に政策職員が，そもそも存在しない。問題は，職員の類型として，改革型・調整型・現状型と区分でき，どこの自治体でも改革志向の職員がいるが，問題はその能力を活かす行政風土があるかである。

改革職員を多く育成するには，行政全体が改革志向でなければ，職員の改革意欲は自然と衰退してしまう。

その背景には人事・給与運営が，管理型職員を優遇し，改革型職員を冷遇する積弊があり，この欠陥システムを打破には，市長以下役所全体が改革職員を優遇し，行政風土を改革型へと培養しるしか方策はない。

第5に，官僚的能吏だけでは，無策で将来禍根の培養ともなりかねない。神戸市政をみると，役所内では亜流といわれる特殊才能を駆使し，改革に挑戦する，群像がみられた。このような異分子は，管理組織の同調化に馴染めないが，反面，多様性・特異性によって，政策・実施にあって複眼的アプローチで，硬直化した閉鎖思考を打開していく能力を秘めている。

　どこの自治体でも，有能な職員は，それなりの行政実績をあげているが，それと新分野への挑戦は異質で，異色の人材を活用できるかどうかである。[7]

## 注

(1) 美濃部都知事は，「政策立案の能力という点でいうと，都庁職員の質は，中央官庁に比べてやはり一段下がる。・・・・・・革新的な政策はほとんどすべて，庁外のブレーンである小森武君と相談して決めた」（美濃部・前掲「都知事12年」153頁）とのべているが，問題は，中央官僚の政策能力は，抽象的法制立案の技術能力で，自治体の施策実施能力では異なる。行政決定にあって，外部ブレーン活用のシステムと，内部システム重視のシステムとの，いずれが卓抜か評価はなされていない。外部ブレーンは，政策的立案の発想は卓抜であるが，実施における構想の実現・成果の創出能力は疑問で，しかも内部経営の財政運営などのノウハウをもっていない。そのため政策的攻勢には強みを発揮するが，財政的防御には弱い欠点がある。また政策決定にあって，行政現場のニーズから遊離し，政策実施が挫折しかねない。一方，内部ブレーン決定の単層システムでは，政策発想が貧困で現状維持型となり，行政効率化はすすむが，自治体が直面する制度・政策問題などの欠陥克服ができない欠陥がある。結局，バランスの問題となるが，核心は自治体が情報の収集網を発達させ，自治体運営能力を磨き強化することである。

(2) 神戸市の都市経営の決定は，市長主導型で政策形成能力は十分であった。また実施能力にあっては，神戸市職員の改革志向型で，都市経営施策を実施していった。神戸市の職員気質について，「生え抜き人事を堅守し・・・・・自然発生的に内輪主義的なものが芽生えてくる。・・・市長頂点に，ピラミッド式の団塊で固めた市役所第一主義が台頭する」（吉本・前掲「航跡はるかなり」同前2頁）と，閉鎖的体質が批判されている。しかし，市長・職員が内部・外部の情報を収集・共有していれば，実質的には自治体組織は開放体制とみなすことができる。しかも自治体として結束性・実施能力が，中央省庁の介入を排除し，政党・利益団体・市民の不当な圧力も排除して，行政実績を達成できたともいえる。要するに官僚性の質の問題で，神戸市の官僚性は独善的と評価されているが，中央・府県官僚と比較して，柔軟性・改革性に富んでいたのではないか。もっとも官僚独善性を排除するための，政策決定の科学化・市民参加システムなどの活性化機能が活動しなければならない。

(3) 同じポストでも，局部長によって市会委員会の事前勉強会でも，資料の作成が多く，時間が長くかかるが，委員会の説明は，そのような局長に限って議員への説明は不評で，管理型人事の影響は深刻であった。また局長の事務対応の個人差は大きく，懸案の棚上げの常習犯にもかかわらず，調査資料作成の膨大で，残業時間の増加，事務事業停滞のコスト増，職員意欲の低

都市経営と行政風土

迷・行政サービス低下など，マイナスの影響は広汎に及ぶ。その弊害を考えると，市長・助役，そして人事課は，職員の業績評価調査にどれほど精力を費やしても無駄でない。人事課は平素から，組織的に行政処理情報を収集し，適正な人事をやってもらわなければ，一般職員の被害は甚大である。

(4)地方公務員法には成績主義の原則と勤務評定の規定があるが，先にみたように十分分に機能していない。そのため「成果追及意識が希薄」「状況対応力，自己開発意欲が弱い」「住民への説明能力が不足」などの欠点があげられている。日経・前掲「列島破産」167頁参照。しかし，職員意識改革を求めても，人事・給与システムが管理型でどうにもならない。自治体は人事給与システムの改革ができなければ，他の論功行賞で職員意識改革を促すように努力しなければならない。

(5)宮崎市長の人事について「中央官庁からの天下りをうけいれない純血主義は，宮崎の就任当時のセールスポイントだった。前任者の原口市長で企画・港湾・住宅など8ポストを占めていた中央天下り組は50年になると一人もいなくなった」（山口・前掲「都市を創った男」130頁），なにも中央からの天下りを毛嫌いしたのではない，県土木部港湾課長では，貿易港の神戸港を管理する経験がなく能力がない。また郡部の県建築課長では超高層ビルの審査能力もない。要するに能力主義から返上しただけである。また生え抜き主義を貫いたのも，組織活性化からで，宮崎市長の意向は「どのような組織でも，"愛社精神"がなければ，いずれ衰退する。神戸のことは，神戸に生まれ育った人間が一番だ。それに一生懸命に仕事をしている職員が，やる気をなくさないようにしたかった。地元で実績のない役人が天下りで市の幹部に就任したのでは士気にかかわる」（同前130頁）との，組織風土の活性化を狙った方針であった。実際，宮崎市長は姫高時代の反戦運動で退学処分をうけ，市役所就職後，立命館大学を卒業しており，いわゆる官学出身のエリートではない。そのため庁内人事でも，学歴にこだわらない，能力主義人事であった。それでも改革志向・実践力のない部局長が選任され，一般職員が無用の被害をうけていたので，私が宮崎市長に苦情をいったが，助役が決めたと逃げられた。神戸市の天下り人事廃止・職員純血主義については，高寄・前掲「宮崎神戸市政の研究Ⅲ」485～496頁参照。

(6)内外公募方式について，「人材の多様性，社会性は急速に高まる。内外公募で民間の官僚職経験者など首都自治体にふさわしい優秀な人材を選べるのではなかろうか」（佐々木「都知事」105頁）といわれている。しかし，観光・中小企業・医療施策などの特定分野に限定されるのではないか。むしろアメリカのように類似行政で実績のある地方公務員を，内外から公募採用する方式が無難である。

(7)産経新聞は，神戸市の人材について「どんな世界にも〈変りダネ〉はいる。お役所とても例外でない。神戸市にはこの二人（筆者注・坂本勝比古と私）以外にも，学者，作家から趣味人，好事家・・・〈実益〉から〈趣味〉の分野まで，実に多才。マンガ家の丘あつしさんや放送作家の織田正吉さんなど，神戸市役所が生んだ有名人は多い。・・・行政の主役は人間。鋳型にはまったようなお役人ばかりでは，たまらない。その意味で，「〈異色〉の存在は心強い。もっとも『仕事に追われていれば，そんな〈余裕〉はないはず』との〈やっかみ〉も・・・多士済々の神戸市役所これもまた一つの事実である」（「お役人・その素顔38」産経新聞・1979年2月3日1）といわれている。

## 都市経営活性化の群像

　どこの自治体でも，官庁の枠組みにはまらない，異色の人材がいるが，神戸市は特に多彩な職員が多くみられた。私の交遊関係に限定されるが，特異の人材を紹介してみる。

　第1に，異人館保存の坂本勝比古博士（教育委員会文化課）である。異人館ドクターといわれ，北野異人館保存の功績者である。もっとももう少し早ければ，異人館ブームにはめぐりあわなかったし，もう少し遅れていれば，他の職員が異人館を手掛けていたかもしれない。

　しかし，人生のめぐりあわせだけでなく，坂本課長には異人館保全運動に尽力した，執務への純粋な献身性があった。

　昭和35年に異人館「ハッサム邸」の相楽園移築となり，解体・移転・再建と実地に研究し，その保存移築方式によって，多くの異人館が破壊を免れ，〈風見鶏ブーム〉の影の立役者であった。著書に『明治の異人館』(1965年)などがある。その後千葉大学教授になったが，退職後，神戸に帰り，ずっと神戸西洋建築物保全に，貢献を惜しまなかった。[1]

　第2に，八木勉公園緑地部長(のち土木局参与)である。日本で第1号の花時計が，昭和37(1957)年，神戸市役所の付設公園に設置され，姉妹都市シアトル市から贈呈された，トーテムポールとともに市民の憩いの場となった。

　八木部長は花時計設置が契機となり，花時計の普及・研究を生涯の目標とした。退職後も公園緑化協会常務理事・神戸国際大学観光科非常勤講師として，公園行政・研究にたずさわっていった。[2]

　第3に，大海一雄住宅局参与である。神戸市住宅行政推進の中心人物である。公営住宅のみでなく，住宅供給公社住宅も手がけ，我が国初の輸入住宅村も建設した。定年後，流通科学大学教授となり，建築行政にあっても，兵庫県建築士会長(日本建築学界終身正会員)として貢献している。

　退職後，もっとも精力を注いだのが，「西神ニュータウン研究会」の代表世話人として，活躍している。その成果は神戸新聞総合出版センターから，『西神ニュータウン物語』(2009年)，『須磨ニュータウン物語』(2013年)，『神戸の住宅地物語』(2013年)，また公人の友社から『神戸の鉄道物語』(2022年)などが出版されている。

第4に，事務系職員では，阪神大震災時の上川庄二郎消防局長である。鉄道マン・クルーズ愛好家・旅行ルポライター・錦絵コレクターなど，さまざま趣味をもつ文化人であった。定年後，神戸港への外国クルーズ船誘致に奔走した。

平成22(2010)年には，NPO法人「市民提案公募実行委員会」から，「神戸ウォーターフロント創造的デザイン」を，テーマに神戸港活性化への公募コンペで「集客力のあるクルーズ船の入港増加への港湾整備」を提案し，優秀賞を受賞している。

文化資料収集家としては，明治期の錦絵を神戸市立博物館へ寄贈し，過日展示会がひらかれた。また鉄道・クルーズ船の愛好者，JR路線は全線踏破しており，その旅行記は多くみられる。公務員らしからぬ文化人であった。[3]

第5に，コンベンション推進で実績をあげた，大塚辰美経済局コンベンション担当主幹である。神戸コンベンション・シティの提唱に呼応して，ポートアイランド国際会議場のイベント誘致の責任者となった。

国際会議開催件数では，東京についで全国2位の実績を残した。退職後もその才能をかわれて，県の(財)兵庫県国際交流協会常任理事・(株)県立淡路夢舞台国際会議場常勤顧問に転勤した。

第6に，楠本利夫（市長室国際部長）で，我が国自治体初の中国(天津)常駐事務所初代所長である。英語・中国語・ドイツ語に堪能であり，文字どうり神戸市の数少ない国際派であった。退職後の活動歴をみても，立命館大学国際関係学部客員教授，芦屋大学教育学部教授(国際交流センター長)で，特定非営利活動法人・神戸NPOセンター副理事長・財団法人日伯協会常任理事である。

活動は多方面にわたるが，海外移住者と祖国日本を結びつけるための市民運動「神戸海外移住者顕彰事業」を推進し，取り壊しが検討されていた「旧国立神戸移民収容所」(昭和3年設立)の保存，メリケンパークに海外移住者像の建立と大きな実績をあげている。

著書としても『移住坂～神戸海外移住宇史案内～』(2004年・セルポート)にみられるように，埋もれた神戸海外移民の発掘をしている。国際交流の研究は早くから取り組んでおり，1981年には，国際交流基金懸賞論文「国際交流地方の時代～国際文化交流に果たす地方自治体の役割～」(2席)で入賞している。

専門研究としては，明治初期の神戸国際化への事績『神戸国際都市の系譜〜開港・外国人居留地・領事館・弁天浜御用邸』(2007年)，『自治体国際交流政策論』(2012年)がある。近年は小泉八雲と神戸との関係にとりくみ，貴重資料 (Nina H. Kennard「LAFCADIOL HEARN」London. Eveleigh Nash 1921年)を市立図書館に寄贈している。

　第7に，伊達信昭電子計算課長である。神戸市はアメリカIBM社の電算システムを導入していたが，日本製の電算システムの性能が向上したので，IBM社から日本企業への機種切り替えに踏み切った。

　しかし，住民登録・税務データをはじめ，全部の行政情報はインプットされているので，切り替えは至難の業と憂慮されたが，年末年始の数日間に切り替えに成功している。年間リース料金は約3億円から半減した。

　なお都市問題研究所の研究実績も，これらのユニークな人材によって，可能になったといっても過言ではない。NIRA助成研究の「コンベンション」は大塚辰美・コンベンション主幹が，「OAシステム」は伊達信明電子計算課長が，それぞれ主力メンバーとして参加してくれた。

　神戸市の行政をみると，技術系だけでなく，全庁的に公務員離れした活躍がみられたが，大学がこれらの人材を見逃さなかったため，多くの職員が大学への転職となった。公務員から大学への転職は，高度成長期だけでなく，今日でも大学への転身がつづき，比較的多いのではないか。[4]

　大学への転身のタイプとしては，3つに類型化ができる。第1の事例は，定年退職後，外郭団体へ再就職せず，また就職しても中途で大学へ転身するケースで，大海一雄(流通科学大学)，金芳外城雄(神戸学院大学)，楠本利夫(芦屋大学)などである。

　太田修二(神戸国際大学教授)は，笹山・宮岡選挙騒動に巻き込まれ，早期退職を余儀なくされたが，研究熱心であったので，大学教授として退職後，活路を見出した。市役所現役時代に，『都市広聴の実践』(1980年)などを出版しており。大学では『都市文化経済学』(1997年・神戸国際大学出版部)，『都市政策論』(1999年所)，『都市政策の視点と論理』(1994年)など，多くの出版をしている。

　金芳外城男(神戸学院大学)は，市民局長・収入役をへて，大学へスカウトさ

れている。生活再建本部長の行政経験を活かし，安全都市への研究をつづけて，行政サイドからのルポ的著作は少ないが，『復興10年　神戸の闘い』(004年)，『減災の知恵－阪神から東日本へ－』(2011年)など，多数の震災関連著作で補い，実践的理論で都市安全学への糸口をつけている。

　中山久憲(神戸学院大学)は，都市計画総局参与で，区画整理・市街地整備部長の経歴から，都市計画事業にエキスパートである。神戸市在職中に埼玉大学院政策科学科に国内留学している。著書に『苦闘・元の街に住みたいんや－神戸市湊川町・住民主体の震災復興まちづくり』(2008年)・『神戸の震災復興事業』(2011年)がある。

　洲脇一郎(親和女子大学)教育委員会参与であるが，文書館をへて教育委員会へ配転となったが，行政マンとして参与(局長級)にまでなった。著書には『空襲・疎開・動員－戦時・戦後の神戸の社会と教育』(2018年)がある。文書館時代から市史関係論文は多く，神戸近代化都市形成史の研究で，平成3年度村尾育英会学術奨励賞を受賞している。

　樋口浩一(大和大学教授)は，市役所では事業部局をほとんど歴任し，最後は環境局参与(局長級)として「大阪湾広域臨海環境整備センター」出向で定年をむかえている。その後，関西大学大学院・博士課程を終了し，公募で大和大学教授に採用されている。著書としては『自治体間における広域連携の研究』(2019年・公人の友社)がある。

　第2の事例は，市役所での実務経験・研究成果を買われて，大学へスカウトされるケースである。坂本勝比古(千葉大学教授)，中尾清(大阪明浄大学教授)，高寄昇三(甲南大学教授)などのケースである。

　市としては専門知識をもつ職員喪失は，痛手であるが，人事課としては正直なところ，定年後の処遇を考えると，自主退職は有難いといえる。

　中尾清(神戸勤労福祉振興財団生涯福祉部長)は，経済局観光係長の体験をいかし，観光の専門家として活躍している。著書に『神戸と横浜における「都市観光」の展開－地方観光行政論序説－』(2001年)，『都市観光行政論』(2005年)などがある。

　第3の事例は，在職中に大学院などで資格をとり，転職するケースである。生粋の研究者としての再就職であるが，橋本行史(関西大学・日本地方自治研究

学会会長)は行財政局職員部主幹で，著書としては，『財政再建団体・赤池町財政再建プロセス検証』(2001年)，『自治体破たん・「夕張ショック」の本質』(2006年)，編著『地方創生』(2020年)などがある。

　明石照久(熊本県立大学)・大島博文(大阪成蹊大学)・松崎太亮(企画局調整担当部長・神戸国際大学教授)・池田清(北九州市立大学)などである。ただ神戸市史・都市経営などについて，なお多くの職員や定年後の市OBなども，非常勤講師で活躍がみられた。(5)また神戸市職員は，かなりの研究成果を残している。定年退職後にも自叙伝などを多く執筆している。(6)

## 注

(1) 東京大学で博士号を取得し，学位論文は約6年間の歳月を費やした「日本における外国人居留地建築の研究」(1966年)で400字原稿用紙600枚の労作である。神戸市は坂本主幹の功績と学位取得の努力に報いるため，8ヵ月間のイタリア留学を認め，文化財保存・修復の国際研究機関「ローマセンター」で，さらなる研究に励んだ。私が開いている市OBからなる「神戸市政史研究会」のメンバーで，ともに神戸市政を陰でささえてきたが，2020年に残念ながら亡くなられた。悔いのない人生ではなかったか。なおハッサム邸保存については，神戸市教育委員会・神戸市文化財調査報告5『神戸の異人館―居留地建築と木造洋館―』(坂本勝比古・1962年)を参照。

(2) 著書に『日本の花時計』(2001年)，『市民公園の視点』(2006年)，『花時計賛歌』(2011年)を出版している。2018年には研究の集大成『世界と日本の花時計』(2018年)を出版している。同著は英文併記の内容で，日本の花時計500件，世界の花時計300件が収録されている。貴重な研究資料・文献の散逸を恐れて，私が文書館にたのみ全部保全していただいた。2021年，なくなられたが，文字どうり花時計に捧げられた生涯であった。

(3) 出版物としては，上川庄二郎写真集『汽車の詩』(1975年)の帯には13代片岡仁左衛門の推薦文を記されているが，交際範囲の広さがうかがえる。旅行記・写真集『フィヨルドと白夜の国ノルウェー』(1991年)・『南極漫歩』(2002年)，写真集『ミクロネシアの自然と文化』(1997年)，旅行記・写真集『エーゲ海・黒海沿岸の国々』(2006年)，月刊神戸っ子連載50回記念『海・船・港』(2008年)などがある。

(4) 楠本利夫教授の「博士号取得記念パーティ」(前掲「神戸国際都市の系譜」)帰路，貝原元知事から突然，「神戸市はどうして大学教授への転職が多いのですか」と声をかけられ戸惑った。「神戸市役所は，役所としては雰囲気が開放的で職員は気ままに仕事も勉強もやって，新しい施策をどんどん採用されるので，自然と注目され，大学にスカウトされるのではないでしょうか」と，ありのままをこたえた。そのまま駅前でわかれたが，県の職員からは，怖くて近寄り難いと聞かされていたが，温和な物腰であった。

(5) 安好教育長が退職後，大学で非常勤講師をしたいので，どこかの大学を斡旋してほしいと頼まれたので，関学田中教授と相談して，同学院の総合政策学部を斡旋してもらった。しかし，安好教育長は結局辞退したので，上川庄二郎さんにかわってもらった。上川さんは，膨大な講義資料を作成していた。その後神戸市退職者がこの講義を引き継いでいった。市現職職員はとも

　都市経営活性化の群像

かく，OB職員にとっては，神戸市のPRもかね，講義するのは，よい経験となったのではないか。
(6) 私の手元には港湾局長であった鳥居幸雄『神戸港1500年』(1982年)，文書館館長だった野村和弘『神戸・近代化「都市像」継承の歴史的研究』(2005年)，神戸市職員労働組合執行委員長大森光則『神戸市都市経営はまちがっていたのか・市職員にも言い分がある』(2001年)，ドイツ語が堪能な弓倉恒男『神戸トアロード物語—その名の謎に挑む—』(1998年)などがある。職員の自叙伝としては，坂本典昭『福祉再前線』(1990年)は，民生局心身障害福祉室長・水道局総務部長・垂水区長・環境局長などである。脇茂行『港づくりの夢』(1993年)，経歴は都市計画をへて港湾局長である。中川誠一郎『都市行政を歩いて』(2010年)で，経歴は全局だけでなく外郭団体も多く勤務している。圧巻なのは坂本典昭『福祉行政最前線』(1990年)で，民生局心身障害福祉室長・垂水区長・環境局長の経歴である。昭和42年兵庫福祉事務所長を命じられ，2年間努めるが，壮絶な市民との葛藤，行政との板挟みなど，多くの事実がリアルに描写されている。血の通った行政とは，文字どうり急病人の輸血のために事務所職員の採血であった。風呂のない市営住宅への風呂場の斡旋，災害行方不明の捜索，生活困窮者への就職斡旋など，そこには法令も財源も関係なしに，市民と苦悩する，自治体職員の勇気と努力が溢れていた。新任研修生には必読の行政奮闘記である。華やかな表舞台でなく，行政サービスの最前戦で踏ん張る職員像が描かれている。

# VII 研究所創設と都市経営の政策化

## 都市問題研究所の創設

　宮崎市長にとって，後藤東京市長が東京市政調査会を設立したように，研究所創設は長年の悲願であった。神戸市市政の現状では，政策決定システムの科学化，職員の政策能力涵養，外部への市政情報提供，官民学連携による研究が十分に対応できないからであった。

　昭和49(1974)年秋，私は長島隆秘書室長から呼びだされ，市長名義の銀行通帳(500万円)を渡された。これで財団法人研究所を設立するように命じられた。宮崎市長がどうして，民間財団法人にこだわったかは，市役所で戦前から幾度も，市の調査室・研究機関を設置したが，行財政改革となると真っ先に廃止となった。

　さりとて純粋の民間法人では，市が期待するような，研究機能は発揮できない。神戸市政と不即不離の関係にある，財団法人が理想の形態との判断であった。

　私にとっても研究所は，技術職員のように可視的な建造物を残せない事務職にとって，まさに千載一遇のチャンスで，研究創設・充実に情熱を注いだ。ただ何事も創設は困難がともなった。

　第1に，設立準備費をどうするかで，市長とてサラリーマンで，手元不如意はわかるが，公費での予算措置はできず，市長に直訴し200万円ほど融通してもらい，登記費用や研究所備品購入に充当した。それでも市支援なしでは運営ができないと，長島室長に相談したが，なんとか工面しろといわれた。

　まず市関係が深い銀行などの民間企業に会員になってもらったが，それも資金不足で，外郭団体に頼るしかない。道路・ふ頭・住宅・都市整備公社などの，主要公社の感触を打診してみた。

　手ぶらで説得できないので，公社職員の研修・海外派遣などへの充当という触れ込みで，一応会員の承諾をえた。この機会に技術職係長の海外視察ができれば，市政への貢献は大きいとの思惑もあった。

　第2に，研究所の体制は，市長が理事長に就任したが，私は市職員で，対外的活動は表だってはできない。民間研究所なので外郭団体とか，OB職員とかの関係もあり，市OBの是常福治神戸埠頭株式会社専務に，研究所常務理事の兼務をボランティアでお願いした。[1]

第3に，研究所誕生は，一難去ってまた一難が発生した。県の財団法人認可は，容易に得られず，半年余の時間を費やしてやっと，設立認可をえた。県庁の民間許認可の嫌がらせで，思わぬ難儀をした。[2]

　研究所は，昭和50(1975)年3月に創設となったが，財政基盤は脆弱で研究所として最低限度の活動しかできなかった。最初の理事会で調査・研究・研修事業，機関誌季刊『都市政策』発行，付設専門図書室設置の方針がきまった。都市問題研究所理事は，ほとんど地元大学教授が就任した。[3]

　当初，研究会は50年度「新長田副都心構想研究会」，51年度「六甲山環境保全研究会」，52年度「使用料問題研究会」の自主研究だけであった。研究会報告書の抄録は『都市政策』に掲載されたが，市販などは考えられなかった。

　第4に，研究所の経営は，外郭団体の会費は，事務所維持運営費に充当されてしまい，活動費は市役所職員・OBが，個人会費で経営に貢献してくれたが，それでも追い付かず，神戸市・外郭団体から事業誌などの編集・販売受託を受けたりして，活動費を稼いでいった。

　その後，研究所は急拡大していった。政府機関・日本総合開発研究機構(NIRA)の研究助成獲得が，財源的に貢献した。研究所活動も，地元大学教授・民間研究員と市関係各部局職員と，官学民連携の強力な執筆陣で，NIRA研究助成の連続獲得となった。

　市役所内の研究機関と段違いに利用価値があり，活動範囲も広く，研究機関として融通がきき，研究報告書の市販もでき，市の研究・調査活動をむしろ支援していった。[4]

**注**

(1) 是常専務にご足労をかけたのは，市長の後援会が，研究所設立の目的で政治資金を集めるのではないかという臆測が流れ，この動きを聞きつけて，是常専務が実態は純粋の研究機関で，外郭団体からの資金援助で運営され，民間の政治的資金とは一切関係はないと，後援会を説得し風聞は鎮静化した。是常専務は職員としては学究型で，行政課長時代，市史編さんが難航したとき，職員だけで市史第三集4巻を刊行している。港湾局参与としても，港湾労働の専門家で，コンテナ一化にともなう厄介な労働問題を片付けている。

(2) 私は幾度か，県所管課の窓口担当者と折衝し，設立申請書を提出して審査を求めたが，その度不備があるとの追加修正が発生し，書式が整ったところで，基金が500万円では設立は，無理だという拒否の意思表示があった。県の外郭団体でも，基金500万円の団体があるではないかと反論すると，近年，行政管理庁は，零細団体は認めない方針になったという理屈であった。都市問題研究所は，実質的には神戸市の外郭団体で，会員制で研究所運営は安定しているとい

っても，態度を変えなかった。これでは埒があかないので，宮田市企画局長と菱川県企画部長の会議を設定し，トップ折衝で打開を図って，認可をやっと獲得した。官庁の通弊として簡単に認可をしては，県の沽券にかかわると思い込んでいるのではないか。なお兵庫県公益法人認可運用認可の繁雑処理については，毎日新聞・前掲「兵庫県レポート」43・44頁参照。

(3)理事の構成は，理事長宮崎辰雄，常務理事は常福治，理事伊賀隆(神大教授)，田中國夫(関学教授)，田中茂(神大教授)，嶋田勝次(神大助教授)，新野幸次郎(神大教授)，板東慧(労働調査研究所所長)，山田幸雄(神大教授)，監事高橋省己(神戸女子大教授)，吉田寛(神戸商大教授)であった。私たち市職員は，兼務発令も出向命令もなく，ヤミ専従のような身分で，執務の合間に研究所の面倒をみていた。固有職員は，臨時雇用職員がひとりだけで，事務所も貿易センタービルの10坪程度しかない，こじんまりした部屋であった。

(4)NIRA研究助成は，第1回公募から連続して，助成確保に成功した。市の研究機関では，そもそも応募資格がない。また出版物も，市広報の一環とみなされ，社会的評価は低く，全国市販方式で書店販売は無理であった。NIRA助成は，研究所創設3年目であり，もしNIRA創設がさらに5年程度，遅れておれば，研究所は市立への移管問題が発生していたかも知れない。私は宮崎市長から，全国の府県・指定都市が，NIRAへ各8,900万円づつ出資しているが，神戸市分だけは取り戻せと，無理難題ともいえる運営方針をつげられた。研究助成と出資金は別で，差引勘定するのは話が違うと反発した。実際，NIRAが廃止となり，出資金8,900万円は市金庫に返還されたが，研究所は総額1億円以上の研究助成を受けていた。

## 研究所機能拡大と波及効果

都市問題研究所が，外部からの研究所助成で経営収支が安定し，活動機能も拡大していった。第1の機能は，研究・調査活動である。

第1に，昭和52(1977)年に「総合研究開発機構」(NIRA)の研究助成をうけ，『都市経営システムの開発』をまとめ，53年に報告書は印刷しNIRAに提出したが，版権は研究所にあるので，増し刷りして販売(定価3,000円)した。

予想外に購入が多かったので，次回から報告書は勁草書房から市販販売にした。表紙・装丁だけをかえた増刷ですみ，販売収入は研究所収益となり，研究所財政も潤った。市販が好調であったのは，神戸市・自治体が，直面した課題が多い行政テーマを選択し，神戸市職員など行政職員が現地調査・実務経験を踏まえて，報告書執筆に参加した研究であった。

第2に，民間公益法人からの研究助成，学会からの研究費補助，さらに神戸市からの受託研究も受けた。民間団体の助成額は少額であったが，NIRAとは別の特異な研究ができた。

研究所の研究は，私が市調査・審議会と研究所受託研究との両方を担当してい

たので，基礎資料・調査を相互に活用できたメリットが大きかった。

　第2の機能は，出版事業である。研究所の機関誌・助成研究・委託調査などの発行であった。第1に，研究所機関誌季刊『都市政策』の発行で，市政の課題を特集テーマに設定し，創刊号『神戸の将来』(1975.11)，第2号『大都市財政の課題』(1976.1)であった。機関誌『都市政策』は，市政の専門的政策広報の役割をはたし，第171号(2018年4月)まで出版された。『都市政策』全号の論文等一覧表は，171号巻末を参照。

　第2に，都市政策論集の発行で，第1集は『消費者問題の理論と実践』(1976.8)であった。神戸市が全国に先駆けて，消費者問題を自治体行政としてとりあげ，積極的に展開中であったからである。都市政策論集は，市政の重要政策・開発プロジェクトを，官民学で総合検証し，まとめた研究論文集であった。[1]

　その後も都市政策論集は，年1回の定期刊行物として，勁草書房の市販出版物とした。第21集まで刊行されたが，阪神大震災後の研究所経営安定のため中止とした。

　これらの論文集は，市調査・審議会での学識委員・研究者・市民・職員など，官学民連携の研究成果発表の場となった。なお政策論集は巻末参考文献参照。

　第3に，研究報告書でなく，神戸市の開発プロジェクト誌の編集・出版である。出版事業が大きな収益をもたらすことは，係員時代に港湾局編集開港百年記念誌を各区役所で発売し，事業赤字補填財源としたので，研究所でも主要事業とした。

　また市事業誌などは，書店では取り扱ってくれず，さりとて各事業部局が販売するのは，会計・発送処理など繁雑であるので，研究所の受託事業とした。いわば神戸市の官報販売所の役割を果たした。

　昭和56(1981)年発行の神戸都市問題研究所編『神戸/海上文化都市への構図』(勁草書房・定価3,500円)を研究所編集で出版した。ポートピア'81が開催されたが，市サイドで記念誌は，発行されなかったので，研究所が自前の出版物として発行した。ポートアイランド建設を中心とする，神戸の都市づくり集大成として，図版中心の開発ビジョンの紹介で，ポートピア'81の見学者にとっても，神戸都市づくりを知る絶好のガイドブックとなった。

　平成5(1993年)発行の神戸市『KOBE HARBAR LAND』は，当初，神戸市の同事業竣功記念誌として，事業受託したが，その後，住宅・都市整備公団も共同事業者であったので，共同記念誌となり，研究所が双方から出版受託となり，予想外の収

益事業となった。

その他主要出版物としては，神戸市編『写真集・神戸100年』(1989年)は，市広報課が作成し，研究所で販売した。また『神戸市の主要プロジェクト』は，2・3年間隔で研究所が編集・出版を受託した。また各局の開発事業の建設誌である，『ポートアイランド誌』(1981年)，『須磨ニュータウン誌』(1989年)，『山，海へ行く・須磨ベルトコンベヤーの記録』(1981年)などを受託販売していった。

阪神大震災復興誌として『阪神・淡路大震災－神戸市の記録・1995年－』(1996年1月)，『阪神淡路大震災・神戸復興誌』(2000年1月)は市事業誌であるが，研究所が編集・出版・販売を分担した。

第4に，研究所編集による，地方自治・都市問題関連文献の出版である。機関誌以外の出版事業で，地方公務員をはじめ一般市民が，地方自治とか都市問題を研究する場合，大学と異なり研究書・資料入手が困難であった。

そのため安価で入手が容易な一般市販物として，必須文献である地方自治古典叢書・戦後地方行財政資料を出版した。『地方自治古典叢書』全6巻，『戦後地方行財政資料』全6巻である。[2]複写印刷で簡単に出版できると楽観していたが，編集・版権交渉など，それなりに厄介なことが発生した。[3]

第3の機能は，神戸市職員の研究・活動の支援であった。研究成果の関係機関・市民への情報提供として講演会などであったが，市民参加の研究会・講演会は少なく，どうしても職員対象が多く，残念な状況であった。

ただ職員対象のサービスは，外郭団体職員の海外研修事業は，市研修所ではできない，年来の願望であった，若手技術職員の海外派遣がやっと実現し，毎年2人の技術職係長を派遣した。外郭団体への約束も達成できた。研修機能はトップマネージメントセミナー(部局長・区長など)，ステップアップセミナー(一般管理職)，専門研修(政策法務研修など)などが実施された。

さらに政策研究支援事業が創設された。職員個人・グループが，特定テーマで研究・調査を実施し，報告書をまとめる企画である。「政策研究プロジェクトチーム」「チャレンジ研究への支援事業」などでは，市補助研究で職場単位の公募研究であった。たとえば自然エネルギー利用促進・新長田周辺活性化策などで，市からの研修委託であるが，研究そのものは，職員の自主的研究方式であったが，研究所も出張費などの支援をした。[4]

第4の事業が，研究所自主事業で，市職員自由参加の研究会である。研究所で新期採用職員有志をあつめて，海外事情の研究会をつくって勉強会を創設した。そのうち翻訳をしようということになり，研修生中心でジョセフ・ツィマーマン（Joseph F. Zimmerman）『アメリカの地方自治』（1986年），マーク・フランケナ（Mark W. Frankkena）『都市交通の経済学』（1983年）の翻訳で，勁草書房から出版した。[5]

## 注

(1) 第1集の執筆者は，松重君予・弁護士，中内功・株式会社ダイエー社長，妹尾美智子・神戸市消費者協会専務理事，涌井安太郎・兵庫県生活協同組合連合会会長理事，藤本丈夫・神戸市西農業協働組合組合長理事など，民間活動家が多く執筆している。

(2) 『地方自治古典叢書』全6巻は，学陽書房の高橋脩部長に頼み，研究所の出版物として，全巻複写印刷で安価で学陽書房に委託出版できた。刊行の動機は，柴田徳衛・宮本憲一教授との研究会で，これら古典が古書で高価で，若手の研究者にとって大きな障害となっていると聞かされたので，両教授の支援をうけて出版した。なお復刻版の原本で，片山潜『鉄道新論』は，古書店でも入手不可能で，私も所有していなかったので，柴田徳衛教授が印刷で原本は，解体され駄目になるが寄贈していただいた。その他は政府報告書・古書などは，私が所有していたので，探しまわる面倒はなかった。『戦後地方行財政資料』全6巻は，勁草書房の石橋雄二専務に頼み，研究所編集で勁草書房の刊行物として出版した。『占領軍地方行政資料』は翻訳し，シャウプ勧告は日本税理士協会が新規に翻訳していたので，版権料を支払って復刻出版した。占領軍資料以外は複写印刷で，出版コストは印刷費だけであった。定価は各巻とも1万7,000円と，高価であったがよく売れた。各巻については，巻末参考文献参照。

(3) 『占領軍地方行政資料』は，翻訳が必要で，友人の山崎克明北九州市立大学教授が，責任者となってすすめたが，占領軍資料の何を翻訳するかであった。この分野の第一人者である天川晃横浜国立大学教授を訪問した。心よく応対していただいたが，私の母校である兵庫高校の後輩とわかり，教授も奇遇にびっくりし，以後，著書・論文も送っていただき，指導してくださった。あと1つの悶着は，全国知事会からのクレームであった。『地方団体行財政資料上巻』に，全国知事会の調査報告書を多く収録していたので，掲載の許可依頼をしたが，知事会の幹部から，地方の研究所で出版できるのか，出版の意図は何かなど，こまごもと苦情をいわれた。商業ベースで悪用されると危惧したのかも知れないが，編集委員の柴田護自治省OBに相談してみますと返事すると，途端に結構ですと電話を切られた。柴田護OBとは，ポートピア'81を案内した時，この資料集企画が進行中で，委員就任をお願いしていたので助かった。

(4) 政策研究プロジェクトチームをみると，平成10年度「電子市役所の実現をめざして」は，外郭団体・区をふくめて10名参加。平成17年度「ベンチマーキング導入による行政経営改善」は，区職員ら10名のチームである。他に「アウトソーシングの手法」「震災復興市街地整備の検証」などがある。チャレンジ研究をみると，平成17年度「生活の豊かさ・安全安心・健康・交流融合への施策」は，区職員ら20名以上のチームである。平成18年度「神戸2010年ビジョンの策定」は，開発・福祉・消防など関係部局が個別にビジョンを策定した。5名の参加である。

(5) この翻訳研究会はマスコミでも，「翻訳で"知的な遊び"」（1980年4月1日・神戸新聞）との見出しで大きく取り上げられた。最初は53・54年度新規採用者を対象に，小森星児・神戸商科大

学教授を招いて，「イギリスのインナーシティ」研究会を週1回研究所で開催していた。その後，翻訳書出版となり，新任研修者から参加を募ったところ，参加者が多く，当初，1冊の予定が2冊となったので，『都市交通の経済学』は，片山邦雄助教授(神戸商科大学)に指導をお願いした。いずれも神戸市地方自治体研究会訳で勁草書房から出版した。『都市交通の経済学』は1983年度財団法人交通協力会の「交通文献賞」を受賞し，先生の教科書にも使用していただいので重版をかさねた。両翻訳書の参加者には，印税を配分した。最近，当時の諸君と40年ぶりに会合をもったが，印税を頂戴したときは感激したともらしていた。

## 宮崎賞創設と国際機関誘致

　研究所は多彩な機能を実践していった。第5の機能が，「宮崎賞」(創立10周年記念)である。宮崎市長から寄付があり，昭和61(1986)年基金2,500万円で創設された。当時，今日のように地方創生活動は注目されておらず，中央省庁もまだ表彰制度はなかった。

　多くの全国市町村が，地域づくりに頑張っても，なんらの評価がえられない状況であった。神戸市長が表彰するのはおこがましいが，少なくとも都市経営では，実績をあげている自負があった。なによりも地方創生にあっても，経営的感覚で実践してほしかった。[1]

　第1回の地域活動賞(1985年)は，山形県西川町(人口9,282人)で，ふるさとクーポン券を発行し，地元特産品を積極的に販売していた。長野県野沢温泉町(4,990人)で，村営スキー場経営の収益で地域活性化施策を展開している，経営実績である。

　第2回の地域活動賞(1986年)は，北海道占冠村(人口1,560人)で，いわゆる一村一品運動である。大正村実行委員会で，岐阜県明智村(人口7,773人)で，住民主導の地域づくりである。

　第3回は，清里観光振興青年部で，青年部の観光開発への貢献実績である。(株)黒井漁業自然海浜センターである。山口県豊浦町での漁業と海浜レジャーセンターとの複合経営での成果による経営実績である。群馬県上野村(人口1,986人)で銘木工芸品の一村一品運動である。

　以下省略するが，1992年第8回は宮崎市長が退任したので，地元の生活共同組合コープこうべを表彰した。なお基金の関係もあり，1990年第6回は蓮見音彦教授の神戸を対象とした『都市政策と地域形成』(1990年・東大出版)を，地域経営研究賞として表彰した。

　第6の機能が，講演・見学会の開催である。研究会の報告会をかねた講演会が

実施されたが，宮崎賞の授賞団体の活動実績報告もあった。

　好評であったのが現地見学会で研究所会員を対象にしたが，民間法人・会員だけでなく，OB会員も現役時代と異なり，退職すると市施設・事業の視察はなかなか機会がなく，年に一度の施設現学会はOB会員親睦機会となった。このツアーに建設関係のOB会(みどり会)から参加要望があり，経費負担を条件に受けいれた。[2]

　第7の機能が，調査・研究・活動機関の受け皿となった。第1に，関連機関・事業の誘致である。昭和63(1988)年に国連人口基金(UNFPA・本部ニューヨーク)とタイアップし，自治体レベルでは世界初の国連研究機関「神戸アジア都市情報センター」(神戸市2,000万円・人口基金1,300万円出資)が，都市問題研究所に併設されることとなった。[3]

　毎年人口基金から活動費として2,000万円程度の事業費が交付され，神戸市が事業費の一部を負担し，東南アジアの人口問題の調査・研究・会議を開催した。

　実際の活動方針は，日本大学人口研究所名誉所長黒田俊夫・ネス教授(米・ミシガン大学)などで，構成される「国際諮問委員会」が策定することになった。

　なお活動が軌道に乗ったので，この基金活動は市外郭団体の国際交流協会に移管された。このような研究・調査機関の受け入れには，研究所は格好の機関であった。[4]

　第2に，神戸市が直接的に調査・研究委託をうけにくい場合，研究所が受け皿となった。建設省からの阪神大震災の神戸市街地事態調査は億単位の委託であった。都市計画局は区画整理事業の関係で，市街地全体の実態調査・被災調査は実施していたので，同調査は神戸市復興事業後の調査でもあったので，都市計画局が，実働部隊として委託事業をまとめ，研究所名で報告書を提出した。

　私はこの委託費を転用して，復興区画整理誌を編集・出版したかったが，笹山市長の意向に逆らってまで出版する気持ちにはなれなかった。[5]

**注**

(1)宮崎賞に関する事務費は，研究所で負担するが，基金は宮崎市長の印税・授賞記念パーティ祝金など，市長の拠出金2,500万円であった。ただ基金は金利低下で減少するが，そうなれば出版賞に転用すればよいとの考えであった。もっとも現役の市長が，神戸市民を表彰するのは，公職選挙法に抵触するが，市外の自治体・団体なら問題はない。いずれ引退すれば，市内の団体・個人の対象にする予定であった。私の構想では，宮崎賞は神戸市政史研究への出版賞も設定する構想で，市史編纂との関係でもメリットが大きいからであった。このような助成金は，神戸市では上組創設者村尾基金による出版賞しかない。宮崎賞は基金も少なくなり，研究所経費に吸収されてしまったが，宮崎賞は永久の存続する手だてを考えておくべきであった。

(2)みどり会の代表は原忠明さんで，原口市長の『過密都市への挑戦』の販売窓口を私が担当していたので知り合いであった。なお原忠明さんは，アメリカ・パサディナ大学卒など数大学に留学した外国通で，神戸市職員としては外務課勤務がながい，区長・清掃局長をえて，1958年に市を退職している。自叙伝をかねた，原・前掲「6人の神戸市長」(1988年)を自費出版している。市長物語としては，伊藤貞五郎・前掲「神戸市長物語」(1925年)があるが，初代から7代までで，原忠明の著作は，8代から13代までの空白期をうめる貴重な記録となっている。

(3)設立の契機は前年，人口基金と神戸市共催で，人口問題を考える「アジア中核都市会議」を開催した。この動きを経常化するために，神戸アジア都市情報センター設立となった。同機関の神戸誘致へと展開できたのは，田中国夫関学教授と安藤博文同基金企画調整局長が，ハワイでの国際会議で知り合いとなり，同基金のアジアへの進出を計画しているとの案があり，田中教授が神戸はどうかとなった。そのとき基金活動のうけ皿は市役所ではまずいが，都市問題研究所では，適格性に問題はないということになった。

(4)阪神大震災後，笹山市長に研究所に併設して，ボランティア研究所創設を要望した。兵庫県は政府補助で，「都市未来防災センター」を創設し，防災研究の拠点として研究所機能を確立している。阪神大震災は「ボランティア元年」といわれ，全国から多数のボランティアによって，復興施策は支援された。私はこれら献身的貢献に報いるためには，ボランティア支援・研究機構創設がもっともふさわしいと，笹山市長に進言したが，創設されなかった。

(5)私は震災復興事業としての区画整理誌を，編集・出版すべきと，笹山市長に要望した。関東大震災復興事業では，区画整理誌として膨大な事業誌がある。建設省に対しても，巨額の補助を注入した事業の記録がないのは，心象を悪くするのではないかと，懇願したが音沙汰なしであった。「アーバンリゾート都市」などに巨額の経費を注入しながら，本来の行政ともいうべき，震災復興事業史の編さんをどうしてしないのが，原口・宮崎市長の感受性と比較して，違和感があった。

## NIRA公募研究と政策提言

　研究所の研究活動は，政府公募(NIRA)・民間公募・市委託・自主研究に区分される。まずNIRA助成研究は，第1類1,000万円（委託期間2年）は，助成額が大きく応募したかったが，大手民間シンクタンク・著名大学教授グループと，応募が競合すると，不採択となる恐れがあり，最初は第2類500万円（委託期間1年）の応募で辛抱した。[1]

　昭和52(1977)年度第1回公募研究テーマは，『都市経営システムの開発』で，神戸市が得意のテーマであった。NIRAの採用通知を，一日千秋の思いでまったが，見事採用された。研究企画は，大手の民間シンクタンクより，高く評価されたとの情報をえたので，次年度年は1類に応募して，連続採用となった。[2]

　NIRA公募研究の概要をみてみると，第1の『都市経営システムの開発』(1977年度)は，都市経営といっても，当時，官庁運営は管理型経営タイプで，科学的政策

的でなかった。

　そこで管理型方式から訣別し，近代的経営システムの転換として，経営形態の多様化，公会計の導入などの改革が急務であると警告し，注目を集めた。

　研究テーマの1つは，「供給形態の最適化」で，外郭団体などの分類区分・経営分析・運営方針などで，私が委員の資格で「経営形態の最適体制」を執筆した。市の「行財政制度調査会」(昭和49〜54年度)でも，外郭団体問題は本格的には議論されておらず，この委託研究で外郭団体の実態分析をしたが，外郭団体研究の総合研究は，全国的にみても，初めてであった。私はその後も研究をつづけ『外郭団体の経営』(1991年)を出版した。

　あと1つは，「財務会計の改革」で，吉田寛教授(神戸商科大学教授)の「地方財務会計の近代化」(企業会計方式導入・財政診断指標作成)は，大きな反響を呼んだ。自治省の「地方公共団体の財政の健全化に関する法律」が，平成19 (2007) 年で30年も前の先駆的研究であった。(3)

　第2の『公共投資の効果に関する実証的研究』(1978・1979年度1類)は，神戸市の具体的公共投資を素材に波及効果を分析し，その効果分析を各地域に適用していった。沖縄県などは，セメント・鉄筋などの素材，投資における設計・建設機械などの消費・購入効果は，東京などの企業に吸い上げられていた。

　結果として地元は，極論すれば労働者の賃金だけで，公共投資の地元還元率はきわめて少なく，政府が地方の公共投資を奨励すればするほど，地域格差が拡大する政策の矛盾を立証していった。(4)

　この研究は，委員はわずか4名で，是常常務と私が委員で参加しているので，大学関係は2人だけであった。経済関係の政策・投資効果は，伊賀神大教授が分担し，私があらゆる公共施設の建設コスト・事業実態を分担した。

　この研究でも，市政専門委員会 (昭和46〜47年)，行財政制度調査会(昭和49〜54年) で，市施設・事業の総点検をしていたので，その調査情報をフルに活用できた。

　第3の『インナーシティ再生のための政策ビジョン』(1980・1981年度・第1類)は，大都市のインナーシティは，人口減少・工場衰退の傾向が深化し，スラム化の症状すらでていたが，政府はなんらの施策も，注入しなかったばかりか，逆に工場等制限法で，中小製造業を抑制していた。

インナーシティは，大都市衰退に連動する重大な問題で，環境整備・企業助成によって再生させなければならない。私は委員で参加し，調査対象として市内長田区のゴム工場が密集する，住工混合地区を選んだ。昭和42〜47年の38ゴム工場アパート建設への公害防止事業団融資(約20億円)の実務体験を活用でき，政策論はさきにみた，都市再開発研究会『都市再開発論』(1968年)が役に立った。

　政策的根拠は，インナーシティ地区は，学校・道路・下水道など，公共施設は整備されており，人口流入・企業立地があっても，公共負担が発生しない有利な地区で，中小企業支援・環境整備による再生が行われるべきとの提言である。

　第4の『神戸・コンベンション都市への政策ビジョン』(1982年度)は，神戸市ポートピア'81の博覧会経験・実績を，ふまえた報告書であった。当時，概念すら定まらなかったコンベンションの定義・運営ノウハウ・事業波及効果・都市機能再編成など，多方面の成果を分析した。

　報告書は全国の自治体・研究者が，バイブルとして購入するほど関心がもたれた。いずれにせよ観光をはじめとする集客機能が，これからの都市にとって，きわめて有効な産業で，その事業波及効果を分析して，都市振興策として重視すべきと指摘していった。この分野でベテランの大塚辰美経済局コンベンション担当主幹が，実績にもとづいて執筆してくれたので充実した内容となった。

　第5の『地方自治体へのOAシステム導入』(1983・1984年度1類)は，労働組合の反対，費用効果への疑問・身体への健康被害など，導入にはさまざまの阻害要素があったが，研究所で現地都市自治体・専門機関へのヒヤリングで排除していった。[5]

　この研究にも，市委員として伊達信昭電子計算課長が参加し，専門的事項は分担執筆してくれた。なお神戸市との関係で，日本電気・松下電器・日立製作所・富士通・日本IBMの部長が委員で参加していただいた。会社にとっても行政情報・研究は，それなりに価値があったのではないか。

　第6の『民活事業経営システムの実証的分析』(1986・1987年度・第1類)は，高度成長期の最盛期がすむと，公共セクター主導の都市開発事業にあっても，経営収支の悪化がみられ，民間セクターによる都市開発が浮上し，奨励されるようになった。

　問題は公共・民間の事業分野・事業連携システムである。各種事業を分析して

いったが，結局，公共デベロッパーは，土地造成など底地を開発するが，上物は民間セクターに委ねるのが実効性のあるシステムとなった。

全国の民活事業を調査したが，神戸市は複合経営ですでに，民活方式での資金・技術・経営ノウハウを活用しながら，官民学連携で公共デベロッパー事業化を進めていたので，官民学連携システムの理論・実績メリットを強調していった。また苦手な施設運営については，民間優先でいくべきという提言である。

私はこの研究会には，甲南大学教授・研究代表として，官民の開発投資の事業分析を担当したが，理論・効果は伊賀・吉田教授にお願いした。神戸市による官産学連携実績がすでにあったので，比較的楽にまとめられた。

第7は，震災関連委託事業で，1995年阪神大震災復興事業は，国家的プロジェクトであるが，復興政策をめぐる課題は山積しており，後世のためにも調査・研究は必要であった。

外部の学識研究者ではなく，被災都市自治体の研究が不可欠で，現場的課題をベースにした，事態調査・分析は，国家的政策課題であると認識を強めていた。

私は意気込んでNIRAとの交渉にのぞんだが，東京での受け止めは意外と冷静で，力量不足で400万円しか獲得できなかった。公募研究でなくNIRA委託研究であった。そのため住民組織に絞って，『大都市直下型震災時における被災地区住民行動実態調査』（1997年度）の研究をまとめた。

町内会など旧来型の住民組織が，しっかりしている地域ほど，自主救済が円滑に展開されていた。原因はリーダの存在，地域集会所，地域資金，救助用具などが，すでにあり，そして何によりも住民相互の連携システムが，平時から充実しており，それをそのまま転用すればすむからである。

本格的総合研究の確保には失敗したが，震災復興へのNIRA助成研究は，その後，『今後の大都市における災害対策の重要な要素となる効果的コミュニティ防災対策について』（1995年度），『復興コミュニティを支える住民主体の情報ネットワーク構築に関する研究』（2000年度）がえられた。

阪神大震災については，可能な限り研究の機能をフルに活用して，復興事業の実態・課題の総括に努めた。都市問題研究所機関誌『都市政策』では，79〜99号，102・104・105・115・116・118号と26回も特集テーマとして編集した。

また研究所の論文集『都市政策論集』でも，震災復興テーマで17〜21号と連続

して刊行していった。このように連続して，復興関連を特集テーマとしたのは，救助・復興事業で現地自治体としては，神戸市しか，市販刊行物として出版していなく，貴重な記録として残す責務を痛感したからであった。

しかし，私自身をはじめ市民は，復興施策に多くの疑問をいだき，神戸市・研究所も研究不足を感じたままであった。私は研究所の報告書を補完する意味もあって，『阪神大震災と自治体の対応』(1996年，以下，高寄・前掲「阪神大震災」)，『阪神大震災と生活復興』(1999年，以下，高寄・前掲「生活復興」)を出版した。両書では救助・復興事業の困難性，政府制度の欠陥，マスコミ・市民の理不尽な市政非難などを指摘していった。

これら神戸市復興事業の経験は，東日本震災で必ずしも有効にいかされていない。政府は東日本大震災にあって，現地に復興本部を設置し，救助・復興財源は，ほぼ全額国庫負担で実施されたが，必ずしも早期に復興事業・地域経済復興が達成されなかった。[6]

震災復興事業は今日でも，多くの課題をかかえたままである。なお震災時，私の自宅は倒壊状況にあったが，甲南大学では役職についていなかったので，むしろ都市問題研究所の再開に没頭した。季刊『都市政策』も休刊せず発行し，研究活動も回復していった。

なおその後，総合研究機構廃止まで，多くの研究助成を確保していった。研究所の創設以来のNIRA助成研究費合計は，総計1億1,900万円，その他団体からの助成事業1件50万円として18件900万円の合計1億2,800万円となった。直接的支出は半分以下で，実質的数千万円が基金繰入金となり，研究所経営基盤安定化に寄与したといえる。[7]

**注**

(1)政府機関の公募研究には，苦い思い出でしかなかった。1967年に国土庁の「21世紀の日本における日本の国土と国民生活の未来像の設計」に応募した。嶋田勝次神大工学部教授が研究代表者となり，当時の安田丑作助手が事務局となり，地元建築士・公務員が参加した。私は係長試験の直前で，同僚たちが心配したが，最終日は国際会館のホテルで缶詰めになり，徹夜で公募設計案を作成した。自宅に電話するのも忘れたので，家内は一晩中心配したらしい。翌朝，安田さんが公募案をもって，新幹線で上京するのを見届けるとほっとした。結果は落選で，当選案は，京大の西山研究室とか丹下グループとかの著名研究チームで，横綱と幕下という感じであった。ただNIRAの公募研究については，私は神戸市のNIRA担当窓口で，市拠出金などの手続きで事務局と知り合いなっていたので，2類公募は地方シンクタンクが，ほとんどとの情報を

えていたので，今度は勝負になると期待した。

(2)研究所の研究課題は，コンベンション・公共投資・OAシステム・震災復興事業など，すべて原資料は，神戸市が保有し，研究会に実務経験を積んだ市職員が参加し，問題意識も的確であった。民間シンクタンクの単なる研究課題としての研究とは，次元が異なっていた。全国的シンクタンクの野村・三菱総研と比較しても，研究実績はいささかも遜色がなかった。職員にとっても，現地視察・関係資料購入・原稿料など，メリットは大きく，結果として神戸市政の行政水準向上に寄与し，研究所の研究体制も充実していた。

(3)その証拠に門外漢の私のところへ「地方財務会計制度の新しい問題点」『地方財務』(第287号1978.4)・「財務公開と外部監査制度の必要性」『会計ジャーナル』(第10巻11号1978.10)などの原稿依頼があった。その後公会計にも興味をもち研究をすすめ，自治体の外部監査にも参加するようになった。

(4)地方の地域振興策の成果が，外部に流出する事態は，近年の沖縄観光事業でも顕著にみられ，観光施設・ホテル・物産販売など，ほんどが外部の経営者・資本で占められ，利益は外部に流出している。地域循環経済の振興策があらためて評価される。朝日新聞・2021.12.2参照。

(5)OAシステムを妊婦が操作すると，胎児への影響が危惧されたが，ヒヤリングで1日数時間以内であれば問題ないという，政府労働研究所の見解をえた。また「米国労働安全衛生研究所」「東京都区職員労働組合」などの報告書も調査し，注意をして作業すれば問題ない点を紹介していった。また現場調査では，住民登録表をキャビネットに返還するとき，間違って入れると，再度の要求の時になく，現場は大混乱に陥る事態となった。手作業では重大な結果を招くとして，OAシステムの早期導入を，労働者視点からもすすめるべきとの現場要望を汲み上げていった。なお技術・システム面の研究・調査ができなかったので，折角，参加していただいた民間企業方々に申し訳なかったので，宣伝もかねて市販本で辛抱していただいた。高寄昇三著『自治体の政策課題とOA』(1985年)，共同執筆で高寄昇三・渡部和編(日本電氣)編著『自治体のOAシステム』(1983年)，『自治体のオフコン・パソコン』(1985年)，高寄昇三・森田貞優(富士通)編著『自治体のOAシステム』(1984年)，高寄昇三・沢井洋一(日立製作)編著『自治体の住民情報システム』(1984年)を出版した。

(6)阪神大震災・東日本大震災の復興事業については，高寄昇三『政府財政支援と被災者自治体財政』(2014年)参照，以下，高寄・前掲「被災自治体財政」。

(7)NIRA助成研究は，管理費(人件費・賃貸料など)30%が経費として自動的に認められた。調査費・原稿料・報酬費・印刷費は20%で，約50%は収益金となった。報告書は勁草書房から販売したが，印刷費へのNIRA報告書の増し刷りであったので，さらに収入増に貢献し，600万円の収益をもたらした。


**民間助成研究と市政貢献**

　第2の研究事業として，NIRA以外の民間助成研究をみると，『地域ニューメディア経営システムの開発』(1985年度・電気通信普及財団助成)など，多くの助成研究をうけた。同じ研究・調査でも，神戸市委託より外部助成の方が，どうしても真剣に研究する意欲がでてくる。

特記すべきは，まったく新規の研究は例外で，既存研究の発展的研究とか，関連特殊分野へのさらなる研究であった。助成金額は小さいが，その分，研究責任者は大学教授であったが，主力は市関連部局の市職員で，実質的には職場研修であった。ただ機関誌『都市政策』の特集テーマで，各委員がそれぞれの視点から，研究成果を発表する機会を提供した。

　印象に残った研究だけを説明してみる。第1に，『有料老人ホーム経営研究』(1990年度・簡易保険化財団)は，経営実態をみると，当初はほとんどが健康な老人であるが，年数がたつと寝たきり老人が多くなり，サービスコストが上昇し，経営が悪化しトラブルが発生している。

　生涯方式の老人ホームが，特に注意が必要な点が，はっきりとした。近年で介護サービスの財政負担は，政府・自治体財政の大きな負担で，さらに国民の介護保険料の値上げで，生活費を圧迫し，サービス提供システムの改革が迫られていることを強調した。なおこの研究は，地方行政とのも関連を整理した，拙著『高齢化社会と地方自治体』(1986年)を出版していたので，具体的実態調査だけでまとまられた。

　第2に，『耐久消費財のリサイクルシステムに関する研究会』(1992年度・日本生命財団助成)は，新規の研究課題であった。都市自治体サイドの現場視点から，問題・実態・解決を分析していった。この研究をふまえて，機関誌『都市政策』(第70号・1993.1)で，特集「リサイクル社会へ向けて」を編集した。

　またこの研究は，自治体学会研究助成で，大阪府下の都市のデータにもとづき，さらなる調査・研究をした。要するに研究成果を，多方面に活用させていただいた。私も『ごみ減量再資源化政策』(2001年)の研究成果をふまえてまとめた。

　第3に，平成8〜12年にかけて，自治体学会からの研究助成を連続してえられた。『阪神大震災と自治体の法政策と財政問題』(1996年度)，『白治体の事務事業評価システムの研究』(1998年度)，『廃棄物減量・再資源化の自治体政策』(1999年度)，『既成市街地商店街活性化の研究』(2003年度)などである。

　自治体会員である大阪府下の都市・神戸市職員などが，研究会を構成して，研究所が研究受託・助成をうけ，私が研究代表者で，研究所が事務局であった。[1]

　第4に，『CATV放送における公共チャンネルの意義と運営〜日米におけるマルチメディア化とその分析及び評価』(1995年度・放送文化基金助成)は，田中関学教授

の紹介で，ニューヨーク行政研究所3名が参加している。

　このような研究にあって，私など市役所OBの教授が多くなると，気軽に参加依頼ができ，研究所として市政の実情を容易に反映できるだけでなく，実質的負担が軽減された。研究助成は多方面にわたったが，研究は神戸市政との関連で，研究素材・人員は十分あり対応できた。なおその他民間助成研究については巻末・参考文献を参照されたし。

　第3の研究事業として，市委託の事業計画調査・事業実施効果分析などの事業である。『西北神地域開発に関する政策課題の研究』（1982年）など，多くの調査・分析がみられる。

　研究事業は多いが，分類してみると，第1分類としては，都市開発方策である。神戸市は安定成長期になり都市空間再編成が動きだしており，その対応策が急がれた。第1に，事業効果の評価である。『神戸市におけるウォーターフロント開発の基本的課題に関する研究』（1991年度市委託事業），『神戸ハーバーランドの事業効果に関する研究』（1992年度市委託事業）なども，沿岸開発への検証研究であった。これらの調査・研究をベースにして，事業竣功記念『ハーバーランド』（1993年）が発行される。

　このようなハードな開発を成功させるには，ソフトな施策としての都市集客機能の拡充が並行して実施されなければならない。『神戸市におけるコンベンション経済効果等調査業務』（2010年度・神戸国際観光コンベンション協会委託）は，神戸コンベンション経済効果1,447億円と，マスコミ各紙とも大きく報道した。

　2007年，コンベンション参加者120万人，支出額は参加者347億円，主催者309億円，出典者264億円の合計920億円で，波及効果は1.57倍と算出されているが，実際の効果はリピーターなどもあり，神戸の都市イメージ上昇など，数値化されない効果が大きい。

　第2に，事業計画である。『ウォーターフロント活性化報告』（2001年度市委託事業），『神戸市東部臨海地区立地特性調査研究』（1990年度・神戸製鋼委託事業）も，さきにみた神戸産業構造展開にともなう，臨海再開発計画である。

　神戸製鋼は，広大な「脇浜・岩屋地区」が製鉄事業から撤去で空地となったが，今後，非工業用地としてどう整備するか，神戸市としても重大な問題であった。阪神大震災後，同地区は「ハットこうべ」として開発され，震災復興公営住宅，

県美術館など複合機能をもった都市再開発として再生された。その下地となったのが、市都市計画局も参加した、上記委託事業であった。(2)

『兵庫運河・中央卸売市場周辺再整備調査』(都市基盤整備公団委託事業・2002年)は、神戸市西部にあっては、旧神戸駅裏貨物ヤードが、ハーバーランドとして、再開発が完了し、その開発波及効果として「神戸南部沿岸地区」の特性からみた、旧兵庫港周辺の開発事業の可能性・関連公共投資・複合経営の導入などを検討した。今日でも兵庫・長田南部は、再開発が遅れているが、単なる市街地改造でなく、地区の魅力・集積メカニズムの増幅を誘発するような都市づくりでなければならない。(3)

神戸港も港湾埠頭荷役機能の衰退によって、港湾地区の再編成が実施されつつある。『神戸湾岸現況基礎調査』(都市基盤整備公団委託事業・2002年)は、神戸港第1〜5突堤の再開発のための基礎資料及びポートアイランド関連事業の現状調査である。その他市委託・助成事業については、巻末参考文献参照。

これらの研究は、研究所がなければ、民間シンクタンクへの外注となり、研究・調査情報が多くの民間シンクタンクに流出してしまう。しかも調査結果も必ずしも、神戸市の意向とマッチするとは限らない。研究所の研究は、大学教授・民間研究者・地域住民に、市職員が研究・調査に直接参加し、総合的研究ができ、市職員は政策マンとしての素質を、磨く機会も得られた。

第4の研究は、研究所の自主研究である。印象に残る自主研究は、第1に、1980年研究所都市研究第4号報告書『地域住民組織の実態分析』(代表関西学院大学社会学部倉田和四生教授)は、従来の市と市民との協働関係が深まることを想定して、地域自治会などの住民組織事態調査をした研究報告書である。

実態調査の結果は、各自治会とも財政をみても会費収入が大半で、事業収入がすくない。事業内容の街灯・会館維持費などが中心で、市広報誌配布などの委託事業しかない。

住民が自主活動として、ごみ集団回収・家庭サービス活動などの新しい地域ニーズへ対応するには、機能的住民活動との連携など課題が多くみられた。

第2に、『海岸線の開発安定化方策について』(1989年) は、地下鉄建設に関する政策選択への検討であった。この報告書は、わずか54頁の報告書であるが、その表紙に「取扱注意」の表示があり、研究会委員の名簿記載もない異例づくめの研究であった。神戸南部の地下鉄路線が、インナーシティ対策の起爆剤として、

建設がすすむ恐れがあった。

　そのため私は研究所で，経営対策なき地下鉄建設への赤字累積を憂慮して，沿線の大規模集客施設などが見込まれない以上，建設すべきでないと警鐘を鳴らす責務を痛感し，研究し報告書をまとめた。交通局などはハーバーランドへの乗客を見込んで，着工(1985年)を期待し，建設を計画していたが，輸送機関としてはＪＲ・高速神戸鉄道があり，海岸線への乗客は多くは無理であった。

　報告書の趣旨は，『都市政策』（第57号1989年10月）の特集テーマ「鉄道建設とその経営」と題して，建設は慎重を期するべきとの論評を，報告書参加の委員に問題点を論述していただいた。[4]

　さらに都市交通経営総合的経営診断の内部資料『都市交通事例調査』（1990年度）を作成した。大手民鉄経営状況(付帯事業依存)，各都市の公営交通経営状況，さらに海岸線の重要施策である，都市施設による乗客需要喚起策，海岸線沿線地域特性分析，沿線主要プロジェクト可能性などで，海岸線建設は整備し解決すべき課題が多くあることを指摘した。

　しかし，交通局はインナーシティ政策の実施などの名目で，事業検証も不十分なまま，　海岸線(7.9km・新長田・三宮間，事業費約2,400億円)は，平成6(1994)年度着工され，平成13(2001)年7月は開業された。

　私は1985年に甲南大学へ転職しており，宮崎市長は1989年に現役を退任しており，研究内容を市長に直訴する手段は欠落していった。

　結果として研究所報告書のアキレス腱は，研究し政策方針をうちだしても，必ずしも神戸市政が，研究成果をふまえて，事業の事前検証をしていない状況になっていた。その他の自主研究については巻末・参考文献参照。

**注**

(1) この研究会は，荒川俊夫寝屋川市総務局長・芦田英機豊中市助役をはじめ，八尾・東大阪・堺・川西・摂津市などの職員が参加している。この大阪府の研究グループとの関係は，荒川・芦田さんが自治体学会で，関西地区から，学会代表者を選出して欲しいとの要請をうけ，私を推せんしたのが縁であった。西尾勝東大教授・上原恵美びわ湖ホール館長と3人で代表を務めた。本来，自治体連携の研究は，兵庫県下の阪神都市との研究がなされるべきであったが，さきにみたように阪神都市協議会の解散もあり，人脈は途絶の状況にあった。

(2) 1995(平成7)年，阪神大震災が発生すると，東部臨海地区の調査・計画は策定されていたので，ハット神戸として地区全体が，商業・住宅地区として建設がすすめられたが，事前に同開発報告書があり，都市計画局が参加していたので，即座に事業化が決定された。民間シンクタンクの報告書と比

較して官庁シンクタンクの研究報告は，自治体と同様の視点であり，事業化の転用は容易であった。
(3)近年，兵庫県が「兵庫津」といわれる兵庫区南部に「兵庫津ミュージアム(仮称)」2021年秋一般公開・「ひょうごはじまり館(仮称)で2022年度開設予定，前者は初代兵庫県庁の再建で，歴史資料館，後者は兵庫県五国を紹介するシアター館で，年間30万人の入館者を見込んでいる。神戸新聞(2021.3.14)参照。市としても兵庫運河の観光資源化の相乗効果をねらって何らかの施設を着工する時期であろう。運河観光については，さきにみたように宮崎市長にいわれ，アメリカのサンアントニオ運河を調査したが，その後第8回「市政史研究会」でも上川庄二郎さんが「観光遺産・兵庫運河をさぐる」と題して，世界各国のデータにもとづいて発表している。また民間建築家グループ森崎輝行らが，『兵庫運河の夢』と題した開発プロセス案をもって，都市問題研究所へわざわざこられた。宮崎市長退任後なので，中村三郎助役に実現を促した，震災後であり市サイドの動きはなかった。
(4)秋山一郎・神戸大学教授「都市交通網整備の課題」，伊賀隆・神戸大学教授「交通施設新設の課題」，佐々木弘・神戸大学教授「既成市街地における鉄道の新設とその経営課題」，高寄昇三・甲南大学教授「交通新線建設」と費用負担区分」などである。


## 文書館と市史編集

　平成元(1989)年，神戸市をはじめ多くの都市が，市制百年を迎え，市史編さん事業を計画していた。

　私の担当外であったが，神戸市はどうするか，気がかりであった。是常常務からも，戦後，神戸市は本格的市史編さんをしていないと憂慮されていた。

　昭和54年秋，市長室で市長に，研究所経営状況を説明し，時間が余ったので，市制百年市史編さんは絶対に欠かせないが，編さん所もない状況では，どうしますかとたずねてみた。

　もし編さん所をつくるなら，教育委員会所管では，歴史好事家のいいなりになりやすいので，総務局か企画局がいいのではないかと進言した。

　市長は，企画局所管で「君が素案をつくって今度もってきてくれ，予算・人事の面倒はみる」と，あっさりと承諾された。まさか私にお鉢が回ってくるとは，目算外であった。研究所の是常常務から，市史編さんは難物ときかされていていたが，自分が執筆するのでないから，たいしたことはないと楽観視していた。

　市長としては，大阪市へのライバル意識・京都市への劣等感があったのでないか。大阪・京都市では，民間の市史研究もさかんで，市史編さん所も完備していた。神戸市の市史研究は，市編さん所はなく，大学・史学関係者の研究も不十分で，まさに文化不毛の都市そのもので，前途多難が予想された。

是常常務に報告すると，長年の念願がやっと達成されたと，心から喜んでくだ
さった。たが市史編さん事業となると，私は門外漢なので，急いで六大都の市
史・編さん所の現状を調べたが，難題が多く浮上してきた。

　第1に，市史編さん所の陣容で，所長に大学教授をスカウトとなると厄介で，
しかも実務能力は期待できない。そのため形式的に私が市史編さんの事務を担当
したが，実務は洲脇係員が総括した。

　ただ実務者としての専門家が必要で，当時の山本次郎教育長に懇願して，人事
異動直前であったが，木南弘高校教諭を，出向教員で割譲してもらった。もっと
も予算は，市長から聞かされた額を，大きく割り込んでいた。(1)

　第2に，百年史をどんな編成・年次で，編さんするかであった。他府県・都市
の実情で気になったのは，編さん事業がすむと，解散しているケースが多い。こ
れでは折角の史料も散逸し，市の人材も育たない。

　この近辺では尼崎市には市史編さん所があり，現在尼崎市立博物館となって，
持続的活動しているぐらいであった。

　私は編さん所を常設機関として，永続化させるには，編さん事業長期化が妙案
と考えた。そこで市史構成は，歴史編(4巻)・経済編(3巻)・行政篇(3巻)・文化編
(3巻)の合計13巻とした。最低でも13年間は存続する。一般市民にとって，専門分
野別編成は，読みやすいし，関心のある分野だけ購入ができる。市史としても総
合史は歴史編で，専門分野は各編でと，専門性に特化した編集ができる。(2)

　第3に，市史編さん体制は，昭和55(1980)年4月に「神戸市制百年史編纂準備
委員会」が発足した。(3)機関誌『神戸の歴史・創刊号』(昭和55年9月)を出版した。
57年3月に「新修神戸市史編集室」を，中央区役所7階に50坪程度の大きなフロ
アーが，空いていたので開設し，市組織として発足した。

　私は予算・組織・人員・事務所を手配したが，市史編さんへの準備・実施は，
『歴史編Ⅰ』だけ関与したが，あとは昭和59年に昇格した洲脇一郎係長に，一任
したままであった。洲脇係長は，庶務・研究担当と一人二役で事務過重となった
が，市史編さん所の編さん事業・資料整備収集を進め，そのうえ多くの市史関連
論文執筆と，驚異的な行政実績を残してくれた。

　今日，文書館が市史編さん所として，存在・機能し，新修神戸市史が全巻刊行
できたのも，洲脇係長(のち教育委員会参与)の存在が大きい。平成元(1989)年4月に

は，『歴史編Ⅰ自然・考古』を発刊し，同年6月には，市立南蛮美術館跡に神戸市文書館として移転した。

　第4に，市史編集・執筆の方針には，多くの制約があった。それは個人の出版物ではないので，持論の展開は自制してもらわなければならないが，事実の羅列だけでなく，一定の史観による評価は必要である。

　さらに統計・行政データを，的確に整理・記載しなければならない。市史は市政の記録で，市民にとって市政の百科事典のような機能も期待されている。

　むしろ統計データの整理・分析を，この機会に整理をし，年次的に統一した，図表作成がのぞましい。財政統計をみても，年次で項目が異なり，通年比較ができない図表がほとんどである。

　市史編さん所・編さん事業の大枠は固まったが，文書館となった市史編さん所を，どう運営するかであった。第1に，専門行政機関に特化されるのでなく，庁内での存在価値を発揮し，市民にも親しんでもらう，運営をしなければならない。そのため機関紙第1号『神戸の歴史』（昭和55年9月）を出版した。(4)

　第2に，機関紙『神戸の歴史』は，市史編集補完のための専門論文の掲載，歴史資料の記載などさまざまの機能が求められ，また埋もれた市史研究者への発表機会の提供という役割，さらに神戸市史の深掘り事業をすすめていく役割が求められた。

　ただ文書館は少数職員で，施設の充実という当面の課題もあったので，一般的神戸市史研究は，神戸史学会『歴史と神戸』に依存するとして，当面，『神戸の歴史』は，神戸行政史を中心の編集とした。(5)

　従来，市史にはなかった，市OBのオーラルヒストリーを，『神戸の歴史』の第2号民政局・第4号建設行政・第6号衛生局・第12号農政局などを実施し，多くの歴史的事実がとりあげられ脚光を浴びるようになった。(6)

　市OBの個人の記録を残す必要も感じ，戦前の市職員・奥中喜代一（大正9年就職・京大土木部卒・満鉄勤務）のヒヤリングをし，『神戸の歴史』第2号に掲載しているが，大正11年7月から8ヵ月単身で欧州・米国視察（公費1.3万円前後）に派遣されている。戦前，神戸市が如何に人材育成に努めたがわかる。

　視察は本人の希望で2ヵ月延長されたが，その分私費約1万円を負担している。イギリスのごみ選別収集など，示唆に富んだ事実が語られている。

　神生秋夫元土木局長には「神戸市有料道路物語」（『神戸の歴史』3〜5号）を執筆

してもらった。都市自治体では政府職員のように叙勲は，のぞむべくもないが，外郭団体就職だけではなく，市OBの活躍の場を設定し，現役の実務体験を聞きだし，記録して市政の参考し，個人の自叙伝とするぐらいの配慮をしても，公費の浪費といわれないであろう。

　神戸市史の深掘りとしては，多くの研究論文が，『神戸の歴史』に掲載されたが，8代目市長勝田銀次郎とロシア革命で行き場がなくなった子供約1,000人を貨物船陽明丸で救出した活動を，辻雄史(神戸市OB・阪神大震災復興総括局長)「勝田銀次郎と陽明丸」(『神戸の歴史』第26号・2017.3)を掲載し，一般市民の方に紹介していった。(7)

　第3に，市史歴史資料機関としては，洲脇係長がよくやってくれた，「神戸又新日報」(1884創刊・1886.1.6～1939.6.29復刻複写)「HIOGO NEWS」(1868年創刊・全巻複写復刻)などの膨大な複製版，地元歴史資料収集など，市史編さん所として体裁はととのった。市史編さん事業は，宮崎市政に肝いりで設置されたので，初期施設・資料整備の予算は潤沢で，膨大な市史料の収集・整理・保存という地味な機能も充実できた。

　第4に，それだけでなく，文書館の活動成果を，市民に知ってもらうため，年に1回は企画展を，同館で開催している。神戸開港150年記念として平成28年11月「神戸と難民たち」展を開催している。神戸はユダヤ人難民，ロシア革命亡命者，トルコ軍艦遭難者などの多数の人々を受け入れ支援している。

　これらの史実は，これまでの市史では，埋もれた史実であった。企画展は，平成12(2000)年「戦時下に起こった阪神大水害」，平成26年3月「近代神戸の産業経済史」，平成27年11月「都市と戦争」，平成29年11月「近代神戸の開かれた六甲山」などが開催されている。

　第5に，本来の神戸市史編さんは，令和3(2021)年全巻発行で完結した。昭和55(1980)年に編さん集委員会発足から41年が経過していた。平成元(1989)年の『歴史編Ⅰ』から32年であった。全巻の構成も歴史編(4巻)・行政篇(3巻)はそのままであったが，経済編(4巻)・文化編(1巻)の合計12巻となった。骨格はかわらなかったが，編集内容には問題が残された。(8)

　ともあれ市史は，完結したが，私は，歴史編第1巻のみ編集に関与した。(9)歴史編の編さんは，その後，順調にすすんでいたが，突然，『歴史編Ⅳ・近代・現代』(1994年)の編集担当の鈴木正幸教授から電話があり，歴史編Ⅳの最終的第6章「経済成長と神

戸市政」の執筆を依頼された。急遽執筆し，ともかく責任分担だけは果たした。[10]

# 注

(1) 予算は財務課査定1,000万円が認められたので，初年度はこれで十分と安心していたが，助役・局長の談合で，新聞社OB1人の嘱託採用が決められ，実質的予算は500万円を切っていた。担当の私が，まったく関知しない談合で減額されていた，財務課へ頼み込んで増額をしてもらった。編さん所の人員は，一般職員は洲脇一郎係員1人では，どうにもならないので，アルバイトを雇用し対応した。研究スタッフは，洲脇係員，阿部環新聞社OBだけであったが，市OB福島富夫(住宅局建築部長)は，外郭団体の要職への就任が確実であったが，どうしても市史編さん所で研究をしたいという本人の意向を，人事課が汲んで着任した。人件費は市OB職員で人事課負担でたすかった。

(2) 大都市の市史をみると，大阪・名古屋・京都市はオーソドックスな編集で，年代ごとに行政・経済・社会・文化などのすべてをふくむ総合編方式である。東京市史は戦前，膨大な市史資料が編さんされているが，手頃な東京市史はなく，戦後，東京都全体の『東京百年史』(6巻)は，東京市が中心となっている。しかし，東京都全体を対象としたためか，行財政史の統計的分析などは簡略で，財政などは東京都財政史研究会『東京都財政史』(3巻)に依存しなければならない。なお東京都企画審議室調査部『東京都50年史全5巻』(通史・事業史3巻・資料)があるが，都政概要史で，いわゆる都市自治体史ではない，東京市がなくなった後遺症といえる。横浜市は行政史と貿易(経済)史の比重をみると，行政は5分の1以下であるが，各巻に分散しているので全巻を購入しなければならない。市民サイドの便宜を考えると，歴史篇・経済編に分割すべきであった。

(3) 委員長是常福治(神戸都市問題研究所常務理事)，有井基(神戸新聞社学芸部次長)，落合重信(神戸市立中央図書館・神戸史学会代表)，木南弘(神戸市立御影工業高校教諭)，柳瀬俊郎(神戸市企画局長)である。なお各編の責任編集者は，歴史編高尾一彦・神大教授，経済編新保博・神大教授，行政編足立忠夫・関学教授にお願いしたが，文化編は各分野代表者に集まっていただいたが，責任編集者は決められなかった。

(4) 機関紙第1号は，昭和55年9月に刊行された。当初，市民への周知は不十分で，販売部数は伸びなかった。もっとも第1号はグラビア頁がなく，質素な編成であったので，第2号は北野恒富の「神戸貿易製産品共進会ポスター」(明治44年)を，巻頭のカラー刷で掲載した。しかし，それでも部数は，ふえなかったので，第3号は南蛮美術館蔵「摂州神戸海岸繁栄之図」などカラー版グラビア4枚で巻頭を飾ることで，一気に人気がでた。これは市広報グラビア誌が，新平家物語の特集カラー版をだして，販売部数を伸ばしたアイデアを頂戴しただけであった。

(5) 創刊号の内容は，論文は「建築関連行政史1」福島富夫(市住宅局建築部長)で飛鳥時代から江戸時代まで，「岩岡たばこ栽培の歴史」福岡順三(市農政局地域整備課長)は江戸時代から現代まで，市職員であるが専門家と比較しても遜色がない論文であった。研究ノート「電気事業買収の顛末」(編集部)などの3編だけで，「文献紹介」として「神戸外国人居留地」「徳川道－西国往還付替道－」があった。当面は市職員は少数なので対応し，市史編さんへの準備を優先していった。それでも十分に魅力ある論文が多くみられた。大学教授の論文は，第10号の加藤一明・関西学院大学教授「神戸の大区・小区制」からであった。

(6) この市OB座談会は，民生・建設・衛生・農政局が実施された。事業局ならではの施策実施の苦心，市民の生活実態，職員の創意・工夫など，市史・市会史で知りえ多くの行政事実がわかっ

た。各局長から行政関連機関・団体が保管している資料なの情報提供があった。この機会に事務局が詳しい年表を作成している。何より市OBにとって，楽しい時間であったが，最初だけ場所は国際ホテルであったが，次回から研究所で開催されたので，座談会後，市OBが研究所理事長室で宮崎理事長を囲んで，長らく懇談していたが，理事長にとっても至福の忘れ難い，ひと時となったのではないか。

(7) 陽明丸事件について詳しくは，辻雄史「勝田銀次郎と陽明丸事件」（神戸外国居留地研究会『居留地の窓から』第8号・2013. 4. 20）参照。なお「陽明丸」の救出劇は，埋もれた事実であったが，神戸新聞（2014年1月3日）などが報道し，やっと日の目をみるようになった。

(8) 歴史編4巻は，大阪・京都市史に匹敵する均整のとれた総論として行政・経済・社会の専門的記述と歴史的事項の解説あがり，均整のとれた編集となっている。しかし，各編では歴史編・各編総論と各論の重複が多くみられた。ただ生活文化編は予算関係で1巻に圧縮されたため，編集は生活文化として意欲的編集となっている。有馬温泉・水上生活・地域コミュニティ・食生活など特異なテーマを生活文化としてまとめている。ことに宗教とコミュニティは新鮮な切口である。しかし，文化編として網羅的に百科辞典的要求に応える，本来の建築・文学・美術などが諦めた犠牲も大きい。わずかの経費を惜しみ，文化編3巻の編集方針を反故した禍根は大きい。

(9) 考古学の古墳・銅鐸など，神戸市は予想外に多くみられ，市民にとっても関心が高いが，未開拓の分野であった。しかし，教育委員会の文化財担当と，博物館の文化財担当者が対立し，どちらも執筆を拒んだ。さらに発掘調査が完了していないなどの理由で，執筆の気配すらなかった。それならば外部に執筆させると，揺さぶりをかけると，やっと双方で調整し，執筆する意向を固めた。私自身としては，市史は折角の機会であるので，出来る限り執筆するのが，今後の研究に有益な効果を及ぼすとの思惑であったが，市史全体を通じて，市職員の執筆はほとんどなかった。

(10) 編さん会議にも1回も出席していないし，どのような論調・構成で執筆するのかわからなかったが，出版期限も迫られており，もともと私が鈴木教授に依頼した手前もあり受託した。第6章「経済成長と神戸市政」は，枚数はわずか35頁ほどで，第5章の「戦後の神戸市」が140頁と比較して，圧縮された頁数であった。政治はすでに原口・宮崎市長の出版物があるので2・3頁にとどめ，公共デベロッパーなど限定して執筆した。結果として，原口・宮崎市政の都市経営論・施策は，複雑となるので割愛し，市政の軌跡をたどるだけと精一杯で，時間と枚数の制限から，市民の市史への要求の最大公約数的な要求に応えることを優先させた。なお戦前の神戸市政については，ただ『行政編』の編集・執筆の誘いはなかった。戦前編は拙著・前掲「神戸近代都市形成」（2017年）で，市史の補填をできたが，戦後について，『神戸・現代都市の形成』を，執筆できるかどうか自信がない。

# Ⅷ　都市づくりと波乱の自分史

## 湊川付替工事と西部耕地整理

　私は行政視点で，神戸市政をみてきたが，市民視点でみると，行政の生活への影響力はよりリアルで，評価もきびしくなる。私と市政の関係は，小学生時代の集団疎開，壮年期の区画整理，老年期の阪神大震災など意外と多くみられた。

　昭和9(1934)年，私は神戸市西部の林田区(現長田区)腕塚町で生まれたが，物心がつく頃に，同区御蔵通6丁目に移った。昔ながらの下町であった。

　自分史との関連で，印象深い神戸市政の施策をみると，第1事例は，阪神大水害と湊川付替事業との関係である。昭和13(1938)年，阪神大水害が発生し，全市的に大惨事となった。私は当時，4歳10ヵ月であったが，自宅前の道路が濁流となり，両親が泥水を懸命にかきだす，異様な光景が鮮明に瞼に焼付いている。小学生であれば，自宅流出の恐怖に慄いたであろう。

　自宅倒壊・流出の惨事を免れたのは，明治31～34年に民間企業による湊川付替工事(事業費99.5万円)がなされたからであった。この工事は神戸都心が，神戸区と湊3区が湊川で分断されていたので，河川を埋め立て，都心整備をすすめるためであった。

　ただ当初計画では，兵庫中心部を南下していた湊川を，北部湊区の大倉山麓を横断し，西部の林田区から南下させ，苅藻川(新湊川)に合流させる，迂回ルート工事であった。

　だがこの変更に対して，市民の反対運動が起こり，堤防方式での流域変更は，兵庫南部は水害を免れるが，林田区は全体が水害で大惨事になると，工事変更を神戸市に迫り，市直接施行とすべきと要求した。

　施行者は工事挫折を恐れ，事態打開のため大倉山を隧道(650m)でくり抜き，南下するルートに変更した。新湊川は掘割方式となり，溢水はあっても堤防破壊の恐れはなくなった。この工事を請け負った，地元施行者武岡豊太氏が，採算を度外視し防災重視に切り替えた。ただ当初工事費60万円に隧道工事39.7万円が追加され，最終的には99.7万円に膨張した。

　もし当初計画なら我家は流出し，私も亡くなっていたかもしれない。神戸市も被害額がさらに膨張し，巨額の救助・復興費増加が免れなかったであろう。工事変更は鳴滝市長でなく，市民が利益優先の民間工事を変更させた，特筆されるべ

き歴史的事実であった。

　まことに摩訶不思議なのもで，私がまったく関知しない，湊川改修工事変更で命拾いしたことになる。市民は自治体に，生命・財産・生活の安全を公共信託しているが，自治体が怠慢であったが，市民運動と民間デベロッパーの武岡豊太氏に，救われた予想外の結果となった。

　無視できないのは，神戸市は民間委託方式によって，370万円の開発利益公共還元に失敗し，東京・大阪の外部デベロッパー資本が，労せずして200万円の開発利益を収めた事実である。[1]

　戦後，神戸市の公共デベロッパーが，開発優先と非難されたが，民間デベロッパーに依存した，自治体の優柔不断が，如何に大きな利益喪失をもたらすか，歴史的に立証した事実であった。

　第2の事例は，西部耕地整理事業である。私は昭和16(1941)年，国民学校と名称変更になった，神楽小学校へ入学した。神戸の密集市街地のど真中で，同小学校には同規模の学習園(農園)が併設されていたが，小学生の筆者にとって，なぜ広大な農園が併設されているかわかるはずもなかった。

　市役所勤務になり，神戸市史で同小学校用地は，全国屈指の大規模西部耕地整理組合事業(大正3年設立・事業面積180.3万㎡)で，捻出された用地であると知った。

　事業は鈴木商店・川崎造船・三陽ゴム・湊川土地建物会社などの企業と，大地主池永孟・小曽根定松などで，顔ぶれからみて地元資本家・地主層といった，都市ブルジョアジーの揃い踏みの感があった。[2]

　西部地区の沿岸部には，川崎・三菱造船所など大企業が立地し，後背地の田畑は急速に市街地化がすすむ兆しがみられたので，先行的に農地の耕地整理事業を実施した。事業費25万円であったが，市補助5万円，溜池売却費56万円余(面積5.1万坪)と事業収支は良好で，減歩率15%と高率負担で，道路などの公共用地は26.9万㎡増加となった。

　もっとも西部耕地整理事業は，時の鹿島市長が全面的に行政支援をした。事務所を市役所内に設置し，民間の都市づくりの利益追及を行政がコントロールし，実質的に開発利益公共還元の成果をみた，積極的行政指導の功績といえる。

　ただ耕地整理後の状況をみて，神戸市だけでなく，国・県も公共用地確保の千載一遇の好機として，神戸高等工業学校・林田警察署・長楽小学校・神楽小学校

の用地が低価格で確保できた。便乗取得として国鉄鷹取工場(2.3万坪) もあったが，神楽小学校の農園も，この便乗買収の類であろう。要するに国・県は事業化の苦労・負担もまったく，棚ぼた式の取得であった。

　外見だけみれば大資本・地主による，不動産経営による開発利益追及にみえるが，もし耕地整理事業がなされなければ，公共用地取得は難航し，高い買収費を支払っても，小規模小学校となったであろう。なによりも乱開発となり，都市スラム化し，街路整備などの巨額の公費追加投資となったであろう

　もっとも神楽小学校は，それでもマンモス校となり，運動会は午前中は低学年，午後は高学年の2部制であった。

　低学年生は午前で追いだされたが，私は校外側溝の開口から潜り込み，3階から運動会を盗み見したのを記憶している。戦後，私の母校大橋中学校は，さきの学習園に建設されたが，戦前市政の遺産であった。

**注**

(1)湊川付替工事は，民間デベロッパー方式で，神戸市との契約では，約8万坪の旧湊川用地が工事施行者に無償譲渡される，きわめて有利な条件であった。大阪資本だけでなく東京資本も参加し，湊川改修株式会社を設立した。実際の工事は，地元の武岡豊太が請け負っていた。工事完了で会社は，工事請負費を用地譲渡で武岡豊太に支払っており，会社200万円，武岡豊太は工事費差引170万円の用地譲渡益を獲得している。東京・大阪の資本は，100万円資金提供だけで，なんらの工事もなさず，利益200万円の利益を懐におさめて，まさに濡れ手に粟のぼろ儲けであった。神戸市は，現在の湊川公園用地1.1万坪を30万円で同会社から購入しているが，優柔不断の決断なき市政という醜態をさらす事態となった。高寄・前掲「神戸近代都市」161〜163・173〜182頁参照。もし神戸市が公共デベロッパーで事業化していれば，370万円の利益を確保でき，むざむざ外部資本に開発利益を貪られることもなかった。なお明治35年の市税収入57.4万円で，開発利益は6.45倍である。公共デベロッパーの事業資金がなかったといえるが，明治後期は他の5大都市は，外債発行で都市整備資金を調達しており，都市経営意識があれば資金調達はできた。

(2)神戸西部耕地整理事業について，川島右次『神戸西部耕地整理組合誌』(1925年)，高寄・前掲「神戸近代都市形成」334〜341頁参照。

## 学童集団疎開と中高生時代

　小学校は，戦時中であったが，1・2年生の時代は，担当の金井先生は，休日，県庁裏山の修ヶ原への飯ごう炊さんに連れて行ってくださった。学校行事では，須磨の奥にある太山寺への遠足と，楽しい学生生活であった。

しかし，3年生になると戦時色が濃くなり，若手先生による体罰が日常化した。下町の子がほとんどで，喧嘩は日常茶飯事であったので，体罰は苦にならないが，やたらと殴られるは，腹ただしかった。そして4年生になると，集団疎開となる。

　政府は昭和19(1944)年6月30日，閣議で学童疎開促進要綱を決定し実施した。当初は3～6年生が対象であったが，さらに1・2年次も追加された。神戸市で約1万7,709人の小学生が集団疎開したが，比率でみると，集団疎開4，縁故疎開6，残留3の割合であった。

　神戸市集団疎開経費は，19年度798万円，国・県補助513万円，市105万円，保護者負担180万円であった。20年度にも市は116万円の追加予算を計上している。19年度一般会計8,868万円，市税4,038万円であったが，戦時特別負担が膨大で，財政的は逼迫しておりきびしい負担となった。

　昭和19年8月，私達は神戸を離れ県内北端の城崎へ向かったが，城崎が何処にあり，どんな生活がまっているのかわかるはずもなかった。

　旅行気分ではしゃいでいたが，あどけない我が子を送りだす，父母の心情はいかばかりであっただろうか。戦時中のこととて集団疎開中は，私の父母が，疎開地を訪れることはなかった。

　兄は2歳上の6年生で，国鉄城崎駅から西へ1駅の城崎郡竹野村の青年会館に，4年生の私は，城崎駅から数km離れた，海岸寄りの城崎郡港村の照満寺という，大きな寺に疎開となった。女子は同じ港村でも，日和山という風光明媚な丘の上の金波楼旅館で，天国と地獄の差があった。

　私たちの疎開生活は，きびしかった。大きな寺といっても宿泊施設ではなく，当然，暖房施設なんかなく隙間風があり，天井の高い広い本堂での雑魚寝であった。風呂も家族用しかなく，70人近い生徒は，一度に入られず，週に1回程度であった。便所は屋外に設置され，冬はつらかった。

　朝5時頃には地元漁師の方々が，読経に本堂に訪れ，睡眠不足となった。地元は多数の児童を預かるため，何かと工面をしていただいたが，生活環境の劣化は，否定できなかった。食料不足も加わり，生活状況は最悪で，そのため風邪・しもやけ・下痢など，体調不良者が続出した。だが疎開児童を受けいれた港村は，大変な迷惑であった。

私もなぜか中耳炎になり，城崎町の耳鼻科まで，バス通院する羽目になった。ある日，あまり腹が減るので，帰りのバス代で団子を買ってしまった。満々と水をたたえる円山川に沿って，帰路を急いだが，山際に沈む夕日をみると涙が溢れてきた。このような疎開地での出来事といえば，外部からの訪問であった。予科練入隊が決まった友人の兄が，全員に挨拶をした。当時の少年にとって，まばゆいばかりの恰好良さであった。

　その年の冬，私の兄が同期生10名ほどと，山越えでやってきた。正月開けに中学受験で帰神するので，別れの挨拶であった。

　兄はポケットから，ビスケットを2・3枚だし，その場でたべるようすすめた。他の疎開児童にみとがめられると，何かと面倒だからであったが，密やかな涙の兄弟対面劇であった。

　この疎開をとりあげたのは，帰神した兄の同級生50人のうち1割近くが，3月の神戸空襲で亡くなった事実を，戦後，兄から聞かされたからである。集団疎開は内務省の強制的施策で，市のみでなく保護者の負担も大きかったが，人命救助に大きな効果をもたらした。

　神戸市で6年生を除外して推計しても，神戸市では集団疎開で約1,300人，縁故疎開で約2,000人，合計約3,300人の命が悲運を免れた。そして生き残った児童たちが，戦後の高度成長の担い手となった。

　昭和20(1945)年3月17日，神戸大空襲があり，市街地の大半が被災した。神戸の我家も焼け，父と姉2人は仕事の関係で，掘立小屋を建て神戸に残った。兄と母は，母方の叔母の三木市郊外へ疎開したので，私も縁故疎開となった。

　半年たらずの短い縁故疎開であったが，叔母の長男・次男とも出征中で，ともにインテリであったので書籍が多くあった。講談社の猿飛佐助などの本をみつけ，むさぼり読んだ。親戚筋の小学生と田舎の生活を満喫した。

　川に水浴びにいき，帰り道で親戚の畑から，西瓜をもぎ取り食べた。夕方，水路にもんどりを付設しておけば，朝にはどじょうが入っていた。イナゴを捕って焼いて食べたが，戦争が嘘のようなのどかな生活であった。

　昭和20年8月，敗戦を迎え，秋には神戸にかえった。神戸電鉄終点の湊川駅におりると，数キロ南の兵庫駅まで，一望千里の焼け野原であった。神戸市交通局上沢変電所の残骸が，目立つだけであった。阪神大震災とは，比較にならない惨

禍であった。

　縁故疎開から帰ってきて，母校である神楽小学校に通うが，三階講堂の天井は焼夷弾落下で大きな穴があいたままであった。それでも6年生になると，担任の石川先生が，進学希望者だけを集めて，補講をしていたが，ある日，新制中学制になり，受験勉強は中止といわれホッとした。

　戦後であったが，先生は生徒の面倒をよくみてくださった。野球を教わり，布の手袋をグローブにして放課後よく遊んだ。

　昭和21(1946)年，新設の苅藻中学校に入学したが，戦後の人口激増で苅藻中学校は，たちまちマンモス校となり，1年後，私達は新設の大橋中学校への転校となった。新設といっても中学校校舎は，さきの神楽小学校付設学習園に建設予定で，私の両親は建設用地の地ならしで，勤労奉仕の動員に狩りだされた。

　しかし，私達は神楽小学校に間借りして，中学生時代は過ごし，新大橋中学校校舎で学ぶ機会はわずかであった。

　大橋中学校で何よりびっくりしたのは，先生の顔ぶれで，新制中学校発足後で，人材は底をついていたのであろう。旧制中学校の退職教員はともかく，大学・高専新卒の若い先生は，果たして教員資格をもっていたか疑わしかった。

　中学校教育の体裁はそろっていたが，多彩な人材を集めたので，学習指導は先生によってばらつきがあった。もっともスポーツなどのクラブ活動は活発で，私もサッカー部にはいり，駅伝も走らされた。

　生徒会長にまつりあげられ，いい気になりあまり勉強をせぬまま過ごした。ただ若手の先生は，個人的に生活指導まで親身なって面倒をみてくださった。[1]

　結局，中学生時代，余り勉強はしなかったが，どのような考えを抱いていたか，中学の学友誌「ともがき」（第4号・1948年4月）の「自治会長に就任して」と題して，自治会活動への全員参加を呼びかけている挨拶文で，自治こそ大事とみなす論調で，意外と核心をついていた。[2]

　幸い小学区制で，兵庫高校(旧制2中)へ入学できたが，他校の生徒と比較して，私の学力は低かった。入学後，高校が各中学校の生徒会長だけを集めて，学校への苦情・要望を聴く機会がもたれた。

　駒ヶ林中学校の山部(のち東大工学部)さん，苅藻中学校の保坂(のち早稲田政経)さんらが，理論整然と意見をのべるのをみて，大きな衝撃をうけた。

新規まき直しで勉強しなければと思い，第1回戦災復興住宅の風通しの悪い部屋で，頑張ったのが原因か，夏休後，当時として不治の病の結核にかかり，2年間の休学を余儀された。人生で最初の挫折であった。[3]

　高校時代は復学したが，肺結核の再発に脅えながらの学生生活であったが，幸い受験生活も今日のように激しくなかった。学校生活は，神戸高校との野球定期戦とか，生徒会主催の運動会など，結構楽しかった。師弟騎馬競争では，気に入らない教師を意図的に転んで，地面に投げだす悪ふざけをした。

　高校時代には自宅は戦災で焼失したので，御蔵通5丁目の市電道の表通に移転していた。そのため，家庭環境は相変わらず悪く，市電停留所の前であったので，隣にパチンコ屋ができ，一日中，軍艦マーチが鳴りやまず，学校から帰ると，市電で1駅はなれた祖母の家にいき，朝帰りが日課となった。

　兵庫高校の先生方は，熱心に受験勉強を指導してくださった。幸い受験勉強もあまりしなかったが，昭和30(1955)年，京都大学法学部に入学できた。ただ高校の先生は多士済々で，異色の人材が混在し，自由奔放な雰囲気で，受験勉強の重苦しさはなかった。[4]

## 注

(1) 赤松昇・高部五郎の両先生などは，生徒の面倒見が良く，年端もいかぬ私達中学生にとって人格形成にも大きな影響をうけた。赤松先生の自宅にはよく訪問し，有名小説の話を聞かされ，難しい文学全集を貸してくださり，一時は文学少年のように没頭した。また高部先生の下宿にも押しかけ，下宿の奥さんにも可愛がってもらい，夕食の馳走になった。先生は勉強に励み大学へいき，身を立て名をあげるよう励まされたが，中学生の私には実感は湧かなかった。傑作であったのは，哲学科出身の古田耕作先生で，夜間，宿職室に訪れると，人生とはなにかを，延々ときかされたが，何のことかさっぱりわからなかった。最後は肝試しと称して，3階の講堂を往復した。真っ暗な廊下をわたり，講堂を通り抜けるのは，スリル満点であった。

(2) 学友誌「ともがき」は，学校発行の広報紙で，創刊号は校長・PTA会長の挨拶文が掲載されている。ただ以後は運動・文化部の活動状況などとともに，学生の詩・和歌・随筆・感想文などが，多く掲載されていた。さて私の文は「自治とは何でしょうか，それは上から押さえつけられたものでなく，下から湧き上ったものでなくしては本当のものでないのです。・・・・これは全校生徒が努力すべきものなのです。一人一人の生徒が一番大きい決定権をもっているのです」と，堅苦しい文章であるが，正論を真面目にのべている。

(3) 長期休学となったのは，発熱後1ヵ月間も学校に通い，体育の授業もうけ，その間に病状が重症化した。近所の開業医の誤診といえる。ただ病気は，当時，アメリカからの輸入

　　　　　　　　　　　学童集団疎開と中高生時代

品であった，ストレプトマイシンを5本ほど打つと，最悪期は脱した。しかし，1本の値段が普通のサラリーマンの月給に匹敵する高価なもので，父は黙っていたが，かなりの負担になったのではないか申し訳なかった。入院せず幽閉2年間自宅での闘病生活となった。唯一の心の支えとなったのが，中学校で生徒会活動を一諸にした，海老名繁子・堀江美津子さんが，兵庫高校の帰途に見舞いに時々おとずれ，慰めてくれたひと時であった。知り合いの医師が，2年長生きすれば帳消しになると励ましてくれたのも，精神的救いになったが，復学すると，同期生は3年生になっていたが，大学受験は旧制中学の浪人組とぶつかり，ほぼ全滅に近い惨状であった。

(4)先生方の指導も千差万別で，数学の亀井先生は学期末試験にクラス対抗で，成績最高クラスに学食のうどん券を全員に配分してくださった。さして高くない給与では，かなりの負担ではないかと案じたが，私のクラスはいつも勝組で，おおいに恩恵にあずかった。日本史の中島先生は，自分は満州事変までしか教わっていないので，ここまでの授業といわれ，そんな馬鹿なとあきれた。古文・漢文は苦手で，松田先生(のちの兵庫高校校長)に，職員室まで押しかけて，指導をうけたが，忙しいのにかかわらず丁寧に教えていただいた。いま思いかえしても，頭が下がる思いである。


## 大学講義と都市問題

　大学受験はアッという間に済んでしまったが，後悔が残った。3月3・4日の受験は大学近く京都の旅館に，高校同期の約10名で宿泊したが，浪人覚悟の友人が半数以上で修学旅行のような雰囲気で，深夜までだべり，睡眠不足で試験にも集中できなかった。

　3月末の発表までの20日間ほどは，手持無沙汰で，同期生の増田実君と2人で，朝，背後の高取山に毎日登り，午後は友人宅を訪問し，近所の公園で時間をつぶして過ごした。

　合否の電報を予約する受験生もいたが，翌日の朝日新聞での合格者欄で辛抱した。増田君も神戸大学に受かり，2人で抱きあって喜んだ。

　入学後，学生生活の指導もかねて，田畑茂二郎教授との面談があったが，落第点との差は，わずか1,000満点の20点で，人生の幸運に感謝した。1回生は京都宇治の分校であったので下宿をしたが，山紫水明の宇治でゆっくりと過ごした。(1)

　専門課程では法律より経済に興味があり，単位取得で法学部学生のとれる経済学科目は，ほとんど履修した。ゼミは杉村敏正教授の行政法をとった。

　なにも公務員をめざしたのでなく，人気の商法ゼミを落されれば，厄介な訴訟法ゼミとなるので，安全な行政法を選択したまでであった。

　京都の下宿は，同クラスの同前雅弘(のち大和証券社長)さんと一緒で，面白くな

い講義は，交代でさぼりノートの交換をした。同前さんは映画や歌舞伎が好きで，大学生活を満喫していたが，私は図書館で借りた，有名小説とか歴史書をよむ程度であった。今からおもえば，折角，京都にいるのだから，京都市内の名所旧蹟をもっと踏破しておくべきであったと悔やまれた。

　ただ大学の講義科目は，基礎知識習得が主たる目的で，当時，社会現象となりつつあった都市問題とか地方財政は，選択科目でもなかった。マスコミで注目された地方自治は，地方行政は行政法で，地方財政は財政学の対象であったが，まず試験にでる可能性はなかった。

　大学時代，どのような価値観・思想をもっていたかは，今日ではわからないが，本書をまとめるためのため，古いノートを探していたら，法学部5組の論集(1958年)が見つかった。そこに「人間性の擁護」と題した，7,500字の堂々たる私の論文を見つけた。[2]

　資本主義弊害是正のための手段として民主主義，目標としての人間性の擁護という論法は，政策実効性を欠いた，観念論で恥ずかしい限りの論文であるが，それでも目的を人間性，手段を民主主義としたのは，都市問題の解決にも通用する発想といえる。

　いずれにせよ都市問題・地方行政などは，講座としてはなく，また学生も単位取得の試験むきの勉強しかしないので，私も地方交付税の存在すら知らなかった。市役所でさまざまの問題に直面したが，結局，独学で一から執務を通じての習得となった。

　しかし，平穏無事であった大学生活の最後で，人生2度目の関門である，就職試験に挫折する。当時，どこの会社でも，胸部レントゲン写真提出を求められた。肺結核の既往症のある学生は，敬遠されていたらしいが，私自身は完全に治癒しているので，問題はないと楽観視していた。

　当時，大学の学生部で就職のガイダンスはなく，銀行・商社などは，ほとんど採用されたが，メーカー志望の学生は，数人に1名という狭き門であった。私も地元の鉄鋼メーカーを受けたが，法学部から5人ほど受けて，採用は1人だけであった。

　当時，就職は民間企業・中央官庁も，10月1日の同時採用面接で，不採用になった学生は，それぞれ自力で自分の途を，開拓せざるをえない状況にあった。留

年を覚悟していたが，12月に兵庫県庁の採用試験があり，官庁は完治した肺結核
は，問題にしないだろうと期待して受験し採用された。

## 注

(1) 古寺巡礼ではないが，受験勉強から開放され，宇治・平等院など近隣の神社仏閣をよく
　　散歩した。元来無趣味の人間である私の趣味は，強いてあげれば古寺巡礼ぐらいであっ
　　た。市役所の職員は，高尚な文化人も多く，大海一雄・武衛俊雄さんのように水彩画が
　　趣味で，毎年，年賀状に旅行先の風景画が添えられていたが，羨まし限りである。
(2) 書き出しは「自然科学の驚異的発展は人間をして完全に技術的次元まで下落させしめた。
　　今や，人間は知情意を有する生物としてでなく，1つのピストン1つのハンマーに過ぎな
　　い」。結論は資本主義の矛盾克服には，国家による改革が必要で，民主主義の確立が前
　　提条件である。ただ「国家に隷属するのは個人の破滅を意味する。近代民主主義は，共
　　産主義，資本主義をこえて，人間の尊重の問題とつながるものである」と結論づけて
　　いる。


## 県庁勤務と都市計画最前線

　私は昭和34(1959)年，兵庫県庁に勤務が決まり，土木建築部庶務課に配属され
た。仕事は部課長日程を，秘書課へ報告するとか，部課長会の設営・準備などで
あったが，会議は傍聴すらできなかった。内規の作成なども担当したが，一番，
主要事務は県下土木事務所との事務連絡であった。

　文書送付・受取・配付，事業報告書の受領などであるが，現金を持って出張所
へ緊急出張とか，土木出張所の交通事故の現地調査，国土地理院職員の接遇など
もあった。出張所への出張は楽しいひと時であったが，ローカル線で沿線の風景
を眺めながら旅行気分に浸っていた。姫路土木出張の帰途，播但線で福崎町の父
の実家へ久しぶりに訪れることもできた。

　県庁生活で印象に残ったのは，年に1度めぐってくる，県議会議事堂の朝礼の
鐘を鳴らす当番が当った。絶対に遅刻できないので，早朝におき県庁に到着し，
無事役割をすました。

　雑務がほとんどの毎日であったが，港湾課庶務の同期採用の小山孝徳係員(のち
弁護士)と親しくなり，隣接する「開拓会館」で昼食・喫茶などで，楽しい時間を
過ごした。いまでも県庁同期退職組の会合をもっている。

　土木庶務課では事務繁多であったが，それなりに官庁生活を過ごしていたが，
半年後，突如，都市計画課に配置替えとなった。戦後，阪神間の都市で一斉に，

第2阪神国道(1級国道43号，通称浜手幹線幅員50m）建設にともなう，戦災復興鳴尾土地区画整理事業(施行年度昭和21~34年・面積86.7ha)が施行された。[1]

　甲子園球場北側に立派な広域幹線道路が貫通しているが，県区画整理事業で建設された。しかし，高い減歩率での交通量の激しい幹線道路は，地元の住環境・商売活動にとっては，むしろマイナスであった。

　事業は県西宮土木事務所が担当していたが，地元住民にとって区画整理清算金支払は，理不尽な措置であったので，清算金徴収は停滞してしまった。[2]

　そのため都市計画課の岩田係長(技師)と私の2人が，清算金徴収の特命事務担当を命じられた。定期券を購入して，清算金徴収のため毎日，関係世帯を個別訪問する羽目になった。戦前，漁村であったので，住民の気性も荒く，怒鳴られたり，物も投げられたり散々であった。

　しかし，泣く子と地頭には勝てないので，やっと住民は分割払い・延納方式など，納入の兆しがみられた。この気運を逃さず拝み倒して清算金を徴収し，半年ほどたって残余の分も目途がたったので，私は個人的理由で，県庁を去った。[3]

　意外にも県庁同期採用組職員の多くが，順次，退職していった。神戸市・大阪市・弁護士・警察官上級職・民間企業と7・8人にもいた。当時の県人事運営への不信とか，管理型気風に飽き足らない不満，もともと転職まで一時就職などが，理由はさまざまであった。[4]

　私が最後までわだかまりとなったのは，清算金徴収という出張所の後始末を，なぜ本庁が引き受け，しかも新規採用の未熟な職員に丸投げするのかであった。

　徴収事務開始にあたっても，事前に土木庶務・都市計画課だけでなく，西宮土木出張所から清算金徴収難航の状況説明もなく，個別の清算金一覧表だけが，手渡されただけであった。このような人事に納得がいかず，県庁を退職する決心をした。[5] もし都市計画課への配転がなければ，県庁にそのまま在籍し，別の人生を送っていたことになったであろう。

　神戸市へ転職し，気づいたことは，県庁と市役所では，行政風土・組織・職員気質の相違は大きく，公務員にとって仕事の生き甲斐から人格形成にまで，大きく影響をうけるのではないか。もちろん個人気質で，府県行政がなじむ職員も少なくないであろう。

第1に，行政風土の相違である。府県・市町村とでは，行政構造の階層だけでなく，当該自治体が直面する行政課題によっても，大きく影響をうけている。大都市では都市問題が深刻であり，国の法律・財政システムだけではどうにもならない。

　結果として都市自治体では，行政課題に臨機応変に対応していかざるをえないので，行政組織も柔軟なシステムとならざるをえない。ことに公共デベロッパー・公営企業などのウエイトが大きくなると，行政形態も経営化していった。

　第2に，行政運営の相違である。県庁では法規で担当事務が決められ，その事業処理に専念するため，融通がきかない。

　土木部庶務課に土地収用委員会の担当職員がいたが，年数回の開催しかなく，年中暇をもてあましていた。市役所では法規で分担はきめていても，余分な事務事業が，いくらでも分担させられた。

　県庁では各課の職務規定でも，法規係が厳密に文章を添削するが，市町村は比較的ルーズである。厳密に審査するにこしたことはないが，行政は生き物で，実際は職制に関係なく動いているので，ほどほどで臨機応変の対応がよいのではないか。[6]

　監督・政策官庁の都道府県と，事業・サービス官庁の市町村では，どうしても行政的発想・事業的対応が異なってくる。たとえば府県には交通政策課があるが，大都市でも交通局という事業部門しかない。

　県内交通政策の立案・民営交通の指導・新規鉄道の支援などの行政と，都市自治体の地下鉄・バスの運営では，行政の質が根本的に異なる。

　しかも実務的交通事業の監督は，運輸省近畿陸運局が担当しており，県行政は現場行政とは関係が薄い，県内交通の政策策定・助成措置など，中央省庁と同類の業務である。

　市町村では現場の市民要求にどう対応するか，即断即決が求められる。府県は中間団体で，斡旋・調整団体で住民との関係は希薄であった。

　第3に，風通しが良いかどうかであるが，監督・政策官庁の都道府県と，事業・サービス官庁の市町村では，どうしても行政的発想・事業的対応が異なってくる。市役所で決裁をみても係員でも，部長・局長決裁をもらっており，係長になると助役・市長でも決裁をもらっていた。

府県と市町村では，決裁区分が異なるが，私は県庁では，他の課の係長決裁が限度であった。県庁では課長へは課長補佐・副課長などの関門がある。私は直接の上司である土木庶務課長といえども，雲の上の人で，個人的に話をしたことはなかった。

　課長にとって行政処理で下からの情報は，決裁以外ほとんど上がってこないとなると，生の現場の状況はわからず，行政施策選択の適正化にも支障がでてくるのではないか。また部下に対して上司の意向も伝達されず，行政ニーズとの遊離となりかねない。

　第4に，県庁では係長・係員が自己の発想で，新規施策の提案とか既存施策の廃止といった，提案はしにくい雰囲気であった。私が税制課調査係長で埋立地軽減廃止を独断で決定したが，県庁では考えられない行為であろう。

　むしろ上から組織として，新規施策が割りあてられ，はじめて課題に対応する習性が定着していた。要するに組織・上司の壁が，職員にとって厚い障害であったので，担当職員が変革を提案する雰囲気はなかった。(7)

## 注

(1) 兵庫県施行の西宮市鳴尾戦災復興土地区画整理事業については，兵庫県土地区画整理協会『兵庫県土地区画整史』(昭和58年11月参照)参照。

(2) 清算金徴収が遅れるにつれて，土地売買・相続がからむと，住民の移転で住所不明，相続で支払義務者数人に分割され，負担額比率不明など複雑になってしまい，住所の追跡，複数支払者の負担金額確定など厄介な事態が多くなっていった。さらに旧漁村であったので，親類縁者が多く，清算金の交付・徴収の相殺方式が，多く要望されたので，係長と相談して，やむなく当事者と清算金支払日に清算金受取者の収入で，清算金支払者が払い込むという，親族相互での処理という苦肉の策を弄し，確約書を書いてもらって徴収延期した。ただ公務員としては，為してはならない行為とわかっていたが，他に選択肢はなかった。万一紛争となっても，課長には合議決裁をえていないので，徴収担当者の私文書の類としてみなして，私が責任を取ればよいと腹をくくっていた。背景には強引で理不尽な区画整理のツケが，徴収・納付を困難にしており，住民の窮状を汲んでの対応を余儀なくされた。

(3) なお県庁の仕事にはなじめなかったので，34年7月に国家公務員上級職試験を，たった2・3ヵ月の期間だけの勉強で受けた。10番台での合格と予想外の好成績で，偏差値だけは高いことがわかった。中央省庁を訪問したが，中央省庁の同期生が，浪人採用となるので，知人が当時の金井元彦副知事と昵懇であるので，推せん書をもらったほうが良いとの助言があった。そのため一度帰神し，再度，推せん状をたずさえて，上京しようとした。しかし，伊勢湾台風(昭和34年9月26・27日)で，国鉄が大幅遅延し，採用面接に遅れるなど，就職活動が上手にいかず駄目となった。結局，今度の就職も人生の運にも

見放された感があった。ただ2回も休暇をとり，中央省庁への就職活動が，土木部にわかり，いずれ転職をせざるをえない，気まずい雰囲気となった。

(4) 県庁退職者が多いのは，34年度だけでなく，県上級職採用が始まった27年度は，26人採用で19人が退職している。28年度も20人採用で15人退職である。しかし，年々退職者は減少し34年度では40人採用で7・8人退職である。以後，県行政の魅力的事業がふえ，退職者は激減している。身分的には県職員は，市町村への天下りもあり，退職後の再就職も市町村よりはるかによい。なによりも市町村の上位団体として，政策・監督官庁としての旨味のある行政が多い。もっとも天下り官僚が多いという，人事構造はそのままである。毎日新聞・前掲「兵庫県レポート」15・16頁。

(5) 与えられた仕事だけを，黙ってするのが，公務員の本分かもしれないが，西宮土木出張所にはベテランの職員も多くおり，対住民関係も熟知しているはずである。こんな人事では，何時突如，北部の浜坂出張所へと飛ばされるかわからい不安がよぎった。現に同期採用組が県西部の上郡出張所へ異動となっている。どう考えてももう少し配慮があってしかるべきはないか。私は将来の異動人事への不安から，退職への決断となった。

(6) 県庁では日常業務でも，些細なミスは許されず指摘される。総務部の法規係への土木庶務の執務規則案をもっていったが，句読点の打ち方で油を搾られた。しかし，条例でなく内規の類で，そこまで厳格に規定することもないのではないか。関係課との間で解釈に疑義が発生すれば，協議すればすむ問題である。あまり厳密に規定すれば，かえって現実にそぐわない責任の空白が生じ，事務の停滞・責任問題という深刻な事態になるではないか。

(7) 兵庫県行政実態については，毎日新聞・前掲「兵庫県レポート」130〜156頁参照。


## 因縁の区画整理と反対運動

　私は昭和35(1960)年6月，神戸市が国民健康保険実施で追加採用があり，変則的に神戸市役所に幸運にも採用された。

　新規まき直しの公務員生活がはじまり，39(1964)年，結婚して西宮北口駅近くの建売住宅を購入し転居した。ところが数年も経過しないうちに，市から下水道が完備したので，配管工事をするように通知があった。

　建売住宅であったが，建築許可の関係で浄化槽排水管は付設されていたので，それに市が接続して済むと思っていたが駄目で，各自が下水道本管へ直接付設する新規配管工事となった。10軒が共同で工事をしたが，それでも1軒30万円以上の支出となった。[1]

　ところが下水道付設から，2・3年も経過しないのに，昭和45(1970)年，西宮市は突如，甲東瓦木地区区画整理事業を発表した。またしても因縁の区画整理にぶつかった。今度は区画整理地区の住民という逆の立場であった。

事業計画をみると，自宅は道路予定地の換地対象で，下水道へ配管は廃棄となるが，今度は市が新規布設となり，個人負担とならないが，先の配管工事は私費の無駄使いと化した。

西宮北口は，同市北部の中心地で，自宅付近は田畑が点在していたが，阪急西宮北口駅への道路だけでなく，小学校・保育所も整備され，特にスラム化する恐れもなく，住環境は良好であった。

今更，何で区画整理かという感があった。強いてあげれば駅前の商店街が，戦後バラックの老朽密集街区であった。もっとも同事業は中津浜線東部の樋の口町などが対象となっていたが，都市スラム化がすすみ，区画整理が緊急課題の状況であった。

住民説明会は，自宅近くの高木小学校講堂で開催されたが，多数の住民が詰めかけ満員で熱気があふれていた。馬場順三都市開発部長（後の西宮市長）から，事業説明があったが，住民の反対質問で，判明した事業の全貌は，住民として納得できない計画であった。

第1に，住民のもっとも関心のあった，減歩率は0〜30％であった。田畑がふくまれているので宅地は10〜15％ぐらいと推定されたが，零細宅地では死活問題である。市は区画整理で環境はよくなり，地価が上昇するので，減歩は受益者負担として辛抱して欲しいという説明であった。

しかし，地価上昇は区画整理に関係なく，毎年上昇しており，事業効果を見極めるのは不可能である。負担といっても，計画では幹線道路整備が主要因で，住宅環境が特段よくなる訳でない，減歩は田畑・大規模宅地はともかく，一般住宅は数％以下でも高いくらいであった。

第2に，市民が憤慨したのは，中津浜線整備北部の段上地区区画整理事業が失敗し，肝心の西宮北口駅前の戦後バラック商店街再開発も挫折し，窮余の策として中間の甲東瓦木地区を，劣勢挽回の突破口としようとした，杜撰な計画であった。

しかも事業計画の主たる目的は，南北幹線である中津浜線整備で，田畑もかなり存在し，道路拡幅事業で処理すれば，用地買収方式で簡単にすむ，なぜ区画整理方式でわざわざ多く住民が巻き添えとするのかであった。

自宅の立地環境からみて，仮に幹線道路・公園建設があっても，生活利便性に

因縁の区画整理と反対運動

大きな変化はなく，効果の実感はわからない。

　第3に，住民は押され気味であったが，富士通社員の方が減歩負担，大阪市大教授が計画の不備を指摘し，住民の反対論が噴出した。私は馬場部長とは，阪神都市協議会での知り合いで，反対するのは自重した。

　しかし，市民は区画整理行政に詳しくなく，このままでは市役所に一方的に，言いくるめられると危惧した。

　しかも拙宅は，恥ずかしながら，私道をふくめて47坪しかなく，前面私道をのぞくと，実質的宅地面積は約40坪で，1割減歩で36坪となり，最悪の場合，集合住宅への強制入居という事態にもなりかねない。

　私は切羽詰まって，中津浜線整備は公共減歩で市費負担とし，零細宅地の減歩率を圧縮すべきとの要求を提示した。結局，この日の説明会は物別れとなり，以後，2年余におよぶ，辛苦の住民運動の渦中に巻き込まれる。

　最終的には市役所サイドが断念し，用地買収方式で中津浜線整備となった。今日でもこの区域だけが，幅員の広い幹線で，以北は従来の狭い道路のままである。市役所の目算なき事業化のため，市民がこうむった被害は，甚大であった。[2]

## 注

(1) 神戸市は，西神ニュータウンをめざして下水道幹線・道路整備の大規模な先行投資に踏み切った。市は安上がりの布設ができたが，市民も私設の浄化水槽などを造る必要はなく，再度の下水道負担を免れるメリットがある。一般市民にとっては，先行下水道整備による，私設排水施設付設免除のメリットは，わかるはずはなかった。ところが大学教授の知人が，西神ニュータウンの宅地を購入したが，宅地開発負担で高い用地取得となったと，神戸市のやり方に憤慨していた。民間宅地より安価な分譲地であったが，デメリットだけは気が付くようであった。

(2) 住民は農地保有の農民は，共産党が支援し，個人宅地のサラリーマンなどは，社会党支援となった。一般市民グループは，高等学校校長を退職した人が代表となり，富士通社員・大阪市大教授と私が事務局となり，社会党と連携して，運動を持続していった。市会本会議にも大挙押しかけ，また事務局の私たちは，夜は遅くまで住民との打合せ，さらに反対抗議文の作成など，連日振り回わされた。住民説明会の帰り際，西宮市職員が，残業でしんどいなど愚痴をこぼしていたが，残業手当が支給されるだけでもましであった。住民のほうこそ，区画整理による自宅撤去の心労とか，勤務時間外の住民運動の疲労など，行政災害に悩まされた。まさに交通事故に遭遇したような被害で，見舞金もなく平穏な生活が狂わされた，被害は測り知れなかった。

## 甲南大学転身と学生就職指導

　私生活は，区画整理などで難儀したが，比較的平穏無事であった。一方，神戸市での勤務は，市政記者との対応，市政視察団の案内，調査・審議会の運営，市長・助役への情報提供など，浮き草家業のような仕事で，どれほどやっても，具体的成果が見られない仕事であった。むしろ実務課題に懸命に取り組んだ，税制課調査係長の時代が懐かしかった。

　昭和59年の春，森恒夫甲南大学教授と佐藤進東京大学教授が，韓国の財務官僚同伴で市役所にこられた。私と森教授はこの時が初対面で，わざわざこられた理由をたずねると，日本の地方交付税システムの制度・運用などの，実際の仕組みを知りたいということであった。

　自治省へいき，交付税算定方法などの説明をきいたが，要領をえられなかったとのことであった。たしかに交付税は複雑で，算定方式は地方財務協会『地方交付税制度解説』の「単位費用編」と「補正係数編」でわかるが，問題は運用であった。私は実務経験をふまえて，交付税による巧みな中央統制の数値操作を説明していった。

　戦前の配付税と異なり，複雑な係数操作が組み込まれ，しかも自治省の裁量権が大きく，必ずしも単純な地方財源均衡化制度でなかった。

　この交付税制度の複雑怪奇といえる，制度運用の実態をさまざまな具体的事例をあげ説明していった。幸い韓国の方にも理解していただき，両先生にも面目を施すことができた。[1]

　後日，森教授から甲南大学教授への転任の勧誘があり，決断に迷った。数大学で非常勤講師をしていたので，講義には自信はあったが，神戸市では自由気ままに，仕事をさせてもらった恩義があり，退職は迷った。

　しかし，私もいつまでも，便利大工のような仕事に，不満と不安を感じていた。私自身として研究・調査事務より，本来の公務員として，現場の局部長に復帰したかった。しかも係長・主幹・参事となるにつれ，遊軍のような不安定な身分は，人事課にとってかさ高い厄介な存在と化していた。

　このような閉塞状況打開には，本格的な都市経営研究には，大学への転職がベストの選択であった。これまで数大学から勧誘があったが，遠隔地とか社会学部とかで転職をためらっていた。しかし，甲南大学は自宅から近く，研究所の面倒

もみられる，絶好の条件で断る理由は見当たらなかった。

　転職するにしても，50歳は年齢的に最後のチャンスで，私は神戸市職員として，退職の潮時をむかえたと悟り決断した。思えば人生とは，森教授とのたった一度の出合いで，大きく変わるものだと，不思議な運のめぐり合わせがあるものだと実感した。

　地元新聞に「華麗なる転身」と報道されたが，神戸市には戦線離脱で申し訳なかった。市長出席で送別会を開いてもらい，感謝の念に堪えなかった。研究所の運営事務は残っており，併任のような状況となったが，現役時代と同様に頑張るつもりでいた。

　甲南大学では，18年間勤務したが，大学教授の責務は，まず授業で，次いで自己の研究，3つ目は大学運営への参加で，これらをバランスよく，こなすことであった。ただ私は，大学院の税理士講義が追加され，本務自体が講義のコマ数でみても1.5倍で，さらに他大学の非常勤講師，市研究所の面倒など，なかばボランティアに近い仕事であったが，かなりハードスケジュールに多忙を極めていた。

　研究活動以外で，大学生活で印象に残ったことだけを，記載してみると，第1の事例は，初年度早々，大学の教職員組合委員長を押し付けられた。都合で欠席したとはいえ，新任教授にそれはないだろうと思った。

　大学サイドとの交渉では，理事長が交渉相手であったが，"金がない"の一点張りで，交渉にならなかったが，要求額を確保した。[2]

　第2の事例は，次年度は総務委員となった。総務委員は，大学運営の担当委員であったが，重大な意思決定は，大学理事会・大学当局が処理するので，些細なことが総務委員の役割であった。1つは，広報・宣伝関係の印刷物入札を，1年契約から3年契約への変更を提案し容認された。[3]

　あと1つは，学生カウンセラー所の改善であった。開設したが相談に来る学生が少ない悩みであった。考えてみれば，精神疾患のある学生が，積極的に相談にいくとは思えない。むしろゼミ指導の教授に依頼して，学生指導の一環として，利用を促すようにするべきとの方針をすすめた。学生にとっては，就職相談と同様に，生活カウンセリングも重要なサービスであった。

　第3の事例は，就職指導の問題である。3年目就職委員の要請があったが，大学院負担を口実にして，免除してもらった。その代わりではないが，就職指導は本

務の責務ではないが，就職部の企業案内といった形だけの就職案内では，心もとなかったので自発的に面倒をみた。

　私自身は病歴で就職に苦労したので，ゼミ生には安全弁として，公務員試験をすすめた。それは，民間会社は採用基準が明示されておらず，形式的に受けさせるが，当初から採用するつもりがないケースも，少なからずあるからである。

　また地方公務員採用は，私の時とは違って，民間企業の採用試験・面接と日程的にぶつかることはなく，両方の内定も可能であったからである。実際，ゼミ生で中国銀行と倉敷市役所の両方とも，内定通知をもらうゼミ生がいたが，公務員をすすめた。

　記憶に残る事例をみると，私がセミ生に公務員試験をすすめていたので，全学的に風聞として広まっていた。第1は，比較的単純なケースである。他のゼミ生が4回生になってから，公務員になる気になった。どこかよい自治体は，ないですかという相談であった。これからでは7月の試験日までは，専門試験のあるところは無理で，横浜市が教養試験だけなので，受験してみたらどうかとすすめた。秋になって合格できたと，お礼の挨拶にきた。

　第2は，やや複雑なケースであった。私のゼミ生と一緒に入ってきた学生が，愛知県の人口3万人程度の町役場に採用が決まったが，財政学単位を落としたので，卒業できないので，何とかなりませんかという厚かましい願いであった。もうすぐ社会人になる学生が，非常識極まるとはねつけた。

　しかし，学生にとっては，一生にかかわる重大事なので，必死の様相で懇願された。町役場の人事課長に，一度相談してみたらどうか。

　大きな自治体では無理だが，小さな役場では，融通が利くかもしれないとすすめた。後日，本人の報告では，短大卒業の資格で採用してもらい，来年，大学で追加の単位を取得するとのことであった。

　第3は，就職に失敗する学生は多くいたが，留年すると学費もかかるし，浪人では就職活動も不利になる。さりとて大学院に進むのも大変である。大学では研究生という制度があったが，学生にはあまり周知されていなかった。

　大学卒業後，研究テーマを指導教官が決め，学生は研究論文を，年度末に提出するだけでよい。年間授業料も年5万円程度ですみ，公務員試験でも浪人とはみなされないので，毎年，公務員志望の学生が選択し，就職を決めていった。

　　　　　　　　　　　　甲南大学転身と学生就職指導

浪人生の就職は，背水の陣で挑戦しなければならない苦境にあった。私も研究論文指導より，公務員試験に気を使った。自治体だけでなく，国家公務員中級職の受験をすすめた。それは現役学生にとって，試験科目が多く，浪人組が有利であったからである。私のゼミ生で中級職で国税庁に採用され，両親からお礼の電話をいただき恐縮した。

　第4は，私のゼミ生で，就職した宝飾会社が，1年もたたず倒産し失業したが，先生が口癖のようにいっていたので，必死で国家公務員中級職の試験勉強をし，合格し採用がきまった。生活費もなくなったので，10月採用の国立医療センターに就職を決めたと，わざわざ報告にきたが，うれしそうであった。

　第5に，心配が尽きなかったのが，女子学生の就職であった。男女雇用均等法といっても，会社によっては女子学生採用はほとんどゼロで，初めから男子のみと，いってくれた方が諦めが付く。また女子学生は折角，一流企業に就職しても，結婚で退職のケースが少なくなかった。

　ただ結婚退職して，その後，一方的離婚となっても，慰謝料・生活費支援などはないのが，ほとんどであった。その後の生活は，臨時・短期雇用が一般的で，正規職員としての就職ができ，生活が安定するのは例外であった。このような点からみても，非正規職員の正規化は重要な課題であった。

　第4の事例は，就任8年目で学部長に任命された。順送りなので反対できないが，来年には海外留学が決まっていたが，準備勉強ができなくなった。高度成長期の名残で，甲南大学への入学志願者は多く，大学だけでなく付属高校の校舎まで使って，入試試験がおこなわれていた。

　経済学部の負担は増えるが，多い目の合格が財政的にメリットは大きいとの判断で，文部省が許容する限度一杯の合格ラインになるよう線引きした。前年，経営学部が線引きで失敗し，過剰採用となったが，なんとか予想どうりの枠内におさまった。

　大学生活と役所生活を比べてみると，第1に，研究環境は，格段の差があった。当然であるが，図書費・研究費があるが，市役所はほとんどない。付属図書館でも大学の図書館と，市会図書室ではくらべものにならない。

　大学全体の共同図書費・研究費があり，各部で申請するが，経済学部は申請がない年度があり，地方行財政資料・大都市史などは少なく，共同図書費で購入し

てもらった。また特別研究費は学園創設者平生釟三郎基金があり，比較的潤沢で，公募方式であったが，各学部に振り分けられていたが，経済学部で希望者がなければ私が応募し，ほんど認められた。

　第2に，大学生は呑気なものと，世間ではいわれているが，実態は地方公務員より，はるかにきびしい。

　毎年，数パーセントの学生が，単位不足で卒業できない。市役所でもせめて1%ぐらいは，昇給審査会などで，審査の対象とならないかと思った。(4)

　第3に，市役所の研修にはない，インナーゼミナールがあった。毎年4回生になると，インナーゼミナールとしてすべてのゼミが，研究課題発表をしなければならない。私のゼミでは，春から数班にわかれて発表をして，秋の本番には各班から1名ずつの混成チームで臨んだ。

　年度は忘れたが，住宅問題をテーマで発表し，地価が年2倍以上も暴騰する状況では，持ち家の経済的解決は不可能で，社会的解決として，たとえば銀行借入金で購入し，親が返済するか，どちらかが一人子で，両親が持家で同居か，将来相続するかといった対応策しかない，と最終的結論としたが，経済的解決策がないと批判された。(5)

　しかし，私は社会的解決こそ必要と考えていた。この背景には大企業に就職して転勤の連続で，生涯転勤族で終わるより，地元企業に就職して生活安定化を図っていく，人生設計のほうがベターな選択という，私の持論があった。

　いずれにせよインナーゼミナールで，ゼミは講義の延長という弊害がなくなり，学生も経済・社会・行財政問題を，生活実感で自主的に調査・研究し，討議する得難い体験ができる。私はこのインゼミ方式を，市役所でも採用すべきと思った。(6)

　私は甲南大学には18年間，その後，姫路独協大学に4年間就職し，教員生活は22年間であった。姫路独協大学は，税理士指導教官が突如退職したので，知人の同大学教授から頼まれ，甲南大学時代から非常勤で勤務をしていた。

　ここでも就職問題は深刻で，大学は就職塾から，公務員むけの早朝講義を開講していた。ただ私がみると，4回生が大半で時期的には遅い。

　これでは学生が可哀想だと案じて，1・2回生対象の公務員志望の就職ガイダンスを，就職部に申しでてボランティアで開いた。1・2回生対象であったので，実

感がなかったが，何人かは早期勉強をしてくれたのではないか。大学の都合で早期に退職させられたので，十分な面倒はみられなかった。

　大学と研究所の二足の草鞋を履いての，勤務は大変であったが，都市経営の研究という転職の目的は，海外留学をはじめ，多くの便宜と刺激をうけて充足された。甲南大学には，神戸市研究所の面倒，私の委託研究・講演会などで，校務に専念できなかったが，恵まれた研究環境をあたえていただき，私の人生も充実したと今日でも感謝している。

**注**

(1) 実際の交付税算定は，人口・投資・公共施設など財政需要を，積上算式で算出した財政需要額に，単位費用・種地(地域別事業コスト格差)などの補正係数をかけて，最終的に確定する。しかし，開発投資は事業費補正で優遇されるが，環境投資は人口・面積補正で冷遇されているなど，政府の交付税による地方財政への誘導措置がめだった。さらに普通・特別交付税の区分，補助金裏・地方債償還財源の補填など，交付税の特定財源化が導入されていた。

(2) 交渉の焦点は，文学部の日本史・世界史などの出題先生は，作成に半年をついやすので，出題手当の引き上げ要求であった。理事者側は財源がないとの，紋切型の拒否回答であったが，私は定員以上に学生を採用しており，受験料収入だけでも膨大であり，この状況で財源がないはずがない。財政状況を精査したいと，強硬姿勢を示したので，満額ではないが，それなりの手当引上をみた。もっとも同じ文系でも，法律・経済・経営学部は，大規模講義が多く，セミ生も多数で，かなりの過重労働であった。私などは森教授が学長になられ，財政学の受講者数は800人をこえる，異常な事態と化していた。文学部も内部調整で，なんとかして欲しいと思った。

(3) 大学案内などは，オープンキャパス・高校への入学説明会，さらに入学生への配布など，膨大な案内部数が印刷されていた。レイアウトは毎年同じで，教員紹介・ゼミ・行事などだけが追加修正ですむ，大学全体の紹介は，3年ぐらいはそのまま使えるので，入札の単年度方式は官庁でも固定観念となっているが，変更したほうがコスト削減できた。

(4) 税制課調査係長の時，区課税課長から勤務態度のきわめて劣悪な職員がいて，税務事務へ悪影響を及ぼしているので，アルバイト費の追加要求を迫られびっくりした。実際問題として，課長が個別職員の勤務態度を注意するのは気苦労がいる。それは給与・ボーナス減額はできないし，勤務評価はあくまで性善説を前提としているので，不祥事がない限り無理であった。区の課長は，外見は呑気に見えるが，職員数も多く，市民の苦情処理などを考えると，本庁よりはるかに心労の多い役職であると，同情せざるをえなかった。

(5) 他の教授から，経済学部である以上，経済的解決を示すべきとの苦言があった。私は問題解決が経済的に解決できない以上，社会状況も視野にいれ，現実的解決策を提案する柔軟な対応が，すぐれていると考えであった。学生にしても，就職・結婚など，経済だけでは解決できない問題に直面するはずで，柔軟で広い視野での判断を養っていくのが

ベターではないか，が持論であった。

(6) 神戸市の研究所でも，職員に助成金をだして，グループで研究報告書をまとめ，発表報告会をしているが，文字どうりの説明だけで，フリー討論ではない。発表のシステムを，人事・給与問題であれば人事・給与係長・組合幹部も参加して論争すれば，行政組織の体質が浮き彫りとなり，案外，解決への良案が提示されるのではないか。要するに官庁は研修日程を消化し，成果として報告書を作成すると，行政効果が達成されたと錯覚している。


## 阪神大震災と被災体験

私は阪神大震災を，西宮の自宅で体験した。震災時，学部長でなく幸い動員命令は免れた。中島経済学部長は，阪急西宮北口駅から大学まで徒歩で往復となり，大変な難儀であったと述懐していた。

大学から震災2週間後に出勤命令があり，自転車で西宮北口から登校したが，道路が予想以上に起伏があり，体力の限界を感じた。

幸い甲南大学は，校舎は倒壊したが火災は免れた。民間企業出身の小川守正理事長の対応は見事で，大学入試の他大学実施，仮設校舎の応急設置，損壊校舎の建替実施など迅速にすすめられていった。

校舎再建は国庫補助適用となり，財源的メリットは大きかった。震災前から老朽校舎が多く，建替中であったので，区画整理と同じで自力再建より，老朽施設は復興事業補助による再建が有利であった。

私自身は震災発生の早朝，自宅で就寝していたが，震災の揺れは左右の揺さぶりでなく，地底のから突き上げられる激しい上下変動で，大地震ではないかと憂慮した。私は1階で寝ていたが，自宅は倒壊せず圧死を免れた。

2階の次男が，妹の知子がいないと，絶叫し大騒ぎとなった。玄関脇の懐中電燈で探すと，一階の居間で家具の下敷きとなり，声もでない状況であった。就職が決まり，友達と卒業旅行で関空から海外にいくので，早朝から起きて居間で家具倒壊の下敷きとなった。

夜があけたので，息子の車で近所の中央市民病院に行った。病院は水道管が破裂して，1階は水浸しであったが，それでも1時間ほど待って診察を受けられた。当直の医師は，「両手を前にのばして立ち上がってください」「目まいやふらつきがないので，神経系統は無事です。自宅でしばらく安静にしていてください。当院ではこれ以上の治療はできません」と宣告された。

実際，市民病院は血だらけの重傷者が，戸板で続々とつめかけており，軽傷患者の面倒はみ切れない混乱状況にあった。むしろその後，市民病院は当直医だけでなく，応援の医師も息つくもない，救助医療に忙殺されたのではないかと案じられた。

　私の家は10軒ブロックの住宅群であったが，1軒以外は倒壊しなかったが，その他は住宅の被災査定で，損壊状況で半壊・全壊と認定された。

　息子が阪急西宮北口駅の状況を見にいったが，豪華な農家邸宅は重厚な屋根瓦の重みで，木賃アパートは粗悪な普請で全壊し，死者多数という悲惨な被害様相を呈し，私の居住する高木西町だけで死者20人前後の犠牲となった。

　阪神大震災による私の親族の被災状況をみると，第1に，兄弟姉妹全員が被災者となった。私個人は，自宅は倒壊を免れたが，全壊と認定された。

　外観だけみると被害はないようであるが，増築部分は堅牢であったが，古い本体は少し傾斜しており，増築した分と旧住宅との間は，5cmほど隙間ができ，雨漏りもひどく，住める状況ではなく，いずれ建て替えと覚悟した。全壊は適正な診断であった。余震に脅えながら，増築した居間で避難生活をした。

　神戸の姉は2人とも，神戸長田区御蔵通で被災し，家屋倒壊をみなかったが，幹線道路をへだてた菅原5丁目の密集住宅地区からの飛び火で全焼となった。兄は明石の高台にすんでいたが，地震で地盤が崩れ，補強に多大の出費を余儀なくされたが，震災補填対象外であった。

　第2に，生活再建は，姉夫婦は，戦災の生き残りで，少々の惨禍には対応でき，横浜の息子や市内親戚の家を転々とし，避難生活を送っていたが，交通費・滞在費の負担がかさんでいった。

　その後，姉2人は自宅を再建したが，復興区画整理で除却・再建築を余儀なくされた。区画整理事業システムの欠陥は，今度も繰り返された。(1)私自身も震災復興事業の区画整理に組み込まれが，全壊認定の自宅に住みつづけて，仮設住宅は建設しなかったが，住宅再建は中断された。

　第3に，被災市民の視点で生活再建を見ると，日常生活は，電気・水道・ガス全部だめで，食事・洗濯・排泄をどうするか，原始生活同然の暮らしとなった。結局，公助・共助は期待できず，息子・親戚をふくむ，自助が中心であった。

　私の場合，大阪にいる家内の母親と連絡がとれ，大阪は無事とわかった。その

後，大正区の済生会病院の病室を確保したとの知らせがあったので，自宅はそのままにして，息子の自家用車で娘をつれて，8時間かけて大阪へついた。

淀川をこえて大阪市内に入ると，沿線の商店街は，平素とかわらない賑わいであったが，異様な光景に映った。

病院の診察では，娘は背骨打撲で，2ヵ月の入院と診断され，私も頭を5針縫う怪我であった。もし娘が独りでアパート住んでいれば，救助を受けられず死亡していたのではないか。私のゼミ生のアメリカンフットボールの選手でも，家具の下敷きとなり，余震で隙間がなくなり重みがまし，自力脱出はできず，家族の助けで九死に一生を得たといっていた。

第4に，被災市民の視点で生活再建を見ると，公助・共助は期待できず，息子・親戚をふくむ，自助が中心であった。震災の晩は，大阪市の家内の実家で宿泊し，翌日，堺の息子の家で避難生活をするつもりであったが，自宅をそのままで大阪にきたので，一泊だけして西宮に戻った。

被災生活は，阪急は大阪へは運行しており，電気は1週間ほどして回復したが，それでもガス・水道がなく悲惨を極めた。[2]

## 注

(1) 区画整理での住宅再建は，明治5年の銀座煉瓦建設での地券方式，大正12年の関東大震災復興事業での後藤新平の全土買収方式のいずれも挫折した。現地住宅再建・住宅除却補償，そして再建築という方式で，公費・私費の無駄な復興は今日でも改革されないままである。地券方式で全土買収をしても公債発行で済み，半年程度で換地をすれば，仮設建築はほんどなく，被災者・公共団体も無駄な移転・買収費を支払わずに済む。なお地券方式について高寄・前掲「都市経営史上」72〜82頁，全土買収方式については，高寄・前掲「都市経営史下」82〜93頁参照。

(2) 阪神大震災は，我が家住宅崩壊を免れたが，すぐ裏手の小学校が避難所となったので，被災者として移ろうとしたが，娘の入院のため3日ほど遅れ，収容能力がなくなっており駄目であった。家屋倒壊の被災者の多くが個人的理由で入所が遅れ，親戚・知人との同居余儀なくされた。そのため入所できた被災者と入所できなかった被災者との不公平が発生した。もし被災者全員が，避難所に殺到すれば，公助までは機能不全となったであろう。


## 震災区画整理と住民負担

西宮市は，復興事業として北口駅前の戦後老朽商店街を，都市整備公団が市街地改造再開発ビルに改造する事業を決定した。平成7(1995)年3月，隣接する北口北東地区区画整理の方針を決定した。震災発生から2ヵ月のスピード決定で，芦

屋市もふくめて同じ，迅速な決定となった。

　住民説明会が近所の高木小学校で行われたが，10年ほど前の区画整理事業とは，かなり様変わりしていた。前区画整理騒動後，中津浜線は道路拡幅事業で整備されており，再開発ビルからの発生交通ぐらいは，道路整備事業で十分であったが，西宮市はこの際，同地区の環境整備をめざした。[1]

　西宮市の区画整理事業の対応をみると，第1に，西宮市は，事業計画とともに官製住民組織「北口北東地区区画整理事業対策委員会」(1995年3月11日)を設置した。しかし，この委員会に対して住民は「高木・北口まちづくり協議会」(1995年9月27日)を設立した。

　住民総意のまちづくりをめざして，住民アンケートを実施したが，214名中，124名延期，賛成86名，白票4名で，延期が過半数であった。しかし，事業実施・断念のいずれかを，早期に決定しなければ，被災者は住宅再建の目途がたてられない不安定な状況になる。[2]

　第2に，私は，幹線道路整備はない復興事業で，国庫補助率も3分の2と高く，移転住宅も少ないので，零細宅地の減歩率は，低いはずなのなので，賛成票を投じた。ただ高木地区では，農地がかなり残っており，減歩率・農地買収がどうなるかであった。

　第3に，第1回の住民説明では，住民サイドは，減歩率・清算金などの具体的数値の提示を迫った。しかし，市サイドは，確定的事業計画決定がない時点での提示は，不可能と拒否したの，対立は一気激化した。

　市役所は，住宅面積段階ごとの，およその減歩率・清算金の概要ぐらいは，算出し提示できたのではないか。しかし，市役所は，早期解決をめざして，個別住民交渉を開始していった。市復興事業部局の労苦も大変であるが，住民リーダの方の心労はもっと大変であった。

　第4に，いずれにせよ概要だけでも，説明がなければ，多くの住民は不安と不信で悩みは深刻であった。この10年ほどで，この地区の住民もふえ，顔ぶれもかわってしまい，私は成り行きを見守ることにした。ただ公園配置の点について，一度だけ意見をのべた。[3]

　最終的には，私自身も一度だけ，事業担当者と面談しただけで，換地・減歩・清算金の概要はわからないままであった。市役所は個別面談方式で，既成事実を

つみあげ，事業実施をすすめていった。

　住民運動も被災後で，地区外移転者も多く，長期の運動は無理で次第に鎮静化していった。

　第5に，事業が進捗した背景には，以前の区画整理と異なり，災害復興公営住宅への斡旋・零細住宅の集合住宅方式の採用など，狭小宅地・低所得者層への対応がみられた。

　ただ区画整理事業は，地区・個人で事業のメリット・デメリットの差が発生すするが，少なからずの住民の本音は，早期事業であったのではないか。[4]

　わが家は，損壊が激しく住みつづけられる状況でなく，しかも区画整理事業中の市斡旋の賃貸住宅生活が，長期になり難渋するので，現地再建築を断念し，区画整理区域外の1駅はなれた近所で，中古住宅を購入し転居した。[5]

　平成17(2005)年11月24日，震災10年後，仮換地証明書が通達され，平成20年8月22日，換地処分通知と清算金払込通知が送付されてきた。震災，約13年の歳月が経過していた。

　第1回の面談後，中途の換地状況の経過などの情報はなく，どこに換地されるのか不安であったが，予想していたよりきびしい結果であった。[6]

　なお私が提案した大公園方式は実現した。どういう経過で実現したかわからない。過日，図書館でしらべたが，事業誌は発行されていなかった。これでは換地方針・清算金算定などの概要，復興事業の苦心を住民と共有した市の事業経過・内容はわからず，将来の教訓にできないのではないか。[7]

## 注

(1) 事業概要をみると，事業面積31.2ha・権利者数約1,400人，事業費220億円(国庫補助率3分の2)で，市負担73.33億円である。施行前後の土地利用は，公共用地は29,400㎡から95,700㎡と66,300㎡増加で，道路18,900㎡(9.3%)から77,600㎡(24.9%)，公園400㎡(0.1%)から17,000㎡(5.5%)と改善されている。宅地面積282,000㎡(90.6%)から215,900㎡(69.3%)へと6万6,100㎡の減少で，減歩率23.4%と，田畑をふくみかなり高いが，公共減歩が行われている。西宮市編『西宮市現代史第3巻』(2004.12)945〜947頁参照。

(2) 同区画整理事業の概要・問題点・住民の動向については，同前906〜913頁，944〜947頁参照。

(3) 住民説明会では，近所に児童公園という要求が多くでたが，将来の防災機能を考えると，私は大公園にまとめる必要があるとの意見をのべた。実際，高木小学校に隣接して，学校の校庭に匹敵する大公園が付設された。井戸も設置され，子供にとっても野球・サッカーができ，何か緊急災害が発生しても，救助活動の拠点として活用できるメリットは

震災区画整理と住民負担

大きい。

(4) 老朽住宅では，移転除却となれば，巨額の建物補償費がでるが，新築住宅ではメリットはない。また零細住宅で全面道路2mといった違法建築でも，区画整理では6m道路に面した換地をもらえる。もっとも清算の支払が発生するが，地区外移転などの事態は免れる。

(5) 自宅は道路用地となったので，全面移転となったが，倒壊を免れたので，建物補償費2,500万円が交付された。もし倒壊していればゼロである。市幹旋の賃貸住宅に住まず住宅購入をしたが，震災後で割高で，不動産取得税・宅地建物購入手数料・引越費用などの支出が発生し，建物補償費のメリットは帳消しとなった。一方，市役所は事業期間中の賃貸住宅費用（約300万円）程度が免れ，事業費の節減になったのではないか。

(6) 換地通知では，従前用地155.4㎡（権利価格2,377万円），換地処分後面積139.85㎡（権利価格2,469万円），減歩面積15.55㎡，減歩率10.01%，地価上昇率15.29%で，清算金98.8万円であったが，面積が縮小し，土地評価額上昇で，実質25.3%の負担であった。しかし，換地は従前住宅より道路から奥まった場所で，土地価格が上昇したといわれても実感はなかった。面積減・価格上昇で15.55㎡（減歩面積）×17.65万円（換地土地価格）=274.46万円の損失で，清算金合計で373.26万円とかなりの犠牲となっている。しかも土地市場価格は，1㎡当り30万円前後で，実質的466.5万円，清算金合計565.3万円となる。私の予想は甘く，面積は縮小し，換地は地域道路から奥まり，清算金追徴もあり，実際に負担は重かった。ただ市が私道を公道とした措置を，どう評価したか換地通知書でわからないままであった。

(7) ただ震災復興事業の実態は，西宮市復興誌である西宮市総務局資料室『1995.1.17・阪神淡路大震災－西宮の記録－』（1996年11月）は，被害の概要・救助活動・生活支援などだけで，区画整理の各事業概要が1頁ほど掲載されているだけであった。また兵庫県の阪神淡路大震記念協会編『阪神・淡路大震災復興誌全10巻』（1997.3~2006.3）をみても，西宮市北口北東地区区画整理事業は，2頁程度の概要説明だけであった。結局，事業費220億円，事業地区世帯数約1,800世帯，権利者数約1,400人の事業は，事業経過・事業設計・換地計画・補償負担実績などはわからないままである。

# IX 阪神大震災と政策検証

## 阪神大震災と都市経営批判

　平成7(1995)年，神戸市は未曽有の阪神大震災に見舞われた。神戸市は救助・復興にあって，懸命の行政努力を尽くしたが，人権無視・強権発動との罵声が浴びせられた。私は神戸市を退職していたが，看過できない批判であった。[1]

　それは神戸市政の擁護だけでなく，防災・救助策の形成への阻害要素となりかねないからであった。[1]

　神戸市政をみると，当日，午前6時過ぎには，市長以下幹部職員が市庁舎に登庁し，災害対策本部を設置し，救助・救済対策に着手した。

　ただ神戸市・職員も被害をうけ，救助力は半身不随でどう頑張っても，万全な救助・救済ができるはずがなかったが，行政怠慢の行政批判はつづいた。[2]

　意外であったのは，芦屋・西宮市の震災被害の様相・救済救助の実態・区画整理の対応は同様であったが，神戸市だけが都市経営とからめて，震災対策の怠慢が非難された。震災前から神戸都市経営へ抱いていた不満が一気に噴出した感があった。

　神戸市は自己弁護もせず，救助・救済に専念したが，政策論争としては，見過すことができない問題であった。[3]

　第1の課題は，政策科学的な防災対策の策定・実施である。第1に，政府施策は災害後の復旧・復興事業であった。政策的にみれば，投資効果からみて災害発生後の被害補填・復興事業では，被害抑制とならず，ある意味では無駄な支出であった。

　しかし，地震は台風・高潮・豪雨などと違って，常時発生するのでないので，事前対策はどうしても軽視されかねない。神戸市でも救助・防災対策は，専門家の警告を真剣に検討せず，被害拡大を招いたが，その背景には発想の硬直化症状に陥っていた。[4]

　第2に，政府の事後防災方式に関係なく，自治体は防災投資に固執し，住宅耐震化・都市構造不燃化だけを防災対策と想定するべきでない。ハード・ソフトの災害対策を想定し，市民協力が得やすい，防災・減災意識の涵養などから順次，財源の範囲内で実施する柔軟性が必要であった。[5]

　第2の課題は，防災施設と減災効果の関連である。第1に，たしかに神戸市は，戦前，関東大震災のような地震経験がないので，災害時の防災施設整備は遅れ，そのため神戸市は多数の死亡者をうみだしたと非難されたが，現実を無視した批判で反論せざる

をえなかった。[6]

第2に，神戸市は救助・復興対策について，中央集権のみでなく，府県経由方式が
ほとんどで，権限・財源は付与されず，逐一県庁にお伺いをしなければならない。避
難所の食事単価・不法占拠の避難所運営，仮設住宅の管理など，現地総合主義で処理
できない。災害時の緊急措置は事後承諾で実施し，否定されば市責任で処理する臨機
応変の対応ができなかった。[7]

第3に，神戸市の防災責任を，棚上げするつもりはないが，仮に救助・防災施設が
整備されていたとしても，救助はきわめて困難であった。

震災時の死者は，老朽家屋・木造アパートでの瞬間的圧死が90％であった。その後
の救助活動も，同時多発的火災・建物倒壊で人命救助はきわめて困難である。

第4に，逆説的にはもっとも実効性のある対策は，老朽化住宅・木造アパートの耐
震化であるが，事前に勧告し，市民に住宅の耐震化策を補助事業として進めるべきと
の意見もある。しかし，実施となると危険老朽住宅・アパートは多く，予想されるよ
うな安価な耐震補強工事では効果がなく，市民の負担も大きく，市も財源・選別をど
うするか難問である。

第3の課題は，住宅・市街地構造の耐震化という本格的防災対策である。財源から
事前実施は不可能とみなされるが，現実の都市づくりをみると，日常的な都市開発・
整備は，もっとも効果的な防災対策である効果を見落としている。

第1に，神戸市の都市経営は都市開発主義として，都市スラム化の元凶の如く非難
されているが，ニュータウンは人口分散であり，同時に住宅新築による耐震化である。
また区画整理は老朽住宅の改造事業であり，再開発事業は過密老朽商店街の耐震化で
あった。

第2に，都市計画事業は，都市基盤整備優先で都市構造の脆弱化をもたらしたと批
判されているが，現実は，まったく逆で防災都市強化となっている。都市整備事業を
単なる土地ころがしと見立てて，マイナス効果に幻惑され，プラスの効果を無視する
視野狭窄症に陥っている。[8]

第4の課題は，開発主義が既成市街地のスラム・クリアランスを，放置したと批判
されたが，戦後から営々とつづけられた戦災復興事業は，密集街区区画整理を実施し，
老朽住宅を除却し改造した。もしこれら事業がなければ，死者は1万人と倍増していた
のではないか。

第1に，スラム・クリアランスは，しなかったのでなく，できなかったのである。戦前老朽住宅・賃貸長屋のスラム・クリアランスは，賃貸老朽長屋住宅の家賃が倍増し，地域コミュニティも破壊されるので，区画整理でも住民の反対が根強く，もし強行すれば人権蹂躙・生活環境破壊と糾弾されたであろう。(9)

　第2に，都市構造のアキレス腱は，旧建築基準法建造物の震災への脆弱性である。しかも一応，当時の建築基準法に合致した建物は，除却は不可能である。神戸市旧庁舎は，旧建築基準法で中層部が崩壊し，上層部は利用不可能となった。幸い地震発生は早朝であったので，大惨事は免れた。今日は法律改正で耐震性は強化されている。

　第5の課題は，仮設住宅立地問題である。神戸市の都市開発主義による市街地の外延的拡張が，スラム温存の要因となり，さらに既成市街地に仮設住宅建設を拒み，ポートアイランドや北神地区に仮設住宅を建設し，多数の「孤独死」「自殺者」がでたと批判されている。

　その「問題の根本に，都市の大規模化にともなって形成された官僚制の問題」(10)であり，都市大規模化で「地方自治体と住民が，心を通わせ互いに理解しあえる」(11)適正規模人間的な都市づくりがでないからと批判されている。

　しかし，「自殺者」の発生を官僚制とか，牧歌的な小規模コミュニティの欠如にもとづくとするのは，あまりにも現実離れした大袈裟で強引な邪推である。

　第1に，実際問題として既成市街地での，仮設住宅用地確保は不可能である。立地条件の良い用地は，被災者のアパート用地で，早期，再建が緊急課題であった。しかも仮設住宅用地は無償貸与が原則で，公共用地に限定される。また民間用地はみつかっても，移転時期をめぐる問題から借上げは拒否される。

　むしろポートアイランド・北神住宅開発用地を，神戸市が公共デベロッパーとして保有し，転用できたのは予期せざる効用となった。(12)

　第2に，仮設住宅での孤独死問題は，仮設住宅の立地でなく，仮設住宅の管理・運営の問題である。西北神はたしかに不便であるが，山間へき地でなく交通機関もあり，生活施設も利用できる。ただ仮設住宅用地は交通不便で，どうして無料のミニ連絡バスぐらいは，市・民間が運行していなかったのか。

　災害救助法で救助行政は，国から府県への機関委任事務で，都市自治体は国・府県からの権限・財源の範囲内で処理するにすぎない。しかし，実際は被災者の苦情はすべて市が対応しなければならないが，複雑の委任事務で円滑にいくはずがなかった。

　　　　　　　　阪神大震災と都市経営批判

仮設住宅用地は市，管理は県であるが，常識的には逆で，仮設住宅のコミュニティセンターが設置後，6ヵ月後となった。[13]

　第3に，ただ仮設住宅という空間は，住宅コミュニティとしては未成熟で，公助のみでなく，共助システムのアフターケアの対応が必要であった。

　結局，一元的管理体制ができない点が，共助システム導入が円滑にいかなかった要因となった。管理費は県が災害基金で支援していったが，実質的管理は市で入居への対応は不十分となった。

　第6の課題は，神戸市の都市経営は，先進的であったため「その内在する問題が大震災によって顕在化した」[14]といわれている。

　第1に，典型的事象として，被災者は低所得者・高齢者層が多く，既成市街地住民の死亡率は全市平均より高く，被害の階層性がみられると批判されている。しかし，行政施策の怠慢でなく，都市構造の問題で，全市的に所得階層が平均され居住していない。卑近な事例は西北神のニュータウンで，若年・中年齢層が大半である。

　第2に，あたかも神戸市が貧困層をうみだし，放置したとの批判であるが，貧困層・高齢者が密集市街地に住むのは，安い老朽住宅・木賃アパートがあるからで，どこの都市でも発生している都市現象である。

　ただ建築基準法に合致しているアパートを，強制的に除却するのは不可能であるが，老朽化が致命傷となって多くの人命がうばわれた。[15]

　第7の課題は，都市施設被害の震災との関係である。ポートアイランドの連絡橋の不通，消防・警察署の全壊，阪神高速道路の倒壊などで，公共施設の欠陥が多く露呈した。

　しかし，原因は多様で現象に幻惑されずに，防災効果と都市整備施策などとの関連からみて，施策選択が適正であったかどいうかを，冷静に判断すべきである。[16]

**注**

(1) 雑誌『世界』（岩波書店）をみても五十嵐敬喜ら「人権再興のまち・神戸をつくろう」（1995.10）。早川和男「復興はなぜ進まないか」（1997.2），池田清「神戸都市経営に歪められた復興」（1998.2）・「震災都市から自治都市へ」（1999.2）・，中田作成「神戸市は市民の声を聞け」（1999.2）など，弾効の論調だけで，救助・復興事業への寄与は少なかった。

(2) 被災者の生活は，心身ともに耐えられない極限状況にあった。しかも市長の不適切な発言もあり，被災者の感情を逆なでする失態もあった。だが市民がつくる神戸市白書委員会編『神戸黒書阪神大震災と神戸市政』（1996年，以下，白書委員会・前掲「神戸黒書・阪神大震災」）の指摘は，被災者の窮状は的確に訴えているが，感情のおもむくまま行政を告発で，政策検証・事実分析は不十分であった。消防・防火施設の大都市比較は，統計分析の相違で必ずしも，神戸

市が劣悪な状況ではなかった。高寄・前掲「阪神大震災」20〜24頁参照。なすべき対応は行政批判だけでなく，被災者の窮状と自治体の救助力とを考慮して，具体的な救助・救済策の提示であった。

(3)震災を眼前にして，市民の行政責任追及と自治体の行政擁護論の落差は避けられないが，行政批判論はマスコミをはじめ巷に流布されていたが，行政サイドは批判論を無視したままで反論もなく，施策改善へとならなかった。双方に災害政策論の欠落があったからである。なお神戸市の都市経営と防災・復興対策をめぐる，論争については，高寄・前掲「阪神大震災」229〜247頁参照。

(4)事前防災対策は常識的にわかっても，なかなか実施されない。たとえば感染症対策でも，政府は2009年の新型インフルエンザ収束後，次のパンデミックスの対応策を，厚生労働省の総括会議で感染症専門医師増員などが提言されたがすすまず，今度のコロナ禍での経済的損失・人命被害は甚大となった。神戸市への震災予告と神戸市の対応については，白書委員会・前掲「神戸黒書・阪神大震災」30〜41頁，高寄・前掲「阪神大震災」39〜47頁参照。

(5)自治体は第1段階では，震災への防災意識の涵養・浸透である。防災意識が浸透すれば2階での就寝などで圧死は回避できる。第2段階では，避難公園・防火水槽などの整備と，木造賃貸アパートなど，危険住宅に対する警告・補強補助などで，人命救助の効果が見込まれる。第3段階は，本格的耐震構造への改造という抜本的事業であるが，区画整理・再開発事業で市街地構造改善はかなりできる。順次，実施すれば財源的問題もない。

(6)震災時，神戸市の救助復興施策への批判はきびしく，「事業施行面の隘路はすべて捨象され・・・・神戸市政が背負う実務ベースの限界からくる抗弁はすべて無視されてしまった」（高寄・前掲「阪神大震災と自治体」前237頁）。また「震災の被害の深刻さに幻惑されて，すべての被害を開発行政のなせるわざとするのは安直であり過ぎまいか。・・・現代都市がかかえる矛盾をすべて自治体に転嫁していく近視眼的分析である」（同前238・239頁）と，政策検証なき批判に反論した。

(7)政府・府県・市町村の権限・財源・事務配分については，高寄・前掲「阪神大震災と自治体」53〜67頁参照。

(8)ニュータウン造成は，防災対策の効果はなく，開発利益確保が目的だけとみなされている。ニュータウン用地の仮設住宅建設も，不動産関係者が「バブルの崩壊によって売れるあてのない『不良資産』と化していた。・・・〝売れ残った西・北神に馴染みをつけて土地を売りやすくする〟悪徳不動産業者まがいの商法だ」（白書委員会・前掲「神戸黒書・阪神大震災」43頁）とのべていると引用している。要するに神戸市の都市開発は錬金術そのもので，災害は開発行政のツケと断罪されている。このような開発事業への偏見は，行政検証による政策改善の形成への大きな阻害要素にもなりかねない。

(9)阪神大震災で有名になった，御蔵・菅原通1〜4丁目は，非戦災密集戦前長屋地区でも，住民の反対もあり，そこだけが拡幅道路ができなかった。もし実施すれば強権発動と非難され，災害発生すれば都市経営の原罪とみなされ，行政は立つ瀬がない。現実は道路をはさんだ，御蔵通5丁目の姉2人の家屋は，飛び火が原因で焼失してしまった。逆説的には区画整理事業の防災効果を立証している。しかし，間接的原因はタイヤ再生事業者が，タイヤを野積みしていたが，消防局が消防法などで除却を行政指導できなかったかである。二次的災害への検証は，多くが追跡調査のないまま放置されている。

(10)・(11)池田・前掲「神戸都市財政」9頁。

(12)震災後，多く市民が自宅敷地に仮設住宅建築を希望したが，神戸市が認めず，埋立地や山間僻地の仮設住宅に入居を余儀なくされたと，非人道的措置と非難された。広原・前掲「開発主義神戸」110頁参照。しかし，自宅敷地に自費建築は自由で，問題は公費での仮設住宅建築は，自治体能力をこえるが，政府が補助を導入し，個人仮設住宅を奨励する方策は，死亡者減少も見込まれ，選択肢の1つである。

(13)仮設住宅について，国・県は楽観的で，県は4万戸建設・全員入居を明言したが，用地取得は市の責任で，用地提供の実績は国181戸(0.6%)，県147戸(0.5%)，清算事業団330戸(1.1%)住都公団3,045戸(10.4%)，民間3,522戸(12.1%)，市2万1,953戸(75.3%)で，国はともかく県はきわめて少ない。ただ管理は一応県であり，復興基金などの財源で補助をしており，市か委託事務であるが，実際，県へ要望し逐一指示を仰ぐ状況である。入居者は苦情を市・市職員に投げかけるが，行政内部のメカニズムはわからない。そのため中間の市職員の精神的ストレスは極限状況にあった。仮設住宅・避難所の設置・運営の問題については，阿部泰隆『大震災の法と政策』(1985年)138〜200頁，以下，阿部・前掲「大震災の法と政策」。高寄・前掲「阪神大震災」69〜89頁参照。

(14)池田・前掲「神戸都市財政」9頁参照。

(15)神戸市が区画整理・公営住宅を建設しても，木賃アパートの駆逐は不可能であった。もっとも私が住む，郊外住宅地の西宮市高木西町でも，低所得者層の必需的需要として供給されていたが，木造賃貸アパート倒壊で，多数の死者が発生した。ただ集合住宅は軽量鉄筋などの耐震建築に限るという法改正が必要である。

(16)ポートアイランドの中央市民病院は，交通途絶と液状化現象で機能不全に陥ったと，非難されている。池田・前掲「神戸都市財政」8頁参照。しかし，新神戸駅に近接した，老朽旧中央市民病院のままであったならば，倒壊して大惨事となったであろう。実際，長田区の西市民病院は倒壊し，多くの死傷者をみたが，中央市民病院は，一時的機能麻痺ですんだ。最善ではないが次善の結果であった。なお中央市民病院の移転・運営については，吉本・前掲「航跡はるかなり」310〜328頁参照。

## 事前防災・事後復興の政策検証

　阪神大震災をめぐる問題を，神戸市の都市経営との関連でみてきたが，防災・救助対策の適正化には政策的検証が避けられなかった。第1の検証課題は，政府の神戸震災復興策である。戦前，関東大震災・阪神大水害復興事業とも，復興事業補助は大都市富裕論のため，政府財政余力の範囲内復旧でよいとの，中央政党・省庁の先入観があった。[1]

　阪神大震災の救助・復興事業でも，第1に，政府の消極的対応である。当時の村山内閣は，社会・自民連立内閣で政治力はなかった。村山首相は復興庁構想を発表すると，国土庁をはじめ，総務庁長官(社会党)，与党3党の責任者は「行政改革に反する」

と反対した。

　第2に，組織として復興対策本部・復興委員会（下河辺淳元国土庁事務次官）が，創設されたが，東日本大震災復興事業のような画期的復興支援措置は提案されず，補正予算で処理された。

　しかも原則は「復興でなく復旧」で，貝原知事は「復興・復旧を区別するのは無意味である」，笹山市長は「プラン・お金・制度に国は力を入れるといっているだけで，最後は陳情となる」と，不満をぶちまけていた。

　第3に，復興委員会は，10ヵ年の長期復興期間のプロジェクトを策定した。宣伝効果の大きい，上海長江交易促進・ヘルスケアパーク・新産業構造形成・阪神淡路大震災記念などのプロジェクトであった。

　このような派手な実益のないビジョンで，政府はポーズだけで復興事業貧困を粉飾していった。しかも地元が要望した，ポートアイランドⅡ期への進出企業への規制緩和・税制上優遇措置を求めた「エンタープライズゾーン」は認められなかった。[2]

　第4に，阪神大震災の直後，急激な円高（2月末97円が4月上旬80円）・オウム真理教の地下鉄サリン事件が3月20日に発生するなどで，「阪神・淡路大震災は一地方のすでに過去の単なる自然災害と化してしまった。[3]だが，そのため災害義援金が急速に減退しまった。

　第2の検証課題は，事前防災対策の具体的検証である。都市は「常ニ備エヨ」（平生釟三郎）といわれるが，どのような災禍に優先的に対応するのか，近年のコロナ禍をみても，平時の事前対策は，容易でなかった。[4]

　第1に，災害は多種多様である。自然災害でも，豪雨・津波・台風と多様で，戦後神戸の災害は，集中豪雨による土砂災害，台風による高潮災害に忙殺され，震災対策は軽視されてきた。人為災害は交通事故・火災・伝染病・環境汚染など無数で，将来，気候変動による天災が，日常的に頻発すると予想されるが，渇水対策も無視できず，何を優先するか，「防災の経済学」「救助の行政学」といった実践的政策の研究が急がれる。

　第2に，制度的に復興事業は，事後的国庫補助による災害復旧が常識で，事前対応はまずない。東京などをみても，都市空間確保による防災拠点として，大規模公園を確保すべきであるが，空地は東京都や民間が，公共施設やビル建設でつぶしており，災害が発生すれば，仮設住宅用地不足は歴然としている。

　しかし，大都市は都市整備事業で実質的事前防災事業ができるので，既存の補助・

事前防災・事後復興の政策検証

融資システムを活用して，実施すべきである。

　第3に，開発計画のマスタープランと同じで，防災対策の設計だけでなく，実施プランを策定し，着実に実施しなければならない。都市ビルの超高層化がすすんでいるが，都市構造の危険性増殖である。マンションは規制要綱の行政指導で付設公園が設置されているが，超高層ビルも広域広場付設が設置されるべきである。[5]

　自治体は危険要素を排除・抑制する，平素の防災対策が不可欠である。ただ政府防災対策には多くの欠陥がみられ，自治体は危機管理にあって，自然・人為災害だけでなく，気候変動・情報システム障害など，あらゆる危機に備えなければならない。

　第4に，事前防災・減災事業は，実際は現実の切迫した行政需要に押し切られ，実施されてない。しかし，自治体が平時から災害を予測して，公園の防災空地化，学校給食センターの防災センター化など，日常行政との関連で防災対策施は，それほど困難ではない。

　ただ防災対策意識の普及は，防災対策の策定，防災地域マップの配付，防災訓練の実施，地縁的組織の育成などの機会をとらえて，啓発に努めれば実効性がある。防災対策のアキレス腱である特定財源の実施とからめて，市民会議で防災論議を深めれば，市民の無関心でいられないので，防災対策の創設に貢献することは間違ない。

　第5に，防災事業というが，ハードの都市構造改善・救助施設だけでは限界がある。ソフトの地域共助システム・民間団体の地域活動能力の涵養が必要である。

　防災対策をみると，大規模防災事業は実施できないが，個別の耐震化助成・避難対策・防災意識涵養など，ソフト減災対策は可能である。

　ことに救助における公助・共助・自助といった，民間企業の災害救助協定，民間団体との協力システムなど，事前対応が不可欠である。[6]

**注**

(1) 関東大震災復興事業をめぐる後藤新平と，郡部を地盤とする政友会との対立で，東京市負担は膨れたが，阪神大震災でも，阪神大震災と東日本大震災とでは，復興事業への政府補助は雲泥の差があった。関東大震災復興事業については高寄・前掲「都市経営史下」82〜104頁参照。また阪神大震災・東日本大震災の補助格差については，高寄・前掲「被災自治体財政」93〜104頁参照。

(2) 阪神大震災復興における神戸市の政府への運動実態・成果は，吉本・前掲「航跡はるかなり」374〜412頁参照。政府の復興政策の内容については藤本健夫『何が地方都市再生を阻むのか』（2010年）81〜94頁参照。

(3) 同前109頁。

(4) 震災発生後からみれば，行政怠慢は歴然としているが，東京・大阪をはじめ，多くの都市をみると，今後の大地震発生について警鐘が鳴らされているが，オリンピク・万博などで浮かれて，真剣な防災対策は実施されていない。最近はコロナ禍で震災対策は棚上げ状況である。2021年の熱海市の土石流による災害をみても，民間の違法土盛り工事に対して行政指導はしたが，静岡県・熱海市も具体的措置は実施していない。政府は宅地造成等規制法を改正し，盛り土工事にも適用する意向である。朝日新聞・2021.12.4参照。神戸市は2020年11月に「土地造成不適正処理防止条例」を施行しているが，特徴は5万㎡以上の大規模埋立事業者に，保証金（1㎡1100円）の積み立て義務化をしたが，規模が大きすぎるのではないか。（2021.9.4・朝日新聞）参照。かって神戸市が「急傾斜地条例」を設定したが，政府は宅地造成規制法としたが，土地造成全般の規制法とすべきであった。

(5) 超高層ビルは景観上の紛争が多発していたが，防災面でも危険性が極めて大きい。五十嵐敬喜・小川明雄『「都市再生」を問う－建築無制限時代の到来－』(2003年)参照。なお自治体の危機管理対策について，高寄・前掲「阪神大震災」39～53頁参照。

(6) 救助・防災活動は，自治体だけでは対応不可能で，どうしても企業・民間団体・市民の協力・参加が必要である。私が神戸の研究所で「阪神大震災と地域住民組織」（1997年）の実態調査をしたが，地縁組織である町内会・自治会が日常的活動をしていれば，即救助団体として機能を発揮できる実績をみた。まして機能地域団体は，支援をうければ強力な救助支援団体として期待できる。公的支援・救済措置で見落とされた，震災障害者・外国人在住者などを救済できる。


## 生活・住宅再建の再編成

　復興事業と阪神大震災をみると，事前の防災・減災対策だけでなく，事後の救済・復興事業にあっても多くの欠陥がみられ，行政批判が噴出した。

　原因は生活支援・住宅復興にあって，根幹的といえる施策がなく，多くの施策が国・府県・市町村と分散され，責任が不明確となっていた。

　第3の検証課題は，生活再建で，この混乱を追跡してみると，平時の生活保護・介護サービスなどの施策による補填は容易でなく，既存の救助システムでも，対応できない多くの問題が噴出し，被災者とのギャップは多かった。[1]

　第1に，被災者からでなく行政からみても，複雑な零細措置が乱立し，公的給付と住民被害・出費とは，必ずしも一致しておらず，しかも救助措置の不公平・無駄も発生していた。ことに一般的施策としては，避難所・仮設住宅・公営住宅といった，公的現物給付が主流で，被災者は殺到したが，対応不可能となり不公平の温床と化した。[2]

　第2に，生活再建は，政府・自治体(府県・市町村)の公的支援，民間義援金の三本建てであったが，それぞれが被災者救済のため薄く広く個別に対応していったので，重複対応となった。

その補完策として，復興基金9,000億円(兵庫県6,000億円・神戸市3,000億円)が設置された。復興基金はその金利で支援するが，財源的には交付税措置で利子95%を補填する別建ての網羅的システムで，ますます混乱を深めた。[3]

　第3に，支援システムは同類施策が錯綜化した。たとえば義援金は公的支援で措置できない，支援策の財源として活用されるべきであったが，復興基金と同じように既存システムを薄く広く支援している。また見舞金は国・復興基金・自治体・義援金と4本建になった。

　結局，対象外の支援は，民間団体がクラウドファンディングで資金を募り支援しており，義援金は公的支援の補填財源となってしまった。一般的国民の意図とはかけ離れた，対応と化したのではないか。

　第4に，支援の類型をみると，現物支給(避難所・仮設住宅)，現金給付(弔慰金・支援金)，融資・貸付金，租税減免などであった。しかし，支援の性格は，公平な生活再建支援からみると問題があった。

　被災者弔慰金・生活救済支援金は，たんなる金銭給付で，極論すれば生活再建とは無関係の措置で疑問があった。[4]

　第5に，支援システムの改善も，現行措置を政策的に検証して行われなかった。市民運動が復興基金の被災者自立支援金の拡充をめざして行われ，最高約300万円までの増額措置がなされた。所得金額で段階的支援となったが，実際の被災状況とは必ずしも一致せず，硬直化した措置となった。[5]

　一方，中間所得層も甚大な損害をうけたが，目立った公的支援はなく，租税軽減といっても単年度であり，自衛層は廃業・サラリーマンは失業しても，自力再建を余儀なくされた。[6]

　住宅支援も住宅全壊でもあっても，私有財産への補填はなく，再建支援として公営住宅などの現物支給が原則で，外れた被災者は少額の民間住宅入居者への家賃補助，住宅建設者への融資・利子補給などで，実質的支援額は大きな格差があった。

　第6に，雑多で乱立した多数の施策を統合し，災害直後の一律支援金交付が，もっとも効果的で行政対応も容易で費用効果も明確となる。

　しかし，現行システムは，零細措置で対応し，問題があると追加するので，ますます複雑となる。どのような被災者が，どれだけの恩恵をうけたかわからなかった。

　さらに零細・多種の支援措置は，市町村の事務が無限に膨らんでいき，財政圧迫と

なった。たとえば被災者については，所得・被災の状況に応じて，一律100〜500万円を支給し，生活再建貸付金300万円など廃止した方がよかった。(7)

第4の検証課題が，住宅再建問題であった。避難所・仮設住宅・公営住宅という，現物支給が原則で，仮設住宅・公営住宅に入居できなかった，その他の被災者は公的支援の網からこぼれ落ち，零細補助だけという不公平になった。アメリカの一時金方式，台湾の選択方式がすぐれている。(8)

第1に，現行システムでは，個別対策の拡充だけに関心があり，全体として公費支給の公平性が無視されている。早い話が，震災公営住宅入居率は20％前後で，当選・落選では約2,000万円前後の差別が発生した。

住宅再建対策は，選択性がなく，しかも行政コストの肥大化を招く救済措置となっている。公営住宅・家賃補助・融資など，いずれを選択しても実質的支援額に差がない，住宅対策を採用すべきである。(9)

第2に，住宅支援は，現物方式に被災者が殺到したが，現金方式で選択余地があれば，入居者も減少し，不公平も是正され，行政コストも抑制されたはずである。救済政策としては，被災・所得状況に応じて，全被災者は支援対象として救済されるべきで，個別対応策では，どうしても支援システムから排除される被災者が発生する。

要するに現物方式から排除されると，補助・融資があるが，恩典はわずかであった。さらに住宅被災者には選択性がなく，結果として必要以上に公的住宅への要望が肥大化し，この不公平は将来長期にわたって，管理・運営面でみえざる財政圧迫要因となる。(10)

第5の検証課題は，神戸市復興事業の政策検証である。第1に，ハード優先の復興事業との非難だけがきびしいが，経済・生活復興にはインフラ整備が欠かせない。電気・ガス・水道にくわえて，都市整備である。

それぞれの事業への事業検証が欠けている。神戸市西部の長田再開発は，地域経済力に比して過大事業となったが，神戸市ならずとも自治体は，ハードの復興事業をすれば，安全性が高まるだけでなく，経済・生活も復興されるという，稚拙な官庁的先入感があるため，政策的に「誤謬の選択」となった。

マスコミ報道では東北・女川町は，神戸長田地区復興事業の拡大投資を検証し，身の丈にあった復興事業をしていると模範的事例として紹介されている。しかし，全体として東日本大震災をみれば例外である。(11)

生活・住宅再建の再編成

第2に，復興事業は，早期に実施しなければ，地域住民は区域外で居住してしまい，地域衰退の要因となり，仮設住宅・避難生活コストもふくらむ。

　神戸市が区画整理事業を，早期実施を断行し，市民無視と批判されたが，避難生活の長期化・仮設住宅建設の財政負担・被災者回帰困難性の増殖など，マイナス要素を考慮し，むしろ市民生活を配慮したたからである。[12]

　これらの現実的要請を無視して，早期施行は批判されたが，事業実態からみて軽率の誹りは免れないであろう。民間マンション再建で住民の意見が分かれ，老朽危険マンションに住み続けたい高齢者と，建替希望の壮年層とが対立し，未解決のままとなり，双方にとって生活破綻の悲劇をまねいている。政策選択として早期実施がベターであった。[13]

## 注

(1) 避難所設置・仮設住宅建設などにくわえて，現行救助システムでは，無数の課題が噴出したが，自治体は既存の救助・救済で精一杯であったので，公的措置から除外された被災者救済が深刻な問題となった。救援・救助活動と応急体制については，白書委員会・前掲「神戸黒書・阪神大震災」50〜80頁，高寄・前掲「阪神大震災」3〜38頁参照。

(2) 避難所・仮設住宅・公営住宅の行政サービスを受けられた被災者は別として，住宅全壊の多くの被災者が，避難所・仮設住宅に入居できなかった。結果として自力建築の仮設住宅・児童公園の施設避難所・全壊認定の危険住宅・家族親戚との同居・遠隔地の民間アパートなどの，避難生活を余儀なくされたが，さまざまの苦労・難儀だけでなく，予期しない経費支出となったが，公的補填はなかった。私の体験でも家屋全壊の認定で住める状況でなかったが，近接の小学校には入居できなかった。せめて三度の食事が給付されればとおもった。電気・ガス・水道のない状況で食事の調達は，塗炭の苦しみを味わった。避難所の生活は人権無視といわれたが，入れなかった被災者に比べれば，恵まれた状況にあった。要するに被災者全員が苦難を余儀なくされており，公的救助・経費補填がうけられる，公平性がなければならない。仮設住宅については同前74〜83頁参照。

(3) 復興基金は県2・神戸市1の負担割合であったが，西宮・芦屋市などは負担なしでであった。神戸市は指定都市として負担したが，基金の復興・救助費の基準・配分の権限は，県が掌握しており，神戸市は負担団体でしかなく，指定都市とはなんぞやと，その存在価値が問われた。東日本大震災では，基金は取崩型基金となり，財源は交付税補填というすっきりしたシステムとなった。さらに注目すべきは，県・市町村の基金は2分の1づつで，別個に設置され運用されていった。阪神大震災の基金より，被災市町村の自主性を重視したシステムとなっている。基金は県9,974億円，市町村9,851億円で，基金運用利子額でなく，正味の基金で，実質的阪神大震災の数倍の支援となったのではないか。高寄・前掲「被災自治体財政」39頁参照。

(4) 予想外の支援は，死亡弔慰金で世帯主では500万円であるが，80歳夫婦死亡で世帯主500万円，非世帯主250万円の合計750万円と巨額になるが，40歳世帯主が死亡し，専業主婦と幼児数人がのこされても500万円で，生活保障金としては不合理な措置である。政府弔慰金は被災者生活

支援金でなく，政府の災害見舞金であるからであった。本来の生活支援措置に統合し，死亡弔慰金は政府の哀悼意思表明として50万円として，余裕財源で生活支援・被害補填措置を充実させるべきである。

(5) 生活支援は復興基金(9,000億円)で，住宅・営業・生活対策が実施された。生活費支援措置が不十分，平成8年5月15日，「被災者生活再建支援法」が衆議院で可決された。復興基金710億円に540億円が追加され，600万円以下で収入段階に対応し，現金給付増額となった。しかし，震災被害補填でなく，単なる低所得者層の金銭的給付となったが，低所得者層でなくとも震災で，住宅崩壊・事業破綻・失業・災害後遺症といった，実質的被害者でも救済外と不公平であった。完全な生活困窮者は生活保護で救済し，災害関連の全被災者が，被災状況におうじで救済され，救助額を所得額で調整すべきであった。生活再建支援金は，貧困者弔慰金のように行政機関の精神的同情の措置となった。高寄・前掲「生活復興」34〜73頁参照。

(6) 私の場合，兵庫県からの被災見舞金10万円，娘の2ヵ月重傷の見舞金5万円と，家屋全壊での所得税減免約50万円の合計65万円で，中古住宅購入で住宅再建の支援はゼロであった。中間所得層は，生活支援の対象外で，低所得者層よりきびしい実態であった。なお定年退職者で年金生活者は，所得税減免はゼロとなるが，住宅の補修・医療費の増加に見舞われた被災者は少なくなかった。

(7) 自治体としては，貸付金方式は，返済金回収のため，神戸市などは，25年間市職員が延べ539人従事したが，事務費45億円となる。2021年，神戸市は貸付金709件・11.5億円の回収を断念し，返済免除の方針を固めた。同資金は国3分の2負担であるので，国負担分を利子を含めて返済する方針である。(朝日新聞・2021.8.25・2022.3.11参照)。一律支援金があれば，貸付金は廃止しても問題はない。住宅再建支援は別にあるので，一律支給があれば，個別貸付金の必要はなくなる。

(8) 1999年の台湾地震救済では，被災住民ベースの選択方式が，採用されている。家賃補助方式(70万円)，自力再建への低利融資(1,138万円)，公営住宅入居(賃貸料・所得累進化)，国民住宅確保(市場価格の7割)などの選択方式が提示され，一応，被災者全員が救済の対象となっている。融資方式が圧倒的多数であった。垂水英司「震災復興〜神戸と台湾の交流」(2020.6.30・第47回「神戸市政史研究会」)資料，垂水英司「台湾の大規模災害」『海外社会保障研究』(第187号・2014夏季)参照。

(9) 住宅対策は，選択性がない硬直化した対策であった。公営住宅への応募者のうち入居者は5分の1で，洩れた被災者は借上公営・特優賃・民間助成住宅への入居となり，そこも外れれば民間住宅入居者への家賃補助，住宅建設者への融資・利子補給だけとなる。政策的には公営住宅入居者の公的支援額を約2,000万円をベースにして，賃貸住宅者・縁故住宅者・自力建築者などとの公平性を図っていくべきである。現物支給・補助・低利融資などすべてで，所得段階的で調整し，同額となるようにするべきで，仮設住宅入居者は，事前の住宅支援として100〜500万円程度減額されるべきであろう。住宅支援の全貌については，高寄・前掲「生活復興」123〜158頁参照。

(10) 政策的には現金補填をベースであれば，住宅融資・再建補助・家賃補助・公営住宅の選択性であっても不公平が発生しない支援ができる。公共負担は，仮設住宅で500万円，公営住宅で約2,000〜3,000万円の公費支援になる。しかも特定の市民だけしか，救済されない。公営住宅の実益は，公営住宅家賃約50%で，家賃10万円×12ヵ月×20年×0.5(市費負担)＝1,200万円となるが，実際はこれ以上となる。要するに家賃補助，住宅融資，住宅建設補助が公営住宅入居者と同様の恩典をうけるべきで，救済網を拡大しても，公営住宅との公平化を図っていくため，

公営住宅建設を抑制し，住宅建設補助を新設し，賃貸補助・融資利子補助を拡充すれば，自治体の当初負担が大きくなるが，総合的長期的支出の負担は，減額されるのではないか。ことに現物支給方式とか融資貸付金方式は，自治体の以後の管理・運営事務が発生し，長期的に莫大な経費となる。したがって一時給付方式は巨額となるが，管理コストを算入すると，膨大な公費支出となる。

(11) 震災復興をめぐる総括的政策検証については，高寄・前掲「被災自治体財政」116〜128頁参照。

(12) 神戸市は，2ヵ月後，3月17日に震災復興事業（再開発2区26ha，区画整理5区143ha）を決定した。建築基準法第84条の建築制限期間であったからである。都市計画局に許された現地調査期間はわずか1週間しかなかった。現地調査を全市で実施したが，市民を見殺しにする行為，強権的復興事業との非難が台頭した。大森・前掲「神戸市都市経営」18〜30頁参照。もっとも2年間猶予の建設制限新法が制定されたが，区画整理で2年間も話しあっていれば，その間の被災者は住宅建設ができず，長期避難生活を余儀なくされる。2年間審議で検討をかさねても，復興事業のシステム変更はない。事業決定・廃止のいずれになっても，被災の打撃は計り知れない。しかも震災復興区画整理地区は，零細密集住宅区域で違法建築も多く，再建築が現状では不可能で，早期決定でなければ生活破綻をきたす。一方，国庫補助率も高く，移転家屋の少なく，零細住宅への減歩率は小さいので，市民負担は比較的少ない。もし区画整理をしなければ，集合住宅への建て替えもできない。この事態になれば，自治体怠慢，零細住宅見殺しといった批判が浴びせられるであろう。早期実施がベストでないがベターな選択肢であった。

(13) この点について，「阪神・淡路大震災の発生から2ヵ月後に都市計画決定された復興計画に対しては，地元住民，専門家，マスコミの多くが批判した。・・・しかし当時，日本各地の災害復興の歴史と復興計画の成果について，あまり知られておらず，それらが忘れさられていたことに起因する不安や誤解による批判も多かった」（越沢明『復興計画』（2005年）はしがき4頁）のである。


### 救助・復興施策の複眼的評価

私は災害史を調べ災害弔慰金にしても，幾度の災害を，被災者の犠牲と自治体の尽力で拡充されてきた事実を知った。阪神大震災でみられた救助・復興施策の欠陥は，東日本大震災で一部は治癒されたが，ほとんどは存続しており，次の大災害にあって，大きな阻害要素となるであろう。

その意味でも神戸市は，神戸市編『阪神淡路大震災・神戸復興誌』（2000年）といった行政記録だけでなく，政府に災害関連制度・システムの欠陥を追及し，改革の指針をまとめ，阪神大震災の総括をしなければならなかった。(1)

第1の検証課題は，阪神大震災と東日本大震災の比較検証である。阪神大震災における神戸市復興事業は市街地整備事業が主流の復興事業であったが，それなりの効果があった。しかし，東日本大震災では政府の全額国庫負担で大規模な復興事業がなさ

れたが，地域形成にあって問題が発生しただけでなく，地域振興・生活再建にあっても，十分な成果がみられなかった。

　要するに巨額の政府補助・復興事業が実施されても，復興施策の選択が適正でなければ，地域・生活再生に連動しない現実が顕在化した。

　巨大復興事業であったので，長期事業となり，原発事故に関係なく住民帰還が困難となり，避難先定住の市民がふえ，ソフトの地域経済振興・生活再建策に連動しなかった。

　想定できる要因として，阪神大震災は地震のみであったが，東日本大震災は地震にくわえた津波によって，壊滅的地域崩壊となった。さらに仙台市以外は地域集積力が脆弱で，地域経済・生活の再生力が乏しかった。

　しかし，このような地域特性を十分に考慮して，ハードの基盤整備でなくソフトの経営生活・復興施策を優先的にすすめなければならなかった。

　第1に，被災自治体は，政府高率補助の巨大防潮堤工事で防災機能が強化されたが，安全性が万全となり，将来，安全性が確実とはなったとはいえなかった。安全対策は多様な対応が必要で，将来，予想しない事態に襲わるのではないか検証が必要である。[2]

　第2に，東日本大震災では，安全住宅のため高台住宅1戸当たり1億円の造成費を注入したが，長すぎた復興事業のため，帰還住民は少なく空地がめだっている。しかも地域社会は，中心地区と高台地区に分散され，生活圏拡散化で行政コスト増加，生活利便性の喪失といったマイナスがみられた。

　また沿岸部の住宅は，内陸部の嵩上地区・高台団地へ防災集団移転事業で移転した。移転に要する費用は全額国庫補助となった。しかし，買収した「移転元地」は虫食い状態で，沿岸宮城・福島・岩手3県で3割約638haが未利用のままである。[3]

　第3に，災害復興事業の後始末は，自治体にとって厄介な課題となっている。財政的には公共施設が整備されたが，維持運営費は補助金対象外で，交付税補填は人口・面積算定で補填しきれないシステムで，財政圧迫要素となった。

　このような基盤整備優先の復興事業は，北海道奥尻島の復興事業では，商店街整備・小学校建設などを実施したが，人口減少で利用が激減し，放置されたという結末をみているが，東日本大震災では，この教訓が活かされていていない。

　第4に，震災復興施策として，費用効果からみれば，ハードよりソフトの施策が効果を発揮している。たとえば中小企業の復興支援は，阪神大震災では賃貸仮設工場の提

供程度しかなかったが，東日本大震災では共同企業方式への3分の2補助という，手厚い支援で多くの地域企業が再建されている。

　被災自治体にとって，ハードの建設費を削減し，ソフトの支援を拡充し，経済振興・人口定着を優先すべきであった。政府も復興建設費を削減し，被災額におうじて，自由につかえる地域再生基金を設置すべきで，財政的メリットがあり，人口定着・増加としての効果もある。

　第5に，復興事業の財源問題である。阪神大震災は復旧が原則で，補助率は低いままであった。この点，東日本大震災の復興補助は拡充され，神戸市と仙台市をみると，財政力指数の高い仙台市が優遇されている。[4]

　災害復興公共投資にあって，災害時の政権・災害地域の相違で大きな格差があるのは問題で，大都市といえども復興事業の財源負担は重く，戦前の災害補助のように，せめて財政力に対応して補助がなされるべきである。[5]

　第2の検証課題は，私が被災者として市民感覚でみた，防災・震災対策の問題点である。第1に，広域交通手段の途絶である。鉄道をみると，西宮から神戸への交通機関は，JR・阪急・阪神すべてが不通となった。国鉄・阪神は駅舎が全壊であったが，阪急は西宮北口・夙川間の高架橋脚の倒壊であった。[6]

　さらにショックであったのは，道路では浜手幹線は阪神高速道路が倒壊し，神戸へは途絶状況になった。[7] 山手幹線は芦屋以東が未整備で，大阪へは開通されていなかった。結局，中央幹線に全交通が殺到し，連日，大渋滞となった。[8]

　第2に，共助システムの脆弱である。災害救助行政は，行政能力をはるかにオーバーしており，頼りになるのは共助システムである。しかし，我家の体験では共助もさっぱりで，小学校で大阪のホテルの炊き出しに一度ありついただけであった。また水の確保は近所のマンションの井戸が，付設の児童公園にあったので，1時間まちでバケツ1杯を確保できたが，一人暮らしの老人家庭ではどうにもならない。

　第3に，自治体は機能団体だけでなく，町内会・自治会などの地縁集団を再評価しなければならない。現在，ごみ収集・防犯対策などを担っているが，防災対策・救助活動に担い手として，消防団ともに行政支援を支える地域組織として期待できる組織である。

　第4に，仮設住宅運用の共助システムの形成である。震災1年後，ゼミの学生25名をつれて，神戸・ポートアイランドの仮設住宅を訪問した。若い人との対話は久しぶり

で，歓迎されたが，仮設住宅生活について，さまざまな不満を口々に訴えていた。

　まず，仮設住宅に入居してから，コミュニティセンターの設置が遅れた。そのため仮設住宅団地の自治会発足も遅れ，入居者のまとまりがなかった。仮設住宅は県・市共同管理の状況で，頼みの復興基金は県一括管理方式で，仮設住宅支援まで手が回らなかったのではないか。

　つぎに仮設住宅は，エアコン・水道などが完備され，感謝していたが，実際，住んでみると，さまざまの不便がめだった。庇が浅い・郵便受けが低すぎなどである。しかし，庇はともかく郵便受けの位置変更ぐらいは，コミュニティでの共助で，対応しなければならないだろう。

　孤独死だけが脚光をあび，公的訪問サービス強化が求められたが，地域共助活動の活性化がより有効である。仮設住宅自治会に地域活動費を支援し，共助活動としての見守り活動・相互訪問を拡充するべきであった。

　さらに仮設住宅へのサービス拠点・運営費は，どうなっていたのであったかは，調査しないままであった。わずかであるが，学生の小遣いを集めて，自治会に寄付したが，自治会活動が活性化すれば，孤独死も減少するのではないか。自治体による訪問サービスでは，個人の生活まで干渉できなく限度がある。

　阪神大震災について語るべきことは多くあるが，自分史との関係では，阪神大震災で長田区は壊滅的被害をうけて，人口が激減した。そのため母校神楽小学校・大橋中学校とも廃校となった。私はまさか大都市で廃校となるとは絶句した。[9]

## 注

(1) 神戸市の公式政策検証を補填していったのが，神戸都市問題研究所の「都市政策論集」17〜21巻，「都市政策」79〜98巻，『被災地区住民行動実態調査』(本書第7章4項188・189頁参照)などNIRAの5調査が，神戸震災の被災状況・救助対策・復興事業の内容・課題を検証している。

(2) 巨大防潮堤が建設されたが，防潮堤は永久構造物でなく，崩壊の危険性がある。また長期予測では津波の高さはより高くなると予測される。選択肢としては高層ビルへの避難，高台への避難道路確保が安全策として準備しておくべきである。2021.2.21・朝日新聞参照。さらに巨大防潮堤で稀少種の多くが絶滅し，干潟が消え，海の風景も一変した。防潮堤は環境影響評価制度の適用外で，安全性は向上したが，大都市並みの閉塞した都市環境となってしまった，代償は未来永劫つづく犠牲は無視できない。2021.5.25・朝日新聞参照。要するに短絡的発想で既存防災工事だけに依存するのは，総合効果として必ずしも実効性のあるといえない。

(3) 「移転元地」については，朝日新聞・2022.2.11参照。

(4) 東日本大震災との比較をみると，復興事業(一般会計)は，神戸市4,380億円，自己負担(地方債など交付税除外)2,621億円(59.84％)，仙台市事業費1,907億円，自己負担353億円(18.51％)で，神戸

市負担は仙台市の3.23倍で，金額にして1,810億円の負担増である。震災時の財政力指数は神戸市0.74(平成9年度)，仙台市0.86(平成24年度)である。高寄・前掲「被災自治体財政」93〜104頁参照。

(5) 地租割評価基準による災害補助率決定である。高寄昇三『昭和地方財政史第3巻』126〜132頁参照。

(6) 阪急高架(西宮北口〜夙川駅)は，日常生活の行きかえりでみていたが，2本の橋脚であったが，細いなあと感じていった。案の定，倒壊してしまった。阪急自身の事業収入減ですまず，経済・市民生活に及ぼした被害は，甚大であった。

(7) アメリカ・サンフランシスコの高速道路崩壊をみて，日本の建築技術では倒壊はありえないと，技術立国日本を豪語していたが，もろくもくずれた。素人目でみても，橋脚は一本で案山子のように不安定で，やっぱりだめであった。震災後，手抜き工事があったのではないかとの噂が流れたが，現場は早期除去作業が先行し，有耶無耶のままであった。阪神高速道路は，自治体・市民が苦労し，大きな負担で拡幅された道路の上に建設されている。使用料・負担金がどうなっているかわからないが，今少し安全設計をする責務がある。

(8) 山手幹線は神戸市内では開通していたが，芦屋市で行き止まりであった。芦屋モンロー主義のなせる結果ともいえる。広域道路建設は県の仕事であるが，事前に説得して開通させていればと悔やまれた。震災後，隧道方式で整備されたが，芦屋市内のみで，現在でも171号線まであとわずかであるが，西宮市への接続はない。山手幹線の幅員は12m前後の普通の道路であり，高度成長期に貫通させておくべきであった。

(9) 大橋中学校は約800人いた生徒も224人に激減し，苅藻中学校に吸収合併され，1997年4月に長田中学校となる。廃校にともなう閉校式が，1995年10月30日に開催された。式典後，同窓会会長として，惜別の辞をのべることになったが，なんともつらい役割であった。第1回卒業生が22名も参加してくれたのがせめてもの慰みであった。当時の神戸市教育長は，大橋中学4期生の鞍本昌夫さんで，残酷な運命のめぐり合わせとなった。なお閉校式は田中忠徳校長が「閉校宣言」をし，在校の1・2年生が運動場に上がっている校旗を下ろし，市教育委員会へ返却する「降旗式」が行われ，50年・半世紀の幕を閉じた。敗戦後のおんぼろ校舎でのたった2年間の中学生活であったが，我が人生でもっとも輝ける時代で，惜別の感がこみ上げてきた。神戸新聞(1996.10.31)参照。

# X 都市経営の思想と探求

## 都市経営研究の系譜

　私の都市経営論の経過をたどってみると，神戸市職員の実務経験から触発され，次第に体系化されていった。都市経営への目覚めをみると，偶然の機会と実務の刺激からであった。

　第1の契機は，市役所の日常業務では，行政事務手引書か，制度解説書の類がほとんどで，専門書に触れる機会は全くなかったが，私は企画係長の時，市会図書室で偶然，関一『都市政策の理論と実際』を手にとった。まさに目から鱗が落ちる感じであった。

　その後，関市政研究もつづけていった。関市長も地方財政の壁を破れず，受益者負担で下水道整備をすすめたが批判にさらされた。

　しかし，政策選択としては，低所得者層は下水道なき状況で，伝染病にさらされるより，受益者負担で下水道整備をした方が実益は大きかった。[1]

　第2の契機は，職員むけの庁内誌『花時計』の執筆で，担当の総務局厚生課松本正三編集者(のち文書館々長)から，神戸市政史を4回にわけての掲載依頼であった。ただ連載となると戦前もふくむが，戦前の『神戸市史』は難解であるが，仕方なく市史を読み込み，職員むけのエピソードを見つけた。

　「神戸市政へのしるべ」(1975.4〜1976.1)と題して，明治・大正・戦前昭和・戦後昭和の4回にわけて連載をこなした。当時，すでに著書は出版していたが，私の最初の記念すべき独立論文で，就職から15年，40歳を過ぎていた。

　第3の契機は，企画課企画係長で指定都市担当となったが，政府への陳情だけという，覇気のない実態に義憤すら感じて，日経新書『10大都市時代』(1972年)を出版したが，事態はかわらなかった。

　しかし，革新自治体の担当主幹として，宅地開発指導要綱擁護，自動車排ガス規制提案などを自から実践して，従来の都市経営では実現不可能と諦らめていた，政策型都市経営の実践価値を実感した。

　ただ神戸市に就職した当時，神戸市の公共デベロッパーによる都市経営は，全国的大きな注目をあつめていたが，その実像は理解されないままであった。しかも市制施行から130年以上も経過しているが，都市経営は，概念が確立さ

れておらず，どうしても都市経営の価値を立証しなければならないと決意を
固めた。

　実際，戦後にあっても都市経営はマイナーな分野であった。要因の第1は，
戦前，内務省をはじめとする，中央官僚は農村疲弊救済への使命感が強く，
多かれ少なかれ農本主義に洗脳されていた。

　有名な内務省有志編纂『田園都市』（博文館・明治40年）にしても，都市論
でなく都市過密化を反面教師とする，国民協調の精神育成論に過ぎなかった。
この農村的発想は，戦後も中央省庁に根強く体質化されている。

　要因の第2は，中央政府の地方支配は，府県経由方式の許認可が重要な要素
であったので，大都市の都市問題は余り関心がなかった。

　政府としては大都市経済が成長し，国税を稼ぎだしてくればそれでよかっ
た。そのため大都市自治体は，後藤東京市政にしても，政府のみでなく政党
にも反感をもたれ，都市政策は妨害された。

　結果として大都市自治体は，地方制度枠外での都市経営で，自力で財源を
捻出し，都市経営をすすめていった。必然的に反中央集権となり，政府と反
り合わず，結果として都市政策・都市経営などは，中央省庁が重視する自治
体システムとして容認されなかった。

　要因の第3は，後藤新平東京市長・関一大阪市長にしても，都市経営を地方
自治権の視点から，理論・実践で構築していったが，政権後継者に中央官僚
を指名し，その心底は意外と中央官僚願望主義であった。

　そのため官治的政権の連続となり，都市経営は都市に定着できず，歴史の
なかに埋没してしまった。

　もっとも戦前でも，都市経営不毛ではなかった。明治期にあっては，片山
潜・安部磯雄の都市社会主義による都市経営論が形成され，戦前の都市経営
思想の原型を形成していった。[2]

　第2に，大正期には後藤新平が東京市長となり，東京市政調査会創設をした
こともあり，都市経営は思想・戦略・実績について百花繚乱の感があった。
岡実の『都市経営革新の急務』（1923年）が有名であり，ビーアド博士の『東京
市政論』（1923年）も全国的関心が注がれたが，当時の日本の都市に根付くこと
ができなかった。[3]

第3に，昭和期にあっても，国家・農村優位の風潮のなかにあって，異色の内務官僚・菊池慎三は，反中央・府県・農村の都市自治論・都市経営の論評，また実践的都市経営論としては関大阪市長がみられるが，政策型都市経営の実践には至らなかった。[4]

　ただ戦前の都市経営をみると，第1に，制度的には閉塞を余儀なくされが，現実は自治権活用で地方外債・公営交通・土地区画整理などの実践で，都市集積・開発利益の公共還元を実現し，大都市行財政の隘路を打開していった。都市自治体の実践力を誇示し，政府もその存在を認めざるをえなかった。

　第2に，戦前の大都市は，減量経営的対応でなく，積極的経営を果敢に実践していった対応であった。西郷京都市長による三大事業(明治39～45年・事業費1,726万円)にみられるように，地方外債発行で建設資金確保し，先行的投資で安価な都市基盤整備に成功し，大都市では唯一為替差益をうみだした。[5]

　第3に，大都市全体としても，地方外債の発行額は巨額に達し，副次効果として，政府外貨不足を補填し，政府に恩をうっただけでなく，大都市は地方債制限にもかかわらず，膨大な建設資金を調達し，「行政の知恵」を発揮した。[6]

　第4に，都市経営は都市制度創設時，大阪市は歩一税(不動産取得税)などの法定外普通税を創設したが，流通税であった。明治期すでに乱開発が広がったが，宅地開発税といった政策型都市経営の法定外普通税創設はなかった。

　後藤新平東京市長が，大正10(1921)年「東京市政要綱」で時価税創設をめざしたが挫折しており，鶴原大阪市長の卓抜した政策型都市経営は，発展的継承はなかった。

　戦後の都市経営思想は，戦後の戦災復興事業・高度成長期の都市開発に自治体は忙殺され，都市経営実践ができなかったが，都市問題が激化するにつれて，都市経営も台頭していった。高木鉦作『都市経営』(『自治実務セミナー』1963年6～12月号)，柴田徳衛・石原舜介編『NHK市民大学叢書・都市の経営』(1971年7月)などであったが，公共デベロッパー・地価上昇・公害激化が顕在化すると，都市問題・都市政策の実践論として，都市経営論は地域開発論とともに，活発な論争の渦中に巻き込まれ，体系化は達成されなかった。[7]

# 注

(1) それは「伝染病流行ノ時，其猖獗ヲ逞フスル所，常ニ細民多キ」（神奈川県編『横浜水道誌』明治24年・神奈川県・31頁）と，低所得者層ほど伝染病の感染者・死亡者は多く，実質的受益者負担は少ないからである。社会的視点からみた費用効果追求こそ，施策選択の基準と悟った。なお関一の下水道整備については，関一『都市政策の理論と実際』（1936年，以下，関一・前掲「都市政策」）224〜251頁参照。

(2) 戦前の都市経営は，拙著『都市経営思想の系譜』（1990年）でまとめているが，補完的説明をすると，明治期は，後藤新平の『国家衛生原理』（1889年）があるが，なんといっても片山潜・安部磯雄の都市社会主義の都市経営論が主流で，都市自治をベースとしていたが，意外にも都市を企業になぞらえて，市民が株主として見立てて説明している。企業型性格であった。高寄・前掲「都市経営思想」94〜183頁参照。ただ大都市の実践的都市経営の骨格を形成したのは，鶴原大阪市長で政策・施策・事業型経営のすべてに実績を残し，都市経営戦略を定着させていった。『都市経営思想の系譜』では見落としてしまったが本書（第6章第3項「戦前市長の都市経営の実績」141頁参照）では紹介している。

(3) 大正期の都市経営思想としては，まず岡実（農商務省商工局長・毎日新聞社長・東京市政調査会理事）の『都市経営革新の急務』（1928年，以下，岡・前掲「都市経営革新」）にみられるように，両税委譲の実施・軍備縮小・企業への負担金強化によって，都市問題の解決をめざす，改革意識の濃厚な政策型都市経営であった。同前290〜336頁参照。またビーアド博士『東京市政論』（1923年）で注目すべきは，内部経営システムとして，予算・物資・人事行政などを取り上げて，外部経営システムでは，地方制度改革による都市自治権拡充を主張しており，内部・外部経営にわたって，地方自治権による自治体運営を論述している点である。同前608〜647頁参照。池田宏『改訂都市経営論』（1924年）は，中央官僚であるが，都市経営の課題・施策の理論化をしている。その思想については，同前337〜453参照。後藤新平も東京市長として活躍したが，実践論で思想とはまとめられていない。同前188〜289頁参照。

(4) 昭和期を代表するのが関大阪市長で，現場をふまえた戦略・実践論で，説得性にとむ施策論がみられる。地下鉄・御堂筋建設とビッグプロジェクトを遂行していったが，受益者負担をベースとする施策型経営であった。都市経済は成長し公害が激化したが，防止手法は実効性を欠き，政策型都市経営としての抑制施策には失敗した。同前454〜607頁参照。注目すべきは菊池慎三で，その三部作『都市行政と地方自治』（1927年）『地方自治と東京市政』（1928年）『都市計画と道路行政』（1928年）は，都市自治の視点から，政府・府県の中央集権を批判した，当時の革新的著作で孤高の輝きを放っている。高寄・前掲「日本都市経営史下」26〜29頁参照。

(5) 京都市政史編さん委員会『京都市政史第1巻』（2009年）190〜196・207〜212頁参照。

(6) 政府正貨残高は明治39年4,9億円，45年3.5億円と激減している。大都市外債は大阪電気水道債3,022万円（42年度），京都水利水道道路債1,755万円（43年），東京市区改正事業債1,458万円（39年），東京電気債8,956万円（45年）などで，国庫にとって無視できない存在となった。実際，公営企業・築港事業などの事業実績は，大都市の政

策的重要性を評価せざるをいない状況となった。なお明治末期の大都市債膨張・外債問題については，高寄昇三『明治地方財政第6巻』（2006年）257〜305頁参照。

(7)都市経営論は，都市経営思想史・都市経営戦略論（自治体企業論・自治体公共信託論）・都市経営実践論（公共投資論・行政サービス論・公共デベロッパー論）・都市経営組織論（外郭団体論・民間委託論・公営企業論），都市政治論（市民主権論・官僚支配論・住民投票論・情報公開論）・自治体運営論（人事給与論・行政評価論・資金管理論）など，政治・行政・管理論など多分野にわたるが，体系化して「都市経営論」をまとめるまではいたらなかった。拙著『現代都市経営論』（1985年）も総論だけまとめているが，各論は別個の著作となっている。

## 藤田賞と経営科学文献賞

　私の地方自治・都市経営への著作の系譜をみると，大都市での職務をつうじて，事態打開のため世論への訴え，そのため中央省庁の地方施策への批判などが，出版の動機であった。

　第1課題として，初期の著作出版の動機・目的をみると，現状脱皮のため，実務体験で感じた制度・施策の問題を解説し，都市自治の改革指針を示し，あわせて地方公務員への共感・共鳴を呼びたかった。

　第1に，私の最初の出版は，昭和47(1972)年『10大都市時代』（日経新書）で係長であった。指定都市も札幌・福岡・川崎市の指定で，東京特別区と五大都市で10大都市となり，大都市の政治力も強化され，大都市問題の解決を期待しての出版であった。

　『10大都市時代』は，大都市が直面する大都市問題解決のため，行財政・都市経営の戦略を提示し，10大都市の結束・奮起を促す，"警世の書"でもあった。ただ10大都市では，戦前の六大都市のような結束力が，発揮できるのか不安であったし，東京市が東京都となり，大都市から脱落したのは致命的な痛手であった。

　第2に，地方公務員の意識改革をめざした。『地方自治の再発見』（1973年・7版）は，従来の地方自治関連図書は，中央官僚の制度論か学者の理念論で，自治体職員が精神的刺激を求めて読む，自治体改革論は乏しかった。

　歴史・制度・思想・実践の包括的地方自治の新境地を，開拓する意図での出版であった。

　『地方自治の財政学』（1975年・9版）も，『地方自治の再発見』と同様の視点

で，財政制度論でなく財政運営論で都市問題・公共経済・地域開発との関連で，地方税・交付税・公共投資・公営企業などの制度改革・経営戦略論の提唱であった。

第3に，自治体の都市政策形成への処方箋の提示である。『市民自治の都市政策』(1976年)は，地域開発・都市問題への自治体の政策的実践への理論・戦略をまとめた。都市問題解決という切迫した，政策課題へ実務サイドから切り込んだ政策戦略論であった。

『地方自治の経営』(1978年・10版)も，自治体運営の実践策の提示となった。ただ市職員の実務で，個々事業の「経営の戦略」は実感していが，さきの日経市政記者の松元論文(1976年)に刺激をうけて，著作としてまとめた。

当時，都市経営の解説書はあったが，都市経営への実践論・戦略論を体系化した著作はなく，都市経営の先駆的研究として注目を集めた。

『地方自治体の経済学』(1982年・3版)も同様で，地方自治をめぐる経済政策課題として地域開発・土地住宅・公共投資・交通・環境・行政サービスなどを経済的視点からみて，問題解決への具体策を提示していった。

『地方自治の行政学』(1998年)は，出版は遅れたが，国・地方の関係，自治体運営・政策形成などが対象であったが，中央・自己・市民統制，行政組織運営論，自治体経営資源(人事・給与・資金)などをあつかっている。体系的でないが，自治体が当面する行政課題への改革論であった。

第2の課題として，私の初期著作出版をめぐる背景・不安・課題などをみてみると，第1に，地方自治全体を眺めると，官治的統制下での管理型行政が体質化し，自治体自身が官治的制度論に安住していた。

たとえば自治体の管理職試験をみても，政策論より制度・法律論が主流で，これでは自治体が，官治型タイプの職員がはびこる温床を，自から培養していたが，このような閉塞状況の打開をめざした。

第2に，一般の大学教授の解説書では，都市政策・都市経営・自治体改革などで，地方公務員の感覚とのズレがあり，実践的課題には対応できない。

もっとも大学教授・中央官僚の講演は，なかには意識改革に寄与する刺激的研修もあるが，研修所の講演は制度論が多く，拝聴するだけでは，自治体職員はいつまでも，政策立案にあって自立できない不満があった。

第3に，地方公務員の研究・知識水準を立証し，地方公務員が自負をもって，実務に励んでもらうため，そのガイダンスとして実践論をふまえた解説書を出版した。革新自治体の最盛期であり，これらの啓発的出版のほとんどが重版となった。制度論では埋没されてきた，自治体の実践的事例を摘出していったので，自治体職員が，通俗的制度論に飽き足らなく，変革への処方箋を渇望していたので，願望に応える著作となった。

　第4に，もっとも自治体改革のため出版が有効であったが，地方公務員が現職のままで，出版活動をするのは，不安があり，勇気がいった。

　それでも出版へと決断したのは，係長・主幹として，市税減免廃止・開発規制・人事再編成・民間委託・外郭団体・公害問題など，付け焼刃的な知識での対応でなく，政策的対応として，その実践・研究を出版し，現場自治体の実態を訴えたかったからである。

　第5に，ただ現職の地方公務員が，担当事務事業と直接関係のない，著作出版にはかなりの批判を覚悟しなければならなかった。

　それは，私は横浜市の田村明・鳴海正泰氏のように，政策マンとして外部からヘッドハンティングされた人材ではなく，採用試験を受けて市役所に採用された，生粋の生え抜き職員で，役所で特別扱いをされていない。したがって著作出版にはそれなりの批判を覚悟しなければならなかった。[1]

　ただこの杞憂は，予想だにしなかった藤田賞受賞で払拭された。『地方自治の財政学』が，昭和51年4月第2回東京市政調査会・藤田賞の受賞となった。これで世間的にも認知され，自信がついた。

　第1に，受賞は恐らく従来の大学教授の著作にはない，稚拙であるが事実・実績をベースとする，政策・改革論が魅力的であったからであろう。

　ただ受賞は，自宅への電話で知らされたが，はじめ何のことがわからなかった。しばらくして拙著への受賞と知らされ，まさかと思った。[2]

　第2に，『地方自治の経営』(1978年)が，財団法人経営科学振興財団から，1979年「経営科学文献賞」を受賞し，10版となった。なお平成17(2005)年，第3セクター研究会から『新地方自治の経営』(2004年)が学会賞をうけ，都市経営分野が私のメルクマール的研究テーマとなっていき，都市経営の研究にも意欲が湧いてきた。

第3に，受賞で気分的にも楽になり，地方自治・都市経営のテーマにぶつかると，積極的な出版をつづけていった。大学教授とことなり，地方公務員にとって受賞は，研究成果への評価だけでなく，出版活動そのものへの社会的免罪符となった。

第4に，甲南大学へ転職し，大学教授の肩書もでき，海外留学の機会にめぐまれ，肩肘はって専門家としてふるまう必要もなくなった。論文執筆・委託研究・現地調査・執務案件など，問題にぶつかると研究し出版していったが，そのため出版社は特定し，随時出版できるようにした。[3]

**注**

(1) 出版は，市役所ではかなり物議が免れなかった。1つは，出版そのものへの役所内の風評で，あまり歓迎されないだろうし，場合によっては上司から訓告されかねない。2つは，大学教授と異なり，基礎知識が乏しく，水準が低いという不安であった。それでも当時は若く，出版への血が騒いだのであろう。3つは仕事に関係がある場合でも，市長・局部長はともかく，担当者などが出版すると，関係者全員の苦労の成果物を，あたかも自分の功績として出版したと，非難されかねない。4つは，仕事に関係のない研究書では，よほど暇と勘違いされる。要するにやっかみ半分での風評被害である。そのような雰囲気を気にして，『10大都市時代』の印税は，全額を市の「公園緑化協会」に寄付をした。

(2) 藤田教授も，私の受賞を大変喜んでくださった。それは第1回藤田賞の授賞書が，山中永之佑『日本近代国家の形成と官僚制』（弘文堂・1974年）で，研究水準にあって申し分ないことは当然であるが，財政学の専門書でなく，しかも新人でない著名な大学教授であったためである。私の授賞は，学者でなく地方公務員で，地方財政の出版物である点が，藤田賞創設の趣旨に合致したからであった。世間的評価からみれば，他の大学教授を差し置いて授賞できる水準になかったが，選考委員会の皆さんがよくぞ，決断してくださったと感謝した。私自身の励みだけでなく，異例の授賞で時の人として全国紙にもとりあげられ，全国自治体職員の励みになった。ただ残念ながら次の自治体職員の受賞は，第37回2010（平成22）年の岩橋浩文（熊本県参事）『都市環境行政法論』（2011年・法律文化社）であった。その後，藤田先生は，私が指定都市の会議で上京した時，自宅まで招待してくださった。その時，是非とも戦前地方財政をまとめて欲しいとすすめられた。藤田先生の『日本地方財政制度の成立』（1941年），『日本地方財政発展史』（1949年）は，断片的で通史ではないと残念がっておられた。

(3) 出版社はできるかぎり特定した出版社にした。勁草書房は専門書，学陽書房は啓発書と区別していた。担当の石橋専務・高橋取締役が退職したので，その後は公人の友社になっている。出版社を固定した理由は，私が出したい本を，出したい時に出すためであった。出版社にしても，万一売れなくても全体として損益を調整でき，迷惑がかからない気配りであった。

## 都市経営思想と都市経営史

　私の著作から都市経営論を類型化してみる。第1分類の著作が，都市経営の思想・歴史の研究である。第1に，都市経営思想史は，拙著『都市経営思想の系譜』(1990年)がある。都市経営の思想は，戦前より提唱され，都市自治体のみでなく，自治体職員・市民階層にもかなり浸透していた。しかし，都市経営思想史としてまとまった体系的思想史は，戦前はなかった。[1]

　都市経営思想史として，無視できないのが，地域開発論における政府・大都市との都市論争である。都市経営論に深入りしすぎて，著作出版ができなかったか，「地域経営思想史I～IX」(「甲南経済学論集」1992.6～1996.12)に，大都市サイドの理論は紹介している。注目すべきは，当時の大都市は，政府の大都市抑制策に対して，正面から大都市成長の存在価値を主張し，政府の大都市抑制論に怯むことはなかった。[2]

　過大都市論への反対が，学者だけでなく市長もふくめた，共通の認識であった。戦後も大都市は地域開発にあって，国家経済に貢献してきた実績が，無視されただけでなく，過大・過密都市として汚名をかぶせられ，工場制限法によって国政にあって抑圧されてきた。

　第2が，都市経営論の体系化である。『地方自治の経営』(1978年)は，内部経営システムに重点があったが，『現代都市経営論』(1985年)は，理論・政策論をまとめた。『新・地方自治の経営』(2004年)では自治体運用の政策化をめざし，都市経営と地方財政再建・自治体経営戦略・地域開発政策・政策型自治体経営と外部環境との関連で都市経営の手法を論述している。

　もっとも戦前から都市経営論は，盛んに提唱されていった。なお戦後も多くの都市経営論の著作があるが，都市経営論の体系化は実現していない。戦後の都市経営論については，巻末参考文献参照。

　第3に，都市経営史で，戦前・戦後の各大都市の市史が参考となるが，個人の著作は特定分野に限定される。その空白を埋めるため，拙著『近代都市経営史・上下巻』(2019・2021年)・『神戸・近代都市の形成』(2017年)をまとめた。戦前のみで戦後経営論は，各論の著作に追われて出版できなかった。

　なお戦前，大都市で顕著な経営実績を残した市長をみると，多彩な苦難の

経歴を持ち，官治的感覚に汚染されない，自主的都市経営思想をもっていた。なお大都市の戦前市長としての個人史は，鶴見祐輔『後藤新平(全4巻)』(1947年・勁草書房再版)があるが，個人史といっても，行財政実績との関連史であるが，市史よりは個人の思想・手腕がよくわかる。[3]

明治以来，都市経営百年余の歴史は，貴重な歴史的事実である。道路・港湾といった，都市基盤さえも先人の知恵の結晶であり，まして市民生活を支えてきた水道・交通・教育などは，行政的文化遺産である。

特筆されるべきは福祉施策すら，多くの企業・市民寄付に育まれた，善意の市民遺産である。[4]

## 注

(1) 『都市経営思想の系譜』は，神戸大学の伊賀教授に，博士号の取得をすすめられたが，すでに甲南大学教授に就任していたので，今更と思ったが，前から懸案となっていた，都市経営思想史をまとめるのに良い機会なので，お願いした。ただ戦前の全思想を対象としたので，700頁の論文となった。平成2(1990)年11月，神戸大学経営学博士号を授与された。法学部卒業，経済学部教授，経営学博士と何でも屋であった。

(2) 戦前の政府大都市抑制策と大都市成長論の対立について，高寄・前掲「都市経営史下」294〜305頁参照。

(3) 市長個人史は，戦前では池原鹿之助『鶴原定吉略伝』(池原鹿之助・1917年)があり，戦後では越澤明『後藤新平』(2011・筑摩書房)，芝村篤樹『関一一都市思想のパイオニアー』(1989年・松籟者)ある。なお首長自身の著作は戦後で，美濃部・前掲「都知事12年」，飛鳥田・前掲「飛鳥田一雄回想録」，宮崎・前掲「私の履歴書」(1989年)，鈴木・前掲「私の履歴書」(1982年)などである。

(4) 戦前から神戸市をみても，多くの寄付金をうけてきた。神戸最大の財閥・川崎グループから，大正期125万円の社会救済費寄付をうけている。その他経済人の寄付も枚挙にいとまがないほど多数みられる。高寄・前掲「神戸近代都市形成」308〜314頁参照。昭和期，川崎造船所の経営危機にあって，神戸市が300万円の緊急融資をしたのは，同社への恩義に報いるためでもあった。現在でも神戸市・外郭団体には，多くの市民寄付の基金があり，国際交流協会(国際協力センター)には，外国留学生支援の5億円の個人基金がある。ちなみに市基金の市民寄付基金は多いが，中井市長は自宅売却金5,000万円，原口市長の奨学基金は退職金8,000万円の寄付が財源であり，宮崎市長は神戸都市問題研究所の創設・宮崎賞金合計3,000万円も，市長寄付金である。このような寄付金こそ，神戸市はその経営センスを駆使し，目減りすることなく，永久に存続させなければならない。戦前の民間寄付については，高寄・前掲「神戸近代都市形成」308〜314頁参照。

## 大都市制度史と都市経営実践論

　第2分類の著作が，都市行政論である。第1に，都市行政制度史で，日本の地方制度は，欧米先進国の制度を模倣した輸入物であるが，中央集権的システムに換骨奪胎された，非近代的制度である。

　戦前・戦後にかけて無数の制度史が編さんされている。全国史として『内務省史4巻』があり，政令指定都市史としては，大都市制度史編さん委員会『大都市制度史』(1984年)などがある。私は『地方分権と大都市』(1995年)を出版した。

　第2に，都市行政論である。拙著としてはさきの『地方自治の再発見』『地方自治の行政学』のほかに，都市自治権を主張した『地方主権の論理』(1977年)，『政令指定都市がめざすもの』(2009年)などがある。

　第3に，行政管理論である。行政運営をめぐる問題は，行政的だけでなく政治的に論争となった。1つに，人事・給与問題で，専門外であったが，『自治体人件費の解剖』(2003年)で，自治体内部に潜む，体質的欠陥を抉りだした。

　2つに，自治体政策・施策決定システムである。実績評価システムとしての『自治体の行政評価システム』(1999年)・『自治体の行政評価導入の実際』(2000年)，情報処理システムとしての『自治体政策課題とOA』(1985年)，『自治体企業会計導入の戦略』(2003年)・『地方財政健全化法で財政破綻は阻止できるか』(2008年)などである。

　第4に，都市政治論であるが，都市経営史などでふれてあるが，単独の著作は『地方政治の保守と革新』(1981年)のみであるが，各論的政治論としては，大阪維新の大阪市廃止への反対論としての『大阪都構想と橋下政治の検証』(2010年)など7冊がある。また市民参加論で，住民投票・情報公開などが課題で，『住民投票と市民参加』(1980年)・『市民統制と地方自治』(1980年)・『市民自治と直接民主制』(1996年)である。しかし，日本の住民投票は，アメリカのように強力ではなく，単なる議会への請求権に過ぎないが，それを補完する手続きとして情報公開条例が制定された。

　私が想定もしなかった，昭和57(1982)年・山形県金山町情報公開条例は，新分野を開いていき，神奈川県などが追随していった。このような全国的動きをまとめ，公開条例の効用を解説したのが，『自治体情報公開の実際』(1986

年)であった。

　第3分類の著作が，都市財政論である。第1に，都市財政制度史である。財政史としては，政府編さんの戦前地方財政史は，大蔵省編さんの明治・大正・昭和・昭和(戦後)のなかの地方財政編がある。

　個人の財政史としては藤田武夫教授の戦前地方財政史はすでに紹介したが，戦後史は『現代日本地方財政史・上中下巻』(1976・1978・1984年)がある。

　私の地方財政史としては，『明治地方財政全6巻』(2000〜2006年)『大正地方財政史上下巻』(2008・2009年)，『昭和地方財政史全5巻』(2009〜2015年)をまとめたが，残念ながら戦前史にとどまっている。また公営企業分野では，『近代日本公営交通成立史』(2005年)，『近代日本公営水道成立史』(2003年)がある。

　第2に，地方財政論は，先にあげた『地方自治の財政学』は，制度論を克服した，財政運営論で注目をあびたのが，『新・地方自治の財政学』(1998年)は，中央統制と地方財政自主権の関係をベースにした，現行地方財政制度の内容分析に力点をおいた，財政制度改革論であった。[1]

　第3に，各論的著作としては，『現代地方債論』(1988年)『地方分権と補助金改革』(1977年)，『地方財政の改革』(1978年)，『交付税の解体と再編成』(2002年)などがある。なお地方債史は，「地方債制度・運用の歴史・Ⅰ〜ⅩⅠ」(甲南経済学論集・第29巻第1号〜第32巻第4号)でまとめたが，著作としての出版はできなかった。

　第4分類の著作が，都市政策論である。第1に，概論としてさきの『市民自治の都市政策』(1976年)『地方自治の経済学』(1982年)がある。[2]

　第2に，都市政策実践論で政府施策への批判論でもある。都市経営を実施していくには，外部環境である地方行財政制度・運用の欠陥を指摘し，改革を求めていかなくてはならない。『臨調批判と自治体改革』(1983年)，『原発再稼働と自治体の選択』(2011年)，『「地方創生」で地方消滅は阻止できるか』(2015年)，『「ふるさと納税」「原発・大学誘致」で地方は再生できるか』(2018年)などである。運営論としては『地方財政健全化法で財政破綻は阻止できるか』(2008年)などがある。

　第3に，自治体運営論である。思想と制度だけでは，自治体運営は成功しな

い。都市経営戦略・実践論，そのための内部経営システムの科学・合理化を図っていかなければ，政策選択・実施にあって最適化ができない。

　実践論としては自治体運営の戦略・実践論として『自治体の政策経営』(2000年)，『地方自治の活力』(1982年)・『自治体財政・破綻か再生か』(2001年)など，都市再生策の実効性を政策的検証で裏付けていった。なお神戸市の都市経営実践論としては，『都市経営の戦略』(1986年)がある。

　ただ私としては，他の自治体職員・地方関連団体職員との共同出版で，地方自治・都市経営の課題をともに究明していくことをめざして，大阪府都市職員との共同著作として，高寄昇三編著『自治体財政の無駄を洗い出す』(2014年) などを出版したが，私自身が多忙なため長くはつづかなかった。

　第4に，自治体運営の対応として，個別の都市対策である。従来の公共デベロッパー型の出版は多くみられたが，ハードからソフトへスライドしていったので，政策課題として福祉・環境行政が浮上してきた。『高齢化社会と地方自治体』(1986年)，『ごみ減量再資源化政策』(2001年)である。

　また都市災害論では，『阪神大震災と自治体の対応』(1996年)・『阪神大震災と生活復興』(1999年)・『政府財政支援と被災自治体財政』(2014年)などを出版した。ただ都市災害は多種多様で，都市自治体の災害政策は，発生後の対応という政策的には最悪の対応策で，理論・政策的な総括的対応策が欠落していた。私も救助制度・復興事業などの現場的対策論で，「都市災害論」はまとめられなかった。

　第5分類の著作は，内部経営システムの理論・戦略論で，政策選択・実施にあっても，人事・給与・財政・企画などシステムが，適正化でなければ，実効性の都市経営はできない。

　第1に，自治体改革の戦略論である。『地方自治の選択』(1986年)，『地方自治の新領域』(1990年)などで，都市自治体の管理行政からの脱皮として，自治体改革の打開策を提示していった著作であった。[(3)]

　第2に，都市経営形態システムの形成である。経営形態では『外郭団体の経営』(1991年)は，神戸市都市経営戦略の重要な手段で，当時，研究・著作も少ない分野であった。

　第3に，行政のソフト化に対して，官民連携・協働が重視されるべき課題と

なった。住民組織論として『コミュニティと住民組織』(1979年)がある。　この点，さきの神戸市政専門委員会・神戸市行財政制度調査会でみてきたが，従来の受動的対応から能動的対応へと変貌しなければ，生活行政の拡充は不可能である。単なる補助施策では，市民団体の堕落を促しかねない。都市社会論の視点から体系的に対応しなければならない。

　また今日では自治体内部だけでなく，NPO法人など民間法人の行政との協働化がすすんだが，その経営問題をあつかったのが，『コミュニティ・ビジネスと自治体活性化』(2002年)である。

**注**

(1)『新・地方自治の財政学』は，『地方自治の財政学』の新版で，東京市政調査会『都市問題』(1999年4月・第90巻第4号121頁）の書評で警世書として論評されている。なお『新・地方自治の経営』(2004年・学陽書房）も同様で，『地方自治の経営』が内部経営システムに重点があったが，経営の政策化をめざし，都市経営と地方財政再建・自治体経営戦略・地域経開発政策・政策型自治体経営と外部環境との関連で都市経営の手法を論述している。

(2)『地方自治の経済学』は，地方紙のネットワークで書評が掲載され，地方都市にあっても地方自治をめぐる，新視点からの改革・政策論が注目されるようになった。当時，神戸市主幹に過ぎなかった私が，すでに13冊の著作を出版し，中央官庁とは異質の政策・経営論を展開していると評価されている。この事実は，地方自治体職員の励みになったのではないか。

(3)内容が専門書でなく，改革志向性であったので，韓国でも国立江原大学校社会科学大学行政学科張魯淳教授訳で，1996年拙著『地方自治の選択』(1986年)が翻訳・出版された。また1994年に(財)地域発展研究所朴魯保研究員訳で『地方自治の経営』(1978年)が，1994年に翻訳・出版されている。なお宮崎市長の『都市の経営』も中国で出版されている。

# XI 都市経営の衰退と地方政治の劣化

## 政権交代と都市経営の凋落

　平成元(1989)年，宮崎市長が退任し，政権移譲で笹山市長(平成元年11月)が就任したが，都市経営は次第に風化していった。しかし，都市経営継承といっても，前政権と同じ経営戦略踏襲ではない。

　自治体は内部経営(人事・財政・企画)を適正に処理し，外部経営(投資・サービス)は，経済・社会環境変化に適応し，安定した自治体運営を持続するだけである。ただ外部経営環境は，宮崎市長の複合経営では対応できない，「縮小都市」(shrinking city)の兆候がみられた。[1]

　しかし，笹山市政の投資戦略は，単なる事業型都市整備で，震災復興後の神戸経済振興策として，神戸空港建設を実施するが，高度成長期でなく，経済浮上効果は疑問であった。さらに震災後の生活復興優先を願う市民意識と大きく〈乖離〉し，激しい非難をあびた。[2]

　第1の課題として，阪神大震災以前の笹山市政をみると，当然，都市経営路線を踏襲すると期待していたが，就任早々，都市経営の「金儲け主義」批判を回避するためか，「都市経営」とは無縁の市政を展開していった。[3]

　第1に，笹山市長は，新政権としての市政運営のビジョンは，「大股・小股論」，ブレーン達が提唱する「螺旋階段説」などは，呪文のような市政論で，市民がわかる都市運営の処方箋は描かれていなかった。まして縮小都市への都市振興策の修正策はなかった。[4]

　第2に，宮崎市政末期の専権主義との批判は，意図的な風評に過ぎなかったが，笹山市長は就任早々，過剰反応し，極端な市民参加への姿勢をアピールした。しかし，短絡的対応では，地域・市民利害の調整ができず，市民迎合主義では行政はやっていけない。[5]

　第3に，笹山市政は都市振興策として，1990年に「世界とふれあう市民創造都市」をメインテーマで，「アーバンリゾート都市づくり・8大プラン」を策定し実施した。「人間尊重」「生活充実」「快適環境」「文化交流」「経済躍動」の5つの都市像を掲げ，魅力ある都市を提唱したが，メージ先行で具体的振興効果はみられなかった。[6]

第4に，都市産業のハイテク振興策として，1994年には「KIMEC」（「神戸国際マルチメディア文化都市」構想）を提唱した。しかし，技術者の笹山市政が，豹変したように，新奇な都市構想を次々と，打ちだすのには違和感があった。

情報産業育成は，ビジョンとしては間違っていないが，民間主導のプロジェクトで，実現にはまず民間企業と連携ができるのか，施策実現性を事前検証することなく提唱していった。[7]

第5に，笹山市政は，都市経営と訣別し，財政運営にあっても，積立金で財政基盤強化に努める，激変緩和の姿勢はなかった。「アーバンリゾート都市」施策をみても，事業効果を無視し，単なるイベント行政で収益性はなかった。

このような漫然たる行政消費がつづけば，将来，財政悪化となりかねない。現に財政基盤は，基金取り崩しで脆弱化していった。平成7（1995）年の阪神大震災で一気に市債膨張となり，2020年になっても財政は回復していない。[8]

第2の課題として，阪神大震災時の笹山市政は2期目を迎え，政治的には安定化し，財政的にも過去の蓄積で，破綻はみられなかった。笹山市政6年目，平成7（1995）年，阪神大震災に襲われ，甚大な被害に見舞われた。

笹山市長は，技術者本来の姿勢にもどり，戦災復興事業の体験を活かして，復興事業を短期に遂行していった。

ただ阪神大震災復興で膨大な財政支出を余儀なくされ，財政基金だけでは，巨額の復興事業を支えるのは不可能で，財政悪化がすすんだ。

阪神大震災への笹山市政の対応をみると，第1に，神戸市復興事業の交付税・補助金などを除外した，市税負担は1.8兆円であったが，市税・基金などを総動員して補填したが，主たる財源は市債で，残高は肥大化していった。[9]

第2に，震災復興事業の一環として，東部臨海副都心として，神戸製鋼の跡地にHAT神戸（事業費約560億円・施行期間1995〜2003年）を実施する。広大な復興事業用地が，都心近くにあったことは，復興事業にプラスとなった予期しない幸運で，復興事業を支え，神戸経済を底上げに貢献した。

HAT神戸は面積約120ha，計画人口は居住人口3万人，就業人口約4万人，利用人口15万人で，HAT神戸の街びらきが，平成10（1998）年3月に行われた。WHO神戸センター・県立美術館など公的機関の立地をはじめ，業務・文化・教育施設が立地した。災害復興事業としては，公営住宅をはじめ住宅供給と都市機能の集積とい

う都市再開発事業として成功をおさめた。ただ新交通機関は整備されなかったので，都市集積力に限界があった。

第3に，神戸市は震災復興を絶好の好機として，全市的に復興事業がなされた。震災で戦前密集老朽街区の多くが消滅し，スラム・クリアランスの必要はなくなったが，実際は市街地再生のためには，復興区画整理が必要であった。

しかし，復興事業は被災者の生活困窮を無視した，人命・生活軽視との批判をうけたが，冷静に政策判断すれば，早期区画整理着工は，零細・狭小住宅階層にとって，住宅再建にとってかけがえのない事業で，評価されるべきであった。[10]

ただ建設主導の区画整理・再開発事業であったが，東部・中部の事業は集積力があり成功したが，新長田再開発は集積力に比して過大投資となったからである。それでも経営センスがあれば建設後の，地域活性化は可能であった。[11]

近年，やっと県市合同庁舎・県立教育施設といった，官活で底上げを図っているが，力不足で民活による消費需要創出が依然として課題であった。

第4に，笹山市政は，震災復興事業で産業・生活基盤整備だけでなく，神戸空港建設(1999年着工・事業費3,140億円)，「市営地下鉄海岸線」(2000年7月着工・事業費2,700億円)整備をすすめた。空港ビルは収益性がなく，関空との連絡船も赤字で，空港本体の補塡する余力はなかった。地下鉄海岸線も，沿線に大規模集客施設はなく，経営収支は苦しい状況がつづいている。[12]

ただ高度成長期の公共デベロッパーは，建設すれば経営は心配する必要はなかった。また安定成長期では複合経営で建設本体の経営化で治癒できた。

しかし，低経済成長期では都市・地域全体でも，建設投資への支援策が不可欠となった。災害復興事業と都市経済再生・ポートアイランドの企業集積・生活再建と都市消費活性化，新長田再開発と地域再生化などの，課題は将来に残された。

第3の課題として，阪神大震災後の笹山市政をみてみる。第1に，震災後，平成10(1998)年，神戸医療産業都市構想懇談会(1998年10月)を発足させ，ポートアイランドに医療産業都市建設をすすめた。2013年には200社の医療クラスターに成長している。しかし，低迷する震災後の神戸経済の牽引力としては，知識産業は長期的育成策で，短期に成果は期待できないが，将来の展望はできた。[13]

第2に，観光・文化振興策では，小磯記念美術館(1992年11月)，神戸ファッション美術館(1997年4月)を設置している。都市再開発では，「HAT神戸」(1998年3月竣功)

を造成しているが，集客力・都市魅力の増殖を狙ったが弱かった。

**注**

(1) 全国的に縮小都市時代への危機が提唱されるのは，2000年以降であるが，産業構造類似の北九州市では，すでに，1970年代から経済衰退・人口鈍化など，都市縮小がみられた。神戸市は県庁所在地としての集積力はあったが，製造・流通産業への依存度が大きく，衛星的大都市である性格は否めなかった。しかし，神戸経済停滞の予兆はポートアイランドをみると，コンテナ―埠頭が撤退したが，大学進出でことなきをえた。都心近接という立地条件という都市集積力の補填があったからであった。将来，脱工業化で都心部空洞化で郊外住宅団地の老朽化がすすみ，縮小都市化が本格化すると，どう対応するのかであった。縮小都市については巻末参考文献参照。

(2) 世論も「神戸都市経営の崩壊」として一斉に批判した。市民がつくる神戸市白書委員会編『神戸黒書・阪神大震災と神戸市政』・週刊ダイヤモンド特別取材班『神戸・都市経営の崩壊』などは，神戸空港建設は，土地神話が崩壊したのに，過去の成功体験に固執し，市経営崩壊は必至と糾弾された。笹山市政の実態をみると，神戸都市経営は，平成元(1989)年の宮崎市長引退で，終焉したみなすべきである。笹山市政は独自の事業型公共投資を推進しており，都市経営とは似て非なる自治体運営へと変質していった。

(3) 政権禅定では，当事者で継承事項を協定書で確約しても，反故にされるは珍しくない。宮崎市長も革新自治体になったとき，原口市長から背信行為として糾弾された。政治・経営環境が変化すれば，政権維持・新路線展開のため，やむを得ない選択である。問題は変革の必然性があり，行政実績として新施策が成果を結実するかであった。ただ笹山市長が通常の公共投資・イベント行政で，外部環境の変化に適応できるのか不安であった。

(4) 神戸新聞・前掲「14人の決断」237～249頁参照。なお初期笹山市長の動向については，地方行政を活性化させる会『新生神戸市の挑戦』（1998年）44～74頁参照。以下，地方行政活性化会・前掲「神戸市の挑戦」参照。

(5) 笹山市長は，住民運動のリーダを研修講師として招き，市長・助役以下の幹部職員が講話を拝聴した。戦災復興・都市再開発事業などで，住民交渉でかずかずの修羅場を踏み，一人一人の市民を説得し，市民重視の姿勢を貫いてきた。市長となっても，市民重視の理念を尊重する意図での対応であったのであろう。それ自体は誤っていないが，職員の洗脳という稚拙な策であった。市長ともなれば，市民参加でも行政情報公開・諮問的住民投票条例など，システム的対応でなければならない。しかもその後，笹山市長は，神戸空港を強引に建設しており，住民リーダ尊重の姿勢と，余りにもかけ離れた落差のある姿勢であった。

(6) 「アーバンリゾート都市」とは，「快適な都市環境の中で，多様な都市ライフスタイルを選択し，自由時間を楽しむことができる複合都市空間」と定義されている。同前46頁。「アーバンリゾート都市」をめざして，「アーバンリゾートフェア'93」(4/1～9/30)を実施したが，ポートピア'81のような収益性・経営性による経済波及効果を狙った博覧会方式でなく，市民参加による全市的イベントで，市民を鼓舞し，地域性・文化性・参加性による都市魅力の創出であった。しかし，政策的にみて市内消費は，公費注入で活性化するが，市外消費を吸引する効果はなく，都市振興策として一過性の効果しかなかった。高寄

昇三「アーバンリゾートフェア考」（1993.6.4・神戸新聞）参照。

(7) 構想はキメック・ワールド，デジタル映像研究所，デジタル・ハリウッド・フェスティバル，デジタル・ネットワーク・サービスの，4大プロジェクトを策定した。これらはまさに文化情報の産業化であった。震災後，1997年，神戸製鋼・川崎重工・さくら銀行など，民間77社がこれら情報産業の事業化研究会をたちあげるが，経済不況で休眠状況になり，やがて自然消滅していった。民間企業の協力がなければ，自治体指導では無理であった。公共デベロッパーから文化産業都市への転換で，行政主導性は低下していったが，情報産業都市化となると，民間主導性と変貌していき，自治体の直接的投資・支援でなく，間接的な民間刺激策が主流となっていった。なお笹山市政の都市振興策について，地方行政活性化会・前掲「神戸市の挑戦」49〜74，192〜210頁参照。

(8) 笹山市政就任時の一般・企業会計市債発行額1989年度1,557億円，90年度1,774億円，91年度1,908億円，92年度2,041億円，93年度2,191億円，94年度1,960億円で増加はしているが微増であった。阪神大震災の1995年度7,343億円と一気に膨張している。起債残高は1989年1兆4,756億円，緊急震災復興事業で1994年1兆8,520億円と4,000億円の増加し，震災復興事業が本格化すると1995年2兆4,727億円とさらに約6,000億円増加している。矢田市長就任の2001年度3兆2,373億円と，震災前より1.7兆円増と倍増している。しかし，矢田市長の減量経営で，久元市長就任の2013年度2兆1,871億円と約1兆円減少したが，2017年度1兆9,757億円と1989年度の水準に戻っていない。要するに阪神大震災の影響が大きい。なお財政基金の状況をみると，笹山市政では基金取崩がすすんだ，市長就任の1989年60億円，90年31億円，91年度90億円，92年度155億円，93年度223億円，94年度369億円，95年度301億円で，阪神大震災以前から基金取崩で，財政運営は激変緩和型ではなかった。財政基金総額は，2001年748億円，2010年478億円，2015年度657億円，2019年度550億円と減少傾向をたどっている。もっとも笹山市長就任後は，ポートアイランド2期の起債償還などが増加し，必ずしも笹山市政が膨張主義でなかったが，「アーバンリゾート都市」などをみても，財政縮小型への転換兆候はみられなかった。

(9) 神戸市の震災復興事業全会計総額2兆8,868億円(1994~2013年)，財源内訳は国庫補助金9,246億円，県支出金693億円，特別交付税607億円の合計1兆546億円で，残額1兆8,322億円が神戸市負担となった。財源対策として市債1兆3,335億円，残余4,987億円の償還財源は，市税・使用料・繰入金など処理すると，市債償還は基金となる。震災時の平成7(1995)年度一般・特別・企業会計合計基金5,562億円で，平成10(1998)年度4,484億円で約1,000億円をくずしているが，一般会計の基金は実質的約500億円程度で，結局，補填債発行となり，起債残高膨張となっている。高寄・前掲「政府支援と被災自治体」93〜103頁参照。

(10) 復興事業の機会を逃せば，地域内の多くの零細住宅は違法建築もあり，また一般的住宅でも全面道路が狭く，建築基準法違反で再建は不可能であった。また狭小過密住宅群の集合高層住宅化も区画整理でなければ不可能であった。さらに復興事業区画整理・再開発事業の国庫負担は高く，既存建物の除却が不必要で，実質的な地元負担も軽いという，財政的メリットがあった。マスコミ・市民の非難にもかかわらず，公営住宅・集合住宅方式を，区画整理に組み込み，零細・不法建築住宅を解消した，笹山市政の事業実績は高く評価されるべきである。

(11) 新長田南再開発(事業費約2,700億円)は，再開発面積約20haで，再開発事業としては，ビ

ル42棟(6.7万㎡)で6割が未売却で，過大な集約・高層化事業となった。都市整備はできたが，ビル売却などで赤字（約330億円）となった。再開発に協力し，ビルに入居した商店主は，ビルが公共スペース6割と大きく，そのため管理費が高く，固定資産税をふくめた自己負担はテナント収入の数倍の赤字経営となった。同事業は投資額に比較して集積力は弱く，再開発事業は新長田駅周辺に限定し，南部地区は戦前の旧住宅密集地区で集積力はなく，一般的な区画整理で止めるべきであった。しかし，拡大投資であっても，新長田再開発地区の集積力を強化するいため，レジャー・教育施設など誘致すれば，地域全体が活性化して，再開発ビルのテナントへの経営改善に寄与するはずである。鉄人28号だけでなく，簡単な遊戯施設でも付設すればそれなりの集客力となる。神戸新聞・2020.12.24参照

(12) 空港・地下鉄海岸線は，震災復興施策としては疑問が残る選択であった。空港建設は震災後の神戸経済復興の起死回生策とて着工されたが，第1に，高度成長期でなく建設事業が順調に経済効果を発揮するのは容易でない。第2に，震災後の財政悪化の状況では建設は財政後遺症となる。第3に，空港運営の経営戦略が不十分である。第4に，神戸空港は本来，伊丹空港廃止が前提条件であった。建設しても地方空港では効果が小さい。したがって空港は震災による，生活再建・財政悪化を考えると，空港は事業延期とするべきはなかったか。また地下鉄海岸線も，長田地区のインナーシティ再生の支援という目的にしても，複合経営で沿線の集客施設誘致・付帯関連事業で，事業収支均衡の見込みをみてから実施すべきであった。

(13) 神戸医療産業都市構想は，京都・大阪・神戸大学医学部長，国立循環器センター総長，神戸市立中央市民病院長であった，井村裕夫・先端医療振興財団理事長の発想であり，かってのように官主導の発想ではなくなり，医療産業都市構想は，官・産・学の無数の連携をいかに融合できるかが，構想の成否を大きく左右する。政策実現の戦略がことなってきたのである。神戸医療産業都市構想については，『都市政策』第128号2007年7月頁参照。

## 縮小都市神戸の活性・再生策

　震災後の神戸市政にあって，どのような地域経済再生の方策が最適なのか，都市経営の〈要諦〉は，都市経済の構造変化への対応力である。原口・宮崎市政が都市経営実績をあげられたのも，高度成長・安定成長期にふさわしい，実施戦略を選択したからである。

　1989年笹山市政となったが，「都市縮小時代」は減速経済で，復興事業にあって基盤整備と同時に，都市経済・市民生活の再生策が求められた。

　その意味では笹山市政は，原口・宮崎市政より外部環境の劣化した，低経済成長期の都市振興という困難な対応という不運に遭遇した。

　縮小都市時代の都市振興策は，「海図なき航路」での試行錯誤の対応となった。問題は決め手である「地域循環経済」の振興といっても，曖昧模糊とした理念で，具体的施策を実施には，よりソフト化の発想の転換が成否のカギを握っていた。

第1の課題は，外部環境変貌への認識である。第1に，神戸は衛星的大都市という宿命を背負っている。神戸市は，震災復興事業は成し遂げたが，横浜市のように首都経済圏の集積力で，市外から知識・研究産業の立地がある都市ではない。

　国土構造の集積メカニズムをみると，近年，ますます広域経済圏の中心都市への集積メカニズムが強力に働いており，神戸・北九州市などの，衛星都市的大都市は，経済・人口低迷は深まっていった。しかも大阪経済は，自己経済の振興で精一杯で，神戸市までその集積メカニズムは波及しない。

　第2に，振興策にあってビッグプロジェクトは，成功の確率が低い。神戸経済は従来，都市経済への起爆剤的な事業・施策を，自ら創出してきたデベロッパー型であった。今日では空港・地下鉄といった基盤整備をすれば，都市が成長する時代ではなく，開発フロンティアも少なくなった。

　第3に，「都市縮小時代」は，都市経営環境は劣化している。ニュータウンは高齢化・人口減で都市荒廃がすすみ，既成市街地は商業・製造業の衰退で，都市スラム化の症状すらみられる。都市施設も老朽化し，自治体財政は負担増をきたす悪循環に陥っている。

　第2の課題は，環境悪化であっても都市経済・社会は，悲観材料ばかりでない。郊外・既成市街地とも社会資本の余力があり，都市機能も死滅はしておらず，新しい機能を付加していけば，存続・再生は可能である。

　廃棄物の再生の"アップリサイクル"のように，衰退兆候のある地域を都市経営資源活用で，甦らせば持続的発展は可能であった。

　第1に，都市再生策の処方箋としては，都市経済の経営資源である，人的・物的資源の活用で雇用と所得を創出し，地域循環経済を形成していけば再生の目途はつく。

　ビッグプロジェクトでなく，地域プロジェクトで既存経営資源を活用して，全市的に融合・集約化すれば，都市再生の巨大なエネルギー源となる。[1]

　具体的戦略は，都市経済の数量的膨張でなく，高付加価値化で質的高収益化である。既存経営資源の活用であるので，太陽光発電事業のように，資源は無料であり，資本コストも「オンサイト型」では低く，その分，事業収支均衡は困難ではない。[2]

　無数の中小企業・地域団体は，資金支援をすれば，地域経済のエネルギーを活性

　　　　　　　　　　　　　　縮小都市神戸の活性・再生策

化する起業チャンスはある。問題は自治体にノウハウがあるかで、いずれせよ自治体はむずかしい舵取りが求められる。

　第2に、縮小都市時代では、既存産業の構造転換・高加価値化が迫られた。地域経済がもつ潜在的資源を創出する、振興施策が求められた。

　今日盛んに提唱されている、SDGs(Sustainable Development Goals)のように、持続的発展を遂げるためには、それぞれの地域で、有効な施策を選択し、地域資源活用で所得を創出する戦略が求められる。

　施策実施形態は、地域連携融合型、官学民連携型によって、地域別の複合施策振興策である。ポートアイランドの医療・情報産業のクラスター形成、新長田副都心と地場産業の活性化・インナーシティ再生、しあわせの村での福祉・医療事業と贈与の経済化、西北神農村では特産物開発と地域自然エネルギーの企業化など、多彩な地域の循環経済の自己還元型施策を実施である。

　ただ公共投資に慣れ親しできた、自治体にとって未知の苦手分野であるが、医療産業クラスターは成長軌道をすすんでいる。

　公共デベロッパーのように外見的にも開発成果がみえる事業でないが、個人消費効果のように統計的には成果が数値となって現れるはずである。

　第3に、地域経営資源の強化・再生で、振興策の戦略は、都市潜在的経営資源の活用である。これらの施策を牽引力として新産業の創設・都市魅力の培養で、さらに外部経済を呼び込む施策が形成できるかである。

　マスタープランのような全市的開発でなく、各区・地域ごとの無数の再生施策である。SDGsのように行政コスト削減とごみ再資源化、高齢者活用と地域サービス企業化など複合効果の実施は、単純計算で効果は倍増し、コストは半減する。要するに事業形態を変えれば、事業効果・収支は改善される。[3]

　地域振興にあっても、普遍的施策は地域経営資源の再生である。かつて北野異人館は単なる住宅地区であったが、観光地となった。神戸は観光資源には比較的恵まれている。ことに港湾地区は未開発であるが、2021年神戸港ウォーターフロント開発の一環として、民間複合施設「神戸ポートミュージアム」が開館されたが、都市再生戦略の試金石となるかである。[4]

　第4に、「成長」型都市経営から「共存」型都市経営への転換で、市内雇用・消費を少しでも増やすことで、小さくでも豊かであれば所得は増加する。無数の処方

箋があり，何を選択し，どう成功させるかである。

　ただ都市環境は大きく変化している。開発フロンティアはなくなり，地球環境・気候変動の問題もあり，開発一辺倒は不可能であり，人口減少は避けられない構造変化となった。だが都市は容易に死滅しない。緩慢な衰退があるだけで，現実に荒廃化はすすんでいない。北九州市は1965年104万人，2015年96万人と10万人減少に50年かかっている。北九州市の先進的施策をみても，この間に新産業を創出し，都市も市民生活も崩壊することはない。(5)

　第5に，ハード設計でなく，ソフト設計との融合である。コンパクトシティとかの都市空間設計で，都市魅力度・利便性を増進させるとか，特定の振興ビジョンで産業・観光・文化・食品・景観・娯楽などを，地域再生につなげる具体的施策である。

　神戸港の流通機能は低下したが，観光資源としての潜在的価値は大きい。たとえば神戸市全体での地域資源の再生による魅力ある観光施設・余暇空間の形成である。一定のビジョンをもって開発しなければ，個別開発だけでは持続的発展はない。

　第6に，あらゆる施設・活動は経済効果があるが，その付加価値を培養し，地域経済・社会が，所得・雇用の喚起をめざして，刺激策を注入することである。自治体は公共投資の投資乗数効果のみを重視する，視野狭窄症に陥ってきた。ソフトサービス効果は，イベントの経済効果だけでなく，市立図書館・博物館・体育館の消費創出効果，さらにはシルバー人材センターの雇用効果なども評価するべきで，一般的行政を通じても，都市経済を潤沢にする発想の転換をしなければならない。(6)

　宮崎市政は財政基金積立に熱心であったが，そこに都市経営のあらゆる成功の秘策を込めていた。今日やっと，基金経済の到来が予測される。

　公的・私的のさまざまな基金が創設され，それぞれの特定目的を追及しながら，非営利であるが収益性のある活動を持続していくであろう。政策型NPOで基金を運営し，事業型NPOで実践する，新しいシステムが普及するのではないか。(7)

　笹山市政を総括すると，技術屋市長にとって，低経済成長期という不運な外部環境での就任となった。

　第1に，原口市長は公共デベロッパーで，積極的都市開発を進めたが，高度成長期であったので成功をみた。宮崎市長は複合経営・文化産業都市で，地域産業の構造変化で乗り切ったが，安定成長期であった。

笹山市政は，都市づくり・地域経済振興策を実施したが，低経済成長が災いして，公共投資の事業収支・地域振興投資効果はきびしい結果となった。

　第2に，笹山市政は技術者で，ハードの投資は得意であったが，ソフトの施策は未知・未経験の分野であった。不運なことに縮小都市時代は，ソフトの施策が求められたが，笹山市政は都市再生へのまとまった，処方箋を打ちだせなかった。[8]

　笹山市長は阪神大震災復興の実績をみても，有能な技術官僚であるが，都市振興策というソフト行政は，新基軸を狙ったが，実効性なきイベント行政であった。

　市長も万能でないので，内外の人材活用が必要で，差し当たって自己経営資源である部局長・区長・職員に，特定施策・1地域1振興策といった施策の提出を呼びかけ，市長が選択し実施していけば，神戸への起爆剤となる。[9]

　第3に，震災復興後の神戸経済再生について，「都市縮小時代」にふさわしい，多彩な地域循環経済施策による戦略を採用すべきであったが，結局，高度成長期の公共投資主導型投資が主流となってしてしまった。

　もっとも内発的開発では長期的対応となり，震災復興という緊急対応は期待できない情況にあった。しかし，震災で疲弊した市財政では，公共投資型での地域活性化は無理で，長期的ビジョンで着実な成果で我慢するべきであった。

　たとえば兵庫運河の復活化・灘日本酒群の観光化・長田ゴム産業のブランド化・西神ニュータウンの定住化など，地域・施策ごとのきめ細かな個別地域再生策を，全体として神戸活性化へと連動し，相乗効果を創出できる可能性はあった。

　ただ技術市長として，阪神大震災の復興事業を見事に実施し，市長3期12年の任期をまっとうし，原口・宮崎市長につづいて，阪神大震災復興の功績で勲一等瑞宝章が授与された。阪神大震災は未曽有の大災害であったが，その救助・復興事業は非難にさらされたが，専門家からは，見事な復興であったと評価されているのが，せめても慰みであった。

　笹山市長のリーダシップのもと，市役所が救済・復興施策を遂行していった能力は，高く評価される。しかし，都市再生処方箋は低経済成長期で，しかも事前・事後の検証の欠落し，職員による補填策も的確性がなかったため，経済復興は難航した。問題は笹山市政の成否を論じるには，自叙伝はなく，行政資料もすくなく，客観的評価がむずかしい状況にあった。[10]

　行政は行政実績の記録を編集するだけでなく，その行政の立案・実施・効果に

ついて自ら説明する責務がある。後世の市長・市民・職員にとって，その「成功の秘策」と「失敗の本質」を知り，直面する政策課題への得難い教訓とできるからである。(11)

　笹山市長退任後，平成13 (2001) 年，矢田立郎市長 (平成13年11月〜25年11月) が誕生する。(12) 復興債返済のため，減量経営を余儀なくされるが，財政再建の目途をつけた功績は大きい。(13) ただ震災復興という受難の時代にあっても，東日本大震災をみてもハードの基盤整備だけでなく，ソフトの経済振興をすすめなければ，大都市といえども「縮小都市」への危機が克服できない。

　矢田市長は医療産業都市・デザイン都市・文化創造都市などをかかげて，神戸の都市振興策を推進していったが，阪神大震災の復興・財政再建のため，画期的成果はあげられなかった。

　平成25 (2013) 年，久元喜造市長となる。財政的には災害復興の負担解消の目途がたっていた。これから災害で遅れた，経済復興をどうするかで，縮小都市神戸への危機が明確に意識された。

　ことに人口減の動向がはっきりとしてきたからであった。三宮都心再開発・西神都市再開発が展開されているが，画期的「経営の知恵」はみられず，神戸再生への実効性のある開発効果はなく，人口減少がつづいている。(14)

## 注
(1) 神戸市の「縮小都市」の基本的戦略は，対応策は「内部経営資源活用」による「外部資源導入」である。都市自治体による地域おこしの成功事例は無数にあるが，ただ2004年都市再生特別措置法改正で，まちづくり交付金が創設され，2005年には地域再生法制定で新規に地域再生基盤整備強化交付金が創設されたが，都市経済の成功事例は自主的民間事業が多い。内部経営資源を自治体・企業・市民が連携して，収益事業として如何に孵化させ，結実させられるか，洗練された企業センスが発揮できるかであった。
(2) 日本でも多くの都市が，ごみ減量化に対応している。2017年度環境費は横浜市435億円，大阪市317億円，神戸市212億円で，市民協力で過剰包装自粛・分別収集・ごみ再資源化などが，すすめば廃棄物処理コストは減少する。ごみ資源の地域エネルギー化をみると，燃料資源は無料・無限であり，市民がボランティアで選別化をし，環境センターで焼却すれば電気収入を確保でき，その収入で地域ファンドを創設し，地域活動の活性化を図っていく循環方式である。太陽光発電は，困難な課題に直面しているが，それでも工場・公共施設などの屋根など設置の「オンサイト型」は収益性の高いシステムとして普及している。朝日新聞・2022.2.10参照。
(3) 地域福祉サービスは民間委託方式でコスト削減と地域団体活性化の複合効果が期待される。民間・企業・市民活動が連携し，自治体行政を補完し誘導する機能を涵養するべきである。

　　　　　　　　　　　　　　縮小都市神戸の活性・再生策

ことに事業系NPO法人が，公的扶助を代替してくれれば，委託費は半分以下ですむ。その余裕財源で，社会福祉協議会で福祉基金を設立し，民間団体を支援し，民間団体はクラウドファンディングで贈与遺贈の経済を活用して，基金を増額して活動すれば，民間有償福祉のサービス分野も拡充され，持続的発展ができる。自治体が経費節減・事業収益を一般会計へ繰り入れず，基金として積立て，公共性と収益性の融合した民間活動を支援することである。

(4) 朝日新聞・2021.10.21参照。

(5) 北九州市は早くから産業廃棄物再生事業を起爆剤としてきたが，近年では「鉄の街から風の街へ」と風力発電企業の集積に将来を託している。朝日新聞・2021.10.14〜2021.10.16参照。神戸市も医療産業都市拡充か，新規のハイテク産業集積か，なんらの戦略的リーディング・プロジェクトによる牽引力が不可欠である。

(6) イギリスのインナーシティ施策の現場をみたが，小さな印刷所への経営支援の理由は，存続が雇用・所得を創出するからであった。神戸には神戸新聞総合出版センターが，地元関連の出版を手掛けているが，かなりの大学は出版会があるが，神戸大学はない。都市問題研究所・文書館(市史編室)をみると，調査研究報告・市販の機関紙・市民講演会などは，市民消費を喚起している。市史研究者・歴史愛好家はかなりおり，潜在的消費効果は大きい。自治体・企業だけでなく，無数のNPO団体などと連携して，共益的事業を活性化させ，市全体が行政活動の付加価値を高める経済感覚が必要である。神戸市在職中，全国からベルトコンベヤーの視察が多かったが，観光とかイベントだけでなく，行政自体が消費誘発機能を秘めた団体があることを認識しなければならない。

(7) 基金による非営利活動の支援は，次第に定着しつつある。政府は10兆円規模の基金を設置し，その運用で年数百億円を大学研究に給付する施策を正式に決定した。ただ基金の運用・活用方法は問題山積であるが，適正に処理されれば効果は絶大である。朝日新聞・2022.2.2参照。神戸市でも巨額の一般会計・外郭団体が公的・私的基金があるが，有効活用の戦略は研究されていない。基金は団体が上手に運用すれば，増加し貢献度も大きくなる。私の経験では研究所といえば赤字が常識であるが，神戸都市問題研究所基金は30年で創設時500万円から2.5億円に積み増した。その利息で研修・調査・海外研修など市政貢献をなしてきた。今後，都市では地域基金は，経営センスと贈与のメカニズムが駆使すれば，社会貢献への効果が期待できる。なお神戸市都市問題研究所は廃止となり，基金5.5億円は市に返還されたが，特定基金として存続し，市政貢献をつづけているのであろうか。

(8) 笹山市長は原口市長と，同じ技術家であったが，都市政策・都市経営への認識は未成熟で，しかも技術屋としては苦手のソフト施策が主流となった。昭和21年神戸市に就職し，「都市計画畑を一筋に歩み，最前線の現場で神戸の復興，まちづくりへの想いを心に刻んだ」(「笹山幸俊さんをしのぶ」冊子)が，無理やり市長選に狩りだされ，予期しない市長の座についた。しかし，どのような市長も万能ではない。中井市長みられるように外部のブレーンを活用すればよかった。医療産業都市をみればわかる。しかし，性格的に頑固な笹山市政は，内外の人材活用の冴えはみられなかった。

(9) 事業成功には情報収集と人材活用が前提条件である。市長は職員を信頼し，政策を求めるべきで，職員も市長との意見交換・政策提言によって成長し，行政風土も変わる。しかも市長が如何にすぐれた政策・事業を実施しようとしても，事業の成否は職員の知恵と決断

にかかっている。新長田再開発事業再建をみても，私は担当係長をヒヤリングしたが，事業の内容・現状について数値の説明をうけたが，事業再生の方策をきいたが，なんら明確な処方箋はきかれず落胆した。かって安好市街地改造課長(のちの教育長・環境局長)は，長田の都市改造ビル・神戸デパートが経営不振となったので，市役所を退職し，デパート再建を成功させている。担当課長・係長は最前線の責任者であり，自己の再建策をもって事業を遂行する気概がなければ，市長とても手のほどこしようがない。

(10) 平成24年1月31日，笹山市長のお別れ会が行われ，私も出席し，『笹山幸俊さんをしのぶ』という10頁程度のパンフレットをいただいた。今日，笹山市政を論じる資料を探したが少なく，さきの活性化会『神戸市の挑戦』，神戸新聞・前掲「14人の決断」（237〜249頁）しかなく困惑した。私の笹山市政への評価も，皮相的でなかったかの不安も湧いてくる。中馬馨大阪市長(昭和38年4月〜46年11月)の場合は，自叙伝をかねた『市政に夢を』(1972.3・大阪都市協会)という行政記録(601頁)を発行している。しかし，神戸市は笹山市長の長年の功績に報いるためにも，追悼集をだすべきであったが，出版はなかった。笹山市長は元来地味な人で，自叙伝などは出版したくないが，神戸市政のためには，誰かが記録を残さなければならない。都市計画のOBがせめて追悼集でもだして欲しかった。なお戦前，内務官僚から神戸市に転職し，港湾行政に生涯をささげた，技術官僚の『森垣亀一郎伝』(1967年・森垣博士功績顕彰会)を，鳥居幸男(元神戸市港湾局長)がまとめている。

(11) 神戸市史を研究して，困惑したのは名市長といわれた鹿島市長をはじめ歴代市長の自叙伝が，勝田・中井・原口・宮崎市長以外ないことである。もっとも矢田市長は自伝『道を切り拓く』(神戸新聞総合出版センター・2015)を出版している。私も遂に戦前市長の伝記は，出版できなかった。市長ではないが，松田裕之神戸学院大学教授が『草莽の湊神戸に名を刻んだ加納宗七伝』(2014年・朱鳥社)，『港都神戸を造った男《怪商》関戸由義の生涯』(2017年・風詠社)がある。明治初期の神戸経済を形成した2人の伝記で，宮崎賞があればと悔やまれた。今後，水上・鹿島市長などの伝記出版がのぞまれる。大阪市史でも研究は盛んであるが，伝記はさきの池原鹿之助「鶴原定吉君略伝」と，芝村・前掲「関一」があるのみである。

(12) 矢田市長の行政については，矢田・前掲「道を拓く」参照。矢田市長誕生につては，吉本・前掲「航跡はるか」290〜305頁参照。ただ矢田市長退任・久元市長就任の経過についてはなんらの記述がない。

(13) 矢田市長の減量経営による財政再建は見事といえる。就任時平成13(2001)年から退任時の平成25(2013)年度にかけて実施された。人件費1,402(2001年)から1,154億円(2013年)，職員数1万8,895人(2001年)から1万3,672人(2013)，外郭団体数64(1995年)から35団体(2013年)，プライマリーバランス△1,393億円(2001年)から384億円(2013年)に改善されている。なお2012年度に災害普及事業は前年度で終了しており，普通建設費1,460億円から985億円，公債費1,856億円から1,140億円と減額されている。財政基金は2003年度610億円，2014年度633億円，27年度637万円と横這いである。ただ市税収入は笹山市長就任翌年1990年度2,615億円，震災前年度の1994年度2,741億円，震災の1995年度2,433億円，矢田市長就任時の2001年度2,697億円と回復している。久元市長就任時の2013年度2,706億円で，日本経済低迷もあるが10年間でわずか8億円の増収に過ぎない。都市振興策による経済回復は効果をあげていない。震災復興事業後の財政圧縮については，矢田・前掲

「道を拓く」92〜98頁参照。

(14) 笹山市政が発足した，平成元(1989)年は，神戸市人口146.5万人，矢田市長平成13(2001)年150.3万人で，震災に見舞われたが，12年間に3.6万人増加している。ただ開発フロンティアがあり，早期の復興事業が人口増加の要因となったが，区別では西北区の人口が激増しており，既成市街地の被災人口のうけ皿となっている。矢田市長の就任時平成13(2001)年150.3万人で，人口動向は，人口154.1万人で12年間に3.8万人の増加で，区別では西区は依然として増加しているが，東灘・灘・中央区の東部の人口増加がみられる，2013年，久元喜造市長の就任時人口154.1万人であったが，2018年152.7万人と1.4万人減と減少傾向が定着していった。2021年は151.7万人で約1万人の人口減である。

## 都市問題研究所廃止の悲劇

　神戸都市問題研究所も，政変の動きから無縁でなかった。研究所の人事の要諦は，市長(市長経験者)がトップの座に就き，研究所で経営研究を総括するシステムにあった。平成元(1989)年，宮崎市長が退任したが，創設者であるので研究所理事長に留任し，笹山市長は理事に就任した。

　昭和60(1985)年，私は神戸市を退職し，甲南大学教授に転職したが，研究所運営に引き続き従事するいため，研究所常務理事に任命されたが，大学の規定で有給の職務勤務は禁じられていたので，無給の兼任となった。

　平成4(1992)年度，新野幸次郎神戸大学教授が，大学を退職したので，研究所長に就任した。平成12(2000)年2月，宮崎理事長がなくなり，新野研究所長が理事長に就任した。

　しかし，理事長は市長就任が原則で意外な人事で，笹山・矢田市長も理事のままで，結果として神戸市との関係は，疎遠になっていった。

　研究所存在の重要な機能は，市長を研究所理事長とし，助成・委託研究報告書のレクチャーで，最新の都市政策・都市経営の課題を論議する場，また市長と外部の教授・市民との意見交換をする機会の設定にあった。市長が理事長をはずれると，研究所として主要な存在根拠喪失となった。

　この理事長の交代については，私は常務理事であったが何ら知らされなかった。宮崎市長死亡の翌年，平成13(2001)年，市からなんの相談もなく，部長が送り込まれてきた。

　研究所が震災で外郭団体の会費が激減し，『都市政策論集』を廃止し経営縮小へと経営努力をすすめている最中に，部長新設とは人事課は，何を考えているのか。

それでも市から部長が，着任した以上，研究所経営をまかすことにしたが，過剰人員で長期では膨大な人件費の無駄となった。(1)

　私としては，甲南大学へ転職し，15年経過しており，大学にも迷惑をかけており，研究・教務に専念したかった。もっとも研究所経営は短期赴任の部長にまかせるのは心配であったが，後輩を信用するしかなかった。

　しかし，研究所運営への日常的関与はなくなると，やがて宮崎賞が廃止の動きがあり，苦情をのべたが，理事会の正式議題での否決でなく，予算未計上措置がなされ，自然消滅となった。基金は当初の2,500万円から，1,500万円程度に減少していたが，宮崎市長退任後は，神戸市民対象の宮崎賞存続が可能であった。宮崎賞の設置背景，まして創設者の意図などを無視して，独断で廃止するのは，まったく理解に苦しむ行為であった。

　都市問題研究所は，平成24(2012)年4月1日，法制変更があり，公益財団法人に移行した。研究所は昭和50(1975)年3月5日，財団法人として設立されてから，37年の歳月が過ぎていた。この法人資格変更を理由に，私は常務理事から顧問の閑職となったが，顧問では研究所理事会の出席・議決権がなくなり，研究所の運営から完全に閉め出された。(2)

　さらに創設当時の理事も，全員罷免となったが，この点もなんらの説明もなく不満であった。新規一新というならば，新野理事長も理事長在任12年，研究所長8年の在職20年で，自から勇退し市長理事長復活がなされるべきであった。このような外部理事だけの体制では，神戸市政と密接な関係が維持できるはずがなく，市外郭団体としての機能も発揮できなく，市政への貢献ができるのか絶望的であった。

　その後，研究所は市役所から突如，解散を命じられ，平成30(2019)年3月31日で法人を解散し，4月1日に清算法人へ移行し，9月頃に清算完了となり消滅した。創設以来44年の生涯であった。なぜ研究所が，久元市長から解散を命じられ，なぜ新野理事長・理事会が受諾したのか，顧問であったがなんらの説明もなかった。

　如何に市長に権限があるといっても，理事会の承認がなければ，私的法人の解散はできない。宮崎市長の創設時における，私財拠出・研究所の効用からみて，研究所廃止は市政にとって大きなマイナスである。市と折衝してなんとしても存続を図

っていくのが，理事長・理事の責務ではないか。

　もっとも研究所経営は，たしかに苦しくなっているが，創設時の苦難の時代にくらべれば，市の支援がなくといも，存続はできる経営基盤はあった。研究所設立後の経営状況の推移をみると，順調に推移し，震災後，縮小傾向にあったが，事業継続が不可能な状況でなかった。(3)

　廃止前研究所基金は4.5億円で，うち2億円は宮崎市長退任にともなって，研究所理事長報酬費を研究所が負担したため補填措置であった。したがって事業活動による基金は2.5億円で，市長が理事長退任の時点で，2億円は市へ返却すべきであった。

　平成17(2005)年度決算をみると，歳入2億2,248万円，歳出1億8,204万円，差引残高4,044万円で，景気低迷もあり，法人賛助会費695万円と減少し，研究受託収入も，NIRAの研究受託の減少が響き，5,354万円と減少しているが，研究所が独立採算制で運営できる状況であった。

　理事長はともかく部長は，そのための派遣職員ではないのか。市役所の人事をみると，就任本人がその任務をわからず，人事のローテンションで着任しているケースがみられるが，研究所人事もその類で，本人にとっても迷惑至極であった。

　都市問題研究所廃止の背景は，平成30年度，企画調整局内に都市戦略研究室が，設置されたからといわれているが，庁内の機関と外部機関では機能・効果にあって各段の相違がみられる。研究所職員にしても，海外視察・市外講演・自己研究に熱中していたが，研究所存続の危急存亡の危機にあって，なんらの存続への画策もみられなかった。

　研究所基金のうち2.5億円は，500万円の基金から経営努力によって，積み立てた研究所自己資産で，残り2億円は市に返却し，研究所を存続すべきであった。(4)研究所の存続は，市OB・民間人のボランティア方式で，2.5億円があれば，職員は引きあげられても，人材は豊富であり，運営は可能であった。しかし，理事会はあさりと廃止を承諾してしまった。

　新しい理事は，都市問題研究所の設立経過，研究所活動の広汎な効用などを，自分達が苦労をしていないし，愛着もなく，存在価値もわかっていない。要するに市当局への抵抗する精神はない。せめて創設時の理事が残っていれば，むざむざ廃止

される，憂き目をみることもなかった。

　宮崎市長から研究所経営を託されて，44年にして廃止という悲運に見舞われた。私自身としては宮崎市長に誠に申し訳なく，痛恨の極みであった。神戸市がどのような思惑で，研究所廃止をしたのか，その真意もわからない。恐らく無駄な機関とみなしたのであろう。

　研究所を廃止すれば，市政の情報発信力・職員政策力・地域貢献度も，庁内研究活動と各段の差がある。また官・産・学の連携のネットワークも機能不全となり，広く外部の知恵を，吸収するシステムもなくなり，紋切型の審議会だけとなり，参加の意欲がなくなるのではないか。

　研究活動も庁内組織では，緊張感がゆるみ，外部からの刺激がなくなり，しかも行政批判ができず，市役所も行政管理主義に，戻ってしまうのではないか。何よりも宮崎市長が，私財を投入して創設した意図を，抹殺してしまう無慈悲な措置であった。

　私は2007年，独協大学を退職すると，72歳になっていた。普通，余生を楽しむ老齢期であるが，平成21 (2009) 年，市OBで「神戸市政史研究会」を発足させ，神戸市政への研究・提言をすすめてきた。

　神戸市は震災復興を，いつまでも引きずっておらず，都市振興のためのビジョンが，必要というのが，会員の一致した意見であった。

　坂本博士は建築物保存，八木元公園部長は花時計のPR，大海教授は西神研究，楠本教授は明治神戸史研究，中尾教授は神戸観光施策にそれぞれ熱意をもって頑張ってきた。

　「神戸市政史研究会」は，同人会のような存在であったが，民間団体として市への意見を提出していった。民間の兵庫運河保存会の要請を受け，合同研究会を開催し，要望書をまとめて，当時の中村副市長に要望した。都市問題研究所廃止後も，研究活動は続けられている。

　都市経営は，現職の市長・議員・職員だけではできない。民間の大学教授・民間団体・企業・市OBなど，広汎な協力で推進されるのが理想である。研究所はこれら官・産・学の連携の媒介機関として貴重な存在である。

　さらに職員の政策検証能力の涵養にあっても，最適の機関であり，施策選択をなす経営風土を，培養していくには，研究所は不可欠の機関であった。

# 注

(1) 研究所から要請がないのに，例によって管理職のはめ込みであったが，完全に無用の人事であった。研究所は私が研究所に在任中から，是常常務理事・課長・係長体制で運営してきた。私が常務理事となっても同じ体制でできた。要するに部長は不用であった。強引な人事であったが，現職部長が閑職では様にならないので，私の事務を委任することにした。しかし，着任する部長に罪はないが，その後，研究所廃止まで18年間の部長職の人件費は約800万円×18年＝1.4億円となる。外郭団体は市OB職員・民間人を有効に活用するシステムであったが，人事課の経営感覚の鈍さは，係長時代からなんとかならないか嘆かわしかったが，今日でも治癒されない。

(2) 旧法人廃止・新法人創立という組織変更の空隙を狙った一種のクーデターのような絶妙の罷免劇であった。しかも理事長以外，創設時の理事全員が罷免となったが，私が退職の異論をのべる機会はまったくなかった。理事長はともかく市職員の部長・課長はなぜ知らせてくれなかったのか，研究所の将来が不安であったが，結局，市の廃止を食い止める気概もなく，研究所は廃止の憂き目をみることになった。

(3) 昭和52(1977)年度をみると，歳入2,799万円，歳出2,045万円，差引残高754万円である。歳入をささえたのは，法人賛助会費700万円，個人賛助会費163万円，機関誌等配布収入950万円，その他収入410万円である。機関誌『都市政策』(創刊号・1975.11)が刊行されたが，印刷費と相殺状況であった。それでも基金は当初の500万円から2,700万円に増額されていた。昭和60年度の決算をみると，歳入7,030万円，歳出5,424万円，差引残高1,600万円で，法人賛助会費935万円，個人賛助会費185万円，機関誌配布収入2,169万円，研究受託収入2,480万円と，会費以外の事業活動収入の増加が大きく収入に寄与していった。基金も9,000万円に増加していった。平成7(1995)年度決算は，歳入4億9,355万円，歳出4億5,297万円，差引4,058万円と膨大な事業決算となった。法人賛助興1,178万円，個人賛助会費258万円とあまり変動はない。大きく伸びたのは，研究受託収入で，NIRA研究受託，震災復興計画事業調査(政府委託)，「阪神・淡路大震災－神戸市の記録1995年」(編集神戸市災害対策本部)の出版を手がけたからである。

(4) 基金500万円から2.5億円へ積み立てるのは並大抵のことではなかった。市職員の兼務発令はあったが，研究所は，市政の広報・調査・研修機関の役割をこなしており，収益事業だけに専念していたのでない。したがって研究所助成・委託事業で，収益をあげていったが，それ以外に宮崎市長は民間寄付をあつめ，私は外郭団体の受託事業(事業誌編集・発行・販売など)をてがけて，固有職員(アルバイト)の人件費を捻出していった。また吉本市議に頼み，玉津区画整理の事業余剰金から200万円の寄付をいただいた。大学へ転職したが，常務理事で研究の面倒をみてきたが，本業の大学業務より研究業務が，膨大な報告書の執筆負担で大きかった。要するに外郭団体だけでなく，各部局から委託事業を受注するセールス活動をして，研究所の基金積立に腐心してきた。廃止となると，私は一体なんのために基金積立に苦労してきたのが，むなしい思いであった。

## 最後の挑戦・大阪都構想へ反対

　私は大学退職後も，悠々自適の人生とはならなかった。2008年に大阪市市政調査会へ，機関誌『市政研究』の原稿をとどけにいき，偶然，竹村保治（元大阪市総務局長）さんに出会った。

　当時，大阪市長は平松市長であったが，橋下府政による大阪市への風当りは，きびしくなっていた。竹村氏はこのままでは大阪維新に，大阪市が潰されるが，大阪市OBの動きが鈍いと嘆かれていた。[1]

　その後の平松市長の動きをみると，必ずしも大阪府・大阪維新と対決する，姿勢は鮮明でなかった。大阪維新の政治力による策謀は，予想より狡知にたけ，大阪市として全勢力を結集して対決すべきであった。

　結局，大阪市サイドは市長・職員・OBも，大阪市を断固死守するという決意がなく，都構想反対の市民をふくめた，政治勢力を結集できなかった。私も機会があって大阪維新への反対運動の強化をうながしたが，竹村氏が危惧したように大阪市の反応は鈍かった。[2]

　結局，2011年11月，大阪維新のダブル選挙という奇策によって，大阪市長橋下徹・大阪府知事松井一郎となり，大阪市は大阪維新の支配下に屈服する羽目になった。その後の大阪市は昔日の面影も覇気もなく，大阪府の傀儡政権のような存在と化していった。

　私が大阪維新への反対を決断したのは，年来の盟友である竹村氏の意志を汲んで頑張らざるをえない，気持に駆られたからであった。

　しかし，反対運動をするにしても，大多助役をはじめ，私の大学クラスメイトも，大阪市を退職しており，マスコミも中村征之朝日新聞大阪本社編集委員はすでに亡くなられ，塩見譲日経新聞大阪本社論説委員も退職され，活動起点がなく積極的動きができなかった。

　第1回住民投票では，私はそれでも多くの反対派講演会で，反対意見主張の機会をえたが，第2回住民投票は，コロナ禍で孤独な出版活動だけであった。せめて私より若い中村征之委員が，健在であればと残念であった。[3]

　橋下徹元府知事は，当初，国直轄事業負担金を「ぼったくりバーの請求書」と憤慨し，地方分権の姿勢をのぞかせていたが，やがて大阪市をターゲットにする，戦略に軌道修正をしていった。

要するに大阪都構想は，大阪維新勢力拡大のための，党利党略の手段に過ぎなかった。私の出版は大阪維新の策謀を摘出した大阪市存続論であった。当然，大阪都構想サイドからの反論を，予想していたが反応なしであった。(4)

　大阪維新は大阪市政腐敗を攻撃し，さらに二重行政の弊害淘汰による，大阪府市一元化による都市行政の効率化など，もっともらしい都構想の理由をあげて，大阪市解体を画策していた。

　しかし，大阪府・市積年の抗争を，府主導で大阪市を大阪府・特別区に分割して，大阪府集権主義を確立する策略に過ぎなかった。(5)

　大阪維新の改革手法は巧妙で，橋下元知事は，府労働組合との交渉でも，テレビで報道させて，民心を掌握していく戦術を駆使し，さらに改革効果を持続させ，際立たせるため，攻撃のターゲットを設定する手法である。

　大阪市政への攻撃でも「職員・議会・組合の腐敗」などの汚名をきせ，「中之島一家」のネーミングで，大阪維新の標的に仕立てあげた。

　このような魔女狩的な大衆扇動手法で，市民の歓心を掌握し，地域社会の不満を巧みに吸い上げ，“改革政党”としてのイメージ戦略で，党勢拡張を図っていった。

　しかも大阪維新の施策宣伝は，大阪都構想の住民投票にあっても，二重行政で7,000億円，特別区制で1.5兆円といった，虚偽の改革効果を臆面もなく，PRしてはばからない図太さである。

　私も大阪維新の危険な動きを阻止するため，2015年の第1回住民投票の勝利をめざして，『大阪都構想と橋下政治の検証・府県集権主義への批判』(2010年7月)を出版した。当時の平松市長が記者会見で取り上げたので，大きな関心をもたれた。橋下都構想を府集権主義と批判した，新しい視点を構築したからであった。

　大阪維新の府市統合による，二重行政廃止などの行財政改革を提唱しているが，実態は大阪府による大阪市から権限・財源・施設・財産の収奪である。権限・財源の収奪は拙著に詳しく論じているが，たとえば22の大阪市立高校の大阪府への無償譲渡が顕著な事実である。(6)

　もっとも私の都構想反対も，当初は大阪府・市の府集権主義への反対であったが，大阪市廃止をめぐる大阪維新の動きをみて，単に大阪市だけの都市自治権の崩壊，大都市制度の死滅だけでなかった。

　大阪維新の自治体運営をみると，自治体内部勢力には強権的行政権で閉塞させ，

外部の世論誘導としては改革市政を誇示する，ポピュリズム的症状が目立つが，将来への不安が募ってきた。[7]

　ただ近年の状況は，大阪維新の対応が感染したのか，地方政治・行政にあってポピュリズム的症状がみられた。政府もコロナ対策として一律10万円支給というばらまきが，市長選挙にも感染し，市民の浅薄な利益誘導がひろがっている。[8]

　都市自治体は，市民に本来の政策的選択肢にもとづく，市民参加・運動の復権を促がし，正常な情況への回復が求めるべきであるが，実際ポピュリズム的市長が優位である事実をみると，今更ながら市民政治意識の稚拙な実態に，落胆するばかりである。

　それでも私は『虚構・大阪都構想への反論－橋下ポピュリズムと都市主権－』(2010年12月)，『大阪市存続・大阪都粉砕の戦略－地方政治とポピュリズム－』(2011年2月)では，大阪維新の政治手法を批判した。『翼賛議会型政治・地方民主主義への脅威・地域政党と地方マニフェスト』(2011年6月)で，河村名古屋市長・竹原阿久根市長・橋下大阪府知事の3人のポピュリズム的手法をまとめ，地方自治にとって許されざる行為と批判していったが，余り成果はなく落胆した。[9]

　第1回住民投票は，2015年5月に実施され，大阪市存続派が勝利した。それでも，大阪維新の会は，大阪市廃止を断念せず，さまざまの政党活動の不祥事にもかかわらず，勢力を拡大させていった。

　策謀をめぐらせ，公明党の牙城である，大阪府下の衆議院選挙区に対立候補をぶつけると脅迫し，大阪府・市議会の過半数を握った。

　第2回住民投票をコロナ禍にもかかわらず，2020年11月に実施へと踏み切った。大阪維新の政治的対応力は，その他政党よりはるかに巧妙で狡猾であった。

　私も緊急出版として，『大阪市廃止と生活行政の破綻・"市民連合"による住民投票勝利への戦略』(2020年4月)・『「大阪市廃止」悲劇への構図・経済生活破綻と府県集権主義の弊害』(2020年9月)で，府集権主義の野望への意図を，粉砕すべきとの論陣を張った。

　2020年11月の第2回住民も，大阪市存続派の勝利となった。自民・共産党が都構想反対であったが，野合と誹られ，個別行動となった。

　結果として政党勢力では維新・公明が，都構想賛成で圧倒的有利であったが，草の根市民運動で劣勢を挽回し，大阪市存続派の勝利となった。[10]

ところが松井大阪市長・吉村知事は，住民投票敗北の記者会見で，第3回住民投票はしないと明言し，大阪にも政治的平穏がもたらせると安堵した。しかし，その舌の根もかわかぬうちに，「広域行政一元化条例」，区制再編成の「総合区案」をめざす意向を示した。

　大阪維新は，住民投票で敗北したが，府・市議会で都構想賛成過半数という政治的優位を，フルに活用し，なし崩し的に大阪都構想の実績を達成しつつある。このような理不尽な行為を，許すべきでないと思ったが，さらなる出版は無理であると諦めていた。

　しかし，マスコミだけでなく，知人・友人もこの脱法的行為に憤慨していた。公人の友社の武内英晴社長に出版を打診したところ，脱法的行為阻止は，無視できぬ行為であると，『脱法的〈大阪都構想構想〉と「大阪市」形骸化の危機・住民投票勝利の総括』(2021年1月)の出版を快諾していただいた。

　大阪維新の広域行政一元化条例は，まちづくりや交通基盤整備などの市事務を，府に委託し，市の負担で，府が事業を実施するという，府にとって都合のよい行政システムの導入で，実施されてしまった。

　その理由として「二重行政解消を求める市民の声に応える」「大阪市を存続しつつ，問題を解決するための最善策」「地方分権で大切なのは地域にふさわしい最適の形だ」などと，我田引水的なこじつけをしている。

　さらに無視できないのは，都構想をめぐる財政収支の情報開示をめぐって，財政局幹部の懲戒処分・左遷措置がなされた，これでは恐怖行政ではないかと憂慮される。[11]

　大阪維新は手前勝手な理屈で，大阪市形骸化をすすめようとしている。しかし，このような行為を許しては，都市自治は空洞化し，大阪市は大阪府の下部組織にすぎなくなってしまう。ところが2021年3月，大阪市財政局長に大阪府財政部長の就任が発表された。

　このような大阪維新の露骨な動きをみると，単に政令指定都市大阪市廃止でなく，地方自治破壊を加速させる誘因となる。

　大阪市存続のためには，政治・行政的妥協といった，優柔不断な対応は，これまでの大阪維新の策略をみると，敗北は避けられない。今後も老骨に鞭を打って，論陣を張らざるをえない。[12]

大阪維新は政治的には大阪府下の多くの首長を占め，大阪市を完全に支配下においたが，将来の難問は，万博・ＩＲと南海トラフ地震である。

　万博・ＩＲについて夢洲整備費約2,300億円の追加投資が判明しており，これからも経費増加が見込まれる。ＩＲ整備法では府県に公聴会を義務づけており，さきの公聴会(2022.1.21)では「公述人」9人すべてが，ＩＲ反対で住民投票実施を求めている。[13]

　大阪都構想反対運動で実感したことは，戦後自治は進歩しておらず，依然として崩壊の危機に瀕しており，果して復権するのかという不安である。中央政党は政治利害で動き，杜撰な大阪都住民投票法を制定するなど，制度改正のルールすらも遵守されていない。

　今日，地方自治混迷期で，保革対決という構図がくずれ，政治・行政イデオロギーなき，大衆操作によるさまざまの政権誕生がみられ，地方自治はむしろ危機にある。地方自治体は，地方主権・市民自治をかかげて，再度，地方自治再生をめざして，軽佻浮薄的な風潮に対して，対決すべきである。

## 注

(1) 竹村氏とは，五大都市共同事務局時代からの知り合いであった。もっとも当時，竹村氏は局長で，私は係長であったが，よく大都市問題を議論した。竹村局長は学究肌で，平成9年『大都市行政区再編成の研究』(1996年)で，大阪市大から法学博士号を授与され，同年の日本都市学会で「日本都市学会賞」(奥井複太郎賞)を受賞している。戦後の大阪市政をささえた功労者で，現職として大阪府と抗争をしてきた，気骨のある生き証人であった。竹村氏にしてみれば，今日の大阪市政はまことに情けないと，慨嘆せざるをえなかったであろう。大阪維新による大阪市抹殺は，竹村さんにとって耐えられなかったが，年齢的にみて反対運動をする体力も気力もなく，歯がゆい思いであったであろう。

(2) 竹村氏とは時々，文通をしていた。平松市長時の大阪市職員について，「今の大阪市職員は往事の特別市運動のこと全くしらず，都制のことも勉強もしていない。府へ論争をしかけることも知らない。市長が一人でふんばっている」と嘆いていた。その後，平松市長に呼ばれ，特別市運動時代のことを，約2時間レクチャーしてきたとの手紙をいただいた。竹村氏は橋下市政になっても，拙著『虚構・大阪都構想への反論』を自費購入し，OBに配付するなど孤軍奮闘，反対運動をつづけていた。私も竹村氏の熱意にほだされて，大阪都構想反対へとのめりこんでいった。平松市長の後援会で，都構想反対の講演をし，講演後，超党派の学者グループの研究会を発足させ，問題点を順次記者発表をし，反対の機運を盛り上げようと提案した。その席には，大阪市の幹部職員も同席していたが，意気投合して賛成を期待したが，反応なしであった。私は将来，大阪都構想をめぐるアピール合戦を予測していたので，大阪市の煮え切らない対応に，不安を抱かざるをえなかった。

(3) 中村委員とは，神戸市の市政記者時代から親交があった。三重県の県政記者に異動となり，私が三重県の行政評価の取材にいき，自宅に泊めていだいた。深夜まで地方自治の議論をかわしたが，私がこの際，三重県政を素材にして本の出版をすすめた。そして中村さんは，はじめての著作『三重が，燃えている』（公人の友社・1999年）を出版した。その後も研究活動をつづけて，大阪本社編集委員となられたが，塩見委員のように大学教授になられると，期待していたが若くして亡くなられた。

(4) 反論は意外にも，地元の大学名誉教授からで，病気入院中の私宛て封書で送られてきた。「橋下知事の『大阪維新の会』などの動きについてのかなり断定的な話が展開されていますが，その論拠について政策科学的な説得も含めて，批判された市民・団体からの反論との討議を覚悟しておいてください」という脅迫めいた文面であった。憤慨するよりその人権感覚が信じられなかった。忠告というより，社会的制裁が避けられないといった威嚇ともいえた。その後，数冊の大阪維新への批判を出版したが，大阪維新との論争は望むところであったが，大阪維新からの反論はなく，拍子抜けであった。ただ大阪府市の大阪都構想委員会で，橋下市長・堺屋太一氏と意見交換を機会があったが，堺屋太一氏は特別区にしたほうが，地域の特性が活かされる，橋下市長は広域行政推進・二重行政弊害など持論の主張で，指定都市廃止のデメリットを展開する私とは，議論とはすれ違いのままで終わった。

(5) 大阪維新の主張は，橋下徹・堺屋太一『体制維新―大阪』（2011年），吉村洋文・松井・上山信一『大阪から日本はかわる―中央集権打破への突破口』（2020年），大阪維新への反対の主張は，藤井聡『大阪都構想が日本を破壊する』（2015年）参照。

(6) 住民投票で敗北したにもかかわらず，2022年4月1日に22の大阪市立高校の府への無償譲渡が，議会にもはからず実施が予定されている。資産価値額約1,500億円で，統廃合がきまっている3工業高校もふくまれている。この決定は「大阪市財産条例」に違反する行為である。もし将来廃止されれば，市税負担で建設された資産が大阪府財産となり，明らかな大阪府による収奪であるとして，監査請求をへて，大阪地裁に住民訴訟が提起されている。幸田泉「大阪市立の高校の府への無償譲渡に公益はあるか」大阪市政調査会『市政研究』第213号2021.10参照。

(7) ポピュリズムへの脅威は，一般的に警戒心が低いが，「これらポピュリスト政治は，戦後，保守独占の利権型政治，革新自治体の政策型政治，住民運動の告発型政治とは，異質の大衆扇動型政治である。そのすさまじい破壊力は，今回の大阪府・市議選挙でも，遺憾なく発揮された。首長ポピュリズム改革は，上からの強権的な変革であり，市民的政策討議を十分にふまえた，創造的破壊ではない」（高寄昇三『翼賛議会型政治・地方民主主義への脅威』2011年・3頁，以下，高寄・前掲「地方民主主義への脅威」）と，その恐ろしさを指摘した。

(8) 最近では政府のコロナ対策の一律給付金にあやかって，選挙公約で現金・商品券配布を掲げる市長候補が，現職市長を破って当選している。香川県丸亀市（1人10万円），神奈川県小田原市（1人10万円），愛知県岡崎市（1人5万円），兵庫県丹波市（1人5万円）の市長選挙で，給付金をかかげた新人候補が当選しているが，いずれも公約どうりの給付は実現していない。丸亀市（人口約11万人）では，市税8割の110億円が必要で，岡崎市（人口約39万人）195億円と巨額で，その他の市でも同様である。このような状況に「合法的買収」

「真面目な市長は馬鹿をみた」といった批判が噴出しているが，それでも解職選挙（リコール）で，辞職の追い込まれた市長はいない。如何に市民の政治意識がこれほど軽佻浮薄かと嘆かわしかったが，落胆より恐怖におそわれた。2021.5.31・朝日新聞参照。この傾向は，依然としてひろがりをみせており，兵庫県明石市長は市民全員に経済支援策として，市内で使える利用券（5,000円相当・総額17億円，配付事務費1.5億円）配付を議会に提出し，議会との紛争となっているが，ある意味では事前選挙運動まがいの行為である。（2021.8.200・朝日新聞・2021.8.20参照。なおポピュリズムの著作は巻末の参考文献を参照してください。

(9) 大阪維新に対抗するのは，政治的にかなり厄介である。大阪維新は，改革する政党として，議員歳費削減・行政不正摘発などの行政改革の姿勢で，政党のイメージアップを図っている。また行政運営にあっても，民間人の区長・小学校校長などを公募して，市民への改革への実績をアピールしているが，人物評価が杜撰で，不祥事が続発している。国会議員，地方団体首長・議員など，素質も玉石混交で，最近では大阪維新の大阪府池田市長など，不信任決議の批判にさらされ辞職し，2021年8月，再選挙となったが，同じ大阪維新推せん市長が当選している。かっての推せん市長が不祥事で辞職すれば，次期市長は自粛すべきであるが，同じ大阪維新候補を，吉村知事が応援入りして，当選させている。また愛知県知事リコール署名偽造事件の運動団体事務局長田中孝博も，日本維新の会・衆議院愛知5区支部長で次期衆議院選挙の候補者であった。大阪維新の行動は，なりふりかまわない人心掌握で，地方自治にとって警戒すべき存在である。大阪維新のポピュリズムについては，拙稿「大阪都構想と橋下ポピュリズム」（世界・2011年2月号）参照。なお大阪都構想をめぐる，行財政システムの問題は省略したが，拙著の関連図書7冊を参考してください。

(10) 大阪市民の反対運動は，地域組織が自主的に政党討論会を開催するなど活発に展開された。私のゼミ生の大阪市在住者は，拙著を購入し地域運動に賛同してくれた。ただこのような大阪市民の草の根運動を頼りにしていれば，政治・社会情勢の変化でどうなるかわかなない。政令指定都市が危機感を共有し，大阪維新と全面対決をする覚悟でなければ，大阪維新を威嚇する効果はない。さきの第2回住民投票では，一部の指定都市の反対派市会議員が，応援にかけつけただけであった。大阪市が解体され，大阪都となれば，大阪市以外の指定都市にとって安閑としておれないはずで，指定都市市長は反対市長だけでも，指定都市存続自治体連合を結成し，反対を表明すべきである。戦前，東京都制が成立したのは，東京市市会の汚職が引き金となったが，東京市以外の5大都市が東京市を見限って，特別市制をすすめていった分裂行為が，大都市組みやすしの感を，政府に抱かせたのも，東京都成立の潜在的要因であった。新修大阪市史編纂委員会『新修大阪市史第7巻』96～103頁参照。高寄・前掲「都市経営史下」281～294頁参照。

(11) 朝日新聞・2021.3.4参照。なお無視されてはならないのは，さきの住民投票にあって，都構想に不利な交付税試算を発表した，財政局長・課長が処分されている。大阪維新に有利な試算をした，大阪市大都市局関係者は不問のままである。情報提供は政治的思惑で，公開・非公開であってはならないのである。この点については，高寄・前掲「脱法的大阪都構」102～112頁参照。

(12) 都構想簡易版は，投票結果を無視し，大阪市の形骸化を画策する行為に，「『否決』の

重み忘れるな」(2021.4.5・朝日新聞社説)と，大阪維新の脱法的行為は非難されている。しかし，「大阪府市の一元化条例成立・制度論に終止符」「都構想で分断・相互不信の修復」(2021.4.9・朝日新聞大阪社会部笹川翔平「取材考期」)は「制度論にいったん終止符を打ったいま，脇に置かれてきた分断の修復が求められる」という論調は，大阪維新の強引な政治手法を考えると悲惨な結果を招きかねない。反対派は大阪維新の第3回住民投票を予測し，修復といった論調に油断してはならない。第2回住民投票も，草の根地域主義で大阪市存続派が辛勝したが，政治状況が好転すれば，第3回住民投票も実施しかねないであろう。実施されれば，新住民は賛成派が多く，在来市民に反対派が多い状況からみて，大阪市廃止が賛成されかねない。

(13)大阪府市は，これらの追加経費は「港営事業会計」などで負担し，一般会計負担は発生しないというが，最終的には一般会計負担となる。IRが成功すれば賃料・納付金・入場料など年530億円が見込まれるとしているが，その前提の年2,000万人の来訪者があるかである。IR関連経費の問題については，朝日新聞・2022.1.24・2022.1.28参照。実施自治体はイベント行政などには，どうしても甘い経費収支となるので，冷静なきびしい経営戦略が不可欠である。万博道路(淀川左岸線)工事費は，当初見込みの2.5倍となり，2,950億円に膨らむと試算されている。今後，関連経費がさらに発生し収支を悪化させるのではないか。朝日新聞・2022.3.3。神戸のポートピア'81でも，事業自体は黒字となったが，実際，開発局は埋立用地場売却が遅れ，賃貸収入も受け取っていない。幸いポートピア'81でポートアイランドの地価が上昇したが，大阪夢洲は低経済成長期ではすべてが順調にいくとは限らない。大阪府市は，IRが成功すれば賃料・納付金・入場料など年530億円が見込まれるとしているが，あくまでも希望的予測で，大阪市財政が目にみえない形態で，その損失補填を強いられるのではないか。IR関連経費・住民投票の問題については，朝日新聞・2022.1.24・2022.1.28参照。なお，ＩＲ企業との交渉をみると，施設に10万㎡から2万㎡への縮小の変更，地中障害物撤去・土壌汚染・液状化改良工事費負担はすべて大阪市負担となっている。さらに外部環境の変化によって，基本計画の解除ができると改訂されている。結局，事業リスクは大阪市にすべて転換され大阪府負担はない。2020.11.10・朝日新聞・2022.3.22参照。

## 参考文献・著者著作論文・行政資料等

■参考文献

## (凡 例)

1　参考文献本書の直接的引用文献だけでなく，関係文献も掲載した。
2　著者参考文献は著者著書として別途掲載した。
3　行政資料は本書関連自治体・団体の自治体史・事業誌・関係報告書などである。
4　神戸都市問題研究所は廃止されたが，研究所誌はないので，本書で助成研究・受託報告書をまとめた。
5　著者論文は未掲載のものもあり，収集できたもののみである。なお論文掲載雑誌などの編集・出版社を参考として併記したが，編集者名は2回目以降は省略した。掲載は原則として年月で，新聞時評などは年月日とした。論文は第@巻第@号を優先し，通し番号は第1巻第1号がない場合にのみ採用した。

## ■参考文献

### 都市政治（理論）

岡実『都市経営革新の急務』東京市政調査会・1923

山口哲夫『都市の実験』勁草書房・1969

松下圭一『シビル・ミニマムの思想』東京大学出版会・1971

鳴海正泰『都市変革の思想と方法』れんが書房・1972

五十嵐広三・高橋芳郎編著『人間都市復権』大成出版社・1973

長洲一二『燈燈無盡―「地方の時代」をきりひらく』ぎょうせい・1973

サンケイ新聞自治問題取材班『革新自治体』学陽書房・1974

松下圭一『市民自治の憲法理論』岩波書店・1975

内藤国夫『美濃部都政の素顔』講談社・1975

松下圭一『市民自治の政策構想』朝日新聞社・1980

地方自治職員研修・臨時増刊『首長の群像』（第24号）公務職員研修協会・1987.4

有働正治『革新都政史論』新日本出版社・1989

桜下圭一『政策型思考と政治』東京大学出版会・1991

日比野登編『東京都知事』日本評論社・1991

鳴海正泰『地方分権の思想・自治体改革の軌跡と展望』学陽書房・1994

貝原俊民『暮らしの中から分権を』兵庫ジャーナル社・1997

中村征行『三重が，燃えている』公人の友社・1999

今井一『住民投票』岩波書店・2000

日比野登編『東京都知事』日本経済評論社・2002

大嶽秀夫『日本型ポピュリズム』中央公論新社・2003

守田朗・村上順編『住民投票が拓く自治性』公人社・2003

東京自治研究センター『東京白書Ⅲ・石原都政10年の検証』生活社・2009

山口二郎『ポピュリズムへの反撃』角川書店・2010

有馬晋作『劇場型首長の戦略と功罪』ミネルヴァ書房・2011

佐々木信夫『都知事』中央公論新社・2011

吉田徹『ポピュリズムを考える』NHK出版・2011

橋下徹・堺屋太一『体制維新―大阪』文芸春秋社・2011

砂原康介『大阪―大都市は国家を超えるか』中央公論新社・2012

渡邉恒雄『反ポピュリズム論』新潮社・2012

田村秀『暴走する地方自治』筑摩書房・2012

大阪の自治を考える研究会『いま，なぜ大阪市の消滅なのか』公人の友社・2113

藤井聡『大阪都構想が日本を破壊する』文芸春秋社・2015

岡田一郎『革新自治体』中央公論新社・2016

吉村洋文・松井一郎・上山信一『大阪から日本はかわる』朝日新聞出版・2020

有馬晋作『暴走するポピュリズム』筑摩書房・2021

### 政治史（伝記等）

池原鹿之助『鶴原定吉君略伝』・自費出版・1917

伊藤貞五郎『神戸市長物語』神戸市政研究社・1925

原口忠次郎『技術屋の夢』ダイヤモンド社・1956

鶴見祐輔『後藤新平・（全4巻）復刻再版』勁草書房・1965

森垣博士功績顕彰会『森垣亀一郎伝』森垣博士功績顕彰会・1967

岩佐純『兵庫風雪20年』兵庫新聞社・1966

原口忠次郎『わが心の自叙伝』神戸新聞のじぎく文庫・1971

大阪都市協会編『市政に夢を・前大阪市長中馬馨遺稿集』大阪都市協会・1973

青山学院センター編『評伝勝田銀次郎』青山学院・1980

美濃部亮吉『都知事12年』朝日新聞社・1979

鈴木俊一『私の履歴書』日経事業出版社・ぎょうせい・1982

原口忠次郎伝編集委員会『技術に生きて』原口忠次郎顕彰会・1983

飛鳥田一雄『飛鳥田一雄回想録』朝日新聞・1987

鈴木俊一『回想・地方自治50年史』ぎょうせい・1997

鈴木俊一『私の履歴書』日経事業出版社・ぎょうせい・1982

原口忠次郎伝編集委員会『技術に生きて』原口忠次郎顕彰会・1983

中井一夫伝編集委員会『百年を生きる中井一夫伝』中井一夫編集委員会・1985

原忠明『激動期6人の神戸市・原忠明回想録』自費出版・1988

「都市経営の軌跡」刊行会『都市経営の軌跡ー神戸に描いた夢ー』神戸都市問題研究所・1991

宮崎辰雄『私の履歴書』日経事業出版社・1989

芝村篤樹『関一ー都市思想のパイオニアー』松籟社・1989

山口東『都市を創った男』講談社・1990

宮崎辰雄『神戸を創る』河出書房新社・1993

神戸新聞社『神戸市長14人の決断』神戸新聞総合出版センター・1994

吉本泰男『航跡遥かなり』自費出版・2005

竹村保治『近藤・中井・中馬とその時代』大阪市政調査会・2003

楠本利夫『移住坂～神戸海外移住史案内～』セルポート・2004

野村和弘『神戸・近代化「都市像」継承の歴史的研究』神戸新聞総合出版センター・2005

楠本利夫『神戸国際都市の系譜～開港・外国人居留地・領事館・弁天浜御用邸』公人の友社・2007

越澤昭『後藤新平』筑摩書房・2011

松田裕之『草莽の湊神戸に名を刻んだ加納宗七伝』朱鳥社・2014

矢田立郎『道を切り拓く』神戸新聞総合出版センター・2015

松田裕之『港都神戸を造った男《怪商》関戸由義の生涯』風詠社・2017

洲脇一郎『空襲・疎開・動員ー戦時・戦後の神戸の社会と教育ー』みるめ書房・2018

## 都市行政

Ｃ・Ａ・ビーアド博士『東京市政論』東京市政調査会・1923

菊池慎三『都市行政と地方自治』崇文堂出版部・ 1927

菊池慎三『地方自治と東京市政』良書普及会・1928

池田宏『東京都制論』東京市政調査会・1933

小川忠恵『大都市制度史観・第1分冊』指定都市事務局・1966

日本評論社『別冊経済評論2号・革新自治体・地方選挙で問われる』日本評論社・1970.8

自治体問題研究所編『革新自治体と自治体労働者』自治体研究社・1975

ジュリスト増刊総合特集『現代都市と自治』（第1号）1975.4

中国新聞社編『ルポ・地方公務員』日本評論社・1976

東京市政調査会編『地方自治史を掘る・当事者たちの証言』東京市政調査会・1997

毎日新聞社神戸支局編『素顔の地方自治・兵庫県レポート』毎日新聞社・1978

宮崎辰雄『欧米地方自治権の研究』勁草書房・1979

Ｊ・ソネンフェルド・吉野壮児訳『トップ・リーダの引退』新潮社・1992

柴山肇『内務官僚の栄光と破滅』勉誠出版・2002

伊藤之雄編『近代京都の改造』ミネルヴァ書房・2006
ジュリスト増刊総合特集『地方自治の可能性』(第19号)有斐閣・1980.7
太田修二『都市広聴の実践』学陽書房・1980
ジュリスト増刊総合特集『地方の新時代と公務員』(第22号)有斐閣・1981.4
坂本充郎『地方公務員・究明される側の不透明な構造と論理』現代評論社・1983
地方自治職員研修・臨時増刊『係長の研究』第15号公務職員研修協会・1985.1
ジュリスト増刊総合特集『これからの大都市』(第40号)有斐閣・1985.9
坂田期雄『実践地方行革』時事通信社・1985
ジョセフ・ツイマーマン(Joseph F. Zimmerman)著・神戸市地方自治研究会訳『アメリカの地方自治』勁草書房・1986
神一行『自治官僚』講談社・1988
竹内直一『日本の官僚』社会思想社・1988
田原総一朗『新・日本の官僚・エリート集団の生態』文芸春秋社・1988
佐々木信夫『都庁』岩波書店・1991
松下圭一『日本の自治・分権』岩波書店・1996
竹村保治『大都市行政区再編成の研究』清文堂・1996
稲継裕明『人事・給与と地方自治』東洋経済新報社・2000
自治・分権ジャーナリストの会『英国の地方分権改革・ブレアの挑戦』日本評論社・2000
佐々木信夫『東京都政』岩波書店・2003
稲継裕明『自治体人事のシステム改革』ぎょうせい・2006
下条美智彦編著『イギリスの行政とガバナンス』成文堂・2007
中野雅至『天下りの研究』明石書房・2009
東京自治研究センター『石原都政10年の検証—東京白書Ⅲ—』生活社・2009
村田光義『海鳴り・上下巻』芦書房・2011
楠本利夫『自治体国際交流政策論』公人の友社・2012
北村亘『政令指定都市・百万都市から都構想へ』中央公論新社・2013
樋口浩一『自治体間における広域連携の研究』公人の友社・2019
上林陽治『非正規公務員の現在・深化する格差』日本評論社・2015
上林陽治『非正規公務員のリアル』日本評論社・2021

## 都市財政

藤田武夫『日本地方財政制度の成立』岩波書店・1941
藤田武夫『日本地方財政発展史』河出書房・1949
大蔵省昭和財政史編集室編『昭和地方財政・14巻地方財政』東洋経済新報社・1954
東京都財政史研究会『東京都財政史・上中下巻』東京都・1968・1969
自治庁編『地方財政再建の状況—総括編—』1958
柴田護『自治の流れの中で・戦後地方税財政外史』ぎょうせい・1975
藤田武夫『現代日本地方財政史・上中下巻』日本評論社・1976・1978・1984
大蔵省昭和財政史編集室編『昭和財政史(終戦から講話まで)地方財政史第16巻』東洋経済新報社・1978
田中啓一『受益者負担』東洋経済新報社・1979
山本正雄編著『都市財政改革の構想—新財源構想研究会報告書—』新地書房・1979
広瀬道貞『補助金と政権党』朝日新聞・1981
日比野登『財政戦争の検証』第1書林・1987
田中啓一『都市空間整備論』有斐閣・1990
宮本憲一編『補助金の政治経済学』朝日新聞・1990
三木義一『受益者負担制度の法的研究』信山社・1995

池田清『神戸都市財政の研究』学文社・1997
日比野登『美濃部都政の福祉政策』2002
石原慎太郎企画監修・東京都租税研究会『東京都主税局の戦い』財界研究所・2002
木村収『大都市行財政の展開と税制』晃洋書房・2004
吉富有治『大阪破産』光文社・2005
橋本行史『〈改訂版〉・自治体破たん「夕張ショック」の本質』2006
保母武彦ら『夕張破綻と再生』自治体研究社・2007
井堀利宏『「歳出の無駄」の研究』日本経済新聞社・2008
読売新聞夕張支局『限界自治夕張検証』梧桐書院・2008
吉富有治『大阪破産・第2章貧困都市への転落』光文社・2009

## 都市政策論

後藤新平の『国家衛生原理』創造出版・1889
片山潜『都市社会主義』有斐閣・1903
安部磯雄『応用市政論』日高有倫堂・1908
安部磯雄『都市独占事業論』隆文館・1911
関一『住宅問題と都市計画』弘文堂書房・1923
池田宏『改訂都市経営論』都市研究会・1924
菊池慎三『都市計画と道路行政』崇文堂・1928
関一『都市政策の理論と実際』三省堂・1936
柴田徳衛『現代都市論』東大出版会・1967
宮本憲一『社会資本論』有斐閣・1967
宮崎辰雄『市民都市論』日本評論社・1971
松下圭一『都市政策を考える』岩波書店・1971
宮崎辰雄『市民都市の創造』勁草書房・1973
柴田徳衛『日本の都市政策』有斐閣・1978
宮本憲一『都市経済論』筑摩書房・1980
柴田徳衛編『都市経済論』有斐閣・1985
佐々木信夫『政策学の発想』ぎょうせい・1989
太田修二『都市文化経済学』神戸国際大学出版部・1997
宮本憲一『都市政策の思想と現実』有斐閣・1999
太田修二『都市政策論』日本経営協会総合研究所・1999

## 都市経営論

矢田七太郎『都市経営論』博文館・1908
磯村英一・小倉庫次『都市経営』誠信書房・1955
原口忠次郎『過密都市への挑戦』日本経済新聞社・1968
柴田徳衛・石原舜介編『現代都市シリーズ(2)・都市の経営』日本放送出版協会・1971
岩波講座現代都市政策Ⅳ『都市の経営』岩波書店・1973
自治体問題研究社編『「都市経営論」を批判する』自治体研究社・1979
日本経済新聞社神戸支局編『六甲海へ翔ぶ』日経事業出版社・1981
宮岡寿雄『ポートピア'81成功記』学陽書房・1982
一瀬智司監修『都市経営論序説』ぎょうせい・1983
地方行政を活性化させる会『株式会社・神戸市』オーエス出版・1984
今給黎久『株式会社神戸市はいま』オーエス出版・1987

行政管理研究センター監修・今村都南雄編著『「第三セクター」の研究』中央法規・1993
宮本康夫『第三セクターの経営の理論と実務』ぎょうせい・1995
神戸市白書委員会『神戸黒書・阪神大震災と神戸市政』労働旬報社・1996
地方行政を活性化させる会『新生神戸市の挑戦』オーエス出版・1998
牛島正『現代の都市経営』有斐閣・1999
日本経済新聞社『自治体破産』日本経済新聞社・1999
神野直彦・分権自治ジャーナル会『自治体倒産』日本評論社・1999
山本節子『土地開発公社』築地書館・1999
朝日監査法人『自治体の外郭団体再建への処方箋』ぎょうせい・2000
日本経済新聞社『列島破産』日本経済新聞社・2000
吉原直樹編著『都市経営の思想・モダニティ・分権・自治』青木書店・2000
渋川智明『福祉NPO―地域を支える市民起業』岩波書店・2001
「週刊ダイヤモンド」特別取材班『神戸・都市経営の崩壊』ダイヤモンド社・2001
大森光則『神戸市都市経営はまちがっていたのか・市職員にも言い分がある』神戸新聞総合出版センター・2001
広原盛明編著『開発主義神戸の思想と経営』日本経済評論社・2001
久元喜造・増田寛也『持続的可能な大都市経営―神戸の挑戦」ぎょうせい・2017

## 地域経営論
内務省地方局有志編纂『田園都市』博文堂・1907
佐藤竺『日本の地域開発』未来社・1965
E・ハワード著・長素連訳『明日の田園都市』鹿島出版会・1968
21世紀の日本研究会(代表丹下健三)『21世紀の日本―その国土と国民生活の未来像―』新建築社・1972
ジュリスト増刊総合特集『国土計画と生活圏構想』(第11号)有斐閣・1978.8
青野豊作『夕張まちおこし奮戦記』PHP研究所・1987
橋本徹編著『挑戦するみなと神戸―大都市産業の再生―』清文社・1988
平松守彦『地方からの発想』岩波書店・1990
本間義人『国土計画の思想』日本経済評論社・1992
本間義人『土木国家の思想』日本経済評論社・1996
辻悟一『イギリスの地域政策』世界思想社・2001
中尾清『都市観光行政論』たいせい・2005
岡田知弘『地域づくり入門・地域内再投資論』自治体研究社・2005
本間義人『地域再生の条件』岩波書店・2007
日本経済新聞社編『地域崩壊再生の道はあるか』日本経済新聞社出版社・2007
藤本健夫『何が地方都市再生を阻むのか』晃洋書房・2010
増田寛也編著『地方消滅』中央公論新社・2014
矢作弘『縮小都市の挑戦』岩波書店・2014
増田寛也監修『地方創生ビジネスの教科書』文芸春秋社・2015
加茂利男・徳久恭子編『縮小都市の政治学』岩波書店・2016
山下佑介『地方消滅の罠』筑摩書房・2014
諸富徹『人口減少時代の都市』中央公論新社・2018

## 都市づくり・生活福祉
廣井勇『日本築港史』丸善株式会社・1927
菊池慎三『都市計画と道路行政』崇文堂・1928
坂本勝比呂『明治の異人館』朝日新聞・1965

マーク・フランケナ(Mark W. Frankkena)著・神戸市地方自治研究会訳『都市交通の経済学』勁草書房・1983
広松伝『ミミズと河童のよみがえり―柳川掘割から水を考える―』河合文化教育研究所・1987
鳥居幸雄『神戸港1500年』海文堂出版・1987
坂本典昭『福祉行政最前線』自費出版・1990
蓮見音彦『都市政策と地域形成』東京大学出版会・1990
大海一雄『西神ニュータウン物語』神戸新聞総合出版センター・2009
大海一雄『神戸の住宅地物語』神戸新聞総合出版センター・2013
稲吉晃『海港の政治史』名古屋大学出版会・2014
宮崎辰雄『人間環境都市への挑戦』日本評論社・1973
八木勉『世界と日本の花時計』神戸新聞総合出版センター・2018

## 防災・復興事業
阿部泰隆『大震災の法と政策』日本評論社・1995
貝原俊民『大震災100日の記録・兵庫県知事の手記』ぎょうせい・1995
朝日新聞大阪科学部『都市崩壊の科学・追跡阪神大震災』朝日新聞・1996
大震災と地方自治研究会『大震災と地方自治―復興への提言』自治体研究社・1996
吉井博明『都市防災』講談社・1996
角間隆『大震災とたたかう男・兵庫県知事貝原俊民』ぎょうせい・1998
藤本健夫編『復興の政治経済学・阪神大震災の記録3』甲南大学阪神大震災調査会・1997
立命館大学震災復興研究プロジェクト編『震災復興の政策科学』有斐閣・1998
行政管理研究センター監修・中邨章編『行政の危機管理システム』中央法規出版・2000
五十嵐敬喜・小川明雄『「都市再生」を問う―建築無制限次代の到来―』岩波書店・2003
兵庫県震災復興研究センター『大震災100の教訓』クリエイツかもがわ・2002
金芳外城男『復興10年神戸の闘い』日本経済新聞社出版社・2004
越沢明『復興計画』中央公論新社・2005
中山久憲『元の街に住みたいんや』日本経済新聞社・2008
貝原俊民『兵庫県知事の阪神・淡路大震災―15年の記録―』丸善株式会社・2009
金芳外城男『減災の知恵―阪神から東日本へ―』晃洋出版・2011
津久井進『大災害と法』岩波書店・2012
中山久憲『神戸の震災復興事業』学芸出版社・2011
出口俊一『震災復興研究序説・復興の人権思想と実際』クリエイツかもがわ・2019
宮本背広ゼミナール『未来への航跡』かもがわ出版・2021
大海一雄『神戸の鉄道物語』公人の友社・2022
兵庫県災害復興研究センター『負の遺産を持続可能な資産へ』クリエイツかもがわ・2022

## 一般都市史
大霞会編『内務省史Ⅰ～Ⅳ巻』地方財務協会 1970
指定都市『大都市制度改革試案』指定都市事務局・1996
大都市制度史編さん委員会『大都市制度史』ぎょうせい・1984
指定都市市長会編『大都市のあゆみ』東京市政調査会・2006
東京百年史編集委員会『東京百年史2～5巻』ぎょうせいごう・1979
東京都企画審議室調査部『東京都50年史全5巻・通史・事業史1～3・資料年表』ぎょうせい・1994
横浜市『横浜市史・第2～5巻』有隣堂」・1959～1976
横浜市総務局市史編集室『横浜市史Ⅱ第1巻上下』横浜市：1993・1996
新修大阪市史編纂委員会『新修大阪市史第5～7巻』大阪市：1991・1994

新修名古屋市史編集委員会『新修名古屋市史：5・6巻』名古屋市・2000
京都市企画部『京都市政史上下巻』京都市：1940・1941
京都市政史編さん委員会編『京都市政史第1巻』京都市・2009
西宮市編『西宮市現代史第3巻』2004.12
神奈川県編『横浜水道誌』明治24年・神奈川県・1891
名古屋市水道局『名古屋市水道50年史』名古屋市水道局・1964
日本水道史編纂委員会『日本水道史総論』日本水道協会・1967
横浜水道局『横浜水道百年の歩み』横浜市水道局・1987
東京都『東京近代水道百年史』東京都水道局・1999
大阪市電気局『大阪市営電気軌道沿革誌』大阪市・1923
大阪市電気局『大阪市電気局40年史』大阪市・1943
大阪市交通局『大阪市交通局75年史』大阪市交通局・1980
東京都交通局『東京都交通局60年史』東京都交通局・1972
名古屋市交通局50年史編集委員会『市営50年』名古屋市交通局・1972
横浜市交通局『横浜市営交通80年史』横浜市交通局・2001
運輸省港湾局『日本港湾修築史』日本港湾協会・1951
運輸省港湾局『日本港湾史』日本港湾協会・1978
大阪市港湾局『大阪港史第1巻』大阪市港湾局・1959
大阪市『大阪築港100年史上』大阪市港湾局・1997
横浜港史刊行委員会『横浜港史総論・各論』横浜市港湾局・1989
名古屋港管理組合『名古屋港史：建設・港勢編』1990
東京都港湾局『東京港史第1巻・通史各論』東京都港湾局・1994
兵庫県土地区画整理協会『兵庫県土地区画整史』1983
東京都都市計画局『東京の都市計画百年』東京都情報連絡室・1989
大阪都市整備協会編『大阪市の区画整理』大阪市都市整備協会・1995
名古屋市都市計画局『名古屋都市計画史』名古屋都市センター・1999
日本下水道協会下水道編さん委員会『日本下水道史・行財政編』日本下水道協会・1986
日本公園百年史刊行会『日本公園百年史・総論各論』第1法規出版・1977

## 神戸市史

神戸市『神戸市史第3集行政編』神戸市・1962
新修神戸市史編集委員会編『新修神戸市史・行政編III都市の整備』2005
新修神戸市史編集委員会編『新修神戸市史・歴史編近現代』神戸市・1994
新修神戸市史編集委員会編『新修神戸市史・行政編I行政のしくみ』神戸市・1995
新修神戸市史編集委員会編『新修神戸市史・行政編III都市の整備』神戸市・2005
神戸市会事務局『神戸市会史第5巻・昭和編3』1997
神戸市水道局『神戸市水道百年史』2001
水道調査委員会『神戸市水道弁惑論』友成徳次郎・1893
桃木武平『神戸市水道布設方策』桃木武平・1893
神戸市電気局『神戸市電気事業買収顛末』神戸史電気局・1918
神戸市交通局『神戸市交通局60年史』神戸市交通局・1981
神戸市交通局『神戸市交通局80年史』神戸市交通局・2001
神戸開港百年史編集委員会『神戸開港百年史：港勢編・建設編』1972・1970
川島右次『神戸西部耕地整理組合誌』神戸西部耕地整理組合・1925

**筆者著書**

『10大都市時代』日本経済新聞社・1972
『地方自治の再発見』勁草書房・1973
『地方自治の財政学』勁草書房・1975
『市民自治の都市政策』学陽書房・1976
『地方主権の論理』勁草書房・1977
『地方財政の改革』勁草書房・1978
『地方自治の経営』学陽書房・1978
『コミュニティと住民組織』勁草書房・1979
『住民投票と市民参加』勁草書房・1980
『市民統制と地方自治』勁草書房・1980
『地方自治の保守と革新』勁草書房・1981
『地方自治の経済学』勁草書房・1982
『地方自治の活力』学陽書房・1982
『臨調批判と自治体改革』勁草書房・1983
『現代都市経営論』勁草書房・1985
『自治体の政策課題とOA』学陽書房・1895
『自治体情報公開の実際』学陽書房・1986
『高齢化社会と地方自治体』日本経済評論社・1986
『地方自治の選択』学陽書房・1986
『都市経営の戦略』勁草書房・1986
『自治体情報公開の実際』学陽書房・1986
『現代地方債論』勁草書房・1988
『民活事業と地域振興』公共投資ジャーナル社・1989
『都市経営思想の系譜』勁草書房・1990
『地方自治の行政学』勁草書房・1998
『地方自治の新領域』学陽書房・1990
『財政学基礎講義』勁草書房・1991
『外郭団体の経営』学陽書房・1991
『宮崎神戸市政の研究第1巻・企業的都市経営論』勁草書房・1992
『宮崎神戸市政の研究第2巻・公共デベロッパー論』勁草書房・1993
『宮崎神戸市政の研究第3巻・自治体経営論』勁草書房・1993
『宮崎神戸市政の研究第4巻・都市政治論』勁草書房・1993
『現代イギリスの地方財政』勁草書房・1995
『地方分権と大都市』勁草書房・1995
『現代イギリスの都市政策』勁草書房・1996
『現代イギリスの地方自治』勁草書房・1996
『市民自治と直接民主制』公人の友社・1996
『阪神大震災と自治体の対応』学陽書房・1996
『地方分権と補助金改革』公人の友社・1997
『地方自治の行政学』勁草書房・1998
『新地方自治の財政学』勁草書房・1998
『自治体の行政評価システム』学陽書房・1999
『阪神大震災と生活復興』勁草書房・1999
『自治体の行政評価導入の実際』学陽書房・2000

『自治体の政策経営』学陽書房・2000
『明治地方財政史第1巻・明治維新と地方財政』勁草書房・2000
『明治地方財政史第2巻・三新法期の地方財政』勁草書房・2002
『明治地方財政史第3巻・自由民権と地方財政』勁草書房・2003
『明治地方財政史第4巻・地方財政制度の成立』勁草書房・2004
『明治地方財政史第5巻・府県町村制と財政運営』勁草書房・2006
『明治地方財政史第6巻・大都市財政と都市経営』勁草書房・2006
『ごみ減量再資源化政策』ぎょうせい・2001
『自治体財政・破綻か再生か』学陽書房・2001
『コミュニティ・ビジネスと自治体活性化』学陽書房・2002
『交付税の解体と再編成』公人の友社・2002
『東京都銀行判決と課税自主権』公人の友社・2002
『近代日本公営水道成立史』日本経済評論社・2003
『自治体人件費の解剖』公人の友社・2003
『自治体企業会計導入の戦略』公人の友社・2003
『新地方自治の経営』学陽書房・2004
『近代日本公営交通成立史』日本経済評論社・2005
『地方財政健全化法で財政破綻は阻止できるか』公人の友社・2008
『大正地方財政史上巻・大正デモクラシーと地方財政』公人の友社・2008
『大正地方財政史下巻・政党化と地域経営：都市計画と震災復興』公人の友社・2009
『昭和地方財政史第1巻：地域格差と両税委譲・分与税と財政調整』公人の友社・2009
『昭和地方財政史第2巻：補助金の成熟と変貌・匡救事業と戦時財政』公人の友社・2011
『昭和地方財政史第3巻：府県財政と国庫支援・地域救済と府県自治』公人の友社・2013
『昭和地方財政史第4巻：町村貧困と財政調整・昭和不況と農村救済』公人の友社・2014
『昭和地方財政史第5巻：都市財政と都市開発：都市経営と公営企業』公人の友社・2015
『政令指定都市がめざすもの』公人の友社・2009
『大阪都構想と橋下政治の検証』公人の友社・2010
『虚構・大阪都構想への反論』公人の友社・2010
『大阪市存続・大阪都粉砕の戦略』公人の友社・2011
『翼賛議会型政治・地方民主主義への脅威』公人の友社・2011
『原発再稼働と自治体の選択』公人の友社・2011
『政府財政支援と被災自治体財政』公人の友社・2014
『「地方創生」で地方消滅は阻止できるか』公人の友社・2015
『「ふるさと納税」「原発・大学誘致」で地方は再生できるか』公人の友社・2018
『神戸・近代都市の形成』公人の友社・2017
『近代日本都市経営史・上巻』公人の友社・2019
『近代日本都市経営史・下巻』公人の友社・2022
『大阪市廃止と生活行政の破綻』公人の友社・2020
『「大阪市廃止」悲劇への構図』公人の友社・2020
『脱法的都構想実施と大阪市形骸化の危機』公人の友社・2021
『自治体政策マン苦闘の軌跡・神戸都市経営の思想と戦略』公人の友社・2022

**共著・編著**

『地方政治と市民自治』玄文社・1980
『自治体の情報公開』学陽書房・1982

『自治体の経営と効率』学陽書房・1982
『都市経営をめぐる問題事例』学陽書房・1983
『自治体OAシステム』学陽書房・1983
『自治体のワープロ活用』学陽書房・1983
『自治体OAシステム』学陽書房・1983
『自治体のオフコン・パソコン』学陽書房・1985
『自治体の住民情報システム』学陽書房・1984
『地域づくりと企業精神』ぎょうせい・1986
『自治体職員と組織開発』学陽書房・1989
『自治体の経営と効率Ⅱ』学陽書房・1982
『都市経営をめぐる問題事例』学陽書房・1983
『地方公務員給与は高いのか』公人の友社・2011
『自治体財政のムダを洗い出す』公人の友社・2014

## 共訳
神戸市地方自治研究会訳；ジョセフ・ツインマーマン『アメリカの地方自治体』勁草書房・1986

## 著者論文・時評
「魅力ある中核都市への挑戦」伊藤善市編『過密・過疎への挑戦』学陽書房・1974
「自治体連合をめぐって」『ジュリスト総合特集号現代都市と自治』第1号1974.4
「神戸市へのしるベー明治期ー」『花時計』(神戸市職員誌)第16号・1975.4
「行政事務事業の見直し」『自治研究』良書普及会第52巻第5号・1975.5
「神戸市へのしるベー大正期ー」『花時計』第17号・1975.8
「行政における優先」地方自治研究資料センター『自治研修』第180号・1975.8
「都市財政と費用負担」『季刊現代経済』日本経済新聞社第19号・1975.9
「神戸市へのしるベー昭和戦前期ー」『花時計』第18号・1975.11
「神戸市へのしるベー昭和後期期ー」『花時計』第19号・1976.1
「課税自主権をめぐって」神戸都市問題研究所編『都市政策』第2号・1976.1
「市民福祉の選別基準」地方自治研究会(自治省行政課)『地方自治』ぎょうせい第339号・1976.2
「地方財政危機と市民福祉」地方自治センター『地方自治通信』1976.4
「都市経営の再評価」『自治研修』第188号・1976.4
「市民参加の制度的考察」『都市政策』第3号・1976.4
「都市サービスの責任と範囲」東京都職員研修所『行政管理』第27巻・1976.5
「公営交通問題の現実」『都市交通』第39号・1976.6
「行政責任と選択基準」北九州市人事局職員研修所『いちひがし』第8豪・1976.7
「転換期の都市経営と都市財政」『日本経済研究センター』第276号・1976.7
「都市経営と市場公募債・市民銀行構想の発端」公務職員研修協会『職員研修』第9巻7号・1976.7
「自治立法権の理論的考察」『都市政策』第5号・1976.10
「宅地開発指導要綱の法制的考察」『都市政策』第6号1977.1
「地方財政の財源問題」経済セミナナー増刊『これからの日本経済』日本評論社・1977.2
「摂津訴訟判決をめぐって」『都市政策』第7号・1977.4
「自治体の財政自主権」東京市政調査会『都市問題』第68巻第5号・1977.5
「現代都市生活の矛盾と都市計画」自動車工業会『自動車工業』第11巻第5号・1977.5
「都市と行政」『月刊社会教育』第191号・1977.5
「神戸市の宅地開発指導要綱と公共負担問題」都市住宅研究会『住宅と社会』ダイヤモンド社第3巻第13号・1977.6

「神戸市の挑戦30年」『都市政策』第9号・1977. 10
「地方公社論」神戸都市問題研究所編『都市経営の理論と実践』都市政策論集第2集　勁草書房・1977. 12
「変わりゆく地方財政問題」『季刊現代経済』日本経済新聞社第29号・1977. 12
「三全総計画の実現と地方財政」都市問題研究会『都市問題研究』大阪市総務局第30巻第1号・1978. 1
「地方財政に新たな危機のはじまり」『エコノミスト』毎日新聞第56巻第3号・1978. 1. 24
「地方財政の再生に向けて」朝日新聞・1978. 2. 14
「地方会計制度の改善が財政再建の始まり」日本経済新聞社・1978. 3. 27
「地方財務会計制度の改革」『都市政策』第10号・1978. 4
「都市経営を考える」大阪市政調査会『市政研究』第43号・1979. 4
「地方財務会計制度の新しい問題点」『地方財務』ぎょうせい第287号・1978. 4
「地方財政の危機と再生」『生活教育』生活教育の会・第22巻第5号・1978. 5
「50年代の自治体政策を考える」『地方自治通信』第104号・1978. 7
「6党推薦の政治学」池谷允『火山帯』火山帯社創刊号・1978. 7
「内発地域開発と地方財政」日本開発センター『地域開発』第166号・1978. 7
「地方自治の充実と地方財政」公営企業金融公庫『かんぽ資金』第18号・1978. 7
「外郭団体の経営実態」『都市政策』第12号・1978. 7
「神戸市の都市経営」『地域開発』171号・1978. 12
「都市経営の視点」『技術と経済』1978. 8
「生活圏と行財政制度の改革」ジュリスト臨時増刊『国土計画と生活圏構想』第11号・1978. 8
「都市経営の理念と方策」『都市問題研究』第30巻第10号・1978. 10
「財務公開と外部監査制度の必要性」『会計ジャーナル』第1法規第10巻第11号・1978・10
「自治体における計画行政の限界と課題」日本都市計画学会『計画行政』創刊号・1978. 12
「神戸の都市経営」『地域開発』第171号・1978. 12
「地域主義と地方自治の復権」『電力新報』電力新報社第25巻第1号・1979. 1
「地方自治と都市経営」『法学セミナー総合特集・現代自治』1979. 1
「コミュニティ施設体系の実際的課題」『コミュニティ行政の理論と実践』都市政策論集第3集・1979. 2
「都市づくりと都市経営」日本都市計画学会『計画行政』第105号・1979. 2
「都市経営と消費者行政」日立家電販売『センターレポート』第27号1979. 3
「地方行政はどう変わりうるか」伊東光晴編『地方自治の潮流』学陽書房・1979. 3
「計画と行政」『自治研修』第224号・1979. 4
「『情報公開』の意味するもの」信濃毎日新聞・1979. 4. 19
「宅地開発指導要綱の政策的考察」『都市政策』第15号・1979. 4
「都市経営を考える」『市政研究』第43号・1979. 4
「地域生活施設と住民委託」『自治研修』第225号・1979. 5
「大都市交通への財政的考察」経済企画協会『ESP』第164号・1979. 5
「地方財政危機の虚像と実像−課題は財政自主権と自己管理能力強化−」東洋経済・臨時増刊近代経済シリーズ第48号・1979. 5. 10
「自治体経営と効率」東京都職員研修所『行政管理』第312号・1979. 7
「地域生活施設と市民の利用」『地方財政』ぎょうせい第302号・1979. 7
「地方の時代と地方自治」『自治研究』良書普及会第55巻第9号・1979. 9
「自治体と家庭教育」『都市政策』第17号・1979. 10
「都市経営論と地方自治」自治研中央推進委員会『月刊自治研』第21巻第10号・1979. 11
「地方自治体からみた都市交通のための財政負担について」運輸調査局『運輸と経済』第39巻第11号・1979. 11
「地域社会における責任と参加」『総評月報』1979. 11
「地域住民組織論」高寄昇三ら編『地方政治と市民自治』玄文社・1980. 1
「地方自治と都市経営」『法学セミナー総合特集・現代自治』日本評論社・1979. 1

「大都市再生への条件」『都市問題研究』第32巻第1号・1980.1
「自治体経営の課題と展望」公務職員研修協会編『自治体管理総集』・1980・1
「公共投資の戦略的視点」『都市政策』第18号・1980.4
「転換期の公共投資を考える」『エコノミスト』第58巻第5号・1980.2.5
「都市経営と財政再建」月刊『自治通信(BIC)』1980.4
「21世紀への地域主義」自治通信社『21世紀ひょうご』第11号・1980.4
「予算編成過程の政策化」『都市政策』第18号・1980.5
「政府白書の利用方法」『職員研修』第10巻第5号・1980.5
「地方の時代と行財政制度」金森久雄編『日本経済と地方分権』日本経済新聞社・1980.5
「地方財政の危機と再生」『ジュリスト総合特集・地方自治の可能性』1980.7
「地方の時代と行財政制度」『日本経済と地方分権』日本評論社・1980.7
「地方交付税の改正とそのあり方」自治体問題研究会『地方政治』日本社会党中央本部地方政治局第243号・1980.7
「都市経営論の視点」『経済評論』日本評論社第29巻第8号・1980.9
「行政広報の限界と展望」『広報・広聴の理論と実践』都市政策論集第5集・1980.9
「現代コミュニティ行政の課題」『都市政策』第21号・1980.10
「現代地方財政制度の矛盾と改革方向」伊東光晴編『地方財政の再生と経営』・1981.1
「地方自治体と情報公開Ⅰ」『都市政策』第22号・1981.1
「地方自治体経営の課題」『都市問題研究』第33巻第1号1981.1
「自治体運営の改革」『都市問題』第33巻第1号・1981.4
「地方財政と人件費問題」『ジュリスト増刊地方の時代と公務員』第22号・1981・4
「地方自治体と情報公開Ⅱ」『都市政策』第23号・1981.4
「第2臨調と自治体の論理」地方自治センター『地方自治通信』第141号・1981.6
「地方財政再生の方向」神奈川県自治総合研究センター『自治体学研究』第9号1981.6
「地方公営企業法の役割」『法と政策』第2号第1法規・1981.7.1
「インナーシティ再生の政策ビジョン」『都市政策』第24号・1981.8
「ひろがる大都市衰退地区─画一的抑制策の転換を─」『エコノミスト』第59巻第32号・1981.8.11
「地方自治の可能性と自治体連合」大原光憲ら編『自治体政策づくり読本』総合労働研究所・1981.9
「観光開発の経済効果と自治体財政」日本観光協会『月刊観光』第131号・1981.10
「使用料・手数料の算定基礎」『公共料金の理論と実践』都市政策論集第6集・1981.10
「地方自治体と情報公開Ⅲ」『都市政策』第25号・1981.10
「地方公共団体の意思決定論」『経営教育』第29号・1981.11
「道州制論の系譜」『月刊ペン』月刊ペン社第15巻第1号・1982.1
「市町村への権限移譲」『都市政策』第26号・1982.1
「大都市圏再生への政策視点」神奈川県自治総合研究センター『総研ジャーナル』第7号1982.3
「コンベンションシティをめざして」長洲一二ら編『地方の時代と地域経済』ぎょうせい・1982.3
「政令指定都市制度の沿革と問題点」『都市問題研究』第34巻第4号・1982.4
「自治体経営の系譜」高橋誠編『自治体の経営と効率Ⅰ・経営と行財政運営』学陽書房・1982.4
「道州制批判論」『都市政策』第27号・1982.4
「都市政策と市民参加」『都市問題』第73巻第4号・1982.4
「高齢化社会・地方の時代の福祉行財政計画」佐藤進編『高齢化と自治体福祉政策』同文館・1982.5
「社会福祉の行財政における国と地方の責任役割」佐藤進ら編『講座社会福祉6・社会福祉の法と行政』有斐閣・1982.6
「情報公開への取組みの現段階」『職員研修』第15巻第9号・1982.9
「自治体における防災コストの考え方」『職員研修』第15巻9号・1982.9
「第2臨調と地方自治Ⅰ」『都市政策』第29号・1982.9
「臨調と地方財政」『季刊現代経済』日本経済新聞社第50号・1982.10

「自治体と情報公開」人間環境を考える会編『お茶の間からみた都市問題』ぎょうせい・1982.11
「国庫補助金削減と地方福祉サービスのあり方」『社会保険旬報保険所』社会保険研究所第1416号・1982.12
「情報公開への取り組みの原段階」『職員研修』第15巻9号・1982.9
「コンピューター導入と地方自治体」ジュリスト増刊『行政の転換期』1983.1
「地方自治体の情報公開」『都市政策』第30号・1983.1
「公共デベロッパーとポートアイランド」『経済開発の理論と実践』都市政策論集第7集・1983.1
「地域住民と地方自治体の現状と課題」『電機労連』全日本電気機器労働組合連合会第59号・1983.2
「広域行政システムの論点」『都市問題研究』第35集第4号・1983.4
「第2臨調と地方自治II」『都市政策』第31号・1983.4
「経済戦略としてのコンベンション都市」『エコノミスト』第62巻第31号・1983.8.2
「行政管理効果の視点」行政管理研究センター『行政管理研究』第23号・1983.9
「地方行政の"原点"からみた"武蔵野市"」『晨』ぎょうせい第2巻第9号・1983.9
「OAシステムの費用効果分析」『自治体OAシステムの理論と実践』都市政策論集第8集・1983.10
「コンベンションの経済効果」『都市政策』第33号・1983.10
「公務員批判と地方財政運営」『地方自治ジャーナル』公人の友社第59号・1983.12
「私の係長時代」『職員研修臨時増刊・係長の研究』公務職員研修協会・1984.1
「地方自治の歴史(1)・府藩県三治制の成立」『職員研修』第17巻第1号・1984.1
「自治体とコンベンション政策」『コングレス＆コンベンション』第2号・1984.1
「都市づくりと都市経営」『都市計画』第105号・1984.2
「地方自治の歴史(2)・版籍奉還」『職員研修』第17巻第2号・1984.2
「地方自治の歴史(3)・三治制下の町村支配」『職員研修第17巻第3号・1984.3
「地方財政危機の位相」『地方自治ジャーナル』公人の友社第62号・1984.4
「公共デベロッパーの系譜」『都市政策』第35号・1984.4
「地方自治の歴史(4)・三治体制下の府藩県政」『職員研修』第17巻第4号・1984.4
「過密地域と地方交付税」『都市問題』第75巻第5号・1984.5
「地方自治の歴史(5)・廃藩置県」『職員研修』第17巻第5号・1984.5
「地方自治の歴史(6)・大区小区体制の発足」『職員研修』第17巻第6号・1984.6
「地方財政と都市交通」『交通経営の理論と実践』都市政策論集第9集・1984.7
「地方自治の歴史(7)・地方民会の設置」『職員研修』第17巻第7号・1984.7
「地方自治の歴史(8)・明治初期の地方財政」『職員研修』第17巻第8号・1984.8
「地方自治の歴史(9)・三新法の制定」『職員研修』第17巻第9号・1984.9
「神戸市のニューメディア政策」ジュリスト増刊『高度情報化社会の法律問題』有斐閣・1984.9
「地域振興の推進力」関西情報センター『KISS』第54号・1984.9
「国際化への政策ビジョン」『都市政策』第37号・1984.10
「地方自治の歴史(10)・郡区町村編制法」『職員研修』第17巻第10号・1984.10
「地方自治の歴史(11)・地方税規則の制定」『職員研修』第17巻第11号・1984.11
「地方自治の歴史(12)・府会と自由民権」『職員研修』第17巻第12号・1984.12
「政策研究への政策評価」『自治体学研究』第23号・1985.1
「魅力ある自治体経営処方箋」『公明』第276号・1985.1
「とられるという意識の背景にあるもの」生活クラブ『生活倶楽部』生活共同組合第7号・1985.1
「地方自治の歴史(13)・府県会規則の改正」『職員研修』第18巻第1号・1985.3
「地方自治の歴史(14)・地方政党と府県会」『職員研修』第18巻第2号・1985.2
「住民の理解による地域振興策」『地方自治ジャーナル』公人の友社第73号・1985.1
「魅力ある自治体経営の処方箋」公明党『公明』1985.1
「今なぜ博覧会列島なのか」『エコノミスト臨時増刊ー科学万博』1985.2.4

「地方自治の歴史(15)・郡区町村の再編成」『職員研修』第18巻第3号・1985.3

「自治体OAは前向きに」『日本経済新聞・経済教室』1985.4.13

「地方博覧会の目的と効用」『地方自治ジャーナル』公人の友社第76号・1985.3

「OAシステムの費用効果分析」『都市政策』第39号・1985.4

「新時代に求められる地方公務員像」『受験ジャーナル』第11巻第4号・1985.4

「地方自治の歴史(16)・明治地方財政の再編成」『職員研修』第18巻第4号・1985.4

「地方自治体からみた都市交通計画」『運輸と経済』第45巻第5号・1985.6

「地方自治の歴史(17)・地域支配の再編成」『職員研修』第18巻第5号・1985.5

「大型プロジェクトと第3セクター」『KISS』関西情報センター第54号・1985.5

「地方自治の歴史(18)・市町村合併」『職員研修』第18巻第6号・1985.6

「異色の人材」『フレッシュひがしなだ』石田市会議員会報第6号・1985.6

「自治体のニューメディア」『都市政策』第40号・1985.7

「イベントと街づくり」近畿建築士協議会『ひろば』第256号・1985.8

「地方自治の歴史(19)・市制町村制の制定」『職員研修』第18巻第7号・1985.7

「地方自治の歴史(20)・市制町村制の論点」『職員研修』第18巻第8号・1985.8

「地域振興の推進力」『KIIS』関西情報センター第54号・1985.9

「要綱による『負担金』の必要性および正当性について」地方自治センター『地方自治通信』・1985.10

「地方自治の歴史(21)・市制町村制の内容」『職員研修』第18巻第10号・1985.10

「民間委託へも政策評価」『都市政策』第41号・1985.10

「地方自治の歴史(22)・府県制郡制の制定」『職員研修』第18巻第11号・1985.11

「ポスト・レス時代の都市経営」『晨』第4巻第11号・1985.11

「地方財政過程の検討」日本財政法学会『地方財政の諸問題』1985.11

「神戸の都市づくりと都市経営」『TOMORROW大日本土木』第15号・1985.11

「地方自治と財務会計」日本地方自治研究学会『地方自治研究』創刊号・1985.11

「地方財政過程の検討」日本財政法学会編『財政法叢書・地方財政法の問題』学陽書房・1985.12

「都市経営からみた再建策」『運輸と経済』第45巻第12号・1985.12

「国と自治体の福祉政策」ジュリスト増刊『転換期の福祉問題』有斐閣・1985.12

「地方自治の歴史(23)・明治自治体の特徴・性格」『職員研修』第18巻第11号・1985.12

「都市経営からみた再建策」『運輸と経済』第45巻第12号・1985.12

「企業感覚による都市経営」『都市問題研究』第38巻第1号・1986.1

「自治体と公営余暇施設」『都市政策』第42号・1986.1

「地方自治の歴史(24)・明治後期の地方政治」『職員研修』第19巻第1号・1986.1

「21世紀の地方自治」『地方財務』第500号・1996.1

「株式会社神戸市論」『職員研修』第19巻第2号・1986.2

「地方自治の歴史(25)・明治後期の地方制成立」『職員研修』第19巻第2号・1986.2

「福祉行財政と地域福祉」兵庫県社会福祉協議会『地域福祉活動研究』第3号・1986.2

「高齢者施設と地方財政」『高齢者福祉の理論と実際』都市政策論集第10集・1986.2

「自治体学の可能性」『職員研修』第19巻第3号・1986.3

「地方自治の歴史(26)・明治後期の地方財政」『職員研修』第19巻第3号・1986.3

「地方自治体の改革」『地方自治研究』地方自治研究学会第1巻第2号・1986.3

「裁判ゆき代執行制度と補助金整理法」『都市政策』第43号・1986.4

「地方自治の歴史(27)・地方改良運動の展開」『職員研修』第19巻第4号・1986.4

「ポートアイランドの財政収支と経済効果」『海上都市への理論と実際』都市政策論集第11集・1986.4

「地方自治の歴史(28)・大正期の地方政治」『職員研修』第19巻第4号・1986.5

「行政サービスの効率性」『月刊自治研』第28巻第321号・1986.6

「地方自治の歴史(29)・郡制の成立」『職員研修』第19巻第6号・1986.6
「企業的センスによる都市経営」清成忠男ら編『地域づくりと企業家精神』ぎょうせい・1986.6
「官活の発想とは何か」『経営者』日本経営者団体連盟第40巻第6号・1986.6
「公社・第三セクターと地方公共団体」『地方財務』第385号・1986.6
「公営交通問題の現実」『都市交』日本都市交通労働組合第39号・1986.6
「逗子リコールと直接民主制」『都市政策』第40号・1986.6
「地方自治の歴史(30)・苦悩する大正期の財政」『職員研修』第19巻第7号・1986.7
「地域ニューメディア経営への視点」『都市政策』第44号・1986.7
「イベントによる地域開発効果」日本港湾協会『港湾』第63巻第8号・1986.8
「政令指定都市制度の事務権限財源配分」『都市問題』第77巻第8号・1986.8
「地方自治の歴史(31)・昭和戦前の地方政治」『職員研修』第19巻第8号・1986.8
「地方自治の歴史(32)・昭和戦前の行政」『職員研修』第19巻第9号・1986.9
「神戸市の人口政策」『都市政策』第54号・1986.10
「地方自治の歴史(33)・戦前昭和の地方財政」『職員研修』第19巻第10号・1986.10
「民間活力導入のあり方について」『ESP』第174号・1986.10
「民活とともに官活の十分な活用を」『日本の公共事業－わが国の国土は整備されているか』1986.11
「新地方の時代・上下」『世界日報』1986.11.10・1986.11.11
「都市行政の政策分析」『統計』日本統計協会第37巻第12号・1986.12
「民活方式の政策課題」『都市政策』第46号・1987.1
「地域福祉－苦悩する地方自治」伊東光晴編『老いと社会システム』岩波書店・1987.3
「経営体への転換条件」『運輸と経済』第47巻第2号・1987.2
「神戸株式会社の経営手法を探る」『運輸と経済』第47巻第3号・1987.3
「戦前地方自治への考察」地方自治協会『地方自治の窓』第19号・1987.5
「官活の発想とは何か」『経営者』日本経営者団体連盟第1巻第42号・1987.6
「神戸市の都市都市政策」日本都市問題会議関西会議編『都市の復活』都市文化社・1987.6
「福祉サービスの展望」『都市政策』第48号・1987.9
「個性ある都市の確立」『職員研修』第20巻第7号・1987.7
「地方自治体と国際交流」東京都市町村研修所『こだま』・1987.9
「行政広報論」『都市政策』第49号・1987.10
「地域づくりのポイント」『公明』公明党機関紙局第310号・1987.11
「四全総と地域活性化」『地方財務』第402号・1987.11
「自治体政策能力への評価」『職員研修』第29巻第11号・1987.11
「神戸市における自治体の"経営性"」『月刊レジャー産業』第21巻第1号・1988.1
「民間事業への政策視点と評価」『都市政策』第50号・1988.1
「自主的施策の活用」『月刊自治研』第30巻第341号・1988.2
「地方債自由化への改革」『地方自治研究』第5号・1988.3
「新しい投資・経営システム」『日本経済新聞社・経済教室』1988.3.29
「地方債許可制度批判論」『都市政策』第51号・1988.4
「日本経済と民活事業」兵庫経済研究所『兵庫経済』第19号・1988.4
「都市交通とパーク＆ライド」『運輸と経済』第48巻第5号・1988.5
「地方債制度・運用の歴史Ⅰ・戦前の地方債許可制度」『甲南経済学論集』第29巻第1号・1988.6
「都市とコンベンション」『コンベンション都市戦略の理論と実践』都市政策論集第12集・1998.6
「地方自治体の国際交流」『都市政策』第52号・1988.7
「自治体情報公開の諸問題」組織学会『組織科学』第22巻第2号・1988.9
「神戸市の都市経営に学ぶ」朝日新聞『広告月報』第340号・1988.9

「地域経営思想の系譜Ⅳ」『都市政策』第53号・1988. 10
「自治体の自主的福祉施策」大森弥編『福祉における国と地方』中央法規・1988. 10
「シンガポール・香港の港湾サービス」『都市政策』第53号・1988. 10
「経営戦略の視点」『ふっとわーく』交通政策研究所　第7号・1988. 10
「地域づくりのポイント」『地方政策読本』(公明ブックレット)公明編集部・1988. 10
「わが国都市経営論の系譜」伊東光晴編『日本的都市経営の特質と課題』NIRA研究叢書・NO. 880018・1988. 11
「地方債制度・運用の歴史Ⅱ明治期の地方債運用」『甲南経済学論集』第29巻第3号・1988. 12
「構造転換・地域間競争の時代と組織」公務職員研修協会編『自治体人事革新の時代』・1988. 12
「自治体の観光政策」『都市政策』第54号・1989. 1
「企業用資産の活用」『ふっとわーく』交通政策研究所　第8号・1989. 1
「都市づくりと都市経営」『都市計画』第150号・1989. 2
「戦後大都市制度の歴史と展望」『都市問題研究』第41巻第2号・1989. 2
「自治体職員を活かす組織とは」高寄昇三編『自治体職員と組織開発』学陽書房・1989. 2
「地方債制度・運用の歴史Ⅲ大正期の地方債運用」『甲南経済学論集』第29巻第4号・1989. 3
「地域金融機関と地方自治体」『都市問題』第80第4号・1989. 4
「付帯事業の展開」『ふっとわーく』第9号・1989. 4
「地域開発と民間事業の経営システム」『都市行政』第22号・1989. 4
「都市経営からみた都心居住」『都市計画』第158号・1989. 4
「地方債制度・運用の歴史Ⅳ戦前昭和期の地方債運用」『甲南経済学論集』第30巻第1号・1989. 6
「地方自治体の自主性とは何か」『晋和』晋和会1989夏季号・1989. 6
「コングロマリットのすすめ」『職員研修』第22巻第7号・1989. 7
「ファッション都市論」『ファッション都市の理論と実践』都市政策論集第13集・1989. 7
「公的観光レクリエーション施設の経営」『観光』第269号・1989. 10
「地域経営思想の系譜Ⅷ」『都市政策』第57号・1989. 10
「市町村における社会福祉財政」鉄道弘済会『社会福祉研究』第46号・1989. 10
「交通新線建設と費用負担区分」『都市政策』第57号・1989. 10
「都市産業と大学」日本都市問題会議編『都市の魅力』法律文化社・1989. 11
「地方債制度・運用の歴史Ⅴ戦後自治制度と許可制」『甲南経済学論集』第30巻第2号・1989. 12
「アメリカ地方自治の実際」『都市政策』第58号・1990. 1
「公共経営学と地方公営企業」公営企業金融公庫編協力『公営企業』地方財務協会第22巻第7号・1990. 1
「戦後大都市制度の歴史と展望」『都市問題研究』第41巻2号・1990. 2
「生活文化と行政の総括」『都市政策』第59号・1990. 4
「連合制度と地方自治」『市政研究』第87号・1990. 4
「地方債制度・運用の歴史Ⅵ戦後復興期の地方債運用」『甲南経済学論集』第31巻第1号・1990. 6
「振興事業に求められる起業家精神」『経済月報』静岡県経済研究所1990. 7
「都市行政と女性問題」『都市問題研究』第42巻第7号・1990. 7
「地域おこしの実践」『都市政策』第60号・1990. 7
「地方債制度・運用の歴史Ⅶ成長・安定期の運用」『甲南経済学論集』第31巻第2号・1990. 9
「自治体における女性行政の課題」『職員研修』第23巻第10号・1990. 10
「公共デベロッパーからコングロマリット」『都市政策』第61号・1990. 10
「地方自治体における公営信託基金制度の活用方策」日本信託協会編『信託研究奨励金論集』第11号・1990. 11
「地方債制度・運用の歴史Ⅷ市設貯蓄銀行」『甲南経済学論集』第31巻第3号・1990. 12
「外郭団体原論」『外郭団体の理論と実践』都市政策論集第14集・1991. 1
「華麗なる高齢者社会」センター神戸三宮『月刊センター』第432号・1991. 1
「文化産業のすすめ」センター神戸三宮『月刊センター』第433号・1991. 2

「地方医療と公営経済」『社会保険旬報』社会保険研究所第1712号・1991.1
「大阪圏の高速鉄道整備について」『運輸と経済』第51巻第2号・1991.2
「地域づくりと住民・行政の役割」『21世紀ひょうご』第53号・1991.2
「21世紀における『地方』自治像をさぐる」『公明』第349号・1991.2
「宮崎賞の村々」『センター』神戸三宮『月刊センター』434号・1991.3
「第三セクターの現状と新たなる課題」『晨』ぎょうせい第10巻第3号・1991.3
「ウォーターフロント論」『都市政策』第63号・1991.4
「新しい地域開発の政策展望」『かんぽ資金』簡保資金振興センター第155号・1991.4
「活力ある都市への経営戦略」『住民と自治』自治体研究社第337号・1991.5
「新しい自治体経営」神奈川県自治総合研究センター編『総研ジャーナル』第44号・1991.6
「列島多極化へ・上京から上郷へ」日本経済新聞社・1991.10.6
「「アーバンリゾート・神戸市」『都市政策』第64号・1991.7
「地域交通経営の再構築」『運輸と経済』第51巻第8号1987.2
「まちづくりの方向」静岡県経済研究所『経済月報』第29巻第342号・1991.9
「第三セクター設立・運営の方針」全国町村議会議長会『地方議会人』1991.9
「神戸株式会社論」甲南大学総合講座『神戸っ子のこうべ考』神戸新聞総合出版センター・1991.7
「地方交通経営の再構築」『運輸と経済』第51巻第8号・1991.8
「『まちづくり』の方向性」『経済月報』静岡県経済研究所・1991.9
「地方債制度・運用の歴史IX戦前地方外債」『甲南経済学論集』第32巻第2号・1991.9
「公営交通事業における公共性と経済性」公営交通研究所『都市と公営交通』第18号・1991.10
「都市経営のテクノクラート」都市経営の軌跡刊行会『都市経営の軌跡』神戸都市問題研所・1991.10
「市民サービスにおける供給形態」『都市問題研究』第43巻第10号・1991.10
「自治体における紛争」地方自治研究資料センター『月刊自治フォーラム』・1991.11
「地方債制度・運用の歴史X戦後地方外債」『甲南経済学論集』第32巻第3号・1991.12
「都市建設のプロモーター原口忠次郎」『自治体学研究』第51号・1991.12
「大都市制度の課題と展望」西日本都市問題会議『都市の魅力』・1991.12
「地方債制度・運用の歴史XI地方金庫構想」『甲南経済学論集』第32巻第4号・1992.3
「神戸都市形成とハーバーランド」ハーバーランドまちづくり建設誌編集委員会『HarberLand』1992.3
「大都市交通の再生」『公営企業』第23巻第12号・1992.3
「ウォーターフロント再開発の問題点」『JAPIC』第30号・1992.3
「都市と研究機関」あまがさき未来協会『TOMORROW』第6巻第4号・1992.3
「都市づくりと交通施設整備」『運輸と経済』第52巻第5号・1992.5
「地域開発思想史I」『甲南経済学論集』第33巻第1号・1992.6
「これからの自治体における公務員のあり方について」『東京都特別区人事委員会年報』平成4年版・1992.7
「第三セクターの基本的性格」『職員研修』第25巻第7号・1992.7
「使用料・手数料の財政学的考察」『地方財務』ぎょうせい第458巻・1992.7
「ポスト産業社会の地域経営」『うえいぶ』いわき地域学会第5巻第2号・1992.7
「決算審査のポイント」『地方議会人』第23巻第3号・1992.8
「今後の鉄道整備について」『JRGAZETTE』交通新聞社第50巻第9号・1992.9
「個性ある都市の創造」大阪市政調査会『市政研究』第97号・1992.10
「神戸ファッションシティの形成」森野美穂編『地域の活力と魅力』ぎょうせい・1992.1
「ウォーターフロント開発と事業システム」『ウォーターフロント開発の理論と実践』都市政策論集第15集・1993.1
「自治体とリサイクル」『都市政策』第70号・1993.1
「地方自治の選択」大阪市政調査会編『新・都市自治論』ぎょうせい・1993.3
「自治体行政の企業的運営」岩崎忠夫編『自治行政と企業』ぎょうせい・1993.3

「ハーバーランドの政策的意義」『都市政策』第71号・1993.4
「地域経営のすすめ」『アカデミア』千葉市町村中央研修所第20号・1993.4
「市政資料にみる華僑」『甲南大学総合研究所叢書29』・1993.3
「地域開発思想史Ⅰ」『甲南経済学論集』第33巻第1号・1992.6
「生活大国の幻想」『運輸と経済』第527巻第2号・1993.2
「地域開発思想史Ⅱ」『甲南経済学論集』第34巻第1号・1993.6
「アーバンリゾートフェア神戸論」『都市政策』第72号・1993.7
「地方自治体のイメージアップ作戦」『都市政策』第72号・1993.7
「都市交通と公共デベロッパー」『運輸と経済』第53巻第8号・1993.8
「余暇産業と都市計画」『都市計画』第53巻第3号・1993.9
「地域経営の理論と実際」日本地方自治研究学会編『地域経営と地方財政』税務経理協会・1993.9
「地域経営の理論と実際」日本地方自治研究協会編『地域経済と地方行財政』税務経理協会・1993.9
「テーマパーク論」『都市政策』第73号・1993.10
「交通経営と地方分権」『運輸と経済』第53巻第11号・1993.11
「経済成長と神戸市政」新修神戸市史編集委員会編『新修神戸市史歴史編Ⅳ近代・現代』神戸市・1994.1
「政府間財政関係論」『甲南経済学論集』第34巻第4号・1994.3
「イギリスの都市行政Ⅰ」『都市政策』第75号・1994.4
「イギリスの都市行政Ⅱ」『都市政策』第76号・1994.7
「イギリスの民営化とCCT」『運輸と経済』第54巻第9号・1994.9
「国際会議と地域振興」JTB『観光文化』第107号・1994.10
「イギリスの都市行政Ⅲ」『都市政策』第77号・1994.10
「地域開発の現在と公民パートナシップの実践」『RIRI』流通産業第26巻第10号・1994.10
「イギリス地方バス経営」『運輸と経済』第54巻第12号・1994.12
「21世紀への都市づくり」堺市政研究所『URBAN』・1995.1
「自治体は行政改革をどうすすめるか」『EX』ぎょうせい第7巻第1号・1995.1
「イギリスの都市行政Ⅳ」『都市政策』第78号・1995.1
「やさしい地方自治と地方財政1〜23」『公明新聞』1995.1.23〜1995.8.23
「抽象化した『地方分権大綱』」『地方財務』第489号・1995.2
「都市経営とまちづくり戦略札幌市」『Sapporo Fronter』第18号・1995.3
「イギリス地方財政の改革」『甲南経済学論集』第35巻第3・4号・1995.3
「防災都市と都市経営」『都市政策』第79号・1995.4
「阪神大震災と都市交通」『運輸と経済』第54巻第5号1995.5
「イギリスの都市行政Ⅴ」『都市政策』第79号・1995.4
「コミュニティ防災の形成」国際労働党研究所『Intlecowk』第850号・1995
「阪神大震災と都市交通」『運輸と経済』第55巻第5号・995.5
「イギリスの住宅政策Ⅰ」『甲南経済学論集』第36巻第1号・1995.6
「イギリスの都市行政Ⅵ」『都市政策』第80号・1995.7
「イギリスの住宅政策Ⅱ」『甲南経済学論集』第36巻第2号・1995.9
「地域を活性化する地方経営戦略」『産業新潮』第44巻第10号・1995.10
「イギリスの都市行政Ⅶ」『都市政策』第81号・1995.10
「イギリスの住宅政策Ⅲ」『甲南経済学論集』第36巻第3号・1995.12
「地方自治と公会計」『自治体公会計の理論と実践』都市政策論集第16集・1995.12
「21世紀の地方自治像」『地方財務』第500号・1996.1
「危機管理の視点」さくら総合研究所編『地震対策マニュアル作成の実務』・1996.1
「イギリスの都市行政Ⅷ」『都市政策』第82号・1996.1

「地方自治体の改革」『地方自治研究』日本地方自治研究学会第12巻第2号・1996. 2

「阪神大震災1年と交通」『運輸と経済』第56巻第3号1996. 3

「イギリスの住宅政策Ⅳ」『甲南経済学論集』第36巻第4号・1996. 3

「都市計画と地方分権」『都市問題研究』第48巻第3号・1996. 3

「地方分権の時代をむかえて市町村職員のあり方について」『こだま』第64号・1996. 3

「震災復興と都市財政」『都市政策』第83号・1996. 4

「イギリスの都市行政Ⅸ」『都市政策』第83号・1996. 4

「第三セクターと地域づくり」『地方議会人』第26巻第11号・1996. 4

「地方分権の時代の地方交通経営」『運輸と経済』第56巻第5号・1996. 5

「震災復興への政策課題・神戸市の財政運営」『都市政策』第84号・1996. 7

「社会福祉の鉄道経営の認知」『運輸と経済』第56巻第7号・1996. 7

「安全都市への処方箋」『市政』全国市長会第45巻第9号・1996. 9

「地域開発思想史Ⅲ」『甲南経済学論集』第37巻第2号・1996. 9

「『アーバンリゾート』神戸のまちづくり」岩崎忠雄ら編『シリーズ地域の活力と魅力第4巻：リゾート・テーマパーク』・1996. 10

「『都市政策』の刊行の意図について」川崎市『政策情報かわさき』第1号・1996. 11

「地方自治体における土地の取得・管理・活用の現状と課題」『地方財務』第510号・1996. 11

「地方公営交通企業の政策課題」『運輸と経済』第56巻第12号・1996. 12

「地域開発思想史Ⅳ」『甲南経済学論集』第37巻第3号・1996. 12

「復興事業と基本戦略」『震災復興の理論と実践』都市政策論集第17集・1996. 12

「生活再建への展望」『都市政策』第86号・1997. 1

「組織構造」佐々木弘監修『講座公営企業のための経済学』地方財務協会・1997. 1

「給付金行政の実態と課題」『都市政策』第86号・1997. 1

「阪神大震災と地方分権」『自治フォーラム』地方自治研究資料センター第448号・1997. 1

「地方自治体と交通政策」『運輸と経済』第57巻第2号・1997. 2

「地方分権の推進と監査」『地方議会人』第57巻第2号・1997. 2

「地方自治体と交通政策」『運輸と経済』第57巻第2号・1997. 2

「政令指定都市の未来を展望する」『職員研修』第40巻第3号・1997. 3

「『民活論』，課題と展望」宝塚市まちづくり研究所『FUSION』第3号・1997. 3

「震災復興と経済政策」『甲南経済学論集』第37巻第4号・1997. 3

「生活再建と福祉行政」藤本健夫編『復興の政治経済学』勁草書房・1997. 3

「住宅再建と公的支援」藤本健夫編『復興の政治経済学』勁草書房・1997. 3

「震災と地方行政」日本行政学会編『災害と行政』年報第32号・1997. 5

「地域開発思想史Ⅴ」『甲南経済学論集』第38巻第1号・1997. 6

「地域連携と観光政策」『運輸と経済』第57巻第8号・1997. 8

「地域開発思想史Ⅳ」『甲南経済学論集』第38第1号・1997. 9

「地方自治体における財務会計」会計検査院『会計検査研究』第16号・1997. 9

「災害時応援協定の評価」『都市政策』第86号・1997. 10

「地域開発思想史Ⅶ」『甲南経済学論集』第38第3号・1997. 12

「地方分権の推進と監査」『地方議会人』第28巻第7号・1997. 12

「住宅復興の基本戦略」『震災復興住宅の理論と実践』都市政策論集第18集・1998. 1

「補助金改革の課題と方向」『都市問題』第89巻第1号・1998. 10

「地方自治と鉄道経営」『運輸と経済』第609号・1998. 3

「地域開発思想史Ⅷ」『甲南経済学論集』第38第4号・1998. 3

「地方自治体と福祉行政の新展開」日本地方自治研究学会編『地方自治の先端理論』・1998. 3

「地方分権と直接民主制」『市政研究』第119号・1998. 4

「地方分権と自治体経営」『都市問題研究』第50巻第4号・1998.4
「地方行政における第三セクターの意義と課題」『自治フォーラム』地方自治研究資料センター第465号・1998.4
「地域開発思想史Ⅸ」『甲南経済学論集』第39第1号・1998.6
「震災復興期の市民活動団体と地方自治体」『都市政策』第92号・1998.7
「阪神大震災と被災者支援法」『地方財務』第530号・1998.7
「外郭団体と自治体外部監査」『都市問題』第89巻第8号・1998.8
「地域開発思想史Ⅹ」『甲南経済学論集』第39第2号・1998.9
「地域づくりのポイント」『公明ブックレット』第2号・1998.10
「サービス産業としての再生戦略」『運輸と経済』第58巻第11号・1998.11
「行政評価の基礎理論」『甲南経済学論集』第39第3号・1998.12
「生活復興と政策選択」『生活復興の理論と実践』都市政策論集第19集・1999.1
「震災復興と財政再建」『都市政策』第94号・1999.1
「災害復興財政の比較分析」『都市政策』第94号・1999.1
「市民参加と自治体政策形成」『都市問題』第90巻第2号・1999.2
「行政評価の基礎理論Ⅱ」『甲南経済学論集』第39第4号・1999.3
「広がる政策評価導入の動き」『地方財務』第530号・1999.3
「第三セクターとコミューター航空」全国地域航空システム推進協議会・1999.3
「公私セクターと外郭団体の融合機能」『都市問題研究』第51巻第6号・1999.6
「行政評価の構成Ⅱ」『地方財務』第541号・1999.6
「明治前期明治地方財政史Ⅰ」『甲南経済学論集』第40第1号・1999.6
「選別基準の設定Ⅲ」『地方財務』第542号・1999.6
「公私セクターと外郭団体の融合機能」『都市問題研究』第51巻第6号・1999.6
「震災復興と都市整備Ⅰ」『都市政策』第96号・1999.7
「震災復興としての観光開発」藤本健夫編『阪神大震災と経済復興』勁草書房・1999.8
「公共投資の評価Ⅳ」『地方財務』第543号・1999.8
「公共施設と外郭団体」『地方財務』第544号・1999.9
「自治体における防災コストの考え方」『職員研修』第442号・1999.9
「明治前期明治地方財政史Ⅱ」『甲南経済学論集』第40第2号・1999.9
「行政サービスの評価Ⅵ」『地方財務』第545号・1999.10
「震災復興と都市整備Ⅱ」『都市政策』第97号・1999.10
「行政評価と財務会計Ⅶ」『地方財務』第546号・1999.11
「内部経営と人事評価Ⅷ」『地方財務』第1547号・1999.12
「明治前期明治地方財政史Ⅲ」『甲南経済学論集』第40第3号・1999.12
「地域交通再生と自治体の交通政策」『運輸と経済』第59第12号・1999.12
「内部評価と外部評価Ⅸ」『地方財務』第548号・2000.1
「震災復興と都市整備Ⅲ」『都市政策』第98号・2000.1
「自治体における行政評価導入課題」『都市問題研究』第52巻第2号・2000.2
「公営交通事業の民営化」『都市問題』第91巻第2号・200.2
「事前評価と施策選択Ⅹ」『地方財務』第549号・2000.2
「明治前期明治地方財政史Ⅳ」『甲南経済学論集』第40第4号・2000.3
「土地区画整理と財政」『市街地復興事業の理論と実践』都市政策論集第20集・2000.3
「コスト分析と事業形態Ⅺ」『地方財務』第550号・2000.3
「行政評価システム導入の課題」『会計検査院研究』第21号・2000.3
「政策評価・事務事業評価制度の課題と今後の展望」高寄昇三監修『政策評価・事務事業評価のシステム開発』地域科学研究会・2000.3
「神戸の20世紀」『21世紀ひょうご』第80号・2000.3

「市街地復興と都市計画」『月刊自治研』第42巻第3号・2000.3
「少子高齢化社会と市民ネットワーク」宝塚市まちづくり研究所『FUSION』第6号・2000.3
「町村とコミュニティサービスの複合化」『地方議会人』2000.3
「行政評価の実践XII」『地方財務』第551号・2000.4
「震災復興と都市整備IV」『都市政策』第99号・2000.4
「復興財政措置と運営課題」『都市政策』第99号・2000.4
「地方財政再建と財政運営の改革」地方自治研究学会『地方自治研究』第15巻第1号・2000.4
「変革期のごみ行政 I 」『地方財務』第552号・2000.5
「明治前期明治地方財政史 V 」『甲南経済学論集』第41第1号・2000.6
「容器リサイクルと費用負担 II 」『地方財務』第553号・2000.6
「行政評価と地方議会」『地方議会人』第31巻第1号。2000.6
「震災復興と都市整備 V 」『都市政策』第100号・2000.7
「家電製品リサイクル化III」『地方財務』第554号・2000.7
「ごみ手数料と減量効果IV」『地方財務』第555号・2000.8
「地方公営企業の再編成」『公営企業』第378号・2000.9
「地域交通再生への財政支援策」『運輸と経済』第630号・2000.9
「明治前期明治地方財政史VI」『甲南経済学論集』第41第2号・2000.9
「ごみ処理施設の整備拡充VI」『地方財務』第557号・2000.10
「企業的都市経営と経営管理」『都市政策』第101号・2000.10
「震災復興と都市整備VI」『都市政策』第101号・2000.10
「ごみ行政の財政分析VII」『地方財務』第558号・2000.11
「市民自治と都市行政」『都市問題研究』第52巻第11号・2000.11
「明治前期明治地方財政史VII」『甲南経済学論集』第41第3号・2000.12
「ごみ収集のシステムVIII」『地方財務』第559号・2000.12
「ごみ収集と民間方式IX」『地方財務』第560号・2001.1
「震災復興と都市整備VII」『都市政策』第102号・2001.1
「ごみ収集と循環社会 X 」『地方財務』第561号・2001.2
「明治前期明治地方財政史VIII」『甲南経済学論集』第41第4号・2001.3
「震災復興と都市整備VIII」『都市政策』第103号・2001.4
「地方財政のルーツを探る(1)」『地方財務』第563号・2001.4
「明治初期の交付金・補助金(2)」『地方財務』第564号・2001.5
「地方議会の行政評価」『地方議会人』第31巻第12号・2001.5
「明治初期の財源配分状況(3)」『地方財務』第565号・2001.6
「震災復興と都市整備IX」『都市政策』第104号・2001.7
「容器包装リサイクル法と自治体の負担」『月刊廃棄物』第317号・2001.7
「地方財政構造と民費(4)」『地方財務』第566号・2001.7
「府県財政の形成(5)」『地方財務』第567号・2001.8
「財政危機と地方議会 I ・町村財政と財政危機の判断」『地方議会人』第32巻第3号・2001.8
「明治前期明治地方財政史IX」『甲南経済学論集』第42第2号・2001.9
「地域交通と自治行政」『運輸と経済』第61巻第8号・2001.8
「地租改正と地方財政(6)」『地方財務』第568号・2001.9
「財政破綻回避のための自治体改革」『職員研修』第34巻第9号・2001.9
「財政支援と地方負担(7)」『地方財務』第569号・2001.10
「震災復興と都市整備 X 」『都市政策』第105号・2001.10
「財政危機と地方議会 II 中央法減量的再建とシステム変革」『地方議会人』第32巻第5号・2001.10

「公営企業成立史Ⅰ旧水道事業の経営難」『公営企業』第33巻第7号・2001. 10
「地方警察費と国庫補助金(8)」『地方財務』第570号・2001. 11
「公営企業成立史Ⅱガス事業の民営化」『公営企業』第33巻第8号・2001. 11
「公営企業成立史Ⅲ近代水道事業の創業1」『公営企業』第33巻第9号・2001. 12
「三業賦金と地方税化(9)」『地方財務』第571号・2001. 12
「財政危機と地方議会Ⅲ財政再建計画への戦略」『地方議会人』第32巻第7号・2001. 12
「明治前期明治地方財政史Ⅹ」『甲南経済学論集』第42巻3号・2001. 12
「地方土木費と国庫補助金(10)」『地方財務』第572号・2002. 1
「公営企業成立史Ⅳ近代水道事業の創業2」『公営企業』第33巻第10号・2002. 1
「震災復興と都市整備Ⅺ」『都市政策』第106号・2002. 1
「神戸都市経営から何を学ぶか」『職員研修』第35巻第1号・2002. 1
「地方財政と地方資金(11)」『地方財務』第573号・2002. 2
「財政危機と地方議会Ⅳ自治体財政破綻の検証」『地方議会人』第32巻第9号・2002. 2
「公営企業成立史Ⅴ近代交通事業の創業1」『公営企業』第33巻第11号・2002. 2
「学区制と町村財政(12)」『地方財務』第574号・2002. 3
「公営企業成立史Ⅵ近代交通事業の創業2」『公営企業』第33巻第12号・2002. 3
「明治前期明治地方財政史Ⅺ」『甲南経済学論集』第42第4号・2002. 3
「府県財政の成立(13)」『地方財務』第575号・2002. 4
「分権化と財政改革」『都市問題』第94巻第4号・2002. 4
「民営バス事業の自由化への課題」『運輸と経済』第668号・2002. 4
「政府貸付金の時代Ⅰ」『公営企業』第34巻第1号・2002. 4
「震災復興と都市整備Ⅻ」『都市政策』第107号・2002. 4
「常備金制度の改革(14)」『地方財務』第576号・2002. 5
「大都市制度の課題と展望」『市政研究』第135号・2002. 4
「自治体経営と行政の守備範囲」『自治フォーラム』地方自治研究資料センター　第512号・2002. 5
「殖産興業と地方資金Ⅱ」『公営企業』第34巻第2号・2002. 5
「財政危機と地方議会Ⅴ行政不良資産・債務の清算」『地方議会人』第33巻第1号・2002. 6
「殖産興業と興行銀行構想Ⅲ」『公営企業』第34巻第3号・2002. 6
「府県財政の構成(15)」『地方財務』第577号・2002. 6
「課税自主権の研究」『甲南経済学論集』第43巻第2号・2002. 7
「外形標準課税判決への評価」東京税務協会『東京税務レポート』第445号・2002. 7
「府県財政の歳入歳出(16)」『地方財務』第578号・2002. 7
「コミュニティビジネスと地域社会政策」『都市政策』第108号・2002. 7
「外形標準課税判決への評価」東京税務協会『東京税務レポート』第445号・2002. 7
「財政危機と地方議会Ⅵ外郭団体の再建」『地方議会人』第33巻第1号・2002. 7
「地域開発事業と府県資金Ⅳ」『公営企業』第34巻第4号・2002. 8
「備荒儲蓄基金と地方資金Ⅴ」『公営企業』第34巻第5号・2002. 8
「教育費と衛生費(17)」『地方財務』第579号・2002. 8
「地方債発行権の論拠Ⅵ」『公営企業』第34巻第3号・2002. 9
「コミュニティ・ビジネスの効用Ⅰ」『地方議会人』第33巻第4号・2002. 9
「町村財政の公経済化(18)」『地方財務』第580号・2002. 9
「土木起功規則の制定(19)」『地方財務』第581号・2002. 10
「公営住宅の課題と政策方向」『都市政策』第109号・2002. 10
「コミュニティ・ビジネスの経営Ⅱ」『地方議会人』第33巻第6号・2002. 11
「新税創設と税務行政」『東京税務レポート』第448号・2002. 11

「町村財務の運用実態」『地方財務』第583号・2002.12
「日本公営企業成立史序説」『甲南経済学論集』第43第3号・2002.12
「大都市特例制度の歴史」『都市政策』第110号・2003.1
「学制運用と町村財政」『地方財務』第585号・2003.1
「小学校運用の苦悩」『地方財務』第586号・2003.2
「三新法の地方財政」『地方財務』第587号・2003.3
「銀行税控訴判決は，都課税自主権みとめる」『東京税務レポート』第450号2003.3
「自治体経営の政策課題」『甲南経済学論集』第43巻第4号・2003.3
「新しい産業政策を打ち出されるか」『職員研修』第494号・2003.3
「議会の行政評価」『自治フォーラム』第523号・2003.4
「震災復興と都市整備13」『都市政策』第111号・2003.4
「自治体の戦略的ベンチマーキング」『都市政策』第112号・2003.7
「行政コストと事務事業選別基準」『会計検査研究』第28号・2003.9
「第3セクターの経営責任」『都市政策』第113号・2003.10
「自治体の戦略的ベンチマーキング」『都市政策』第112号・2003.7
「第3セクターの経営責任」『都市政策』第113号・2003.10
「神戸市の現状と課題」『市政研究』第142号・2004.1
「今後の社会プロジェクトのあり方を考える」『運輸と経済』第64巻第1号・2004.1
「保育サービスの民間活力導入」『都市政策』第114号・2004.1
「コミュニティビジネスの目指すところ」『地方議会人』第34巻第9号2004.2
「生活評価にかかる諸制度の評価と課題」『都市政策』第115号・2004.4
「社会相続と相続税再編成」姫路独協大学経済情報学部『経済情報論集』第18号・2004
「三位一体改革の戦略構想」『東京税務レポート』第460号・2004.9
「震災が示した自治体の課題」『職員研修』第522号・2005.1
「銀行税訴訟への政策評価」『東京税務レポート』第464号・2005.5
「自治体人事給与行政の改革」『都市政策』第120号・2005.7
「コミュニティサービスの複合化」『地方議会人』第33巻第12号・2005.9
「分権時代の地方公務員給与はどうあるべきか」『ガバナンス』ぎょうせい第54号・2005.10
「外部監査の評価と課題」『都市政策』第123号・2006.4
「リスクコミュニケーションと地域社会」『都市政策』第124号・2006.7
「神戸築港と財政苦難」『都市政策』第131号・2008.4
「政令指定都市の政策的使命」『都市政策』第135号・2009.4
「コミュニティ・ビジネスと地域社会政策」住宅総合研究財団『すまいろん』第90号・2009.9
「コミュニティ・ビジネスと地域再生」『地方議会人』・2010.7
「地方自治体と危機管理」『都市政策』第138号・2010.1
「大阪都構想と政令指定都市」『都市政策』第141号・2010.10
「虚構・大阪都構想への実証的反論」『市政研究』第170号・2011.1
「大阪都構想と橋下ポピュリズム」『世界』第813号・2011.2
「三『都』構想の内実・革新自治体との比較」『職員研修』第170号・2011.4
「市町村主権の確立と道州制」農山漁業文化協会『復興の大義』2011.10
「市街地整備と西部耕地整理組合」『都市政策』第149号・2012.10
「大阪都構想と地方主権」関西大学法学研究所『ノモス』第29号・2011.12
「大阪市特別区構想の改革収支」『市政研究』第183号・2014.4
「政府財源支援と被災自治体財源」『都市政策』第156号・2014.7
「公共投資のムダと費用効果」高寄昇三編『自治体財政のムダを洗い出す』公人の友社・2014.9

「阪神大震災と神戸市財政」『都市政策』第161号・1015. 10
「石橋市長と行政改革」『都市政策』第165号・2016. 10
「神戸市公営交通100年と都市経営」『都市政策』第168号・2017.7
「北神の恩人・山脇延吉」『都市政策』第171号・2018.4
「なぜ大阪市廃止分割に反対するか」『市政研究』第207号・2020.4

## 都市行政資料

東京市『東京市政要綱』(「新事業及財政計画の大綱」)1921.5.
大阪市『大都市行政調査委員会第1〜6次報告書』1950.3〜1951.11
京都・大阪・横浜・神戸・名古屋市『特別市制理由書』1951.10
京都・大阪・横浜・神戸・名古屋市『大都市制度に関する意見書及び理由』1953.7
大都市制度研究会『大都市制度改革試案』1966.2
大都市財政研究会『大都市財政の課題と対策』指定都市事務局1967.3
国と地方の機能分担研究委員会『国と地方の新しい関係−その事態分析と問題点−』自治研修協会・1977・3
都市開発協会『宅地問題を考える』財団法人宅地開発協会・1978
日本都市センター・都市行政研究委員会『都市経営の現状と課題』ぎょうせい・1978
日本都市センター・都市行政研究委員会『新しい都市経営の方向』ぎょうせい・1979
都市開発協会『宅地問題を考える・宅地供給の再出発にあたって』都市開発協会・1978
地方自治研資料センター『地方自治体における政策形成過程のミクロ分析−政策形成の政治行政力学−』総合研究開発機構・1979
公的大規模宅地開発事業施行者連絡協議会『公的大規模開発事業の現状と課題』公的大規模宅地開発事業施行者連絡協議会・1978
都市開発協会『宅地開発実態調査』都市開発協会・1980
日本都市センター『都市における政策形成過程−予算編成過程を中心として』日本都市センター・1981
日本地域開発センター『地域開発と都市経営に関する調査』千葉市企画調整局・1982
「つかしん」の経済波及効果研究会『「つかしん」の経済波及効果に関する調査』流通産業研究所・1986
日本都市センター『都市と国・府県との新しい関係−都市自治の確立をめざして−』日本都市センター・1983.8
「日本的都市経営の特質と課題」研究委員会『日本的都市経営の特質と課題』総合研究開発機構・1988
全国革新市長会・地方自治センター編『資料革新自治体』日本評論社・1990
自治制度研究会『都道府県制度論−新時代の地方自治体のために−』全国知事会・1995.3
全国革新市長会・地方自治センター編『資料革新自治体(続)』日本評論社・1998
神奈川県自治総合研究センター『指定都市と県・都市型社会における都市と府県の役割分担と協働のあり方』1990
市民の暮らしから明日の都市を考える懇談会『市民のくらしからみた明日の大都市』指定都市事務局・1991
自治体国際化協会『英国の地方自治−その制度と事態−』自治体国際化協会・1991
自治体国際化協会『英国地方財政読本』自治体国際化協会・1991
国土庁大都市整備局『国際機関の立地を核とした地域づくり推進方策調査』1992
大阪府行政管理改善基本調査報告書『第3セクター・外郭団体の設立・運営に関する基本調査』DAN計画研究所・1992.3
地方自治センター資料編集委員会編『資料革新自治体(続)』日本評論社・1998
指定都市『指定都市の地方分権に関する取り組み』指定都市事務局・1999. 11
兵庫県阪神淡路大震記念協会編『阪神・淡路大震災復興誌全10巻』1997〜2006
阪神・淡路大震災復興フォローアップ委員会『伝える−阪神・淡路大震災の教訓−』ぎょうせい・2009

## 神戸市行政資料

水上浩躬『神戸港ノ現状及改良策』1906
神戸経済振興調査会『神戸経済の現状と振興対策』神戸市・1960
神戸市総務局企画課『神戸市の現状と将来』1966
神戸市『神戸開港100年の歩み』1967年

神戸市再開発研究会『都市再開発論』企画局企画調整課・1968
神戸市『神戸市適正区域に関する考察についての調査資料』1969
神戸市『総合基本計画』1969
神戸市市政専門委員会『市民生活と余暇の活用』企画局企画課・1971
神戸市市政専門委員会『市民文化の創造』企画局企画課・1972
神戸市市政専門委員会『神戸史の国際性』企画局企画課・1978・1979
神戸市ポートアイランド建設史編集委員会『ポートアイランド海上都市建設の15年』神戸市・1981
都市計画局『都市計画事業の歩み』1982
神戸開発局『山，海へ行く・須磨ベルトコンベヤーの記録』・1981
神戸都市問題研究所『須磨ニュータウン誌』1989
ハーバーランドまちづくり建設誌編集委員会『KOBE HARBAR LAND』神戸市・住宅・都市整備公団住宅・1993
こうべ街づくり会館・三輪秀興編著『神戸―そのまちの近代化と市街地形成―』(宙第号) こうべまちづくりセンター・2010.3
神戸都市問題研究所『近畿圏における空港整備あり方―都心型大都市空港としての神戸空港―』神戸空港調査会・1988
神戸市教育委員会・神戸市文化財調査報告5『神戸の異人館―居留地建築と木造洋館―』(坂本勝比古・1962
神戸市総合都市交通体系調査『神戸新交通ポートアイランド線事後評価』都市計画局・1967.3
神戸市行財政制度調査会『「大都市財政の再建」"財政自主権の活用をめざして"』1974
神戸市行財政制度調査会『「都市行政適正化への課題」"低成長経済下の福祉向上をめざして"』1975
神戸市行財政改善委員会『「都市行財政運営の近代化」～行政サービスの向上をめざして～』1977
神戸市都市行財政制度調査会『「都市行政における責任と協力」～市民的行動をめざして～』1978
神戸市都市制度調査会『地域生活施設の市民的利用』1978
神戸市都市制度調査会『「地域生活行政の拡充」"区政を中心として"』1979
神戸新聞出版センター・電通編『神戸ポートアイランド博覧会公式記録』神戸ポートアイランド博覧会協会・1982
神戸市都市計画局『神戸新交通ポートアイランド線事後評価概要報告書』1983
神戸市『写真集・神戸100年』神戸市・1989
神戸市経済局・野村総合研究所『空港を活用した産業振興ビジョン策定調査』神戸市・1992
アーバンリゾートフェア93推進協議会『アーバンリゾートフェア93公式記録第1～5編』神戸
新聞マーケティングセンター・1994
神戸市都市整備公社こうべまちづくりセンター『神戸―そのまちの近代化と市街地形成―』(「宙」第5号)2003.3
神戸市経済局・野村総合研究所『空港を活用した産業振興ビジョン策定調査』神戸市・1992
神戸市『阪神・淡路大震災―神戸市の記録1995年―』阪神・淡路大震災神戸市対策本部・1996
神戸市『阪神・淡路大震災・神戸復興誌』震災復興本部総括局復興推進部企画課・2000


## ■神戸都市問題研究所研究報告書

### 都市問題研究所出版物

### 都市政策論集
第1集『消費者問題の理論と実践』勁草書房・1976
第2集『都市経営の理論と実践』勁草書房・1977
第3集『コミュニティ行政の理論と実践』勁草書房・1979
第4集『都市づくりの理論と実践』勁草書房・1979
第5集『広報・広聴の理論と実践』勁草書房・1980
第6集『公共料金の理論と実践』勁草書房・1981
第7集『経済開発の理論と実践』勁草書房・1983

第8集『自治体OAシステムの理論と実践』勁草書房・1983
第9集『交通経営の理論と実践』勁草書房・1984
第10集『高齢者福祉の理論と実践』勁草書房・1986
第11集『海上都市への理論と実践』勁草書房・1986
第12集『コンベンション都市戦略の理論と実践』勁草書房・1988
第13集『ファッション都市の理論と実践』勁草書房・1989
第14集『外郭団体の理論と実践』勁草書房・1991
第15集『ウォーターフロント開発の理論と実践』勁草書房・1993
第16集『自治体公会計の理論と実践』勁草書房・1995
第17集『震災復興の理論と実践』勁草書房・1996
第18集『震災復興住宅の理論と実践』勁草書房・1998
第19集『生活復興の理論と実践』勁草書房・1999
第20集『市街地復興事業のの理論と実践』勁草書房・2000
第21集『震災調査の理論と実践』勁草書房・2001

## 地方行財政叢書・資料
地方自治古典叢書・関一『都市政策の理論と実際』学陽書房・1988
地方自治古典叢書・関一『住宅問題と都市計画』学陽書房・1992
地方自治古典叢書・安部磯雄『応用市政論』学陽書房・1988
地方自治古典叢書・『都市独占事業論』学陽書房・1988
地方自治古典叢書・片山潜『都市社会主義・鉄道新論(全)』学陽書房・1992
地方自治古典叢書・池田宏『改訂都市経営論』学陽書房・学陽書房・1988
神戸都市問題研究所編『戦後地方行財政資料・地域開発関連資料』・1984
神戸都市問題研究所編『戦後地方行財政資料・地方団体行財政資料上巻』・1983
神戸都市問題研究所編『戦後地方行財政資料・地方団体行財政資料下巻』・1983
神戸都市問題研究所編『戦後地方行財政資料・シャウプ使節団日本税制報告書』・1983
『占領軍地方行政資料』勁草書房・1988
神戸都市問題研究所編『神戸海上都市への構図』勁草書房・1981

## NIRA助成研究
『都市経営システムの開発』神戸都市問題研究所・1977
『公共投資の効果に関する実証的研究』(1類)勁草書房・1979
関西シンクタンク共同研究会『関西の〈遊び〉づくりの特色と市民余暇活用社会への戦略課題』・1979
『インナーシティ再生のための政策ビジョン』勁草書房・1980
『神戸・コンベンション都市への政策ビジョン』勁草書房・1982
『地方自治体へのOAシステム導入』(1類)勁草書房・1984
神戸都市問題研究所『民活事業経営システムの実証的分析』勁草書房・1987
『在日外国人の日常生活環境システムの研究』・1988
『ファッション都市神戸における情報発信基地づくりの戦略について』・1989
『神戸における外来食文化と観光の発展』・1989
『神戸における非「東京的」魅力の分析』・1990
『CATV事業及び地域キャプテン事業による地域振興策』・1991
『神戸における都市産業構造の再編成と地域社会の再生』・1992
『神戸市の地域福祉活動における非営利組織(NPO)の振興』・1993
『神戸市におけるコミュニティスクールの振興』・1994

『今後の大都市における災害対策の重要な要素となる効果的コミュニティ防災対策について』(1類)・1996
『大都市直下型震災時における被災地区住民行動実態調査』(NIRA委託研究)・1997
『震災後の神戸市における市民活動の推進』・1998
『福祉コミュニティ形成における女性の活躍』・1999
『復興コミュニティを支える住民主体の情報ネットワーク構築に関する研究』・2000
関西シンクタンク4団体共同研究『福祉コミュニティ形成における女性の活躍』・2000
『復興コミュニティを支える住民主体の情報ネットワーク構築に関する』・2000
『地域を活性化するコミュニティ・ビジネスの課題と新たな方向性に関する研究』・2002
『目標管理型コスト分析に基づく行政経営の戦略的ガイドライン創出』・2003
『地域連携型セクター(産・官・民)による地域社会活性化』・2004
『リスクコミュニケーションによる地域活力・地域共生社会の創造』・2006

## 民間財団・研究機関助成研究

『地方自治体における公益信託制度の活用方策について』信託協会・1985
『地域ニューメディア経営システムの開発』電気通信普及財団助成・1985
『人口の計画的再分布と都市開発に関する研究』国連人口活動基金助成研究・1986
21世紀ひょうご創造協会・とくしま地域政策研究との共同研究『明石海峡開通が地域に及ぼす影響の比較研究』・1988
『自治体におけるテレビ広報の再編成』放送文化基金助成・1987
『国際交流の推進と地域・自治体のあり方について』ポートピア記念財団助成・1989
『地方自治体のOAネットワークシステムの導入に関する実証的分析』電気通信普及財団助成:1989・1990
『有料老人ホーム経営研究』簡易保険化財団・1990
『地方自治体におけるイメージ向上戦略に関する研究』吉田秀雄記念事業財団助成・1992
『耐久消費財のリサイクルシステムに関する研究会』日本生命財団助成・1992
『CATV放送における公共チャンネルの意義と運営～日米におけるマルチメディア化とその分析及び評価』放送文化基金助成・1995
『都市鉄道と地域開発に関する研究』東日本鉄道文化財団助成・1995
『阪神大震災と自治体の法政策と財政問題』自治体学会・1996
『自治体の事務事業評価システムの研究』自治体学会・1998
『廃棄物減量・再資源化の自治体政策』自治体学会・1999
『公会計政策の実効性に関する研究』自治体学会・2000
『介護保障制度における公的保険と民間保険の連携システムの研究』簡易保険文化財団助成・2000
『自治体とOAネットワーク』自治体学会助成・2002
『既成市街地商店街活性化の研究』自治体学会・2003
『自治体におけるリスクマネジメントに関する研究』自治体学会・2006

## 都市問題研究所主要受託研究

『神戸市将来水需要量計量分析結果報告書』水道局委託・1979
『西北神地域開発に関する政策課題の研究』市委託・1982
『神戸市内の家庭及び事業所の水使用の実態及び将来動向に関する調査報告』水道局委託・1982
『北神戸スポーツセンター計画』市委託・1982
『しあわせの村施設総合研究会報告書』市委託・1983
『神戸市将来水需要量予測』水道局委託・1983
『神戸港近代化影響調査報告書』市委託・1984
『高齢者福祉への政策ビジョン』こうべ福祉振興協会委託・1986
『人口の計画的再分布と都市開発に関する研究』国連人口活動基金助成研究・1986
『海外港湾サービスの現状について』市委託・1988

『六甲道駅前再開発研究会報告書』市委託・1989
『「アーバンリゾート都市・神戸」の整備政策に関する研究』市委託・1990
『神戸市東部臨海地区立地特性調査研究』神戸製鋼委託・1990
『神戸インキュベーター発展の課題と方向性』市委託・1990
『看護人材育成研究に関する中間報告』市委託・1991
『神戸市ウォーターフロント開発事業プラン』市委託・1992
『情報システム活用による市民サービス』市委託・1992
『神戸ハーバーランド事業効果報告書』市委託・1992
『「グローバル都市：KOBE」をめざして』市委託・1992
『神戸市の住宅政策ビジョンに関する研究』市委託1992
『神戸ハーバーランドの事業効果に関する研究』市委託・1992
『情報システム活用による市民サービス』市委託・1992
事業竣功記念『ハーバーランド』神戸市・都市基盤整備公団委託・1993
『大都市建設に関する研究』市委託・1995
『産業復興と神戸経済』市委託・1996
『産業復興と生活再建』市委託・1996
『市民非営利(NPO)と自治体に関する研究』市委託・1997
『NPO(民間非営利組織)と自治体』市委託・1997
『神戸観光の復興と創造に関する研究』神戸国際観光協会共同受託・1998
『行政と非行政組織との協力関係調査研究報告書』市委託・1999
『市街地整備事業の調査・研究』市委託・2000
『地域活性化手法の情報収集・分析』市委託・2000
『人材育成検討委員会』市委託
『道路公社5路線の再編成及び今後のあり方に関する研究』神戸市道路公社委託
『震災復興区画整理事業計画の推移』市委託・2001
『ウォーターフロント活性化報告』市委託・2001
『神戸港PC1〜5再利用事業化調査・研究』市委託・2001
『女性の生活設計に関するアンケート調査』勤労福祉振興財団・2001
『神戸市IT都市化への方策』市委託・2001
『市民満足度の最大化を目指す行政経営』市委託・2002
『神戸市における公営住宅のあり方に関する調査・研究・住宅困窮者基準見直し』市委託・2002
『神戸を魅力的なAT都市とするための方策』市委託・2002
『兵庫運河・中央卸売市場周辺再整備調査』都市基盤整備公団委託・2002
『神戸湾岸現況基礎調査』都市基盤整備公団委託事業・2002
『震災復興区画整理事業制度・鷹取東第1地区事業』市委託・2002
『神戸市における研究・教育施設立地に関する調査研究』・2002
『道路公社V路線の再評価と今後のあり方に関する調査研究』道路公社委託・2002
『神戸21世紀・復興記念事業に関する調査』復興記念事務局委託・2002
『神戸市シルバー人材センター新基本計画等の策定』シルバー人材センター委託・2002
『震災復興の制度的側面から検証と提言に関する調査・研究』市委託・2004
『民・学・産との協働と参画による政策研究』市委託・2010
『神戸市におけるコンベンション経済効果等調査業務』神戸国際観光コンベンション協会委託・2010
『ハーバーランド活性化研究』株式会社ハーバーランド情報センター委託
『新型インフルエンザに係わる市の対応状況の検証』市委託・2010
『グローバル都市戦略の実現に向けた調査・研究』市委託・2010

**神戸都市問題研究所自主研究**

『地域住民組織の実態分析』1980
『神戸市住宅政策の基本方向』1980
『下水道サービスと費用負担のあり方』1981
『都市交通システムの経営ビジョン』1984
『地域社会国際化への政策ビジョン』1984
『港湾近代化に伴う港湾管理・運営に関する諸問題』1984
『福祉改革研究会報告書』1984
『市民スポーツ振興構想』1985
『地方財務制度の改革』1985
『高齢者福祉への政策ビジョン』1986
『六甲アイランド経済効果の推定』1987
『近畿圏における空港整備のあり方ー都心型大都市空港としての神戸沖空港ー』1988
『海岸線の開発安定化方策について』1989
『神戸市市街地整備研究』1998
『震災復興と既成緩和等特例措置』1998
『神戸市における戦後都市開発事業の総合評価』1989
『都市交通事例調査・交通事業事業経営実態の分析』1990
『神戸ハーバーランドの事業効果に関する研究』1992
『看護人材育成研究に関する中間報告』1992
『神戸ハーバーランドの事業効果に関する研究』1992
『公会計制度に関する研究』1995
『国際的機関の立地を核とした地域づくり推進方策に関する調査』1992
『震災復興と生活再建』1997
『産業復興と神戸経済』1997
『復興住宅に関する研究』1998
『震災復興市街地整備の研究』1999
『鉄軌道活性化研究』1999
『震災復興の都市政策的検証と提言』2000
『神戸市集客施設の活性化』2001
『ウォーターフロント活性化』2001

〔著者略歴〕
1934 年　神戸に生まれる。
1959 年　京都大学法学部卒業。
1960 年　神戸市役所にはいる。
1975 年　『地方自治の財政学』にて「藤田賞」受賞。
1979 年　『地方自治の経営』にて「経営科学文献賞」受賞。
1985 年　神戸市退職。甲南大学教授。
2003 年　姫路獨協大学教授。
2007 年　退職。

〔著　書〕『10 大都市時代』日本経済新聞社，『外郭団体の経営』『地方自治の政策経営』
　　　　以上　学陽書房，『地方自治の保守と革新』『現代都市経営論』『都市経営思想の
　　　　系譜』『宮崎神戸市政の研究Ⅰ～Ⅵ』『現代イギリスの地方財政』『地方分権と
　　　　大都市』『明治地方財政史Ⅰ～Ⅵ』以上　勁草書房，『近代日本公営水道成立史』『近
　　　　代日本公営交通成立史』以上　日本経済評論社，『大正地方財政史上・下巻』『昭
　　　　和地方財政史第1～5巻』『神戸・近代都市の形成』『近代日本都市経営史 上下』
　　　　以上　公人の友社。

自治体政策マン　苦闘の軌跡
神戸都市経営の思想と戦略

2022 年 6 月 1 日　第 1 版第 1 刷発行

　　　著　者　高　寄　昇　三
　　　　　　　たか　よせ　しょう　ぞう

　　　発行者　武　内　英　晴

　　　　発行所　株式会社　公人の友社
　　　〒 112 － 0002　東京都文京区小石川 5 - 26 - 8
　　　電話 03 - 3811 - 5701　FAX 03 - 3811 - 5795
　　　メールアドレス　info@koujinnotomo.com
　　　　　印刷所　田中印刷出版株式会社